AKAL UNIVERSITARIA
Serie Interdisciplinar

Director de la serie:
José Carlos Bermejo Barrera

Diseño interior y cubierta: RAG

Reservados todos los derechos. De acuerdo a lo dispuesto en
el art. 270 del Código Penal, podrán ser castigados con penas
de multa y privación de libertad quienes reproduzcan sin la preceptiva
autorización o plagien, en todo o en parte, una obra literaria,
artística o científica fijada en cualquier tipo de soporte.

© Francisco Vázquez García, 2009

© Ediciones Akal, S. A., 2009

Sector Foresta, 1
28760 Tres Cantos
Madrid - España

Tel.: 918 061 996
Fax: 918 044 028

www.akal.com

ISBN: 978-84-460-2734-8
Depósito legal: M-93-2009

Impreso en Lavel, S. A.
Humanes (Madrid)

FRANCISCO VÁZQUEZ GARCÍA

LA INVENCIÓN DEL RACISMO
Nacimiento de la biopolítica en España 1600-1940

PRÓLOGO

El protagonista de este libro es la «población», un personaje que nace, en el campo del pensamiento, con la gestación de lo que autores como Michel Foucault o Ian Hacking denominan «biopolítica»; la aparición de los fenómenos de población, esto es, de los procesos vitales (natalidad, mortalidad, fecundidad, morbilidad, sexualidad, vivienda, entorno, etc.) como asunto de poder o gobierno. Estos términos, *poder* y *gobierno*, no se utilizan aquí para designar instancias como la administración estatal y sus órganos rectores, los «aparatos del Estado» o la «clase dominante». Son términos que remiten a verbos más que a sustantivos; con los vocablos *poder* y *gobierno* se designa, en consonancia con lo sugerido por Foucault, la actividad de conducir las conductas de los demás. En este sentido el gobierno se puede predicar tanto de un ministro como de un padre o de un maestro. La biopolítica sería entonces la conducción de las conductas relacionadas con el ser humano en tanto organismo viviente, implicado por ello en una serie de procesos vitales de alcance colectivo.

Se ha dicho de pasada que este libro se ocupa del «pensamiento». Éste no se identifica con una suerte de actividad mental interna; consiste en procedimientos, modos técnicos de organizar o de problematizar el mundo. Éstos pueden encontrarse funcionando en las teorías filosóficas o en la argumentación teológica, pero también en la planificación urbana, las prácticas de contabilidad, los recuentos estadísticos, la crianza de niños, la cartografía militar, el diseño arquitectónico o las campañas sanitarias.

La historia de la racionalidad debe dilucidarse también en este ámbito de objetos y actividades, modestas si se las compara con los grandes monumentos conceptuales de la tradición filosófica y científica.

Las acciones programadas para inocular la viruela a una colectividad, organizar el enterramiento de cadáveres en una ciudad, censar a los vecinos, asentar una colonia agrícola, confeccionar tablas de nacimientos y defunciones o justificar la expulsión o la asimilación de una minoría disidente constituyen enclaves relevantes para la historia de ese tipo de racionalidad que llamamos biopolítica y que presenta estilos o regímenes diferentes en el curso de su historia.

Por otra parte, este recurso a la historia pretende al mismo tiempo hacer inteligible y contribuir a la transformación de la situación presente. ¿Por qué, a diferencia de lo que sucede en otros países europeos, la institución eclesiástica y otros movimientos sociales a ella vinculados, tienen en España una presencia tan influyente en el ámbito del debate biopolítico? Las medidas legales relacionadas con la interrupción voluntaria del embarazo, las campañas públicas sobre la prevención del SIDA y la educación sexual o, más recientemente, la investigación experimental sobre los usos terapéuticos de las «células madre» o el reconocimiento de los derechos conyugales y familiares de gays y lesbianas motivan, por parte del movimiento familiarista ligado a la Iglesia católica española, el despliegue de campañas públicas a gran escala (la manifestación contra el matrimonio gay, celebrada en junio de 2005, reunió en Madrid a decenas de miles de personas), sustentadas además en un nuevo elenco de organizaciones religiosas y de asociaciones de seglares con arraigo en ciertas franjas de las generaciones jóvenes.

Esta presencia imponente y continuada de la Iglesia española en el marco de la biopolítica ¿sería un residuo de nacionalcatolicismo franquista, como pretenden algunos de sus detractores, o se trataría de un proceso con mayor densidad temporal? Este último es nuestro punto de vista; para esclarecer la situación española es necesario remontarse a una herencia intelectual anterior, identificada en los comienzos mismos de la biopolítica; es necesario reconstruir la historia de las relaciones entre Iglesia y Estado en este campo.

La poderosa presencia del familiarismo católico en la biopolítica española es sólo un ejemplo de las coyunturas de actualidad que este trabajo quiere contribuir a iluminar. La tardía implantación de las técnicas de gestión de riesgos —como los seguros sociales y sanitarios— es una circunstancia histórica que hace inteligible la debilidad del Estado del Bienestar en el caso español y la escasa resistencia que éste puede presentar —frente a lo que sucede en países como Francia o Alemania— ante el modo «liberal avanzado» o «neoliberal» de gobernar eso que, desde el siglo XIX, se llama «lo social». En fin, prácticas de matriz biopolítica como el control de la inmigración, la intensificación de la xenofobia, el culto narcisista de la salud o el terrorismo de ETA, cuyo despliegue implica un trabajo sobre la herencia técnica e intelectual recibida, pueden encontrar elementos de aclaración en el análisis genealógico y en la exploración científica que se propone[1].

Este trabajo tiene su tiempo fuerte en la Edad Moderna, punto de partida de ese campo de discursos y de prácticas que configuran la biopolítica. La época que va desde los redactores de «arbitrios», en el contexto de la cultura barroca, hasta los reformistas ilustrados de la segunda mitad del siglo XVIII es la más atendida en un estudio dirigido a comprender el gobierno de las poblaciones en estado naciente. Los cuatro primeros capítulos están consagrados a ese periodo inicial; los dos siguientes, dedicados respectivamente a la biopolítica del liberalismo clásico y a la biopolítica «interventora», es decir, abarcando el largo periplo que va desde las Cortes de Cádiz hasta la Segunda República, sirven como instancias de contraste. Se pretende en ellos captar, por vía de comparación, lo distintivo de la biopolítica en su periodo de arranque, dando cuenta al mismo tiempo de lo que nos separa de estas formas más próximas –expansión del mercado autorregulado, nacimiento de los seguros sociales, de la medicina social y la eugenesia– de gestionar los procesos vitales.

El punto de partida de este libro fue la preparación del curso denominado «Nacimiento de la Biopolítica en España», que impartí junto a su coordinador, el profesor Antonio Campillo, en la Facultad de Filosofía de la Universidad de Murcia, durante los años 2004-2005 y 2005-2006, dentro del programa de doctorado titulado «España y Europa, historia intelectual de un diálogo». A Antonio, uno de los mejores conocedores del problema, y a los alumnos del curso les agradezco las críticas y sugerencias que han contribuido decisivamente al resultado final del trabajo. Las enseñanzas de Andrés Moreno Mengíbar, amigo y consumado especialista en la España moderna, también han resultado decisivas, así como el acicate de José Luis Moreno Pestaña y el clima creado por Oliva Pinillos, mi compañera en el arte de vivir. Agradezco asimismo el apoyo y los comentarios de Paco Ortega y Javier Ugarte.

Este libro constituye una obra de síntesis, por eso no habría sido posible si no existiera en España, incluyendo aquí las contribuciones del hispanismo foráneo, un importante y valioso elenco de investigaciones procedentes de las más variadas disciplinas históricas: historia del pensamiento económico y político; historia de la estadística; historia de la medicina y de las ciencias de la salud en general; historia de la admininistración y de las instituciones; historia de la educación,

---

[1] Menciono aquí dos recientes exposiciones «españolas» del proceder genealógico, donde se señala la imbricación de la historiografía con el ejercicio del poder: Bermejo Barrera y Piedras Monroy (1999) y Moro Abadía (2006). El presente trabajo pretende atenerse a las exigencias de cientificidad –no popperiana pero tampoco puramente idiográfica– formuladas por Passeron (2006, pp. 89-168).

del urbanismo y de la arquitectura; historia cultural e historia de la marginalidad.

Este libro está dedicado a dos profesores, Francisco Tomás y Valiente y Ernest Lluch. Ellos se ocuparon de estudiar con modestia, detalle y brillantez algunas de las principales instancias biopolíticas españolas en su momento naciente: el derecho penal del Antiguo Régimen, en el primer caso, y los modos de entender el gobierno de las riquezas y de la población en el pensamiento ilustrado, en el segundo caso. Ambos profesores fueron en cierto modo víctimas de la biopolítica en una de sus formas más intolerables: un racismo de Estado –de un Estado deseado, en la sombra– que convierte a los discrepantes en los enemigos biológicos de una patria en construcción.

Introducción

BIOPOLÍTICA, GOBIERNO Y GUBERNAMENTALIDAD. UNA PERSPECTIVA HISTÓRICA Y PLURALISTA

La noción de «biopolítica», sobre todo después del uso que han hecho de ella ensayos de cierta resonancia como *Imperio* (2000), de Michel Hardt y Antonio Negri, u *Homo Sacer* (1995 [2003]), de Giorgio Agamben, por no hablar de su implicación en la sonada polémica de Habermas y Sloterdijk a propósito de la antropotecnia, ha alcanzado una difusión importante en los últimos años, sirviendo como herramienta de análisis para dar cuenta de esos procesos masivos que acompañan a la globalización económica y al orden político posterior a la Guerra Fría: los movimientos migratorios a gran escala, las consecuencias sociales de la revolución biotecnológica y el escenario abierto por la llamada «guerra contra el terrorismo» (Esposito, 2006b, pp. 9-16). A menudo ha sido justo este éxito el que ha llevado a hacer un uso excesivamente laxo y ambiguo del concepto, hasta convertirlo en un *passe partout* (Nancy, 2002).

Conviene por tanto aclarar el terreno regresando a las raíces, es decir, a la obra de Michel Foucault, forjador del instrumento teórico en cuestión[1]. Este retorno no se impone por un prurito hermenéutico, para denunciar la «traición» a los textos, lo que sería irrisorio en la circunstancia de una contribución que se ofrece precisamente como «caja de herramientas», para ser usada en múltiples situaciones, no para ser descifrada. El desafío consiste en precisar el concepto de modo que su uso proporcione rendimientos empíricos y políticos relevantes, evitando que se convierta, simplemente, en una consigna de moda.

---

[1] La denominación *biopolítica* se remonta a 1905, cuando la utiliza por primera vez el teórico sueco Rudolph Kjellen en el contexto de una concepción organicista y racista del Estado. Foucault acuña el concepto teniendo muy en cuenta un trasfondo de literatura política y antropológica que, desde comienzos del siglo XX hasta los años setenta, utilizaba profusamente el término. Sobre esta literatura, véase Esposito, 2006b, pp. 27-41.

Entre *Surveiller et Pûnir* (1975) y *La Volonté de Savoir* (1976) y en el curso titulado *Il Faut Défendre la Societé* (1976), Foucault descubrió un tipo de poder cuyo desempeño no encajaba bien en el modelo bélico de inspiración nietzscheana sugerido por el filósofo francés a poco de comenzar los años setenta y, obviamente, tampoco en el modelo jurídico tradicional. Se trata de lo que el filósofo francés designará de un modo ambivalente como «mecanismos de regulación» –o «dispositivos de seguridad»– y eventualmente como «biopolítica» (el término aparece en los cursos impartidos por Foucault en Brasil, en 1973). El ejercicio de la soberanía –detentada por el rey en las monarquías absolutas y por la ciudadanía en las democracias liberales– obedece a una lógica negativa y deductiva; actúa fijando prohibiciones, restando fuerzas a aquéllos sobre los que se ejerce (pena de muerte, multa, destierro, confiscación, privación de libertad) y se sustenta en el instrumento de la ley. Las prácticas disciplinarias (analizadas en Foucault, 1975) se rigen por una lógica productiva (fabricación de sujetos dóciles y útiles) y actúan sobre los cuerpos individuales a partir de un estándar de normalidad.

El poder disciplinario se ajusta bien al esquema de la batalla, porque su acción (pensemos en las escuelas, cuarteles, cárceles y fábricas mencionadas por Foucault en sus exploraciones) consiste en apropiarse del cuerpo individual, en sujetarlo venciendo sus resistencias, derrotando todo lo que se opone a su encauzamiento, corrigiendo todo lo que se desvía del estado normal. Pero junto a los mecanismos disciplinarios que apuntan al organismo individual se advierte ya en la Europa de las Luces la presencia de un tipo de poder que no encaja bien en el patrón de la guerra y que tampoco obedece al patrón del derecho.

Se trata de tecnologías políticas que no se dirigen a la reforma del organismo individual, a su domesticación y potenciación utilitaria, sino que buscan regular los grandes procesos biológicos que afectan a una población en su conjunto y que poseen su propia normatividad intrínseca (natalidad, mortalidad, morbilidad, vivienda, vejez, siniestrabilidad, etc.). Ciertos procedimientos, tales como las campañas para la vacunación infantil o la esterilización de débiles mentales, medidas fiscales para incentivar la natalidad, seguros sociales, políticas de vivienda y educativas para prevenir la delincuencia, etc., no pretenden vencer la resistencia individual para ajustarla a un estándar, como sucedía en la normalización disciplinaria; operan mediante el cálculo de riesgos. No se trata, por ejemplo, de derrotar al crimen ni de corregir a los criminales para que se conviertan en buenos ciudadanos, sino de gestionar la tasa de criminalidad dentro de un intervalo aceptable, que no suponga una amenaza para el conjunto de la población.

Este género de tecnologías recibe el nombre de mecanismos «reguladores» o «de seguridad», y también el de «biopolítica», aunque este último término –y sobre todo el de «biopoder»– lo reserva Foucault ocasionalmente para designar al conjunto de mecanismos disciplinarios y reguladores que caracterizan la «racionalidad política» prevaleciente en nuestras sociedades (una «anatomopolítica de los cuerpos y una biopolítica de las poblaciones», como se dice en La Volonté de Savoir). Biopolítica tiene por tanto dos acepciones; una más general, que se identifica con el ejercicio de un poder coextensivo con la vida (el «biopoder» que incluye a las disciplinas y a las regulaciones), y otra más restringida, limitada a la designación de los mecanismos «reguladores» o «dispositivos de seguridad». La noción de biopolítica funcionó en cierto modo como un puente entre los análisis del poder anteriores a 1976 y los que, bajo la égida del concepto de gobierno, se pusieron en marcha en los cursos, recientemente publicados de 1977-1978 (Securité, Territoire, Population) y 1978-1979 (Naissance de la Biopolitique) (Foucault, 2004a, y Foucault, 2004b).

La introducción de estos conceptos (gobierno, gubernamentalidad) en la trayectoria intelectual de Michel Foucault va ligada al tránsito del modelo bélico en la representación del poder (la relación de poder como relación de fuerzas) al modelo gubernamental (la relación de poder como conducción de conductas). Del esquema del enfrentamiento físico al esquema de la acción. Este tránsito no implica una ruptura radical; Foucault conserva en la noción de gobierno todos los rasgos que había conquistado en el modelo bélico como alternativa a las concepciones liberal y marxista del poder (carácter productivo del ejercicio del poder, condición relacional y microfísica, exigencia de practicar un análisis ascendente, etcétera).

El modelo del gobierno sirve para dar cuenta de esas tecnologías reguladoras que no casan con la metáfora bélica, con la imagen del enfrentamiento cuerpo a cuerpo, con la forma de la dominación. En el gobierno, entendido como técnica, no como órgano del Estado, la acción (entendida como conducción de conductas) no tiene su blanco en el cuerpo (una materia, un potencial de fuerzas por dominar), sino en las acciones de los otros (o de uno mismo). Se supone que aquéllos sobre los que se actúa son a su vez activos, y que esa actividad puede ser instrumentalizada y alineada en relación con las metas de esa conducción de conductas. El gobierno –a diferencia de la dominación, de la lucha cuerpo a cuerpo– no pretende anular la iniciativa de los gobernados –es decir, su práctica de la libertad– imponiéndole un estándar, sino emplearla a su favor. El gobierno presupone entonces la libertad, con la que mantiene no una relación de antagonismo, sino un vínculo de «agonismo», implicando un juego permanente de incitación y desafío recíprocos. Piénsese por ejemplo en las campañas para favorecer la natalidad en las clases medias de las democracias liberales. Esta regulación puede implicar desde iniciativas fiscales y facilidades en los créditos hipotecarios hasta cambios en la estructuración del horario laboral y en la disponibilidad y acceso al régimen de guarderías. La acción de gobierno incide sobre seres humanos con capacidad de cálculo e iniciativa que, dentro de sus recursos más o menos limitados, pueden elegir y ponderar el volumen de descendencia que desean tener. La acción de gobierno apunta a facilitar esta capacidad de elección para coordinarla con las propias metas de la nación, evitando que la natalidad descienda por debajo de un umbral que implique riesgos para la preservación del sistema de cotizaciones a la seguridad social.

Con el modelo del gobierno, Foucault podía dar cuenta de la relación entre libertad y poder sin tener que demonizar a este último como «dominación» –ésta sería algo así como el grado cero del gobierno, cuando la capacidad de actuar del gobernado tiende a anularse– ni caer en una rígida oposición entre poder y resistencia. Salvo esta modificación vehiculada por el concepto de «gobierno», el resto de los supuestos asumidos por la analítica del poder de los setenta se mantienen inalterados.

Junto al uso de la expresión en sentido amplio –el gobierno como «conducción de las conductas»–, se encuentra también en Foucault una acepción más restringida. Se trata de la «gubernamentalidad», a la que Foucault también designa con los términos «arte de gobierno» y «racionalidad de gobierno». Éste es un sistema de pensamiento acerca de la naturaleza y práctica del gobierno, de la conducción de conductas (quién tiene que gobernar, cómo se entiende el gobernar mismo, qué o quienes son los gobernados), dentro de coordenadas históricas precisas.

Desde 1977-1978, Foucault utilizó esta noción de gubernamentalidad para explorar cuatro dominios históricos diferentes: el poder pastoral perfilado durante el cristianismo primitivo y contrapuesto al «gobierno de una ciudad», teorizado en la Antigüedad grecolatina; los programas de gobierno forjados entre los siglos XVI y XVIII (razón de Estado, Estado de policía, cameralismo y mercantilismo) (todo esto afrontado en el curso «Securité, Territoire, Population»); la racionalidad gubernamental del liberalismo clásico desde Adam Smith y la Ilustración escocesa hasta Malthus y Chadwick; y la gubernamentalidad neoliberal articulada principalmente en Alemania y Estados Unidos (todo ello en el curso «Naissance de la Biopolitique»).

Este conjunto de investigaciones, emprendidas por Foucault en los últimos años de su vida, conforma un *corpus* incompleto y bastante disperso. Sus contenidos están mayoritariamente expuestos en las lecciones del Collège de France correspondientes a 1977-1978 y 1978-1979, recientemente publicadas. También se encuentran elementos de este trabajo en artículos y entrevistas concedidas por el filósofo durante estos años.

Desde su formulación, el concepto de *biopolítica* tuvo un éxito indiscutible, porque parecía captar un rasgo peculiar del poder en las sociedades occidentales, no entrevisto por las teorías liberales y marxistas. Los usos de la noción se multiplicaron y tendió a triunfar una versión que convertía a la biopolítica en una especie de destino de la modernidad, en un macroconcepto de gran formato que expresaba la captación del cuerpo y de la vida en su conjunto por un poder que la instrumentalizaba y administraba extirpando todo lo que estimaba como una amenaza para la misma. Desde esta perspectiva, la tanatopolítica, el proyecto exterminador de los elementos defectuosos, aparecía como inherente al cuidado de la vida y de la salud característico de la biopolítica. Con estos parámetros, por ejemplo, es como el sociólogo británico Zygmunt Bauman ha afrontado el «racismo». Éste no significa el regreso a prejuicios premodernos, sino un modo de ingeniería social, ligado al proyecto de la Modernidad, que pasa por eliminar todos los obstáculos opuestos a la contrucción de un orden social perfecto (mediante estrategias tomadas de la arquitectura, la jardinería o la medicina). Esos obstáculos son los residuos de naturaleza que se resisten a ser integrados en el orden racional programado (Bauman, 1998, pp. 86-88, y Bauman, 2005, pp. 51-56).

En una línea próxima se emplaza el pensador italiano Giorgio Agamben. Éste sostiene que la biopolítica moderna, el hecho de que la vida biológica y sus necesidades se conviertan en una cuestión políticamente decisiva, implica la cualificación de ciertos grupos de individuos (los *homini sacri*) como «nuda vida», una suerte de pseudonaturaleza inasimilable por el cuerpo político colectivo y cuyo estar a merced del poder funda, *a contrario,* el orden legítimo del Estado. Por esta razón Agamben sostiene que la verdad en la que se asienta la política moderna –como biopolítica– es el campo de concentración (Agamben, 2003, pp. 151-155).

Estos autores subrayan correctamente un componente peculiar de la biopolítica en el siglo XX: la frecuente asociación establecida entre la voluntad de construir una sociedad saludable y la eliminación de los inadaptados a la misma. Los procedimientos de la eugenesia, una estrategia reguladora muy difundida en los Estados totalitarios y en las democracias liberales durante la primera mitad del siglo XX, expresan con claridad esta vinculación entre biopolítica y tanatopolítica resaltada por Bauman y Agamben.

Sin embargo, estos autores generalizan abusivamente a todas las formas de la biopolítica lo que sólo es válido para algunas de sus actualizaciones históricas. Pierden de vista el uso nominalista y rigurosamente histórico de esta noción en los textos de Foucault. Las estrategias de la actual biopolítica liberal avanzada o neoliberal, por ejemplo, difieren por completo de la biopolítica totalitaria de los años treinta y cuarenta. En 1942, el demógrafo español Jesús Villar Salinas urgía al Estado franquista la adopción de medidas que obligaran a la población a alcanzar el promedio de cuatro hijos vivos por familia; sólo alcanzando este índice (lo que los demógrafos nazis llamaban el *Geburten-söll*) se garantizaría la presencia de un ejército lo bastante numeroso para preservar la supervivencia nacional (Polo Blanco, 2006, pp. 231-236). Este modo de razonar ha caducado. La idea de un Estado social omnipotente y omnipresente que aspiraría a modelar todas las regiones del cuerpo colectivo ha caído hoy en el descrédito. El cuerpo de los habitantes ya no se nacionaliza como organismo de un Estado que compite con otros para sobrevivir.

Por otro lado tiende a afirmarse que no es el Estado el que ha de resolver las necesidades sanitarias de la población. La sociedad es vista cada vez más como un conjunto de energías e iniciativas por facilitar y potenciar y no como un conjunto de necesidades sanitarias por atender. El Estado debe actuar como animador y facilitador de esas iniciativas. Tiene que establecer las condiciones básicas y generales de la salud (regulación de la venta de alimentos, de la expedición de medicamentos, de la circulación y depuración de aguas, etc.), pero la responsabilidad por el propio bienestar depende del individuo (Dean, 1999, pp. 166-167; Rose, 1999, pp. 156-160 y 2007, pp. 22-27). Este tiene que funcionar como un consumidor activo que se hace cargo de la gestión de su salud contratando los servicios ofertados por un vasto mercado de agencias sanitarias que compiten entre sí: aseguradoras privadas, agencias semipúblicas, asociaciones profesionales, organizaciones de autoayuda, etc.

Finalmente, no se trata en esta biopolítica de identificar, clasificar y eliminar a los defectuosos en nombre de la raza o de la nación. Se trata de establecer estimaciones probabilísticas que permitan detectar grupos de riesgo, prácticas de riesgo y, cada vez más, «individuos de riesgo», es decir, con niveles altos de susceptibilidad a determinadas dolencias. No se pretende eliminar estas instancias de riesgo, sino que se trata de desplegar medidas preventivas que permitan minimizarlas. Compárense por ejemplo las prácticas del certificado prenupcial obligatorio o la esterilización forzosa de individuos defectuosos (en la Alemania de 1940 o en la Suecia de 1950) con el consejo genético a parejas en las consultas contemporáneas (Rose, 2001).

Este contraste no significa que la biopolítica actual carezca de peligros. Pero éstos no coinciden exactamente con los del pasado (*v. g.* la intromisión del Estado en la vida sexual de los individuos). Piénsese por ejemplo en los falsos resultados positivos o en los falsos resultados negativos derivados de la estimación probabilística de los factores de riesgo en un individuo (éste puede quedar condenado a una existencia de enfermo virtual, sometido de por vida a la autoridad médica), en la discriminación, en los seguros o en la contratación laboral de sujetos diagnosticados como susceptibles a determinadas dolencias (Rose, 2001, pp. 4-12).

Hay que evitar por tanto un uso deshistorizado y extrapolador del concepto de *biopolítica*. Otro error frecuente consiste en identificar la *biopolítica* como un ejercicio de poder más sofisticado e insidioso que las *disciplinas* y éstas, a su vez, como un estilo más refinado que el poder de *soberanía*. Como si la historia genealógica designara la presencia de un poder cada vez más sutil, invisible y omnipresente. Este error puede encontrarse en algunos de los seguidores franceses de Foucault, particularmente aquellos que siguen la distinción deleuziana entre disciplinario y postdisciplinario, sociedades disciplinarias y sociedades de control (en las que prima la biopolítica) (O'Malley, 1996). Un caso reciente y conocido de este género de error lo encontramos en la obra conjunta de Michel Hardt y Antonio Negri, *Imperio* (Hardt y Negri, 2000, pp. 16-28). Frente a la tesis de la sofisticación progresiva, hay que recordar que soberanía, disciplina y biopolítica (o regulación) no forman una cadena sucesiva sino un triángulo cuya articulación recíproca varía de un periodo histórico a otro, dando lugar a configuraciones diferentes (Foucault, 2004a, pp. 10-12; O'Malley, 1996, p. 192).

Por lo tanto, en vez de referirnos a la biopolítica en general, habría que distinguir tantas formas de biopolítica como maneras de gobernar. Por esta razón el estudio de la biopolítica es inseparable de una morfología de la gubernamentalidad. Los enfoques unitarios y progresivos deben dejar su lugar a un planteamiento pluralista y estrictamente histórico.

Esta es la perspectiva que voy a presentar. Con esto no se inventa nada, sino que se trata de situar el análisis en la órbita de los investigadores anglófonos que conforman la llamada *History of the Present Network*, un grupo que desde los años noventa intenta aplicar la caja de herramientas foucaultiana al diagnóstico del orden político neoliberal (Vázquez García, 2005, pp. 159-226).

No es baladí señalar que el contexto en el que se inicia este acercamiento de un grupo de estudiosos (sociólogos, politólogos, filósofos, economistas) anglosajones a las reflexiones foucaultianas sobre el gobierno está marcado precisamente por la expansión de las políticas neoliberales en los países de lengua inglesa (en particular Gran Bretaña, Australia, Estados Unidos y Canadá). Sucede como si el modelo del gobierno, remitiendo a un poder que se apoya en la libertad, que incluso exige a los gobernados la obligación de ser libres, fuera idóneo para dar cuenta de la revolución neoliberal en el arte de conducir las conductas. Foucault desarrolla sus lecciones sobre la gubernamentalidad en el momento en que las administraciones de Reagan y Thatcher se están estrenando en sus respectivos países. Los trabajos de Nikolas Rose, Mitchell Dean, Peter Miller, Thomas Osborne, Graham Burchell, Pat O'Malley y tantos otros se inician cuando esas políticas neoliberales tienen tras de sí cierto trecho de experiencia y de profundización (Dean, 1999, p. 1, y Rose, 1999, p. xi).

Con arreglo a este enfoque pluralista pueden distinguirse en España[2] seis fases o seis formas de biopolítica vinculadas a otras tantas maneras de gobierno. En cada una de ellas está presente una lógica estratégica distinta, un régimen de prácticas diferente. Por otro lado la periodización de las mismas es simplemente aproximada:

1. Biopolítica absolutista (1600-1820). Suscitada por la experiencia de una «despoblación» acuciante y asociada a los modos de gobernar propios de la «razón de Estado», el mercantilismo y el cameralismo de los siglos XVII y XVIII. En cualquier caso, la presencia de mecanismos disciplinarios y eventualmente reguladores se vincula a un ejercicio de la soberanía monopolizado por la figura del monarca. La «población» no es un conjunto de procesos cuasinaturales sino una «riqueza» del reino.
2. Biopolítica liberal clásica (1820-1870). Vinculada a la emergencia del Mercado, la Población y la Sociedad Civil como procesos autónomos y conducidos por una suerte de autorregulación natural. Surge cuestionando el «Estado de policía» característico de la biopolítica absolutista. Gobernar, en este escenario, es liberar esta legalidad interna de los procesos evitando estorbarla mediante la acción estatal.
3. Biopolítica interventora (1870-1939). Asociada a la cristalización de un Estado que pretende intervenir en los procesos biológicos, económicos y civilizatorios con objeto de amortiguar las consecuencias sociales de la dinámica del mercado autorregulado. El modelo es el Estado bismarckiano, que introduce los seguros sociales y convierte la conservación de la vida y de la salud en una obligación recíproca del Estado y del individuo.
4. Biopolítica totalitaria (1940-1975). Si en la biopolítica interventora la acción del Estado preservaba la existencia de una soberanía democratizada, distribuida entre los ciudadanos, en la

---

[2] En España no son aún numerosos los estudios sobre «biopolítica» o que se apoyan en este concepto como herramienta de investigación. La primera compilación de exploraciones en esta estela puede encontrarse en Ugarte, 2005. El esquema que se indica remite a una serie de tipos ideales desarrollados en Dean, 1999, que pueden llegar a admitir formas transicionales. Es evidente, por ejemplo, que la «biopolítica totalitaria» del primer franquismo no es idéntica a la que opera a finales de los años sesenta. Un recorrido muy completo por los distintos usos del concepto de *biopolítica* (Foucault, Virno, Heller y Ferenczi, Agamben, Negri y Hardt) puede encontrarse en el trabajo de Ugarte, 2006 (agradezco al autor haberme dado a conocer este escrito aún inédito).

biopolítica totalitaria[3] la soberanía reside en una instancia que trasciende a los individuos: el Führer como expresión del *Völk*, el Partido como encarnación del Proletariado o el Caudillo como corporeización de la patria y de su «destino en lo universal». Se tiene un Estado máximamente disciplinario y regulador que apunta a una gestión ceñida de la vida; el reverso de su biopolítica es una tanatopolítica destinada a eliminar a los enemigos que ponen en peligro la supervivencia de la instancia trascendente, fuente de toda soberanía.
5. Biopolítica social (1975-1985). Vinculada a la emergencia del *Estado del Bienestar*, con la expansión de las técnicas y las burocracias *welfaristas* y de las políticas redistributivas de matriz keynesiana. La conservación de la vida y de la salud no es una obligación del individuo, a diferencia de lo que sucedía en el Estado Interventor; se trata de un derecho que el Estado tiene que atender mediante la prestación de servicios. El ciudadano es un individuo ligado a los demás a través de una trama de interdependencias solidarias sustentadas estatalmente y cuya expresión principal es el sistema de cotizaciones de la seguridad social.
6. Biopolítica liberal avanzada o neoliberal (1985-). En ella se trata de gobernar los procesos económicos, biológicos e incluso civilizatorios tomando como modelo la lógica del mercado y la conducta empresarial. A diferencia de la biopolítica liberal clásica, el mercado no es considerado como un proceso cuasinatural, sino como un esquema artificial que hay que implantar en sociedades excesivamente rígidas, lastradas por las burocracias del *welfarismo*. Lo «social» no es aquí un conjunto de necesidades básicas por cubrir mediante la prestación de servicios, sino un trasfondo de energías por activar y movilizar mediante la instauración de la lógica de mercado (v. g. en el suministro de servicios sanitarios, educativos, asistenciales, etc.). Los ciudadanos no se piensan preferentemente como individuos interdependientes, mutuamente ligados por redes de solidaridad fijadas de forma institucional (p.e. el sistema de cotizaciones al Estado), sino como «empresarios de sí» –capaces de invertir y gestionar sus propios recursos, no sólo económicos, sino también afectivos o intelectuales– y clientes o consumidores en la multiplicidad de mercados creados artificialmente. Los procesos económicos, biológicos y civilizatorios no son gobernados directamente por la acción del Estado sino a través de los mercados que el Estado, junto a otras agencias, contribuye a establecer.

---

[3] Dos interpretaciones, en cierto modo antagónicas, de la relación entre las propuestas conceptuales de Arendt («totalitarismo») y de Foucault («biopolítica») pueden encontrarse en Ortega Guerrero, 2005, pp. 104-126, y Esposito, 2006a, pp. 9-20.

En nuestra aproximación nos limitaremos a las tres primeras fases señaladas, pues vienen a coincidir con el asunto que nos interesa: el despegue, en España, de la racionalidad biopolítica.

I

EL GOBIERNO DE LAS POBLACIONES Y EL NACIMIENTO DE LA BIOPOLÍTICA ABSOLUTISTA

En rigor, la biopolítica surge con la aparición de la «población» como objeto de administración, como blanco de la acción de gobierno (Hacking, 1991, pp. 46-47, Foucault, 2004a, pp. 69-81). En España, como en otros países europeos, esto tiene lugar en el curso de los siglos XVII y XVIII, en relación con tres series de procesos mutuamente interconectados, cuya exploración se prolongará durante los tres capítulos que siguen.

En primer lugar, la preocupación por la despoblación del reino y la consideración correlativa de los habitantes como una riqueza que el soberano debe administrar mediante el ejercicio del gobierno. Esta cuestión, con las distintas controversias que puso en liza y con las transformaciones que la afectaron, se mantuvo a lo largo de los siglos XVII y XVIII, tanto en el orden de los discursos (de los memoriales redactados por los arbitristas de la era barroca a las propuestas elaboradas por los reformadores ilustrados) como en el ámbito de las prácticas (las medidas políticas adoptadas desde el reinado de Felipe IV hasta el final del Antiguo Régimen para incrementar el número y la calidad de los habitantes). Como emblema de esta biopolítica se analizará el «experimento» de las Nuevas Poblaciones de Sierra Morena, emprendido durante el reinado de Carlos III.

En segundo lugar, el proceso de desacralización de la pobreza y la mendicidad y el encumbramiento correlativo del *homo faber*. Este vasto acontecimiento arranca en España a mediados del siglo XVI con la polémica entablada entre Domingo de Soto y Juan de Medina acerca del recogimiento forzoso de los pobres, y perdura hasta la crítica liberal del sistema de hospicios y casas de misericordia. En este segundo frente estratégico no se trataba simplemente de evitar la despoblación, sino de transformar a los pobres en productores útiles y dóciles, de modo que contribuyeran al engrandecimiento del reino.

Finalmente, se trata de explicar en qué medida el despegue de la biopolítica en nuestro país se vio condicionado por la manera en que se planteó, al menos en España, ese modo de gobernar que se conoce como «razón de Estado». Aquí se pasará revista a los conflictos que suscitaba una política de población atenida exclusivamente a la lógica calculadora e instrumental de la «razón de Estado». El antimaquiavelismo y el neoestoicismo aparecen vinculados a una solución de compromiso donde se intentan conciliar la eficiencia estratégica de la racionalidad estatal con los imperativos de la fe católica y con las exigencias de una moral y de una simbólica ligadas a la pureza de la sangre y a la integridad de los linajes.

Un recurso de Estado

En principio, y aunque el término no se utilice (Foucault, 2004a, pp. 83-84), la «población» aparece cuestionada negativamente, como preocupación por la «despoblación». El problema se suscitó ya en la última década del siglo XVI (Martín Rodríguez, 1984, p. 56). El *Informe de los Corregidores* redactado en los últimos años del reinado de Felipe II y el *Memorial* dirigido al rey por las Cortes de Castilla (1598) expresan estas tribulaciones provocadas por la «falta de gente», enfatizando en particular sus negativas consecuencias para el cultivo de la tierra.

La formulación a gran escala comienza hacia 1600, con la aparición de una vastísima literatura de arbitrios y de una tratadística política que convierte este asunto en objeto preferente (González de Cellorigo, 1600, p. 7; De Valencia, 1607, p. 139; De Moncada, 1619, p. 95; Fernández Navarrete, 1626, p. 63; Caxa de Leruela, 1631, p. 123; Saavedra Fajardo, 1640, II, p. 650; Criales y Arce, 1646 cit. en Martín Rodríguez, 1984, p. 100; Martínez de Mata, 1650-1660, p. 99). En su empeño por dilucidar las causas de la despoblación, identificada como principal factor de la «declinación» que afecta al Imperio español, esta literatura contribuyó a forjar un concepto de «población» imbuido por los planteamientos del mercantilismo en materia de gobierno[1].

---

[1] Se suele considerar el *Memorial del Contador Luis Ortiz a Felipe II* (1558) como el texto fundacional del mercantilismo español. En él se diagnostica la principal «calamidad» que afecta a la Monarquía: la dependencia respecto a las manufacturas elaboradas en los países extranjeros a partir de materias primas españolas, provocando la sangría del metal precioso procedente de Indias y «que en estos reinos valgan las cosas tan caras por venir por manos ajenas que es vergüenza y grandísima lástima de ver y muy peor lo que burlan los extranjeros de nuestra nación que cierto en esto y en otras cosas nos tratan muy peor que a Indios» (Ortiz, 1558, p. 30). La solución arbitrada es una fórmula típicamente mercantilista: «El remedio para esto es vedar que no salgan del Reino mercaderías por labrar ni entren

La población es tematizada como un elemento crucial en la potencia de un Estado y al mismo tiempo su cuantía se valora como realce de la dignidad y esplendor del soberano[2]. Se trata por tanto y simultáneamente de un símbolo de la majestad regia y de un recurso que permite calibrar la potencia de un Estado en contraste con los demás Estados contendientes. De hecho, el gobierno del reino se identifica con la disposición o administración de las riquezas que lo conforman, siendo la población su principal tesoro. El número de gentes de un reino no es sin más un don gratuito otorgado por Dios; es un recurso que puede ser alterado a través del ejercicio de gobierno. Esta tarea de gobierno se representa a menudo utilizando un juego metafórico muy variado y en algunos casos de muy prolongada tradición; el soberano es un médico que diagnostica los males y los remedia (González de Cellorigo, 1600, pp. 162, 175, De Moncada, 1619, pp. 229-230; Fernández Navarrete, 1626, p. 32; Martínez de Mata, 1650-1660, p. 326); un piloto que conduce la nave del Estado (González de Cellorigo, 1600, pp. 5-6; De Moncada, 1619, p. 230; Saavedra Fajardo, 1640, II, 52); un hortelano o leñador que cuida su heredad con esmero (González de Cellorigo, 1600, pp. 153-155); un músico que sabe tañer con destreza las cuerdas de su instrumento (Saavedra Fajardo, 1640, II, pp. 609-611); un pastor que guía su rebaño (De Valencia, 1607, p. 146; De Moncada, 1619, p. 96; Saavedra Fajardo, 1640, II, p. 654) y un padre solícito que administra y tutela a su familia (González de Cellorigo, 1600, p. 88)[3].

---

en él mercaderías labradas» (Ortiz, 1558, p. 31). Sin embargo, como ha señalado Martín Rodríguez, 1984, p. 55, en este texto, como corresponde a la época en que se redactó, está ausente el problema de la despoblación; más bien, aludiendo a la carencia de sal en el reino, se sugiere lo contrario: «Porque no proveyéndoles de la sal que han menester y teniendo falta de ella, la cual falta al presente es general en el Reino por lo mucho que la gente ha multiplicado en él» (Ortiz, 1558, p. 108).

[2] En relación con esto es frecuente que se cite o se parafrasee el siguiente texto de *Proverbios*, 14, 28: *In multitudinis populi dignitas regis; et in paucitate plebis ignominia principus* (González de Cellorigo, 1600, p. 7; De Valencia, 1607, p. 139; Fernández Navarrete, 1626, p. 63; Saavedra Fajardo, 1640, II, p. 648).

[3] «Y siendo obligación universal la de V. Majestad en suma, pues es maestre, pastor, médico, padre y cabeza de esta república, todos oficios que obligan a mirar por ella» (De Moncada, 1619, p. 97); «porque el oficio de rey es de padre y de pastor, y es obra muy de padre mirar que los hijos no se pierdan de ociosidad y de pastor es, como decía Ciro el Mayor, hacerse fuerte y multiplicar el ganado para valerse de él, y del rey hacer buenos y fuertes y muchos los ciudadanos, para así servirse de ellos» (De Valencia, 1607, p. 147). El clericalismo jesuítico, bien representado por autores como Mariana y Suárez, rechazaba sin embargo esta asimilación y por lo tanto el modelo «patriarcalista»; el poder del soberano era transferido por Dios de forma mediata, pues el rey se debía en primer lugar al bien de la comunidad; el poder del padre sobre la familia se transfería de forma inmediata. Sobre este rechazo, véase Rivera García, 1999, p. 67. La metáfora del «pastor» se reencuentra en Uztáriz, 1724, p. 25, citando a Saavedra Fajardo. Sobre el origen del «poder pastoral» y de la metáfora del rey-pastor, véase Foucault, 2004a, pp. 127-134 y 139-159.

Esta última metáfora sugiere que el buen gobierno de las riquezas del Estado se equipara al buen gobierno de la casa del rey; la economía, el gobierno doméstico es interior y continuo al ejercicio mismo de la soberanía[4]; no se trata de una esfera de procesos naturales que poseen su propia legalidad interna. La economía no es aún el mercado autorregulado, sino el gobierno de la casa[5]. Análogamente, la población se entiende como un recurso interior al Estado, no como una serie de regularidades cuasinaturales, de ciclos y correlaciones constantes (entre variables como las tasas de mortalidad, natalidad, morbilidad, la producción agrícola, los flujos monetarios, las fluctuaciones de precios y de salarios, etc.) gobernados por sus propias normas, ajenas a la acción del soberano[6].

La consideración de la población como una instancia inmanente al Estado fue una constante de las políticas y del pensamiento español en el curso de los siglos XVII y XVIII, desde los arbitristas del periodo barroco hasta los reformadores ilustrados[7]. Se trata de un supuesto

---

[4] Esta continuidad aparece ya sugerida por Luis Ortiz: «Platón [...], Aristóteles y otros sabios, viendo el hondo abismo y grande armonía del hombre, con mucha razón le atribuyeron ser el mundo abreviado, de cuyas cualidades y excelencias sacaron la gobernación de la casa y de una república y de un Reyno y de todo el mundo de que tuvieron la mas noticia, el pueblo romano» (Ortiz, 1558, p. 25).

[5] Sobre la invención del «mercado autorregulado» en el pensamiento económico, véase Polanyi (1989, pp. 223-245).

[6] Carece por tanto de sentido rastrear los «precursores» de Malthus en el pensamiento español de los siglos XVII y XVIII. Es un mérito del excelente trabajo de Martín Rodríguez (1984, p. 25) haber prevenido a los historiadores «respecto a la absurda e injustificada costumbre de tratar de encontrar a toda costa precedentes de las grandes cimas del análisis económico». Sin embargo, esto no le impide buscar anticipaciones de Malthus en autores españoles de los siglos XVII (Montano) y XVIII (Romá y Rossell, Danvila, Nuix y Matanegui). Hay que decir, no obstante, que la ley de los rendimientos decrecientes, la correlación entre la progresión geométrica del nivel de población y la progresión aritmética de los recursos alimenticios, la restricción de la población por las subsistencias y el movimiento cíclico derivado –a través de la correlación entre precios y salarios– de este principio presuponen la identificación de la economía y de los procesos vitales con dinámicas cuasinaturales imposibles de controlar a través de los reglamentos y las disposiciones arbitradas por el Estado: «Esta natural desigualdad entre las dos fuerzas de la población y de la producción en la tierra, y aquella gran ley de nuestra naturaleza, en virtud de la cual los efectos de estas fuerzas se mantienen constantemente nivelados, constituyen la gran dificultad, a mi entender, insuperable, en el camino de la perfectibilidad de la sociedad [...] Ninguna pretendida igualdad, ninguna reglamentación agraria, por muy radical que sea, podrá eliminar, durante un siglo siquiera, la presión de esta ley» (Malthus, 1798. p. 55).

[7] Jerónimo de Uztáriz, en su *Theórica y Práctica de Comercio y de Marina* (1724), considerado como último gran texto del mercantilismo español, muy difundido a partir de su segunda edición de 1742, no duda en citar *in extenso*, respaldándolas, las afirmaciones de Saavedra Fajardo en sus *Empresas Políticas* (1640), «La fuerza de los Reynos consiste en el número de los vasallos. Quien tiene más, es mayor Príncipe, no el que tiene más Estados, porque éstos no se defienden ni ofenden por sí mismos, sino por sus habitantes» (Uztáriz, 1724, p. 25). Citando a Saavedra, Uztáriz recoge la metáfora del Rey-pastor (Uztáriz, 1724, p. 25). Por su parte, Bernardo Ward, ministro de Fernando VI, en su influyente *Proyecto Económico* (1779, aunque acabado en 1762), distingue entre la población en sentido físico y en sentido político; este segundo concepto es el que considera relevante para el desempeño del gobierno: «Los habitantes

subyacente a las distintas controversias que conforman este espacio de prácticas y de discursos: las disputas entre las «escuelas» (mercantilistas, neomercantilistas y «agraristas»)[8]; la polémica sobre la cuantiosa población de los antiguos reinos hispánicos; el debate entre poblacionistas y limitacionistas o la controversia acerca de la relación entre subsistencias y número de habitantes.

El descubrimiento de la población como una serie de procesos cuasinaturales que obedecen a regularidades intrínsecas se atribuye a la escuela fisiocrática; se trata del *ordre naturel* de Quesnay y de Mercier de la Rivière (Foucault, 2004a, pp. 73-75, y Lluch i Argemí d'Abadal, 1985, pp. 50-52). Como es sabido, la fisiocracia conoció una recepción débil y tardía en el caso español, limitada, durante el reinado de Carlos III, a una coincidencia parcial entre las propuestas de los fisiócratas y las estrategias difundidas por algunos reformadores ilustrados españoles (importancia de la educación agronómica, reforma de la ley agraria, atribución de «honra legal» a los oficios viles, impuesto único, liberalización del comercio del trigo) (Lluch i Argemí d'Abadal, 1985, pp. 70-83, y Lluch i Argemí d'Abadal, 2000, pp. 709-719)[9].

---

de un país se deben mirar bajo de dos conceptos: o como meramente vivientes, que nacen, se alimentan bien o mal y mueren dejando hijos, que siguen los mismos trámites, o como un conjunto de individuos, que constituyen un cuerpo político, que contribuyen a su poder y riqueza y a que sea respetable su nación entre las demás potencias» (Ward, 1779, p. 185). La población por tanto no es una mera realidad biológica o natural; conforma un cuerpo político que se identifica con el «cuerpo inmortal» del Estado: «Quien trabaja para el bien de una República, trabaja para un cuerpo inmortal» (Ward, 1779, p. 337). Aquí se apunta un desplazamiento: de los «dos cuerpos del rey» (el físico o mortal y el político o inmortal) a los dos cuerpos de la república. Asimismo Ward hace suya la metáfora del Rey-padre (Ward, 1779, pp. 137-138). Campomanes, fiscal del Consejo de Castilla en el reinado de Carlos III, también afronta la población como un recurso interno del Estado: «Además que en España, escasa de gentes, con la población de las Indias, guerras continuas en España misma, Italia, Flandes y Berbería, y por lo mismo más exhausta de gente que provincia alguna de Europa [...]. Es precisa la población para hacer que toda la tierra fructifique y así no hay embarazo en decidir, no tanto por conveniente cuanto necesaria la población. Prescindo del mayor poder que se aumentaría al rey y a la nación mismas» (Campomanes, 1750, pp. 152-153). También Campomanes establece una continuidad entre el gobierno de una familia y el gobierno del Estado (Campomanes, 1750, pp. 54-55). Finalmente, Pablo de Olavide, superintendente de esa gran empresa «biopolítica» que constituyó la fundación de las Nuevas Poblaciones de Sierra Morena y Andalucía, aparece reiterando la copertenencia entre Estado y población: «La población de un Estado es la riqueza y principio de su poder»; «la despoblación es el mal mayor y raíz de todos los males del Estado» («Pablo de Olavide al Ecmo. Sr. Conde de Aranda», Sevilla, 31 de enero de 1768, citado en Perdices de Blas, 1995, p. 190).

[8] No existe acuerdo entre los historiadores del pensamiento económico español ni en la designación que corresponde a las distintas escuelas ni en los límites que permiten diferenciarlas y clasificar a los distintos autores. Sobre este asunto son indispensables los excelentes trabajos de Lluch i Argemí d´Abadal (1985) y Llombart Rosa (2000a).

[9] Hay que mencionar asimismo la recepción de los escritos fisiocráticos, en particular los de Quesnay, dentro del ámbito de la Sociedad Económica Bascongada, especialmente por parte del conde de Peñaflorida; véase Astigarraga, 1990.

Ciertamente, entre el mercantilismo español del siglo XVII y las corrientes asentadas a partir de la segunda mitad del siglo XVIII (neomercantilismo de Ward, agrarismo de Campomanes, Jovellanos y Olavide, cameralismo de Romá i Rossell y de otros autores «periféricos»), tienen lugar cambios conceptuales y desplazamientos de acento que no se dejarán de señalar. Sin embargo, sólo a partir de Valentín de Foronda en su periodo intermedio y de los escritos sociales y económicos de Cabarrús, es decir, sólo a partir de una primera entronización del liberalismo económico, se llega a problematizar la identificación de la población con una instancia inmanente al gobierno estatal. En las críticas que estos autores dirigen contra el disciplinamiento absolutista de la población (particularmente contra el sistema de hospicios para pobres), se advierte la apelación a una acción estatal negativa que deje el libre curso al orden autónomo de la naturaleza (Martín Rodríguez, 1984, pp. 236-238; Lluch i Argemí d'Abadal, 1985, pp. 153-184, y Maravall, 1991, pp. 89-99)

Como se ha dicho, el emplazamiento de la población en el círculo de la autoridad soberana, como riqueza interior al Estado, constituye un principio incuestionado, situado más acá de la polémica entre poblacionismo y limitacionismo. Ciertamente, la inmensa mayoría de los memoriales y tratados que se ocupaban de este problema en España durante los siglos XVII y XVIII sostienen la primera opción. Según ésta, administrar la población equivale a aumentarla. No obstante, en los últimos decenios del siglo XVII, cuando parece mitigarse la obsesión por la despoblación del reino (Martín Rodríguez, 1984, p. 60), el capitán Vicente Montano redactó un manuscrito, inédito hasta fecha reciente y titulado *El Arcano de Príncipes,* donde se defendía crudamente «que de la procreación demasiada de los hombres, se inquietan las Monarquías, se desasosiegan los Reinos, se pierde respeto a las leyes, y finalmente se confunde el orden del Gobierno» (Montano, 1681, p. 18).

Montano justifica esta posición intentando demostrar, mediante cálculos comparados de la extensión terrestre cultivable y de la potencia reproductora de una familia tipo considerada en la serie temporal, «que si la abundancia de los bienes nace del corto número de personas que los consumen, la carestía proviene de la multiplicación de aquéllas; pues no puede la tierra [...] suplir a la propagación humana, que continuamente se multiplica» (Montano, 1681, p. 16).

En este argumento se ha querido ver –desde que Cánovas descubriera el mencionado manuscrito– un claro precedente de la tesis malthusiana acerca de la correlación entre el crecimiento geométrico de la población y el aumento aritmético de las subsistencias (Smith, 1955, pp. 7-8, y Martín Rodríguez, 1984, pp. 71-72, 103-109, 145-148). Malthus entendía que esta dependencia tenía el estatuto de una ley natural, como también lo tenía el hecho de que el incremento de población tienda a verse restringido cuando la producción de subsistencias alcanza su límite. En estas circunstancias, con la multiplicación del número de trabajadores, los salarios disminuyen y los precios aumentan. La situación de escasez provoca el descenso de los matrimonios y la población ve frenado su crecimiento (Malthus, 1798, p. 63). Con objeto de crear los nuevos puestos de trabajo que se requieren, se roturan nuevas parcelas y se mejoran los cultivos, de manera que se equilibran las subsistencias con el volumen de población; los precios descienden, los salarios suben y la dinámica vuelve a empezar. Estos ciclos, estos equilibrios y desajustes periódicos se consideran procesos puramente naturales; la acción del Estado sobre los mismos con objeto de contrarrestarlos resulta completamente inútil, cuando no perjudicial.

Ahora bien, la posición de Montano es muy diferente. Dejada al albur, la desproporción entre habitantes y subsistencias conduciría a la ruina de las monarquías, pues induce a «alborotos y sediciones, motivados del ocio en que [el vulgo] vive sepultado» (Montano, 1681, p. 20). La multiplicación de los hombres y la escasez de los cultivos no se afrontan aquí como movimientos de la Naturaleza, sino como recursos que el monarca debe administrar para conservar su reino. El equilibrio o el desequilibrio no se muestran como fenómenos naturales, sino como indicio de una «política necia» –Montano pone el ejemplo del Imperio chino– o eficaz. Ésta consiste en arbitrar medidas, no importa lo drásticas que sean, que eviten «la procreación demasiada de los hombres» (Montano, 1681, p. 18). El «arcano» de los príncipes alude al disimulo y estratagema que éstos deben emplear para enmascarar los fines de su política, «sin que el bulgo alcance a penetrar ninguna de sus operaciones, engañando también a los más sabios y prudentes» (Montano, 1681, p. 33).

Contra la corriente dominante en el pensamiento político español, Montano presenta al Príncipe como alquien emplazado en una posición trascendente respecto al propio reino, como si el soberano y sus dominios no se identificaran, un argumento de inspiración maquiavélica (Foucault, 2004a, pp. 94-96). Aquí la metáfora del padre cede su lugar a la del médico. El soberano tiene la función de «purgar», de «sangrar» la abundancia de «moradores» en sus posesiones, pues este exceso da lugar a revueltas que amenazan su autoridad[10].

---

[10] «Siendo pues la multitud de los Pueblos de tan gran cuidado a sus Príncipes, deben hacer con ellos lo que los Médicos con los cuerpos humanos, que para obviar cualquier achaque, los sangran, y purgan en salud, evaquando la superfluidad de humores, que una vez rebueltos, ocasionan graves enfermedades. Con este conocimiento no hay Potentado (cada uno por diferentes caminos) que no procure aliviarse del peso de la multitud de los vasallos, siendo ordinariamente la ruina de los Dominios. Por esto limitaron los Príncipes el aumento de moradores en sus cuidados y en este sentir convienen los dos luceros de la Philosophía [Platón y Aristóteles], que con tanta seguridad aconsejaron el no dexar nacer muchos, y procurar remedios contra la concepción» (Montano, 1681, p. 21).

Montano pasa revista en primer lugar, utilizando referencias de historiadores y de viajeros, a las medidas utilizadas en los pueblos «bárbaros» para limitar el crecimiento de la población: la esterilización de las mujeres mediante ritos fálicos, el estímulo de la sodomía y el matrimonio entre varones, el celibato obligatorio para la «soldadesca», la libertad de los militares para gozar de cualquier mujer casada (ahuyentando del matrimonio a los individuos celosos), la poligamia, el exterminio de los enfermos (Montano, 1681, p. 24). Entre los príncipes cristianos, no se dejan de alabar las ventajas de promover periódicamente la guerra e incluso de traicionar los tratados de paz, fomentar el cultivo de las armas frente al de las letras, la aniquilación de los enemigos vencidos –en este punto se defienden los exterminios practicados por los españoles en el Nuevo Mundo (Montano, 1681, p. 23)–, no impedir los contagios pestíferos ni las hambrunas, alentar la actuación de médicos inexpertos, prescribir el celibato para los cargos públicos y aumentar el número de monjas y de eclesiásticos. En el caso de España, Montano asegura que no hará falta recurrir a métodos violentos, habida cuenta de las benéficas pérdidas de población que resultan de las frecuentes guerras y de la emigración a América (Montano, 1681, pp. 34-35).

La singularidad de este escrito, a todas luces bastante peculiar en la España de la época, no estriba en anticipar las tesis malthusianas. Muy al contrario; la población no es aquí un trasfondo de procesos naturales que el Estado debe reconocer como límite y regla de juego de su ejercicio; es un instrumento a merced del soberano. El texto de Montano no es un embrión de las reflexiones de Malthus; es una regresión a los planteamientos maquiavelistas en un contexto de pensamiento político que los rechaza mayoritariamente. En la perspectiva maquiavélica, como en la de Montano, el Príncipe se mantiene exterior a su principado; no forma parte de él como el padre que gobierna a su familia; en último extremo, no forma parte del Estado que gobierna[11]; éste es un cuerpo extraño –nada que ver con el «cuerpo místico» que invoca Fernández Navarrete (1626, p. 67) o con el «cuerpo inmortal» al que todavía apela Bernardo Ward (1779, p. 337)– que el soberano debe «purgar» y «sangrar» para mantenerlo en su poder. Aquí reside la peculiaridad intempestiva de un manuscrito que su época no conoció como texto impreso[12].

---

[11] Contrástese esta exterioridad constatada por Montano con la copertenencia enunciada, por ejemplo, por Fernández Navarrete: «Porque a ninguno corre tanta obligación de ayudar al bien común como a los reyes, cuya conservación consiste en conservar al pueblo [...] que el bien del reino era el bien y la utilidad del rey [...] que la gloria de los reyes consistía en la ociosa y descansada tranquilidad de los vasallos» (Fernández Navarrete, 1616, p. 42).

[12] Ciertamente, el manuscrito de Montano, una pieza ya tardía del pensamiento político del Barroco, invoca al final del mismo –en un gesto antimaquiavélico– la subordinación del Príncipe y de su acción a los fundamentos de la religión cristiana: «Sobre todo, que los

Como se indicó, el planteamiento mayoritario entre los arbitristas llevaba a identificar la despoblación como principal causa de decadencia del Imperio. En este punto, y a partir de las consideraciones que hizo Giovanni Botero, cuya *Delle Cause della Grandeza della Cittá* (1588) se convirtió en una referencia obligada de los memorialistas españoles del siglo XVII[13], se abrió una importante controversia que perduró hasta las primeras décadas del siglo XVIII. ¿Cuáles eran las causas y los posibles remedios de la despoblación?; ¿era el número de habitantes por sí solo capaz de determinar la grandeza o miseria del reino, o esa magnitud dependía a su vez de las subsistencias o «bastimentos» disponibles?

De un lado se situaban los que relacionaban la «falta de gente» con una multitud de episodios, instituciones y defectos morales: las numerosas campañas militares, la emigración a Indias, el afán de ennoblecimiento y el lujo, la ociosidad de los españoles, la multiplicación de mayorazgos, obstáculo para el casamiento de los hermanos que no heredaban, la abundancia de religiosos y de días feriados, la atracción ejercida por la Corte, el exceso de tributos, mandas y donaciones, la ruina provocada por el empeño de juros y censos, la corrupción de las costumbres, la prostitución tolerada, que ahuyentaba a los jóvenes del lecho conyugal, y un largo etcétera variable según los autores. La despoblación se presenta como efecto de esta concatenación de causas; el remedio propuesto consistía en medidas políticas, fundamentalmente leyes y ordenanzas regias, que estimularan directamente la procreación contribuyendo así a aumentar la antigua grandeza del reino. En esta política se incluye la concesión de privilegios a los que opten por el estado matrimonial, la reducción de las dotes para casamiento, el castigo de la holgazanería y la mendicidad, evitar la salida de los naturales, admitir la entrada de extranjeros católicos con voluntad de establecerse, conmutar penas de muerte, prohibir la prostitución, limitar

---

Príncipes se acordasen, que están obligados a temer y amar a Dios y con estos dos cimientos estableciendo el Gobierno, no los tratasen [a los súbditos] tiránicamente como Esclavos por razón de la Soberanía atendiendo, que la duración y seguridad de las Monarquías, nace de la Clemencia y bondad de sus soberanos como su perdición de la soverbia y crueldad de los mismos» (Montano, 1681, p. 41). Estas palabras no deben considerarse un ardid de disimulada ortodoxia; lo que sucede es que en esta época la tradición cristiana es una herencia política a la que los pensadores políticos españoles conceden tanta relevancia como a Maquiavelo. Es un anacronismo, como ha señalado Fernández-Santamaría, 1986, pp. 16-17, pensar que en este periodo se operaba con distinciones conceptuales tan asentadas como las nuestras –entre ética y política o entre teología y gobierno–. Montano, en último término, apunta a conciliar sus propuestas ciertamente maquiavélicas con los principios de la fe. Su planteamiento coincide con el de esa familia de escritores militares adeptos a un maquiavelismo ocasional reconocida por Maravall, 1975, p. 53.

[13] La obra en cuestión se tradujo al castellano en 1593, formando parte de la edición de la *opus magna* de Botero, los *Diez Libros de la Razón de Estado* (Martín Rodríguez, 1984, p. 70).

los mayorazgos, elevar la edad de acceso a la profesión religiosa, atenuar los impuestos. A esta primera serie de textos pertenecen los diagnósticos de González de Cellorigo (1600)[14], Pedro de Valencia (1608)[15], Fernández Navarrete (1626)[16], Francisco Volflelots (1629)[17], Saavedra Fajardo (1640)[18], Gaspar de Criales (1646)[19], Álvarez Osorio (1686)[20] y Juan de Cabrera (1719)[21], entre otros.

[14] González de Cellorigo conecta causalmente la despoblación con la necesidad y la miseria, es decir, con la falta de trabajo y de subsistencias, pero esta carencia aparece como expresión de una corrupción moral («flojedad») que lleva a los españoles a menospreciar los oficios y las ocupaciones agrícolas: «La disminución y falta de gente ha muchos años que se siente en estos reinos, la cual no procede tanto de las guerras cuanto de la necesidad y falta en todas las cosas causada por la flojedad de los nuestros, que es la que los ha desterrado de su patria y les causa las enfermedades con que se disminuyen, y todo procede de huir de lo que naturalmente nos sustenta. Y emprender lo que destruye las Repúblicas, cuando ponen su riqueza en el dinero y en la renta [...] De suerte es esto que se puede muy bien decir que la riqueza que había de enriquecer ha empobrecido, porque se ha usado tan mal della que ha hecho al mercader que no trate y al labrador que no labre, y mucha gente ociosa y perdida de que han venido las necesidades, y tras ellas las enfermedades que tanto nos acosan» (González de Cellorigo, 1600, pp. 20-21). Esta misma corrupción moral es la que conduce a los hombres a una vida deshonesta, «que huyendo del matrimonio desamparan la procreación y dan en extremos viciosos» (González de Cellorigo, 1600, p. 58), de ahí la importancia concedida a medidas como el castigo de la prostitución y del adulterio a la hora de incentivar los casamientos

[15] Pedro de Valencia entiende que la raíz de la despoblación está en la ociosidad y su remedio en aumentar el número de trabajadores, especialmente los ocupados en faenas agrícolas; curiosamente, considera que el trabajo promueve la fertilidad, la procreación, tanto en los hombres como en las mujeres: «De aquí es que no ai esclava ni gitana estéril y que los hijos déstas i de los labradores i trabajadores son grandes i fuertes i sanos, i muchas señoras i mugeres nobles i regaladas biven enfermas, o son estériles, i los príncipes i nobles en general nascen i se crían afeminados» (De Valencia, 1608, p. 171).

[16] En el trasfondo de las diferentes causas de la despoblación, Fernández Navarrete detecta el abandono de la «parsimonia y templanza» que desde antiguo caracterizaba a los españoles (Fernández Navarrete 1626: 128). Considera que aumentando los matrimonios y la procreación se restaurará la pujanza del reino, por eso entre los remedios aconsejados «los que parecen más seguros son convidar con muchos privilegios al estado del matrimonio, que el que (como dijo Justiniano) renovando la generación, da al linaje humano en cuanto es posible una como inmortalidad [...] porque ningún otro medio hay tan seguro, para que las provincias se llenen de gente, como el matrimonio» (Fernández Navarrete, 1626, p. 115).

[17] Los argumentos de Volflelots siguen en general la argumentación de Fernández Navarrete (Martín Rodríguez, 1984, p. 137).

[18] Saavedra Fajardo entiende que los mejores remedios consisten en promover los matrimonios disminuyendo la cuantía de las dotes («con que más fácilmente se ajusten los casamientos, sin que la cudicia pierda tiempo en buscar la más rica», Saavedra Fajardo, 1640, II, p. 649) y en admitir la entrada de extranjeros de religión católica, siempre que se hayan de dedicar «para la cultura de los campos y para las artes» (Saavedra Fajardo, 1640, II, p. 649).

[19] Gaspar de Criales consideraba que el aumento de población y por tanto de trabajadores traería consigo un aumento de subsistencias (Martín Rodríguez, 1984, p. 141).

[20] Sobre Álvarez Osorio, véase Martín Rodríguez, 1984, p. 152.

[21] Entre las medidas arbitradas por Juan de Cabrera estaba el incentivo de los matrimonios mediante la concesión de privilegios, la apertura de casas de huérfanos, la fundación de obras pías, elevar a veinte años la edad para ordenarse como sacerdote o profesar como religioso, reducir las dotes, dificultar la salida de los españoles al exterior y prohibir los burdeles (Martín Rodríguez, 1984, p. 151).

En este frente de los que consideran que las subsistencias se acrecientan al aumentar la población, parecen haberse situado las medidas aconsejadas por el informe del Consejo de Castilla (1619) en respuesta a la consulta realizada por Felipe III el año anterior[22] y, de forma más rotunda, las propuestas sancionadas entre 1623 y 1625, reinando ya Felipe IV. Una pragmática del 11 de febrero de 1623 establecía nuevos estímulos para el matrimonio y la procreación: liberación de cargas impositivas para los casados durante los primeros cuatro años de matrimonio y liberación de por vida para los que tuvieran seis o más varones vivos. Al mismo tiempo se imponían estos gravámenes fiscales a los solteros que llegaran a los veinticinco años sin haberse casado, aunque siguieran viviendo en la casa paterna y bajo la potestad de su progenitor. Se establecía asimismo que todos los extranjeros católicos pudiesen ejercer sus oficios en España, gozando de ciertos privilegios fiscales y políticos «siempre que hubiesen vivido en el reino con casa poblada por diez años» y «siendo casados con mujeres naturales de él» (Martín Rodríguez, 1984, p. 266). Por último, recordaba las disposiciones aprobadas en tiempos de Carlos I (1534) y Felipe II (1573) limitando las cantidades que se podían dar en dote y advirtiendo sobre la despoblación derivada de las dotes elevadas y de los dispendios en bodas y esponsales.

Esta pragmática, conocida como la de los «reciéncasados», incluía además la prohibición de la mancebía y de las mujeres públicas (Vázquez García, 2003, pp. 149-183, y Moreno Mengíbar y Vázquez García, 1997, pp. 33-49). Se trata de medidas emplazadas en el contexto de las reformas económicas, administrativas y de «costumbres» emprendidas por la iniciativa del Conde Duque de Olivares, que se hacía eco del problema de la «despoblación» tal como aparecía en los memoriales de los arbitristas (Elliott, 1998, pp. 151-152 y 208). A esta misma serie pertenece la creación, por Real Cédula de 1625, de la Junta de Población y Comercio.

En la otra banda se situaban aquellos autores que, más allá de la dispersión de las supuestas causas de despoblación, buscaban el mecanismo explicativo que daba cuenta a la vez de la actuación de esas causas y de la falta de moradores en el reino. Se trata de los forjadores de «sistemas generales» (Martín Rodríguez, 1984, p. 141), que hacían depender los avatares de la población del nivel de subsistencias disponibles e integraban en un todo coherente el estudio del comercio,

---

[22] El programa de siete puntos que conformaba este informe incluía medidas para restringir el lujo, estimular el ahorro en la Casa del rey e interceder ante la Santa Sede para que se limitase el número de religiosos y se frenase la fundación de nuevas órdenes y monasterios. Esta última medida fue de nuevo solicitada a Felipe IV por las Cortes de Castilla en 1650, siendo admitida por la Real Cédula que se aprobó ese mismo año (Martín Rodríguez, 1984, p. 261, y Franco, 1968, p. XXXVII).

las manufacturas, la propiedad, los rendimientos agrícolas y las instituciones. Esto significaba que, a juicio de estos arbitristas, las políticas promotoras del matrimonio, las ordenanzas limitadoras del celibato o favorables a la incorporación de extranjeros de nada podían servir mientras no se actuara sobre la producción de recursos. Todos reconocen que la tierra en España es fértil y pródiga en frutos y alimentos. La carencia de éstos no estaba inscrita en la naturaleza; tampoco derivaba de una ociosidad peculiar de los españoles; era el resultado de una mala política en materia de comercio y en relación con el fomento de la industria y de la agricultura. Sancho de Moncada (1619), Caxa de Leruela (1631), Martínez de Mata (1650) y Jerónimo de Uztáriz (1724) encarnan este estilo de razonamiento.

De Moncada descarta la pléyade de causas rutinariamente invocadas (pestes, guerras, expulsión de los moriscos, exceso de eclesiásticos) en relación con la «falta de gentes», pues «nada de esto ha habido de pocos años acá, que es cuando se conoce más la falta de ella» (De Moncada, 1619, p. 185). La emigración y en general la despoblación se deben a la miseria imperante, y la raíz de ésta estriba en la inundación del país por las mercaderías extranjeras, que copan el tráfico interior, arruinando el desarrollo de las manufacturas propias y de los oficios[23]. Esta misma razón explica la escasez de moneda en el país, la fuga del oro y de la plata y la mengua de la Hacienda Real. El remedio consiste por tanto en «vedar entrar en España ninguna mercadería labrada» (De Moncada, 1619, p. 107). De Moncada estima que la prohibición de los productos manufacturados extranjeros traerá consigo el florecimiento de los oficios y de la industria, el aumento del trabajo y con ello el remedio a la despoblación.

Caxa de Leruela también minimiza el impacto de episodios como las guerras de Flandes en la pérdida de población. Como De Moncada, pone en primer plano la miseria y la necesidad, factores que explican asimismo «la retirada que han hecho muchos a los claustros y sacerdocio en España» (Caxa de Leruela, 1631, p. 61). La entrada de mercaderías extranjeras en el país, solicitadas por un público ávido de lujos y de vanidades, presto a abandonar los oficios y las ocupaciones agrícolas, es el factor desencadenante de la escasez y por tanto de la falta de habitantes. Caxa consideraba que la solución del problema pasaba por recuperar la vocación ganadera del reino, que tan benéfica había sido en la época dorada de la Mesta, cuando el país abundaba en población

---

[23] Moncada invoca un tópico ya advertido, como se indicó, por Luis Ortiz, Contador de Felipe II: los españoles nos hemos convertido en los indios del resto de Europa: «Nos tratan como a Indios, sacando grandes sumas de fruslerías y juguetes, que son de gran perjuicio por superfluas, y contra toda ley de buen gobierno y de buen comercio, pues el comercio se introdujo para traer cosas necesarias» (De Moncada, 1619, p. 111).

y recursos. La crianza de ganado daba ocupación a muchos brazos y proporcionaba un caudal de subsistencias, siendo una instancia favorecedora de la agricultura, pues al ampliar los terrenos dedicados al pastoreo se obligaba a reducir las heredades, promoviendo un tipo de cultivo más esmerado y con mejores rendimientos. La promoción de la ganadería implicaba por tanto la necesidad de transformar el régimen de propiedad agraria disminuyendo el tamaño de las explotaciones[24].

Martínez de Mata no alberga dudas a la hora de señalar la «causa única de la despoblación, pobreza y esterilidad de España» (Martínez de Mata, 1650-1660, p. 99). Ésta consiste en haber permitido que los vasallos de este reino consumiesen las mercaderías de otros países de suyo más pobres, como Francia, Génova, Venecia, Florencia, Holanda o Inglaterra. Esto ha traído la ruina de los gremios y de los oficios (Martínez de Mata, 1650-1660, pp. 106-107) y con ella el hundimiento de las familias campesinas, que según Martínez de Mata completaban los escasos rendimientos de su labor con «fábricas de paño, lienzos, medias de estambre, jerguillas, picotes y estameñas» (Martínez de Mata, 1650-1660, p. 129). De hecho, el autor sostiene que el principal caudal de los labradores procedía de estas manufacturas, por la elevada demanda de las mismas que existía en otros tiempos. El colapso de esta industria, debido a la invasión de mercaderías foráneas, impedía la celebración de matrimonios, empobrecía y echaba a perder a los hijos y, particularmente, a las hijas, sin dote para celebrar boda y condenadas a la prostitución y a la mala vida (Martínez de Mata, 1650-1660, p. 126). Aludiendo a los incentivos para el casamiento aprobados por la Pragmática de 1623, Martínez de Mata sugiere su inutilidad[25] mientras no se ponga coto a la entrada de mercancías extranjeras, que deja a la gente sin trabajo y sin medios de vida. Llega a equiparar esta des-

---

[24] «Todos empero, cuantos han escrito sobre el estado de las cosas de España, y tratado de remediar la carestía general, han desbarrado, unos por una parte, otros por otra, sin haber atinado a la puerta única de socorro, que es la crianza de los ganados. Pues aunque concurren muchas causas, la principal de donde se origina es la falta de ganados, mayores y menores, señaladamente de los Estantes, nervio substancial del utilísimo gremio de labradores, sobre quien se funda la pesadumbre de la máquina civil, cuya ruina se ha llevado tras sí la abundancia, y arrastrado todo el comercio, encarecido todas las cosas [...] Y como todas las cosas, obras y portes alteran y regulan sus precios con el punto de los alimentos, que es el contrabajo de la música y armonía civil; de aquí se ha seguido la despoblación de los lugares» (Caxa de Leruela, 1631, pp. 39-40).

[25] «Contra esta Real voluntad [se refiere a la pragmática de 1623] de Vuestra Majestad se opone esta maligna causa del comercio abusado extranjero; porque cuando ven los menores desamparar a los mayores la carga del matrimonio, y que los padres, amigos, vecinos y parientes les dicen que miren lo que hacen antes que se casen, mostrándoles los ejemplos vivos de la grave necesidad que padecen los que están casados, por no tener en qué trabajar, desisten de casarse, y se quedan celibatos, o se hacen frailes, o vagabundos. Y las doncellas perecen por los rincones de hambre, y otras se pierden a millares, con grave ofensa de la Ley de Dios» (Martínez de Mata, 1650-1660, p. 129).

gracia al vicio de «bestialidad», pues tan contrario a la procreación es éste como aquélla (Martínez de Mata, 1650-1660, p. 130).

A contracorriente de su tiempo y anticipando un argumento que será propagado en el futuro por los reformadores ilustrados –aunque dentro de un cuadro conceptual diferente[26]–, Martínez de Mata señala que el lujo no sólo no es nocivo sino que sus practicantes son en realidad «bienhechores de la República, porque con su dinero tienen ganancias todos los pobres y ricos» (Martínez de Mata, 1650-1660, pp. 138 y 333). El mal no residía pues en el consumo insaciable de bienes innecesarios, como clamaban tantos arbitristas, sino en que «destos gastos superfluos reciben beneficios los Reinos extraños, y no los retornan» (Martínez de Mata, 1650-1660, p. 140). A esta plaga de manufacturas se añade la presencia, según Martínez de Mata, de «ciento veinte mil franceses» que viven entre España y su patria de origen, llevándose las riquezas que consiguen aquí (Martínez de Mata, 1650-1660, p. 158).

Los remedios que propone este autor de diversos memoriales y discursos sobre la despoblación pasan por gravar la entrada de mercaderías foráneas (Martínez de Mata, 1650-1660, p. 340), la concesión de ventajas y privilegios a los españoles que se dediquen a las artes y oficios y la imposición de fuertes tributos a los extranjeros que, transcurridos tres años en España, permanezcan solteros (Martínez de Mata, 1650-1660, p. 315).

El navarro Jerónimo de Uztáriz redacta su *Theórica y Práctica de Comercio y de Marina* (1724) en un contexto diferente. La política centralizadora del reformismo borbónico no apuntaba sólo a la eliminación de los fueros y privilegios de los distintos reinos peninsulares; pretendía también fomentar el comercio y las manufacturas eliminando todas las aduanas interiores. Así lo dispuso la orden de agosto de 1717 que las suprimía, trasladándolas a las fronteras y puertos costeros. Junto a la supresión de aduanas, se trató de sustituir el régimen de arrendamiento que primaba sobre las mismas. Tradicionalmente, la Monarquía alquilaba las aduanas a un arrendatario que disponía de un gran arbitrio sobre ellas. A menudo se confabulaba con los contrabandistas y con los importadores extranjeros para rebajar los derechos y aranceles con vistas a aumentar su fortuna. Con objeto de frenar estos abusos, que dañaban seriamente al comercio y a la industria interiores, se decidió estatalizar la administración de los aranceles (Franco,

---

[26] Los temas de la libertad de tráfico, del interés y de la repercusión benéfica de los deseos y las pasiones para el desarrollo del comercio y de las manufacturas aparecen interconectados en algunos de los representantes españoles de la Ilustración, aunque habrá que esperar a la entronización del liberalismo para encontrar argumentos afines a la «fábula de las abejas» de Mandeville, donde los vicios privados se describen engendrando virtudes públicas.

1968, p. XXX). Las medidas aprobadas durante el reinado de Felipe V, dando al traste con las aduanas interiores y con los arrendamientos, encontraron una enconada resistencia en algunas zonas del país, pero no evitaron que se pusiera en marcha un proceso irreversible para implantar en España una política mercantilista semejante a la aplicada en la vecina Francia.

Los argumentos expuestos por Uztáriz, admirador de Colbert, se alinean con los objetivos de esta nueva política. Comparte con el planteamiento de la época la tendencia a considerar la población como la mayor riqueza de un Estado, y avala esta tesis apoyándose en textos de Vauban y de Saavedra Fajardo (Uztáriz, 1724, pp. 24-25). Ciertamente, admite que el país ha sufrido una considerable pérdida de habitantes y que la despoblación ha hecho mella en algunas regiones, pero niega que el número de los habitantes sea insuficiente para poner en marcha un programa que estimule la industria y el comercio. Bien informado sobre la situación efectiva, Uztáriz maneja datos contributivos y militares y cuenta con la Relación de los Vecindarios de España. Por encima de todo, estima que el aumento de ocupaciones traerá consigo el incremento de población: «Y pues hai muchos pastores porque hai muchos rebaños, debemos creer, que disponiéndose buenos y muchos telares mediante la moderación de sus derechos, y mejor regla en otros, habrá abundancia de tejedores y demás operarios» (Uztáriz, 1724, p. 20). A esto habría que sumar, según el navarro, la gran cantidad de «pobres, ociosos y vagabundos», amén de huérfanos abandonados, que pueden ser recogidos y sometidos a trabajo forzoso (Uztáriz, 1724, p. 19).

Se descarta que la emigración a América sea causa de la «falta de gente». Los indianos que regresan a la península y los «caudales» que llevan consigo constituyen un acicate para el aumento de población, pues los dedican al cultivo de tierras o a las dotes que permitan el casamiento de sus parientes. De no haber emigrado, estos segundones engrosarían las filas de los solteros sin fortuna y sin descendencia (Uztáriz, 1724, pp. 21-22).

Uztáriz entiende que la clave de la despoblación es la extendida miseria que reina en algunas regiones; su causa es la destrucción de las manufacturas y la parálisis del comercio, debidas, por una parte, como señalaron De Moncada, Caxa de Leruela y Martínez de Mata, a la introducción de géneros extranjeros y, por otra, a la multiplicidad de pesados tributos que cargaban el consumo, el tráfico y la industria: «Que no son las Indias las que nos enflaquecen y despueblan, sino los géneros con que los Estrangeros nos sacan el dinero y han destruido nuestras manufacturas, al mismo tiempo que continúan pesados tributos: con que debemos persuadirnos, que siempre que se restablezcan, y aumenten las maniobras y vengan a ser menos pesadas las cargas, repartidas entre mayor número de contribuyentes, se restablecerá la opulencia y fortaleza de la Monarchía» (Uztáriz, 1724, p. 23).

Los impuestos y el control del comercio exterior, es decir, la política fiscal y la política aduanera; éstos son los dos ámbitos estratégicos en los que se asienta el programa de Uztáriz; su meta es el «progreso de las fábricas y del comercio» (Uztáriz, 1724, p. 19), que se consideraba el factor decisivo para el incremento de la población. ¿Y la agricultura? Ésta sólo comparece en el análisis de Uztáriz como fuente de materias primas para las manufacturas; por otro lado, el incremento de los cultivos y de las cosechas hacía bajar los precios, de modo que abarataba los precios de los artículos fabricados. En suma, los recursos agrícolas se presentan siempre dependiendo de los beneficios de la industria y del comercio.

Las políticas impositiva y aduanera estaban orientadas, en la propuesta de Uztáriz, por criterios estrictamente mercantilistas; se trataba de vender en el exterior más de lo que en él se compraba. Se hacía necesario, por consiguiente, suprimir las aduanas interiores fomentando la libertad de comercio en el reino; esto provocaría, entre otras cosas, el auge de las manufacturas propias, pues las regiones ya no comprarían fuera productos elaborados que podían adquirir a precios inferiores en el interior. En esta misma línea y como norma general, pues existían variaciones según los artículos, se prescribían aranceles elevados para la importación de manufacturas extranjeras, pero no para la entrada de materias primas y artefactos necesarios para la industria nacional (Uztáriz, 1724, pp. 297-300). En contrapartida, debía facilitarse la exportación de los productos elaborados en España, restringiendo al mismo tiempo la salida de materias primas, si bien en años de abundancia podía alterarse esta política en relación con los cereales (Uztáriz, 1724, p. 302). El navarro no renuncia a establecer elevados gravámenes e incluso prohibiciones en relación con algunas mercancías suntuarias[27]. Era también favorable a «atraher y conservar en el país, maestros hábiles en fábricas, batanes, tintes y en otras maniobras» (Uztáriz, 1724, p. 330), es decir, a la entrada de artesanos extranjeros siempre que fuesen católicos –llega a sugerir la introducción de 200.000– para hacer progresar las manufacturas españolas. Con este objeto propone que se otorguen exenciones y privilegios a los «artífices extranjeros» que se instalen en el suelo nacional.

En el terreno fiscal, es partidario de eximir de impuestos a los que trabajen en las manufacturas, con objeto de que éstas incorporasen

---

[27] «El Rey nuestro Señor, hallándose en el Real Sitio de San Ildefonso, siempre atento al bien común de sus Vasallos, consideró la necesidad que havía de corregir los abusos introducidos en los trages, y otros gastos superfluos, que no solamente incomodaban a sus Vasallos, sino que perjudicaban a Nuestras Manufacturas y comercio, favoreciendo, en el mismo tiempo, al de los Estrangeros, por las grandes cantidades que nos sacaban con géneros que servían, más a la vana ostentación, que a la necesidad y decencia» (Uztáriz, 1724, p. 156).

mano de obra barata (Uztáriz, 1724, pp. 10-11, 350). Como ya quedó señalado, no parece haber sido contrario a la generalización de los impuestos –solicitando al mismo tiempo su unificación y racionalización– de modo que contribuyan también los estamentos privilegiados. Pero con este previsible incremento de la Hacienda Real no pretendía el establecimiento de fábricas estatales; era más favorable a la concesión de ventajas y exenciones a los particulares que fundaran manufacturas para la producción de determinados artículos (Uztáriz, 1724, pp. 323-324).

En Uztáriz se encuentra afirmada, en grado sumo, la dependencia de la población respecto al nivel de las subsistencias, cuyo incremento está a su vez en función del desarrollo de la industria y del comercio. Por ello y en coherencia con un pensamiento donde la economía sigue remitiendo al gobierno de la Casa del rey, es decir, un planteamiento incapaz de entender la vida económica como un mecanismo natural y autorregulado, propone toda una trama de estrategias arancelarias y fiscales con objeto de engrandecer la potencia del Estado y su protagonismo en el concierto de las naciones[28].

Como se señaló, los reformadores ilustrados españoles que escribieron sobre la población y articularon un discurso biopolítico acerca del modo de gobernarla siguieron pensándola como un recurso interior al Estado y no como una legalidad a la que el Estado debía ajustarse en aras del buen gobierno. No obstante, respecto a los arbitristas y memorialistas del periodo anterior, de González Cellorigo a Jerónimo de Uztáriz, los pensadores ilustrados, desde mediados del siglo XVIII, introdujeron importantes desplazamientos en el objeto mismo de consideración, la «población», así como nuevos conceptos cuya presencia no puede ser soslayada si se quiere dar cuenta de la biopolítica absolutista española en su integridad.

En el planteamiento de los arbitristas, la población consistía básicamente en la cuantía de los moradores que habitaban en el territorio de un reino. Desde mediados del siglo XVIII se va a poner cuidado en distinguir esta noción puramente física del concepto político de población: «La población se aumenta de diferentes modos físicos y políticos: se aumenta físicamente cuando se acrece el número de individuos, se aumenta políticamente cuando de un hombre, que no trabaja, ni da utilidad alguna a la república, se hace un vasallo útil inclinán-

---

[28] Uno de los objetivos principales del aumento de la Hacienda Real logrado mediante la nueva política impositiva, aduanera y monetaria era poner en marcha un Ejército y una Marina equilibrados para proteger el comercio, evitar el contrabando y la piratería y preservar la ruta de América (Uztáriz, 1724, pp. 159-175). Entre las partes más extensas del tratado de Uztáriz se encuentran las dedicadas precisamente a calcular las características que debe tener la Armada española para el desempeño de estos objetivos (capítulos 63 a 77).

dole a la industria; y éste es el aumento que más importa, pues cuando se dice que la riqueza del Soberano consiste en el número de sus vasallos, esto se debe entender de vasallos útiles solamente, porque un millón de holgazanes, vagabundos y mendigos de profesión, lejos de aprovechar, sirven de carga muy pesada al Estado, sin los que estaría mucho mejor y más rico» (Ward, 1779, p. 79)[29].

Desde el nacimiento de la literatura sobre pobres, en el siglo XVI, se venía hablando de la necesidad de poner a trabajar a vagabundos e indigentes, y los arbitristas del siglo XVII habían denunciado reiteradamente el vicio de la ociosidad extendido por toda la sociedad estamental como uno de los signos inequívocos del declive del Imperio. Pero estos discursos se movían en las coordenadas de un espacio negativo, que asociaba la ociosidad al pecado y que conminaba a la recogida de los pobres ante la eventualidad de motines y revueltas provocadas por las hambrunas. Lo que se articula en las propuestas ilustradas es un universo positivo; más que en la «ociosidad», se insiste en la potencial «utilidad» de los desvalidos; no se trata ya de evitar simplemente las calamidades derivadas de la holgazanería, sino de producir nuevas fuerzas y beneficios para la nación transformando al pobre o al vagabundo en un «vasallo útil». Se trata así de conciliar el encauzamiento disciplinario de los miserables con su aprovechamiento económico: «No hay desorden del qual no pueda sacar alguna ventaja el buen Gobierno [...] los Hospicios y Casas de Huérfanos y Expósitos son el único recurso para impedir los progresos del mal, y aun para convertir en antídoto el veneno. Ésta es una materia que parece estar reducida a recoger a los Pobres y desvalidos para que no se pierdan ni mendiguen; pero tiene mucho más fondo del que ofrece a primera vista y aun me persuado que no se ha llevado a la última perfección en los Países Estrangeros. España sacará las mayores utilidades de estos bellísimos establecimientos: porque en el Estado en que hay más que remediar, y que adelantar, es en donde más se os-

---

[29] Otros ejemplos: «Debe, pues, medirse el valor de la población más que por el número de habitantes con atención a la industria de cada uno y a los que viven aplicados u ociosos. Estos últimos se han de rebajar del número del pueblo y agregar a las cargas viciosas del Estado. Con esta distinción no errará sus cálculos de población la Sociedad Económica» (Campomanes, 1774, pp. 105-106); «las cosas y sus signos forman la esencia de la opulencia; pero los Estados no pueden conseguir la opulencia sino por medio de las cosas; esto es, de hombres empleados en trabajos útiles, que aumenten la suma de los productos y les den todo el valor que puede añadirles la industria» (Muñoz, A. [seudónimo de Enrique Ramos], *Discurso sobre Economía Política* [1769], citado en Martín Rodríguez, 1984, p. 115). En la misma línea se expresan otros representantes españoles del reformismo ilustrado, como Juan Amor de Soria (1741), De Argumosa Gándara (1743), Campillo (1741) o Peñaranda y Castañeda (1789) (Martín Rodríguez, 1984, pp. 111-115 y 182). Sobre este cambio, véase también Perdices de Blas, 1995, pp. 190-192, acerca de la posición afín a Ward y a Campomanes, sostenida por Olavide.

tenta la utilidad y eficacia del remedio» (Romá i Rossell, 1768, pp. 35-36).

El problema de la cantidad de gentes pasa a un segundo plano, hasta el punto de que algunos empiezan a advertir sobre el peligro de la sobrepoblación[30]. La cuestión relevante concierne a la calidad de los moradores. No es casual que la salud pública y la conservación de la vida de los súbditos comenzaran a constituirse como problema a partir de esta época, no mucho antes del reinado de Carlos III (Martín Rodríguez, 1984, p. 182, not. 126, 267-269), adoptándose desde entonces una panoplia de medidas legales y disciplinarias a gran escala. Éstas ya no se limitaban a las estrategias intermitentes previstas para el control e intervención en caso de epidemia[31], sino que actuaban de forma continua en el plano de las conductas y de los emplazamientos cotidianos, bajo la forma de una «policía médica» a la que más adelante se pasará revista.

Esta misma atención dirigida hacia la «calidad» de la población se pone de manifiesto en el énfasis que ponen los reformadores ilustrados en la «educación» como medio de mejoramiento[32]: crítica al vie-

---

[30] Según Martín Rodríguez, 1984, p. 173, Ward se habría referido más o menos explícitamente al problema de la «sobrepoblación», cuando dice que en España se puede «aumentar en el concepto político el número de naturales» «hasta dos o tres millones más», «haciendo útiles a los que no lo son» (Ward, 1779, p. 79), es decir, habría 2 o 3 millones de españoles sobrantes. En Romá i Rossell, esto es mucho más explícito: «La multitud de artífices catalanes, que se manifiesta en todas las Provincias de España, no permite dudar de la superabundancia actual de aquel Principado [...] pues aunque por punto general, es cierto que los hombres se van ausentando por sí mismos de aquel País cuya estrechez ya no puede contenerles y cuya esterilidad relativa al número excesivo, no puede sustentarlos» (Romá i Rossell, 1768, pp. 122-123).

[31] Una descripción y un análisis de estas medidas, tomando como pretexto la epidemia que devastó Valladolid en 1598, pueden encontrarse en González de Cellorigo, 1600, pp. 21-42. La importancia de la salud como objetivo político aparece recalcada en la obra de Generés (1793: 55-57). Éste, en el apartado consagrado a los medios para aumentar la población en el reino de Aragón, y en relación con el problema de la viruela, urge la necesidad de implantar en España «el sistema de la inoculación que practican las demás naciones con tan grande beneficio de la sociedad» (Generés, 1797, p. 55). Campomanes también estuvo a favor de introducir la inoculación en España (Perdices de Blas, 1995, p. 190). Sobre la inoculación como mecanismo de seguridad, vinculado a una biopolítica reguladora en contraste con los reglamentos para el control de epidemias, mecanismos asociados a una biopolítica disciplinaria, véase Foucault, 2004a, pp. 59-68. Un asunto relacionado con esta atención a la salud es la crítica dieciochesca a la lactancia mercenaria y a sus perjuicios para la infancia, véase Bolufer Peruga, 1992, pp. 3-22. Sobre la importancia concedida por Pablo de Olavide a las políticas de salud, véase Perdices de Blas, 1995, p. 194.

[32] «La educación cristiana y política de las ciencias y oficios instruye a todas las clases de sus obligaciones y en los medios de adelantar su caudal, aparta a los hombres de los sofismas y les hace discurrir con acierto, templanza y respeto a la autoridad legítima. Facilitados los medios de mantener su familia con tanta variedad de ocupaciones, se aumenta rápidamente la población o vienen incorporarse en ella los extranjeros. Los hijos bien mantenidos y criados con buenas costumbres son más arreglados y robustos y por un encadenamiento dichoso se acrecienta incesantemente el número de los vecinos» (Campomanes, 1774, p. 124). Véase, en general, Sarrailh, 1957, pp. 194-229.

jo modelo escolástico en la enseñanza universitaria[33], reforma de las instituciones educativas vinculadas a la nobleza y a las «clases pudientes»[34], importancia otorgada a la educación femenina[35] y a la instrucción técnica y elemental de artesanos y labradores[36]. Junto a este desplazamiento en relación con el objeto de gobierno, esto es, en el modo de considerar la «población», hay que señalar asimismo una alteración importante en su finalidad. En los planteamientos mercantilistas, al menos desde González de Cellorigo (1600) hasta Uztáriz (1724), la meta del gobierno en materia de población era el aumento de la potencia del soberano, que se identificaba con el restablecimiento y la conservación del Estado. Con los reformadores ilustrados, se impone el concepto de «felicidad» (Martín Rodríguez, 1984, pp. 117-119)[37]. Aunque la «felicidad política» como objetivo del gobierno es una reformulación del tradicional concepto de «bien común», de raíz tomista y presente en el pensamiento político de los je-

---

[33] Jovellanos, 1790-1809, pp. 294-296. Sobre los informes para la reforma de los estudios elaborados por Mayáns (1767) y por Olavide (1768), véase Perdices de Blas, 1995, pp. 292-295.

[34] Jovellanos, 1790-1809, pp. 296-330. Sobre la reforma del hispalense «Colegio de los Ingleses» propuesta por Olavide, véase Perdices de Blas, 1995, pp. 293-294.

[35] Amar y Borbón, 1790; Campomanes, 1775, pp. 285-296. Sobre la educación de la mujer en Olavide, véase Perdices de Blas, 1995, pp. 295-297. En general, sobre la controversia acerca de la educación femenina en España, véase Bolufer Peruga, 1998, pp. 117-168.

[36] Jovellanos, 1790-1809, pp. 330-332; Campomanes, 1775, pp. 172-203, y los diversos escritos incluidos en Mayordomo Pérez y Lázaro Lorente, 1988.

[37] En la obra de Argumosa y Gándara, *Erudición Política* (1743), aparece rotundamente esta referencia a la felicidad: «Trabajar en la conservación de las gentes es lo mismo que multiplicarles; pero debe tener por objeto su felicidad, para no incurrir en la nota de la Escritura: "tú aumentaste el número de hombres pero no su felicidad". La expresión aritmética de la gloria del legislador es el número de personas que ha hecho felices multiplicado por los obstáculos que ha vencido» (citado en Martín Rodríguez, 1984, p. 114). En una línea próxima se inscribe el *Discurso sobre Economía Política* (1769) de Antonio Muñoz (seudónimo de Enrique Ramos), «todos los individuos de una sociedad contraen con ella un tácito empeño de contribuir a la felicidad general de que participan; y por una razón recíproca, la sociedad debe asistir a aquellos infelices, a quienes su desgracia ha imposibilitado de trabajar para ganar el sustento» (citado en Martín Rodríguez, 1984, p. 45). Juan de Nuix, en sus *Reflexiones Imparciales sobre la Humanidad de los Españoles en Indias* (1783), converge con Argumosa y Gándara negándose a identificar la felicidad de los súbditos de un reino con la cantidad de sus moradores (Martín Rodríguez, 1984, p. 118). En el *Proyecto Económico* de Bernardo Ward, publicado en 1779 pero terminado de redactar en 1762, parece reincidirse en la referencia al «bien del Estado» más que a la felicidad de los súbditos: «La inmunidad eclesiástica puede servir para fundar el crédito, algunas fundaciones pías para hacer establecimientos útiles al Estado, del gran número de hidalgos y caballeros, que hoy sirven de carga a la República, se puede sacar un partido útil, así como de la demás gente holgazana; y en fin, todo será útil en disponiéndose nuestro sistema de tal modo que todo se dirija al bien del Estado, y éste es el blanco del Proyecto Económico en todas sus partes» (Ward, 1779, p. 244). Aunque el libro de Francisco Romá i Rossell se titula precisamente *Las Señales de la felicidad de España* (1768), su punto de vista, vinculado a la tradición del cameralismo prusiano, identifica la «felicidad» con la «felicidad del Estado», véase Romá i Rossell, 1768, pp. 1-8.

suitas a comienzos del siglo XVII, y aun admitiendo que los arbitristas españoles de esa centuria hablarán de la «felicidad» del Estado y de la Monarquía (Maravall, 1997, pp. 148-149), lo cierto es que las Luces modifican el significado de esta noción y le dan un alcance hasta entonces desconocido (Maravall, 1991, pp. 162-169, y Roger, 1998, pp. 48-55).

En el pensamiento español del siglo XVIII, coexistía un antiguo uso escatológico de la expresión, que identificaba la felicidad con la «felicidad eterna», esto es, el gozo en la contemplación de Dios que tenía lugar en la otra vida así como las prácticas que permitían alcanzar esa meta, junto a un uso más reciente (Maravall, 1991, p. 164). En este caso, la «felicidad» aludía a un ámbito autónomo y puramente terrenal de satisfacción, convertido en aspiración general de la humanidad. La noción remitía a la búsqueda del placer y a la evitación del dolor; se trataba de una instancia antropológica, inscrita en la naturaleza humana. Este impulso individual tenía una trascendencia política: la «felicidad pública» entendida como sumatorio de las satisfacciones individuales. En el planteamiento de los ilustrados españoles el ajuste de la felicidad individual y de la felicidad colectiva distaba de ser automático; la conducción estatal de la población y de las subsistencias –consideradas como recursos internos– era precisamente lo que permitía lograr su mutua adecuación[38].

Una última transformación importante concierne al problema de la relación entre población y subsistencias. Si en los memoriales de los arbitristas se establecía una cierta controversia acerca del nexo causal entre ambas «riquezas», discutiéndose si había que aumentar el nú-

---

[38] El dilema felicidad pública/ felicidad individual aparece claramente formulado por Jovellanos en sus *Cartas a Ponz* (1782-1792): «Yo veo, amigo mío, que se trata mucho de la felicidad pública y poco de la de los particulares; que se quiere que haya muchos labradores y no que los labradores coman y vistan [...] Estas ideas me parecen un poco "chinescas"; ponen al pueblo, esto es, a la clase más necesaria y digna de atención, en una condición miserable, establecen la opulencia de los ricos en la miseria de los pobres y levantan la felicidad del Estado sobre la opresión de los miembros del Estado mismo» (Jovellanos, 1782-1792, p. 294). Valentín de Foronda, en sus *Cartas sobre los asuntos más exquisitos de la Economía Política* (1788-1789), da cuenta de este conflicto entre los intereses particulares y la felicidad pública, y lo resuelve apelando a un orden natural, de inspiración fisiocrática (Mercier de la Rivière), que los Estados no pueden transgredir sin atentar contra la felicidad colectiva: «Que los derechos de propiedad, libertad, seguridad e igualdad, son los cuatro manantiales de la felicidad de todos los Estados» (Foronda, 1821, p. 28). En el caso de Cabarrús, más próximo ya a los planteamientos del liberalismo, la felicidad pública depende de la acción del Estado para eliminar los obstáculos –reglamentos, prejuicios, controles artificiales– que impiden el desenvolvimiento natural de los intereses individuales: «Pero la sociedad se formó para mantener un justo equilibrio entre todas las pasiones y fuerzas individuales, y dirigirlas hacia la felicidad común, y de allí, la política y la moral, que es lo mismo, ¿pues quién puede dudar que la más íntima cooperación al interés general no produce la felicidad personal, y que la virtud y el amor propio ilustrado no concurran al mismo fin?» (Cabarrús, 1795, p. 76).

mero de moradores para incrementar las subsistencias o viceversa, en el campo de los reformadores ilustrados se tiende a aceptar que ambos factores son interdependientes[39]. La población no es sin más el número de súbditos, sino el número de súbditos convertidos en «útiles» gracias a la acción de gobierno. Por esta razón, como sugiere Ward, el incremento de la población trabajadora hace aumentar los recursos industriales y agrícolas y, a su vez, la abundancia de éstos actúa estimulando los enlaces matrimoniales. Una política que estimule los casamientos sin tener en cuenta esta interdependencia está destinada al fracaso[40].

Podría pensarse entonces que esta interdependencia que liga a la población con las subsistencias funciona como una especie de ley u orden natural que impone un límite externo a la acción del Estado. Así parece sostenerse en algunas formulaciones que, en una primera lectura, se asemejan extrañamente a los argumentos naturalistas malthusianos. Este es el caso, en primer lugar, de las advertendias recogidas por Romá i Rossell en su obra *Las Señales de la Felicidad de España* (1768)[41]. En ellas se apela a unas «leyes perpetuas» que estipulan una

---

[39] El debate no se articula ahora entre los partidarios de adoptar medidas para incentivar la procreación y los que defienden políticas que incrementen las subsistencias. La polémica abierta a mediados del siglo XVIII enfrenta a los que sostienen que la industria y el comercio contituyen la fuente principal de recursos (neomercantilistas), pues consideran que el aprovechamiento de la tierra posee límites irrebasables, y los que dan prioridad a la agricultura como fuente de recursos alimenticios (agraristas), lo que no significa que rechacen la aportación de la industria, en particular la industria popular, dispersa en los hogares. Sobre esta controversia, véase Martín Rodríguez, 1984, pp. 179-190.

[40] «Se aumenta físicamente de naturales y extranjeros la población de cualquier Reino, por los medios que incluye la máxima de un gran político, sentando que en todo país la población siempre será proporcionada a la subsistencia y comodidad que se hallen en él; esto tiene su razón natural [...] Lo primero, en lo que toca a los naturales, la gente joven de ambos sexos se inclina a casarse; pero la imposibilidad de mantener hijos los detiene; muchos y muchas se meten [a] frailes y monjas para huir de la miseria; muchas se precipitan en el vicio, por no tener otro modo de subsistir [...] Estas son las principales causas de la despoblación de España y no la guerra, ni las Indias: quítese este estorbo del matrimonio, introdúzcase la industria, de modo que toda mujer que quiera trabajar pueda ganar uno o dos reales al día y todo hombre cinco o seis, y se casarán en una edad proporcionada millares, que ahora son inútiles para todos los fines del gobierno y del Estado» (Ward, 1779, pp. 79-80).

[41] «La naturaleza es uniforme en sus operaciones; porque su Autor le dio unas leyes perpetuas, por las cuales arregla toda su conducta, mientras no se lo impidan. Una de las obligaciones en que se halla constituida, es la de que vaya poblando la tierra, hasta que no alcancen sus alimentos; en cuyo cumplimiento se experimenta, que en llegando la población a aquél grado, que es proporcionado a las producciones y a la industria de un País, no aumenta, ni disminuye: y que, en habiendo minorado notablemente por la peste, la Guerra, el hambre, o por otras calamidades, luego que cesa la causa, redobla naturaleza sus esfuerzos, a proporción de los auxilios que le dan la Agricultura, las Fábricas y el Comercio, para reintegrarla de las pérdidas pasadas. Aunque la Población, y sus aliados, formen un círculo, que rueda al menor movimiento de sus partes; teniendo cada una sus medios, que las agitan, bien que con influencia a las demás: conviene que para mayor claridad se hable de todas separadamente» (Romá i Rossell, 1768, pp. 14-15).

«proporción» entre el crecimiento del número de habitantes y los recursos disponibles en un territorio. Sin embargo esta población y este territorio se siguen pensando como interiores al marco estatal; por eso Romá i Rossell confiaba en que la acción de gobierno (a través de medidas como la eliminación de tasas en el comercio de granos, la reforma de la ley agraria, los incentivos al consumo suntuario, la protección de las manufacturas propias) podría aplazar indefinidamente la destrucción ejercida por las subsistencias sobre la cuantía de los moradores (Martín Rodríguez, 1984, p. 174).

Otro autor, el sacerdote aragonés Miguel Dámaso Generés, empleando una retórica que recuerda a Malthus e incluso a Darwin, compara la especie humana con una manada de animales que tiende a reproducirse sin otro freno que el de los recursos alimenticios de su territorio[42]. La despoblación y la emigración sobrevienen al alcanzarse este límite. Sin embargo Generés entendía que una adecuada acción del gobierno podía contrarrestar esta tendencia, estimulando la expansión de la industria, el comercio y la agricultura de modo que se mantuviera indefinidamente el crecimiento de la población. La «manada» de los humanos no se desplaza en un medio natural regido por sus propias leyes; opera en un territorio interior al Estado y al ejercicio del poder soberano; las riquezas que se alojan en él pueden verse disminuidas o acrecentadas en función del buen –el que Ward llamaba «gobierno económico»[43]– o mal gobierno.

Los ejemplos de Romá i Rossell y de Generés muestran los límites del pensamiento ilustrado español acerca de la población; ésta no aparece nunca como una Naturaleza que el Estado debe acatar si quiere gobernarla; no hay nada semejante al «gobierno de la naturaleza»

---

[42] «Desengañémonos: es en este particular la sociedad humana semejantísima a una manada de lobos o bueyes o cabras monteses: que en tanto el terreno que ocupan, las tendrá en gran número, en quanto él subministre con abundancia su subsistencia, y no con escasez; escasez y abundancia, que son para los brutos lo que para los moradores de un País culto y civil lo que llamamos pobreza y riqueza. Luego que el terreno les presenta carestía, la manada, aunque sea muy numerosa, se disminuye, o huyendo cada lobo por su senda, o escapando a tropas a otros terrenos. Asimismo decae y decaerá seguramente en todos los tiempos y estados la población, por numerosa que sea de hombres, siempre que los abrume la pobreza, originada o de la esterilidad del suelo, por las desgracias y desastres de la suerte, ó de la falta de industria que antes los enriquecía, o del grave peso de subidos impuestos, retrayéndose unos del yugo matrimonial, y otros que se lo cargan del uso del matrimonio, para no multiplicar bocas que los molesten, pidiéndoles pan, pereciendo algunos de hambre, y pasándose muchos a otras Provincias donde esperan respirar mejor ayre» (Generés, 1793, p. 23).

[43] Que dista mucho del concepto de «gobierno económico» forjado por la Economía Política de tradición liberal: «Por gobierno económico entiendo la buena policía, el arreglo del comercio, el modo de emplear útilmente los hombres, el de cultivar las tierras, mejorar sus frutos y todo aquello que conduce a sacar el mayor beneficio de un país» (Ward, 1779, p. 254). Como se advierte, la economía («gobierno de la Casa Real»), del mismo modo que la «población», permanece en el interior de la esfera estatal.

estipulado por los fisiócratas[44]. En último extremo, se trata de fuerzas que el Estado puede disciplinar encauzándolas en la dirección adecuada. La norma no es una regularidad estadística y natural que preexiste a la acción estatal y que ésta se limita a hacer funcionar dentro de ciertos márgenes; es el patrón cuasigeométrico y artificial que el Estado trata de fijar mediante las leyes que emanan de la soberanía y a través de los disciplinamientos (hospicios y casas de misericordia, supervisión aduanera, fiscal y monetaria, reglamentos de «policía» urbana) que le permiten mantener a raya indefinidamente la fuerza deletérea de una Naturaleza salvaje[45].

Sobre este trasfondo de cambios que afectan al modo de considerar la población, a la meta última de su gestión y a la manera de administrarla en relación con las restantes riquezas del reino, se emplaza toda una constelación de nuevos temas que dan el perfil tanto de las prácticas como de los discursos característicos de la biopolítica española en la era del Despotismo Ilustrado: énfasis en la libertad de comercio interior, incluida la denuncia del monopolio en el tráfico con América[46]; abolición de las tasas y liberalización del comercio de gra-

---

[44] Curiosamente, uno de los primeros introductores de la fisiocracia en España, el valenciano Juan del Castillo y Carroz, traductor en 1820 de *L'Ordre Naturel et Essentiel del Societés Politiques* (1767), de Le Mercier de la Rivière, ofrece una interpretación antimaterialista, en clave del tradicional iusnaturalismo teológico español, del «orden natural»; se trataría de leyes inmutables fijadas por Dios e identificadas con la jerarquía y las desigualdades del Antiguo Régimen y con un rey que ejerce su autoridad suprema a partir de la evidencia ofrecida por este orden legal. Es decir, se incorporan las doctrinas fisiocráticas con objeto de combatir las posiciones liberales (Montesquieu, Constant) difundidas en la España del Trienio. Véase al respecto Lluch i Argemí, 1985, pp. 84-98. Juan Luis Castellano, en su «Estudio Preliminar» al *Proyecto Económico* de Ward, señala que el Ministro de Fernando VI compartía la idea fisiocrática de un «orden natural» al que debería ajustarse la acción de los soberanos (Castellano, 1982, pp. XLVII-XLIX), sin embargo no aporta ninguna prueba textual de esta afirmación ni del nexo que une a Ward con los fisiócratas.
[45] Sobre la diferencia entre la «norma» de los mecanismos disciplinarios y la «norma» de los mecanismos de seguridad (o reguladores), véase Foucault, 2004a, pp. 58-65.
[46] «Pero la razón más fuerte de todas es que en el comercio lo que menos se debe mirar es el lucro del comerciante, a quien se debe proteger, no por sí, sino porque es instrumento para adelantar los intereses de todas las órdenes de la República y, así, importa poco que el comercio de que se trata esté en manos de españoles o de otros en cuanto al beneficio que les dará; pero lo que importa infinito es que esté en manos de quien promueva el beneficio universal del Estado, que consiste en el mayor consumo de productos de España en aquellos dominios y el mayor aumento de los productos de aquellos países y su más ventajoso despacho; y para uno y otro fin, el comercio debe estar libre y abierto a todo el que tenga más inteligencia y actividad para ejercerlo» (Ward, 1779, p. 346). En 1765 finaliza el monopolio detentado por Cádiz; se autoriza el comercio con América a los puertos de Barcelona, Santander, La Coruña, Málaga, Alicante, Cartagena y Gijón. En 1778 se aprueba el Reglamento de Aranceles para el Libre Comercio, que amplía la licencia a un total de trece puertos españoles. Campillo, Ward, Jovellanos y Campomanes, entre muchos otros, defendieron en sus obras el libre comercio de la península con las colonias de América. Sobre este punto, véase Bitar Letayf, 1968 y Anes, 2000, pp. 169-170.

nos[47]; crítica a las organizaciones gremiales y a su funcionamiento[48]; importancia otorgada al desarrollo del interés individual y a la armonía entre intereses particulares e interés público[49]; rechazo a los vínculos y mayorazgos y necesidad de reformar la propiedad agraria (fincas de gran extensión, tierras pertenecientes a la Iglesia, baldíos y propios)[50]; generalización de los impuestos[51]; limitar el acceso a la carrera eclesiástica y el número de religiosos (especialmente los pertenecientes al clero regular)[52]; dar incentivo a la inmigración de extranjeros y arbitrar políticas de repoblación y colonización interior[53].

Este programa ilustrado es lo bastante conocido como para que no sea necesario entrar en él; un nutrido conjunto de excelentes trabajos se ha encargado de analizarlo con detalle y rigor[54]. No obstante, con objeto de ejemplificar hasta dónde llegó la biopolítica española en la época del Despotismo Ilustrado, se hará referencia a una de las estrategias más reveladoras de este programa: las políticas repobladoras y más concretamente el conocido caso de las Nuevas Poblaciones de Sierra Morena.

Las Nuevas Poblaciones de Sierra Morena como experimento biopolítico

El proyecto de poblar, mediante la captación de colonos extranjeros, una zona casi deshabitada, enclavada entre Valdepeñas, en los confines de la Mancha y la comarca de Bailén, se hizo público en 1766. Con anterioridad y según el testimonio del que sería superintendente del proyecto, Pablo de Olavide, se había barajado su nombre para gestionar la colonización de ciertas tierras de la América española, mediante la intro-

---

[47] La Pragmática del 11 de julio de 1765, auspiciada por Campomanes, establece la libertad de comercio de granos; véase Perdices de Blas, 1995, pp. 158-159. Sobre este punto en general, véase Lluch i Argemí i D'Abadal, 1985, pp. 79-82.

[48] «Este libre ejercicio de la industria y contratación, no conviene, que se retraiga por tales medios, ni otros; antes se deben corregir y abolir enteramente las ordenanzas gremiales, que coarten el justo arbitrio de cada maestro o traficante» (Campomanes, 1775, p. 224). Campomanes era partidario de extinguir este cuerpo; otros autores, como es el caso de Olavide, son partidarios de reformar su gestión, véase Perdices de Blas, 1995, pp. 338-343.

[49] Véase supra, p. 38, notas 36 y 37.

[50] Lluch i Argemí i D'Abadal, 1985, pp. 72-77. Sobre la reforma agraria del campo andaluz propuesta por Olavide, véase Perdices de Blas, 1995, pp. 304-321. Sobre la legislación y las medidas de reforma vistas desde el horizonte de la época, véase el alegato contra vínculos y mayorazgos publicado por Sempere y Guarinos (1805).

[51] Sobre la tentativa de establecer el impuesto único, véase Lluch i Argemí i D'Abadal, 1985, pp. 78-79.

[52] Este asunto se trata extensamente en el capítulo 4 del trabajo de Martín Rodríguez, 1984, pp. 155-200.

[53] Véase Martín Rodríguez, 1984, pp. 279-283.

[54] Véanse en particular los trabajos incluidos en Fuentes Quintana, 2000.

ducción de 6000 campesinos alemanes y flamencos, en una oferta realizada ante la corona por el aventurero bávaro Juan Gaspar de Thurriegel (Perdices de Blas, 1995, p. 180)[55]. Poblar zonas desiertas de los dominios de ultramar era una práctica acorde con la política comercial y defensiva de la Monarquía borbónica; se trataba de territorios susceptibles de ser capturados por potencias extranjeras o que operaban como enclaves de contrabando y de tráfico clandestino con otras potencias europeas.

De hecho, esta estrategia de recolonización americana no se vio truncada sino aplazada por la colonización interior practicada en la Península –una política empleada asiduamente por los monarcas de Rusia y de Prusia (Perdices de Blas, 1995, p. 367)– e iniciada con los grandes planes de Sierra Morena y Andalucía, continuados con otros cincuenta y ocho proyectos de menor escala. Fue este esquema estratégico el que se exportó a las colonias americanas en el último tercio del siglo XVIII, con las nuevas poblaciones de California, Perú, Chile, Río de la Plata y el litoral patagónico (Sáenz, 2006, y Luiz, 2003).

La colonización interior de Sierra Morena durante el reinado de Carlos III es un proceso sobradamente conocido, objeto de numerosas investigaciones. Algunas de las más recientes se han acercado al proyecto caracterizándolo a partir de las nociones foucaultianas de «gubernamentalidad» y de «tecnología disciplinaria» (Oliveras, 1998, y Baños Sánchez-Matamoros et al., 2005)[56]. Sobre la base de estos trabajos se tratará de dar cuenta de esta empresa entendiéndola como «experimento» que refleja lo que dio de sí la biopolítica de la España ilustrada, esto es, sus límites y sus posibilidades.

El establecimiento de las Nuevas Poblaciones de Sierra Morena constituye un verdadero paradigma de normalización disciplinaria en el gobierno de una población, valga la redundancia[57]. El proyecto, forjado por Campomanes y Olavide y contando con la aprobación del Consejo de Castilla y el respaldo de la autoridad del rey, implicaba la construcción de una sociedad modelo partiendo de cero –se prohibía expresamente que entre sus moradores hubiese individuos procedentes de las localidades vecinas– y haciendo tabla rasa de los prejuicios

---

[55] Sobre repoblaciones interiores realizadas anteriormente en España, véase Perdices de Blas, 1995, pp. 404-405, y Martín Rodríguez, 1984, pp. 279-283. Sobre las nuevas poblaciones posteriores véase Oliveras, 1998, pp. 231-240.

[56] Hacking ha identificado el verdadero comienzo de la «biopolítica alemana» con las nuevas poblaciones establecidas en Prusia tras las devastaciones de la Guerra de los Siete Años (1757-1763) (Hacking, 1991, pp. 46-47).

[57] En una lección impartida en el Collège de France, durante el curso 1973-1974 y encabezada con el título «Éléments d'une histoire des dispositifs disciplinaires», Foucault consagró un apartado al análisis de las «reducciones» de los jesuitas en el Paraguay, mostrando que se trataba de un diseño disciplinario destinado a poblaciones colonizadas y anterior al célebre panóptico de Bentham (véase Foucault, 2003, pp. 70-75).

e imperfecciones propias de los pueblos y aldeas del resto de España (Perdices de Blas, 1995, pp. 183-187). Una sociedad de pequeños propietarios agrícolas –entre los colonos se repartían suertes de tierras de 50 fanegas en régimen de censo enfitéutico, es decir, de «dominio útil» de la tierra, aunque el dominio directo correspondía al Estado– celosos de su terruño y dispuestos a sacar el máximo provecho del mismo gracias al empleo de las más modernas técnicas de cultivo. Una sociedad de individuos útiles, establecidos («bien estantes») (Perdices de Blas, 1995, p. 200), devotos de la religión católica y obedientes a su rey; una sociedad constituida por familias que viven junto a sus tierras y donde no tendrían cabida la vagancia, el «malentretenimiento» ni la ociosidad (Perdices de Blas, 1995, p. 193).

A este patrón, a esta «norma» en el sentido etimológico de la palabra, es decir, geométrico, debían ajustarse sin excepción todos los colonos de las Nuevas Poblaciones. La sociedad modelo no admitía el desorden; no se trataba, como sucedía en otros esquemas de gobierno, de inspiración fisiocrática o más tarde liberal, de mantener el desorden dentro de un intervalo o umbral aceptable. Lo que aquí se desplegaba no eran medidas de seguridad tendentes a la gestión de riesgos; se trataba de poner en liza mecanismos disciplinarios que, partiendo de una norma o modelo preestablecido, permitían distinguir las conductas normales de las desviadas[58].

Este modelo aparecía reglado en el Fuero de Población, promulgado por Real Cédula del 5 de julio de 1767. Redactado por Campomanes y por Olavide y supervisado por el Ministro de Hacienda, Miguel de Múzquiz[59], este reglamento delimita estrictamente las pautas a las que debe ajustarse el gobierno y la vida cotidiana de la nueva sociedad. Su normativa se completó, poco tiempo después, con la incluida en las distintas instrucciones, entre las que destaca la *Instrucción que debe ser observada por los Inspectores de estas Nuevas Poblaciones* (Baños Sánchez-Matamoros *et al.*, 2005, p. 192). No se trata de leyes, puesto que sólo afectan a los moradores de una comarca determinada. No se limitan a establecer lo prohibido, sino que prescriben cómo deben comportarse tanto los que ejercen el gobierno como los gobernados. Más que definir delitos, lo que hacen los 79 artículos del Fuero es delimitar un amplio espacio de inobservancias susceptibles de sancionarse de forma graduada –desde la prohibición de vender o de dividir las tierras hasta la obligación de recordar el número asignado a la propia parcela o de devolver la cantidad de semillas prestada por los inspectores, o de partici-

---

[58] Sobre la diferencia entre medidas de seguridad y mecanismos disciplinarios, véase Foucault, 2004a, pp. 57-81.
[59] Perdices de Blas, 1995, p. 181. Sobre la dificultad de conocer las partes que corresponden respectivamente a Olavide y a Campomanés, véase Moreno Mengíbar, 2000, p. 21.

par en las tareas de «descuaje» del terreno–, poniendo en marcha un régimen de «micropenalidad»[60] que atravesaba toda la vida cotidiana. Utilizando una metáfora muy difundida por los cameralistas alemanes, Olavide se refería a la sociedad modelo comparándola con una «máquina» que debía mantenerse en buen funcionamiento (Perdices de Blas, 1995, p. 421, y Baños Sánchez-Matamoros *et al.*, 2005, pp. 188 y 192)[61]. La estricta regulación de la conducta pretendía convertir al colono recién llegado en una pieza útil. Hay que tener en cuenta que la población inicial de los nuevos emplazamientos de Sierra Morena estaba constituida por extranjeros de condición modesta, lo que implicaba una doble amenaza potencial: la resistencia a abandonar su lengua y sus costumbres de origen y la eventualidad de motines y revueltas si la colonización no satisfacía sus expectativas de salir de la pobreza (Baños Sánchez-Matamoros *et al.*, 2005, p. 190).

Foucault ha diferenciado a grandes rasgos cuatro características básicas que identifican a los mecanismos disciplinarios (Foucault, 2004a, pp. 58-59). Los cuatro pueden encontrarse en el proyecto de las Nuevas Poblaciones.

En primer lugar, la disciplina actúa analizando, descomponiendo los individuos, los emplazamientos, los tiempos, los actos y las operaciones. En las Nuevas Poblaciones se distingue a los individuos en dos grandes categorías: los colonos y los encargados de su administración y tutela[62]. Los primeros eran registrados en unas fichas que los segmentaban a partir de cuatro variables: edad, sexo, estatuto dentro de la familia, procedencia, habilidades y profesión. Este proceso tenía lugar dos veces; durante el examen y recepción del colono en el puerto de llegada a España y una vez que accedía al destino asignado. La ficha permanecía en la Oficina de Contaduría de las Nuevas Poblaciones y se expedía una copia dirigida a la Oficina de la Secretaría y Superintendencia de Hacienda, en la Corte.

El colono servía además como unidad de medida para una gran variedad de actividades: a la hora de evaluar el pago a los proveedores que acompañaban a los colonos a su llegada desde Europa central; en la distribución de bienes y de aperos cedidos inicialmente a los pobladores; en el reparto por equipos de las faenas de «descuaje» del terreno y en la división de las parcelas sorteadas. A cada colono se le asignaba un número que le servía de identificación.

---

[60] Sobre este concepto, véase Foucault, 1975, pp. 180-181.
[61] Sobre el dispositivo disciplinario como «máquina» eficiente, véase Foucault, 1975, p. 179.
[62] En lo que continúa hemos seguido el excelente análisis de Baños Sánchez-Matamoros *et al.*, 2005, pp. 189-196.

Por otro lado se establecían diferenciaciones en el ámbito de los administradores: los funcionarios y soldados –un piquete de tropa de 130 hombres durante los primeros años de la empresa– encargados de tutelar el proceso y personas encargadas de prestar servicios a la población (sacerdotes, maestros y médicos). Entre los funcionarios se establecía una estricta jerarquía; desde el Superintendente –cargo que desempeñó Olavide hasta su encarcelamiento en 1776– hasta los inspectores, pasando por el subdelegado, los directores y otras categorías de oficiales.

La división del espacio se correspondía con esta división de los individuos y de sus funciones. Las parcelas tenían una extensión media, en cada caso, de 50 fanegas, aunque se hizo necesario diferenciarlas según la calidad de los terrenos y compensar con más espacio los lotes de menor calidad. Cada parcela iba numerada y sus límites estaban marcados mediante mojones y otras señales. El territorio, con una extensión aproximada de 324 km², fue cartografiado por los ingenieros militares que acompañaban a Olavide y dividido en feligresías, que constituían la mínima unidad administrativa, cada una de las cuales se componía de 3, 4 o 5 departamentos, unidad mínima de producción. A su vez cada departamento constaba de un total de 15, 20 o 30 casas como máximo, cada una de ellas asociada a las parcelas de terreno distribuidas entre las familias (Perdices de Blas, 1995, pp. 237-238).

Puede hablarse asimismo de una cierta segmentación temporal en el proceso de colonización, comprendiendo distintas etapas: captación de los colonos, recurriendo a folletos y a otros tipos de propaganda; llegada de los pobladores a los diversos puertos peninsulares designados a este efecto; examen selectivo *in situ*, practicado a partir de criterios religiosos (pertenencia a la religión católica), biológicos (distribución variable según los sexos y las franjas de edad) y económicos (tenían que ser agricultores o artesanos) (Perdices de Blas, 1995, p. 191); distribución de los lotes de tierra; organización y ejecución de las tareas de «descuaje» para habilitar los terrenos; un periodo –variable según las parcelas y las familias– de manutención a cargo del Estado (que proveía de «pan y presto» a los colonos[63], según una pauta establecida en el Ejército); el acceso a la autosuficiencia y finalmente el desarrollo de la ganadería estabulada y de la industria popular, realizada en los hogares.

---

[63] «Pan y presto», es decir, una ración de pan y un estipendio que se entregaba a los colonos cada cuatro días. La cuantía de estas entregas variaba según una división establecida entre tres franjas de edad: menos de diez años, de diez a dieciséis y a partir de dieciséis años en adelante.

En segundo lugar, las disciplinas clasifican los elementos en función de objetivos determinados. En el caso de las Nuevas Poblaciones de Sierra Morena se pueden reconocer tres objetivos generales[64] cuyo logro suponía, en cada caso, la implicación de los distintos agentes que antes se mencionaron:

a) Construir una sociedad que sirviera de ejemplo para el conjunto del reino. En ella se daba solución a los problemas suscitados en España por la interdependencia –constatada por los reformadores ilustrados– que unía el nivel de población con el nivel de subsistencias: la crónica escasez de cereal, los precios elevados pese a la libertad otorgada al comercio del grano, el deficiente suministro de pueblos y ciudades y los conflictos sociales derivados de esta situación (Baños Sánchez Matamoros *et al.*, 2005, p. 182).

El aumento de los rendimientos agrícolas –gracias al apoyo en las técnicas de cultivo más avanzadas– y de la población útil y contribuyente se convertía por tanto en una tarea fundamental dentro de la colonia. Esto exigía una supervisión continua del censo de pobladores y un seguimiento bien informado de los avances productivos en las distintas parcelas.

En ambos casos la pieza esencial eran los inspectores de cada departamento[65], encargados de redactar y de remitir cada cuatro días informes detallados acerca de los nacimientos, defunciones, deserciones y nuevos alistamientos, dando cuenta de los cambios correlativos en la distribución de las distintas franjas de edad. La información pasaba al oficial de la Pagaduría, que la procesaba poniendo al día los correspondientes ficheros. Estas tareas eran implementadas por los comisionados del Ejército, que actualizaban mensualmente el censo de los colonos y transmitían su información a la oficina de la Contaduría. Finalmente, los sacerdotes y los hospitales suministraban a la oficina de la Secretaría estadillos periódicos sobre matrimonios, defunciones y nacimientos. Por orden expresa del Superintendente estas distintas agencias coordinaban los informes recibidos y confeccionaban un censo único. De este modo Olavide, en la cúspide de la jerarquía, contaba en cada momento con un retrato fiable del estado de la población. En relación con el saber así acumulado, el Superintendente, en una facultad que le reconocía el Fuero, podía promover la celebración de matrimonios otorgando nuevas tierras a los recién casados[66].

---

[64] Sobre los objetivos, véase Perdices de Blas, 1995, p. 183, y Baños Sánchez-Matamoros *et al.*, 2005, pp. 189-190.

[65] El sistema de control del estado del censo y del nivel de productividad aparece magníficamente descrito en Baños Sánchez-Matamoros *et al.*, 2005, pp. 192-196.

[66] «Sin embargo, podrá el Superintendente promover casamientos de los nuevos Pobladores con españoles de ambos sexos respectivamente, para incorporarles más fácilmente en el cuerpo de la Nación» (art. 28 del *Fuero*, incluido en Moreno Mengíbar, 2000, p. 35).

Para sopesar el progreso de los rendimientos agrícolas se ponía en marcha un sofisticado sistema de control que implicaba al encargado de almacén, a los inspectores y a la Contaduría. Se trataba de evaluar a los colonos en función de su capacidad para autoabastecerse a partir de sus propias cosechas. Al comienzo de cada otoño el almacenista distribuía lotes de semillas entre los inspectores, que a su vez las repartían entre los colonos haciéndoles firmar el correspondiente recibo. Tras la cosecha, el colono se dirigía a un establecimiento comunal donde devolvía las semillas que se le entregaron y se quedaba con las restantes. El inspector anotaba estas cantidades y elaboraba un informe acerca de la productividad de su departamento, remitiéndolo a la Contaduría, que, a partir de estos datos, realizaba un informe general sobre la productividad de las feligresías en su conjunto y por separado y lo entregaba al Superintendente.

Olavide podía entonces conocer la productividad de cada familia de colonos y, por lo tanto, distinguir entre los autosuficientes y los dependientes del «pan y presto» suministrado por el Estado. En la *Instrucción para la Sementera*, dada en 1770, el Superintendente (Baños Sánchez-Matamoros *et al.*, 2005, p. 196) clasificó a los colonos en tres grupos según su nivel de productividad: los que tenían que reintegrar el grano recibido, dada la abundancia de sus propias cosechas, los que no estaban obligados al reintegro por lo parco de sus rendimientos y, finalmente, los que seguían necesitando «pan y presto» debido a lo magro de sus cultivos. Olavide decidió en 1772 que estos últimos debían ser expulsados de la colonia. El sistema le permitía asimismo calcular la escala del fraude, es decir, los granos que no se declaraban en relación con los que era previsible recolectar.

b) El segundo objetivo general consistía en asentar a la población en el territorio de modo que los colonos fuesen incorporando los hábitos y la cultura de la nación que los acogía. Esto exigía un trabajo de «españolización»[67] que se emprendió de diversas maneras: introduciendo una cantidad creciente y a la postre superior de colonos españoles, fomentando los matrimonios entre foráneos y nacionales, inculcando la lengua y las costumbres del país receptor, neutralizando el hostigamiento de los colonos extranjeros por los vecinos de las co-

---

[67] Aparte de los 6.000 flamencos y alemanes que se instalaron inicialmente en la colonia como resultado de la contrata con Thurriegel, en los primeros años de la fundación fueron llegando distintas oleadas de pobladores: españoles procedentes de hospicios que se casaban con colonos; vecinos de regiones no limítrofes, extranjeros no incluidos en la contrata oficial, la contrata de suizos de Yauch, la de catalanes de Campmany y españoles fuera de contrata (Perdices de Blas, 1995, p. 193). A la altura de 1774 había en la colonia 480 familias extranjeras con 1.806 individuos y 622 familias españolas con 3.086 individuos (Perdices de Blas, 1995, p. 387). Sobre la estrategia de españolización, véase Perdices de Blas, 1995, pp. 386-388, y Baños Sánchez Matamoros *et al.*, 2005, p. 192.

marcas colindantes con las colonias y poniendo en marcha concejos o municipios gobernados por los propios colonos. Estas medidas exigieron la participación de distintos elementos: el Superintendente, estableciendo contratos para incorporar colonos españoles y dando incentivos –como le reconocía el artículo 28 del *Fuero*[68]– a la celebración de matrimonios entre nacionales y foráneos; los sacerdotes y maestros, modelando a los colonos con arreglo al canon del buen católico español; los directores y el piquete de tropa, protegiendo a los pobladores y a sus propiedades.

c) El tercer objetivo consistía en asegurar el Camino Real de Andalucía –construido en 1761– evitando la presencia de bandidos y salteadores (Defourneaux, 1990, p. 132; Caro Baroja, 1990, pp. 222-226). Esta vía, que conectaba a Cádiz con la Corte, es decir, al enclave receptor de las mercancías americanas con el principal núcleo de consumo, transitaba por los desiertos parajes de Sierra Morena. La zona se había convertido en refugio de bandoleros y salteadores cuyos actos eran una sangría para la riqueza del reino. Las Nuevas Poblaciones, distribuidas a lo largo del Camino Real, nutridas con labradores que tenían bienes por defender, parecían mejor antídoto que la Santa Hermandad a la hora de erradicar el bandolerismo. Esta función aseguradora descansaba en la distribución de las parcelas, las viviendas y los departamentos; esto tiene que ver con el siguiente rasgo de las disciplinas.

Los mecanismos disciplinarios, en tercer lugar, consisten en el establecimiento de coordinaciones y distribuciones óptimas. Una de las claves del éxito de las Nuevas Poblaciones de Sierra Morena estaba precisamente en su correcta distribución. Siguiendo a Mirabeau y a Cantillon, Olavide –que en esto coincidía con Campomanes– estimaba que el buen aprovechamiento de las tierras requería la dispersión de los departamentos por el territorio y la colocación de las viviendas junto a las explotaciones agrícolas, de modo que los labradores no perdieran tiempo en el ir y venir de sus faenas. La extrema separación de los pueblos y los inmensos territorios incultos situados entre aquéllos era uno de los obstáculos que impedía el avance de la agricultura en el centro y sur de la península. La falta de habitantes se agravaba con la mala distribución de los mismos. Por esta razón, las colonias de Sierra Morena habían sido diseminadas en departamentos que constaban de 30 casas como límite máximo. Estos agrupamientos, como ya se indicó, se alineaban a cada lado del Camino Real de Andalucía, emplazados «a lo ancho del campo» y actuando como protección de esta importante ruta (Perdices de Blas, 1995, pp. 235-237).

---

[68] Véase *supra*, p. 48, nota 65; otros artículos del *Fuero* que insistían en las medidas españolizadoras eran el 72 y el 75 (Perdices de Blas, 1995, p. 387).

Por otro lado, el plano de las colonias se había trazado en forma de damero, imitando el modelo, típicamente disciplinario[69], del campamento militar; no en vano los ingenieros que levantaron los mapas del territorio y organizaron las distribuciones pertenecían al Ejército. El antecedente más remoto de este diagrama en cuadrícula se sitúa en los campamentos de las legiones romanas –los motivos arquitectónicos y ornamentales inspirados en el Imperio romano son también frecuentes en La Carolina, capital de las colonias de Sierra Morena (Caro Baroja, 1990, p. 233)–, aunque el precedente más inmediato es el trazado de algunas de las ciudades establecidas en las colonias españolas de ultramar.

Lo principal de esta estructura reticular es que facilitaba el control visual de las viviendas, colocando la del inspector de cada departamento en un punto estratégico (Baños Sánchez Matamoros *et al.*, 2005, p. 192), de modo que pudiera supervisar, por ejemplo, que cada colono cumplía su cuota mínima de dedicación a las tareas colectivas de «descuaje», castigando a los displicentes con penas que podían ir desde la imposición de grilletes hasta la cárcel.

Este régimen de distribución aparecía recogido por escrito en un *Libro de Distribución* que cada inspector debía mantener al día (Baños Sánchez Matamoros *et al.*, 2005, pp. 193-194). Incluía un mapa del departamento con las distintas parcelas numeradas; se dedicaba una página a la descripción de cada una de éstas, conteniendo detalles concretos sobre las características de la familia que la ocupaba, así como un índice de las distintas parcelas, los cabezas de familia y la numeración correspondiente. Esto permitía localizar a cada uno de los colonos en cualquier momento y de forma inmediata.

Ya se ha comentado de qué modo el logro de los objetivos generales del proyecto requería una compleja coordinación entre los distintos agentes y oficinas que intervenían en el gobierno de la colonia: Ejército, Contaduría, Pagaduría, inspectores, directores, Superintendencia, almacén, contratistas, sacerdotes, maestros, etc. La coordinación de las informaciones era centralizada por el Superintendente. Éste, dotado de amplias facultades discrecionales, ocupaba el rango más elevado de una gradación jerárquica que llegaba hasta cada colono pasando por el director de cada feligresía y el inspector de cada departamento.

Pero el Superintendente, ojo vigilante que examinaba toda la red en su conjunto, estaba a su vez sometido a vigilancia e inspección. Así

---

[69] «Ces "observatoires" ont un modèle presque idéal: le camp militaire. C'est la cité hâtive et artificielle, qu'on bâtit et remodèle presque à volonté; c'est le haut lieu d'un pouvoir qui doit avoir d'autant plus d'intensité, mais aussi de discrétion, d'autant plus d'efficacité et de valeur préventive qu'il s'exerce sur des hommes armés» (Foucault, 1975, p. 173). Este aspecto ha sido analizado en profundidad, para el caso de las colonias de Sierra Morena, véase Oliveras, 1998, pp. 62-65.

sucedió con Olavide, que fue denunciado en más de una ocasión al Consejo de Castilla, ante el que debía rendir cuentas, ora acusado de maltratar a los colonos, ora de esquilmar el erario público con los excesivos gastos consagrados al experimento. Dos relevantes personajes de la Corte, Juan Carrasco, Marqués de la Corona y fiscal del Consejo de Hacienda, y Pedro Pérez Valiente, miembro del Consejo de Castilla, visitaron las colonias en 1769 con el encargo de elaborar un informe acerca de su estado. La Junta que dirigió esta investigación, dependiente del Consejo de Castilla, no destituyó a Olavide, como pretendía el Marqués de la Corona, pero recortó considerablemente las expectativas de extender la colonización y desposeyó al Superintendente de su autoridad a la hora de impartir justicia en la colonia (Defourneaux, 1990, pp. 254-270).

La cuarta y última caracterísitca que Foucault atribuye a las disciplinas es la habilitación de procedimientos de encauzamiento progresivo y de control permanente. Ya se han descrito estos procedimientos, que pueden resumirse en tres fórmulas: la reticulación espacial, de inspiración militar, que permite el control ocular de cada uno de los pobladores; la reglamentación de las conductas, concretada en el *Fuero* y en las sucesivas *Instrucciones*, que permite modelar la subjetividad del colono, distinguiendo lo normal de lo desviado; y, finalmente, las técnicas de contabilidad[70]. Éstas, practicadas básicamente a partir de la colaboración de los inspectores con las oficinas de Contaduría y Pagaduría, permiten conocer a cada instante el estado demográfico y la productividad de los colonos, considerándolos tanto a escala masiva –variaciones del censo y de la productividad de toda la colonia, de cada feligresía y de cada departamento– como a escala individual, convirtiendo a cada familia y a cada colono en un caso susceptible de ser examinado en el curso de su evolución –gracias a las fichas personales y familiares archivadas y constantemente actualizadas por los inspectores y los funcionarios de las oficinas. La información era centralizada por el Superintendente, de modo que pudiera tomar decisiones para actuar «a distancia» sobre la conducta de los gobernados[71].

En este conjunto de procedimientos de gobierno desempeñaban un papel capital las técnicas de inscripción[72]: mapas de distribución de

---

[70] Esta triple distinción se encuentra planteada y desarrollada en Baños Sánchez Matamoros *et al.*, 2005, pp. 190-196 y 205-208, a partir del análisis de la gubernamentalidad inspirado en Foucault, aplicándola a los casos de las Nuevas Poblaciones de Sierra Morena y a la Real Fábrica de Tabacos de Sevilla.

[71] Sobre esta «acción a distancia», véase Baños Sánchez Matamoros *et al.*, 2005, pp. 186 y 194-196.

[72] Sobre el doble movimiento de la consideración a escala masiva al estudio del caso individual y sobre el papel que desempeñan en él las técnicas de inscripción y documentación, véase Foucault, 1975, pp. 191-194.

los departamentos y las feligresías; mapas coloreados para subrayar los distintos niveles de crecimiento demográfico y productividad; fichas de familia y de colono; libros de distribución; cuadros mostrando la relación entre las semillas reintegradas y las excedentarias. En suma, un imponente archivo cuyo uso permitía mantener la «máquina», como Olavide designaba a la empresa, a pleno rendimiento.

En el proyecto de las Nuevas Poblaciones, a pesar de la coherencia y sorprendente sofisticación de las técnicas de gobierno puestas en liza, se advierten los límites de la biopolítica española en la época de las Luces. En esta especie de «buque insignia» del reformismo ilustrado español, se trataba de gobernar la vida de los pobladores (su reproducción biológica y su capacidad de producción material) poniendo en marcha un pesado y costoso dispositivo disciplinario máximamente centralizado y en dependencia directa de la autoridad del soberano. En vez de considerar los procesos demográficos y económicos como fenómenos naturales ajustados a una normatividad propia, se los afronta como si se tratara de un artefacto, una «máquina» regida por normas impuestas desde el exterior, pesados reglamentos y ceñidos controles cuyo cometido es conjurar el azar y extirpar toda desviación respecto a la norma.

En la experiencia de Sierra Morena cristalizan todos los supuestos que habían conformado la herencia de la biopolítica española desde los arbitristas del siglo XVII hasta los reformadores de las Luces: la población (la vida) y las subsistencias (la producción) como instancias internas al propio Estado, la subordinación del gobierno de la vida al poder jurídico ejercido por el soberano, la preeminencia de los mecanismos disciplinarios. Estos mismos supuestos se verán a continuación funcionando en relación con otro de los grandes problemas afrontados por esta naciente biopolítica española: el gobierno de los pobres.

II

POBLACIÓN ÚTIL. GOBERNANDO A LOS POBRES

DESACRALIZACIÓN DE LA POBREZA E INVENCIÓN DEL *HOMO FABER*

El proceso de desacralización de la pobreza, en el curso del cual el indigente deja de ser visto como encarnación simbólica de Cristo e instrumento para el ejercicio de la virtud, corre paralelo a la emergencia de una ética del trabajo que santifica la *labor* estigmatizando el viejo *otium* de filiación aristotélica y renegando de las bondades secularmente asociadas a la vida contemplativa[1].

La expresión social e institucional de este cambio, verificado en el curso de las reformas protestante y católica, fue una nueva política empeñada en el control de la mendicidad y eventualmente en el encierro correccional de los pobres. Este acontecimiento ha sido explicado a la luz de la historia social y económica, poniéndolo en relación con la afluencia masiva de pobres que, desde finales del medioevo, inundaba periódicamente las ciudades de Europa occidental. Se ha dado cuenta del fenómeno conectándolo con las transformaciones estructurales que acompañan a la expansión del capitalismo mercantil y manufacturero en la Edad Moderna, el crecimiento urbano, los ciclos demográficos y las crisis de subsistencias vinculadas a los virajes de la coyuntura[2].

---

[1] Sobre el desplazamiento, en la Edad Moderna, del ideal de «vida buena» aristotélica desde la política y la teoría al trabajo y la familia, véase Taylor, 1996, pp. 227-234. Sobre la glorificación del *homo faber* en la Edad Moderna y la indistinción, en esta época, entre *homo faber* y *animal laborans*, véase Arendt, 1993, pp. 101-102.

[2] La bibliografía sobre el asunto es inabarcable. Son muy recomendables las reflexiones de Braudel sobre el subproletariado en la Edad Moderna (Braudel, 1984, pp. 438-447). La síntesis de Cavaillac, poniendo en relación las propuestas realizadas por los tratadistas españoles del siglo XVI acerca de la pobreza con los cambios en la coyuntura económica y social, sigue gozando de buena salud, véase Cavaillac, 1975, pp. LXXIV-CXCIII. Un estado de la cuestión, re-

En este trabajo se tratará, ciñéndonos al caso español, de poner en relación este nuevo modo de pensar y de intervenir sobre la pobreza, con el nacimiento de la biopolítica, esto es, con la aparición de la vida y de la población como blanco de las acciones de gobierno. ¿Por qué el problema de la pobreza y de la mendicidad, pese a encontrarse vinculado con relativa prontitud al problema de la despoblación, sólo llegó a suscitar soluciones verdaderamente drásticas –supresión de la limosna y generalización del encierro disciplinario de pobres– muy tardíamente, a partir del reinado de Carlos III? Esta cuestión constituirá el hilo conductor de nuestra reflexión.

Como es sabido, el tratado de Vives, *De Subventione Pauperum* (1526)[3], suponía la apertura, en el pensamiento español, de la nueva cultura que deslegitimaba la tradicional teología de los menesterosos. Vives, y con él toda la herencia erasmiana, lee los Evangelios impugnando la idea de que la pobreza funcione como una prueba de santidad. Los pobres aludidos en el Sermón de la Montaña lo son «de espíritu», no por sus posesiones materiales.

Vives inaugura una distinción que será capital en toda la tratadística de pobres producida en España durante el siglo XVI. Junto al *pauper verecundus* –el pobre «envergonçante» que aparece en las obras de Domingo de Soto y de Juan de Medina, así como en las reglamentaciones municipales de mediados del siglo XVI–, es decir, el pobre verdadero y digno de socorro, estaría el *pauper superbus*, orgulloso de su condición miserable, «pobre fingido» o vagabundo que se aprovechaba de la caridad ajena[4].

Estos «falsos indigentes» componían, según Vives, una fuerza sediciosa contra las repúblicas –aquí se hace inevitable invocar la proximidad de las revueltas campesinas inspiradas en Thomas Münzer–, una amenaza para la paz social debido a su irreligiosidad y a su conducta fraudulenta. Constituían asimismo un foco de contagios epidémicos debido al hedor desprendido por las llagas que simulaban.

La percepción de la pobreza como calamidad pública se corresponde con las propuestas sugeridas por el humanista valenciano. Su proyecto no consistía en regular la mendicidad, como sucederá con los demás tratadistas españoles hasta finales del siglo XVI; se trataba, sin más, de suprimirla. Se proponía sustituir la caridad por una es-

---

lativamente reciente, sobre la historiografía de la pobreza en España, puede encontrarse en Santana Pérez, 1999, pp. 35-50. Una revisión más actualizada en Oliver Olmo, 2006.

[3] Vives, 1526. Sobre la propuesta de Vives, véase Serrano González, 1992; Rivera García, 1995, pp. 127-142; Martín Rodríguez, 1984, pp. 217-218; Maza, 1987, pp. 79-82; Garrán, 2004, pp. 49-54; Cavaillac, 1975, pp. XCI- XCIII; Álvarez-Uría, 1983, pp. 34-42, y Serna Alonso, 1988, pp. 53-55.

[4] Una excelente exposición de la visión de los vagabundos en el pensamiento español de los siglos XVI, XVII y XVIII se encuentra en Pérez Estévez, 1976, pp. 293-336.

tricta policía de mendigos. Las autoridades municipales elaborarían para cada ciudad un censo de pobres. Con el asesoramiento de los médicos[5] se procedería a clasificarlos en dos grupos: los enfermos e inválidos, incapaces de trabajar, serían internados en los hospitales. Se simplificaría el sistema de estos establecimientos erigiendo un hospital general en cada ciudad. Los pobres considerados sanos serían obligados a trabajar; los forasteros serían expedidos a sus localidades de origen. Vives estimaba que, dada la carencia de oficiales en los talleres artesanos, no sería difícil encontrar colocación para los falsos pobres. Finalmente, aquellos pobres fingidos que se negaran a trabajar serían considerados como vagabundos y se les aplicarían las penas correspondientes. En los reinos hispánicos, desde finales de la Edad Media y en el curso de la época moderna, las penas previstas para este colectivo eran extremadamente graves: destierro, galeras, azotes y cárcel. Vives proponía además restaurar la añeja figura del Censor, que estimaba común en Roma y en Atenas durante la Antigüedad[6]. Este personaje de encargaría de vigilar y de corregir las costumbres y el estilo de vida de los pobres en el perímetro de la ciudad.

En el escenario de la España del siglo XVI la propuesta de Vives puede considerarse excepcional[7]. Ningún otro tratadista posterior sugerirá la supresión de la mendicidad y ninguna ley de la época albergará este propósito. No obstante, como se verá, el proyecto de Vives fue tenido muy en cuenta en las medidas que se planearon y en las leyes que se promulgaron.

---

[5] Álvarez-Uría llega a afirmar: «Por vez primera, los médicos se constituían en agentes del poder político para desempeñar una función de selección y, por tanto, de fragmentación de masas» (Álvarez-Uría, 1983, p. 41).

[6] Tanto el censo (contabilizando y clasificando a los pobres y por extensión a las poblaciones en general) como la censura ejercida por este magistrado (vigilancia permanente de las costumbres) son técnicas disciplinarias paralelas al poder soberano de la ley; en estas técnicas están los elementos que más tarde (a comienzos del siglo XVIII en Francia y Alemania, desde mediados de esta centuria en España) serían codificados por la «ciencia de la policía». Sobre la relación entre el «censo» y la «censura» tematizados por el pensamiento político de los siglos XVI y XVII con las «disciplinas» analizadas por Foucault, véase Rivera García, 1999, pp. 120-123. Una plástica descripción de los cometidos del censor se puede encontrar en el *Discurso al Rey* (1595) redactado por Pérez de Herrera: «Que se establezcan en pueblos, lugares y barrios, unos censores o síndicos, para averiguar en secreto la manera de vivir de cada uno, sus posibles tratos ilícitos o de mal ejemplo, a fin de que sean castigados y que de esa manera todos vivan con sospecha y miedo y sumo cuidado, no teniendo nadie seguridad de que no se sabrá su proceder y vivir» (citado por Maravall, 1983, p. 165).

[7] Incluso las obras del franciscano Gabriel de Toro, *Tesoro de Misericordia Divina y Humana* (1536) y del humanista toledano Alejo Venegas, *Agonía del Tránsito de la Muerte* (1537), próximas a ciertos planteamientos de Vives y mostrando una inequívoca condena del ocio, no rechazan la práctica de la caridad directa en relación con los pobres legítimos (Cavaillac, 1975, pp. XCIII-XCIV).

Ya una norma del *Corpus Iuris Civilis*, titulada *De Mendicantibus Validis* y recogida en las *Partidas* de Alfonso X, prescribía no sólo el destierro de los ociosos, sino la recomendación de negar la limosna a los que estuvieran sanos, de modo que se vieran forzados a trabajar. En el curso del siglo XIV se elaboraron nuevas normas destinadas a expulsar a los pobres no naturales del lugar, obligando a trabajar a los falsos indigentes. Este es el espíritu de las leyes aprobadas en Castilla por las Cortes de Toro (1369), Burgos (1379) y Briviesca (1387) (Garrán, 2004, pp. 31-32).

Entre 1523 (Cortes de Valladolid) y 1525 (Cortes de Toledo) se solicitó a la Corona, siguiendo criterios que comenzaban a regir en toda Europa, que se prohibiera a los mendigos salir de sus lugares de origen. Se pedía asimismo la creación de un hospital general en cada ciudad, reduciendo los existentes, así como el establecimiento de un régimen de exámenes para distinguir entre pobres fingidos y auténticos, dando a estos últimos una cédula que les permitiera mendigar.

Especificando este punto, las Cortes de Madrid de 1534 solicitaron el nombramiento de un responsable municipal en cada ciudad y villa, dedicado a examinar a los pobres y a dictaminar la expulsión del lugar de los que estuvieran desprovistos de licencia. Se sugería la creación de un «executor» encargado de castigar a los pobres sin cédula y de visitar a las «malas mujeres» con objeto de comprobar su limpieza[8]. Los falsos pobres serían castigados y expulsados, y a los indigentes forasteros se les restringía la estancia a un día natural. Se instaba a atender a los verdaderos pobres en los hospitales generales que se estableciesen en sus localidades de origen. El conjunto de normas debería encontrarse tutelado por «dos buenas personas», siguiendo el ejemplo de los antiguos censores romanos (Garrán, 2004, pp. 42-43).

Este trasfondo normativo sentó las bases para la puesta en liza de distintos reglamentos que funcionaron en un buen número de ciudades castellanas durante la década de 1530. En ellos, además del control de movimientos (confinamiento de los pobres en sus lugares de origen) y del examen para distinguir entre menesterosos verdaderos y fingidos, se ponía cuidado en evitar que el acto de dar limosna se practicara libre y públicamente, en las calles y puertas. Por eso se designaba a determinadas personas para que organizaran colectas destinadas a los pobres y administraran las ayudas a domicilio o dirigiéndolas a los hospitales (Garrán, 2004, pp. 38-40).

---

[8] Esta propuesta de control sanitario de las prostitutas será reiterada por ejemplo en la reforma de las ordenanzas de la Mancebía de Sevilla, redactada en 1620: «Se ordena y manda que el cirujano que está nombrado por el cabildo y Regimiento de esta ciudad para visitar a las mujeres de la dicha casa pública tenga cuidado de hacer las dichas visitas para ver si están sanas una vez cada quince días en invierno y en verano cada ocho días» (Vázquez García y Moreno Mengíbar, 1989, p. 368).

La Pragmática e Instrucción de 1540, dictada por el Emperador Carlos, hace memoria de toda esta serie de leyes y solicitudes. Rechaza con términos extremos el comportamiento de los vagabundos, a los que califica de mentirosos, acusándolos de vivir amancebados, de despreciar la religión y de contagiar enfermedades infecciosas. Se ordena que sean los ayuntamientos los que detenten las atribuciones específicas en materia de pobres. Asimismo, se diferencia entre pobres verdaderos y fingidos, siendo los primeros los únicos facultados para solicitar las licencias de mendigar; los segundos deberían adoptar un oficio o recibir el castigo correspondiente a los vagabundos. Por último, se encargaba a los obispos y a los justicias que administraran las limosnas evitando en lo posible el espectáculo de los desheredados pidiendo en la vía pública (Garrán, 2004, pp. 42-43, 41-44, y Martín Rodríguez, 1984, p. 270).

La célebre polémica entre Domingo de Soto y Juan de Medina –alias de Juan de Robles– se suscitó en el contexto de estas nuevas medidas legislativas. Los promotores de las reformas de las leyes de pobres en Zamora, municipio que en 1539 puso en marcha un reglamento inspirado por el nuevo espíritu, buscaron el apoyo de las autoridades en materia teológica. Remitieron la flamante normativa a la Universidad de Salamanca, donde el dominico Domingo de Soto, después de algún malentendido en la consulta, redactó un escrito, su *Deliberación en la Causa de los Pobres* (1545), donde, invocando el derecho natural al libre desplazamiento, se oponía a toda restricción en el ejercicio de la caridad, incluyendo los exámenes y el recogimiento forzoso de los pobres.

A los dos meses de esta publicación y a modo de respuesta, se editó la obra del benedictino Juan de Medina, *De la Orden que en Algunos Pueblos de España se ha puesto en la limosna para remedio de los verdaderos pobres* (1545). No se trata ahora de entrar en el análisis de esta controversia, tarea que otros han realizado con esmero y competencia[9].

---

[9] Véase en particular el trabajo de Garrán, 2004. Hemos consultado también los resúmenes de Maravall, 1972, II, pp. 238-247; Cavaillac, 1975, pp. XCVII-CVI; Martín Rodríguez, 1984, pp. 91-96, y Maza, 1987, pp. 83-87. Una revisión crítica de la historiografía de la controversia puede encontrarse en Álvarez-Uría, 2006, pp. 285-308. Según este autor, hay que dejar de considerar a Domingo de Soto como defensor de una representación tradicional, medieval de la pobreza. Sus argumentos se encuadran más bien en el *derecho de gentes* y en la defensa iusnaturalista del derecho a desplazarse libremente. En este sentido, De Soto iría vinculado no a la herencia teológico-política medieval, sino a un movimiento de innovación radical respecto a ella representado por la Escuela de Salamanca (Las Casas, Vitoria o Carranza), el *ius gentiun*, equivalente español de la modernidad encarnada en Europa por autores como Hobbes o Locke. Sin embargo, las exigencias de una biopolítica imperial, donde la población es encuadrada en los límites del territorio, obligaban a sacrificar el universalismo irrestricto defendido por los teólogos salmantinos. El episodio que cierra definitivamente el paso a estas propuestas universalistas lo constituye, según Álvarez-Uría, el proceso al arzobispo Carranza. Este iusnaturalismo de los dominicos de Salamanca se distingue, por otra parte, del iusnaturalismo jesuítico de Mariana y de Suárez; este último, que sería más acorde con la «vía descendente» de Santo Tomás, excluye toda consideración puramente humana e inmanente de los «derechos naturales».

El escrito de Medina está muy marcado por la lectura de Vives, pero su planteamiento no coincide con el del humanista valenciano. Medina no defiende la supresión del ejercicio de la caridad por los particulares; lo que pretende es restringirlo a los pobres verdaderos y canalizarlo a través de las instituciones, de modo que sean éstas y no las personas físicas las que, una vez realizadas las correspondientes colectas, entregaran a domicilio –o subviniendo a los hospitales donde habrían de residir los pobres enfermos o incapacitados para trabajar– las ayudas de los necesitados.

Se trataba por tanto de sustraer al pobre del espacio púbico, de «recogerlo» estipulando una mayor distancia entre el misericordioso y el indigente, separando sus cuerpos e insertando entre ellos una suerte de intermediación burocrática, de modo que los pobres perdieran su cotidianidad tangible y se convirtieran en un colectivo distante y amenazador. Medina proponía la creación de tres figuras intermediarias: los receptores, responsables del depósito de las limosnas; los administradores, encargados de su recogida y reparto; y los ejecutores, una suerte de alguaciles encargados de perseguir a los falsos mendigos.

Medina, por otro lado, consideraba que la política de pobres era un asunto de gobernación antes que religioso, por eso estimaba que debía corresponder al poder civil la regulación de la mendicidad, aunque su actuación debía coordinarse con la de la Iglesia. En su discusión con Domingo de Soto, admitía, frente a éste, que la misericordia y la libertad de movimientos no eran valores absolutos; tenían que amoldarse a la justicia impartida por el Príncipe en los límites de su territorio; sugería, por tanto, que los imperativos de la religión y del derecho natural debían conciliarse prudentemente con los requerimientos de la razón de Estado. Respecto a la Pragmática de 1540 no muestra apenas discrepancias; únicamente considera injusto que se expulse sin más a los pobres foráneos; debían ser admitidos siempre que, tratándose de individuos sanos, estuvieran dispuestos a trabajar.

Los escritos de Soto y de Medina acerca de la pobreza se publicaron en 1545, coincidiendo con el comienzo de las sesiones del Concilio de Trento, donde destacaron las intervenciones del dominico. El Concilio se clausuró en 1563. En su sexta sesión, celebrada el 17 de enero de 1547, se aprobó un Decreto sobre la justificación donde se condenaban las tesis protestantes acerca de la colaboración humana con la gracia divina en la tarea de la salvación, negando la pertinencia de las buenas obras. Esto suponía que las acciones caritativas quedaban teológicamente respaldadas, apareciendo como una de las claves que distinguían a los católicos de los protestantes (Garrán, 2004, pp. 123-124). En consecuencia, toda tentativa para suprimir la mendicidad, en línea con las propuestas de Vives, era asimilada a una proposición herética (Cavaillac, 1975, p. CVI).

De este modo la alternativa representada por Domingo de Soto parecía recibir el respaldo de la Iglesia católica; el agustino Fray Lorenzo de Villavicencio, en su *De Aeconomia Sacra circa pauperum curam a Christo institutam* (1564) (Maravall, 1972 II, p. 242; Cavaillac, 1975, pp. CVI-CVII; Maza, 1987, p. 87; Garrán, 2004, p. 60), venía a proclamar este punto de vista condenando los intentos de secularizar la política de pobres situados en la estela de Vives, que llegó a ser tildado de hereje y de luterano por su planteamiento.

En la España de Felipe II, los decretos conciliares tenían el rango de verdaderos imperativos del Estado[10]; por esta razón y pese a que en los primeros años de este reinado siguió vigente la Pragmática de 1540 y se endurecieron las penas contra los vagabundos, el 7 de agosto de 1565 se emitía una Nueva Orden para el recogimiento de pobres y socorro de los verdaderos, que restablecía el derecho a pedir limosna en la vía pública. La norma, por tanto, autorizaba la mendicidad ajustándola a ciertos requisitos (Cavaillac, 1975, pp. CXV-CVI; Martín Rodríguez, 1984, p. 271; Garrán, 2004, p. 128).

En primer lugar, los pobres de cada parroquia serían examinados por dos «buenas personas» distinguiendo a los verdaderos de los falsos. Los primeros recibirían una cédula firmada por el cura de la parroquia y aprobada por el Justicia de la ciudad. Esto los habilitaba para pedir limosna en la localidad. La orden, por otra parte, obligaba a que los pobres con licencia estuvieran confesados y comulgados y les prohibía mendigar en compañía de hijos mayores de cinco años. Por último se impelía a los corregidores para que prendiesen y procedieran contra los que pedían sin cédula; a estos se les debían aplicar las leyes que castigaban a los vagabundos. El mismo espíritu es el que alentaba a los bandos sobre pobres dictados en todo el curso del siglo XVII.

En este escenario de reflujo en las medidas para suprimir o hacer invisible la mendicidad, relacionado con la preeminencia de las tesis tridentinas, se sitúan los tratados de Giginta y de Pérez de Herrera.

La propuesta de Miguel de Giginta, canónigo de Elna, se presentó en las Cortes de Castilla en 1576, bajo la forma de un memorial, ampliándose posteriormente en el *Tratado de Remedio de Pobres*, publicado en 1579. Giginta opera sobre el trasfondo de los decretos tridentinos y de la orden promulgada por Felipe II. Se ha hablado de «sincretismo» (Cavaillac, 1975, p. CXXVII) para referirse al plan ela-

---

[10] En Real Cédula del 12 de julio de 1564, es decir, un año antes de la Orden de 1565 sobre mendicidad, Felipe II incorporó la legislación tridentina a la nacional. Véase al respecto Santos Díez, 1969, p. 7. Sobre la incidencia del Concilio de Trento en la política de mendicidad seguida en España, véase Cavaillac, 1975, pp. CVI-CVII; Martín Rodríguez, 1984, p. 96; Santolaria, 2000, pp. 11-12 y Garrán, 2004, pp. 122-125.

borado por este eclesiástico con el fin de gobernar la mendicidad. En efecto, en la estela de Domingo de Soto, Giginta preservaba la libertad de pedir limosna y rechazaba los exámenes de pobres[11].

Su solución[12] consistía en erigir un establecimiento –las «casas de misericordia»– extendido por todas las localidades populosas de Castilla, donde los pobres dispondrían de todo lo necesario para vivir decentemente[13]. De este modo sólo los «pobres fingidos» estarían interesados en seguir mendigando. La medida por sí sola permitía ahorrarse los exámenes de pobres, poniendo en evidencia a los falsos indigentes, que quedarían a merced de la autoridad.

Esto no significa que los que ingresaran en la casa de misericordia tuvieran prohibida la mendicidad. Con objeto de contribuir al mantenimiento de la institución, se permitía que los internos incapacitados para trabajar salieran periódicamente a pedir limosna, provistos de unas insignias fácilmente reconocibles. Se pregonaría a todo el mundo que reservara sus limosnas para estos indigentes. Así, los propios necesitados que portaran el atuendo reglamentario delatarían a los pobres fraudulentos, aunque estos falsificaran la indumentaria en cuestión.

El resto de los internos, nótese que se trata siempre de una reclusión voluntaria, estaría sometido a un régimen de trabajo en talleres y manufacturas dentro del recinto. En conjunto, el ingreso en la institución implicaba un triple compromiso: la instrucción –en la doctrina cristiana, la adquisición de un oficio, las primeras letras–, el trabajo y la recreación.

El régimen de este internado voluntario, donde la pena máxima era la expulsión, era riguroso, pero venía garantizado, no por azotes y otras violencias físicas, sino por el detallismo del reglamento, en cuyas normas quedaba enajenada la decisión del recluso, así como por la construcción misma del establecimiento. Se ha querido ver en la austera arquitectura de la casa de misericordia de Giginta, con planta de cruz griega y una torre central ocupada por el mayordomo, un pre-

---

[11] No obstante, cuando a la altura de 1588 Giginta instó al Reino para que se recogiese a los mendigos de todas las ciudades importantes, se encontró con la oposición del canónigo Bobadilla, que renovó los argumentos favorables a que los mendigos pidieran libremente por la calle (Cavaillac, 1975, p. CXXIX).

[12] Sobre la propuesta de Giginta, véase Cavaillac, 1975, pp. CXXII-CXXIX; Álvarez-Uría, 1979, pp. 68-69; Álvarez-Uría, 1983, pp. 44-46; Martín Rodríguez, 1984, p. 219; Maza, 1987, pp. 88-90; Serna Alonso, 1988, p. 59; Santolaria, 2000, pp. 10-55, y Garrán, 2004, p. 129.

[13] «Para el conveniente remedio pío de los pobres mendigos, primeramente se habrán de hacer unas casas térreas a la ligera, que de tapias y tejavanas bastarán para pobres, en cuatro atarazanas distintas, que respondan en cruz a una capilla que ha de tener en medio, con un retablo del Juicio Final e historia del impío mal rico con Lázaro mendigo. En las cuales casas, por el principio, bastará que sean las camas de sólo jergones y mantas groseras. Y puestas a punto las dichas casas, con la provisión de algunos días, se habrá de publicar que todos los pobres se podrán recoger a ellas, certificándoles que todos tendrán allí lo necesario, con libertad de irse y volver cuantas veces quisieren» (Giginta, 1579, p. 67).

cedente directo del diagrama panóptico diseñado por Bentham[14]: la vigilancia centralizada, omnipresente e individualizada, el papel desempeñado por la iluminación del recinto, el sistema generalizado de delación, división y espionaje.

Giginta es, no obstante, un personaje de la Contrarreforma, y su edificio posee una impronta religiosa y una filiación monástica que en el proyecto de Bentham quedan muy atenuadas. Por otra parte, esta presencia palpable de la ascética contrarreformista en el estilo de la institución no contradice el hecho de que la casa de misericordia contiene una instancia nueva, ausente en la literatura precedente sobre remedio de pobres. La primacía del componente moral y pedagógico del trabajo no eclipsa del todo su valoración económica. Giginta combate abiertamente el menosprecio de las artes mecánicas y la mentalidad hidalga (Cavaillac, 1975, pp. CXXIV-XXV), como dejan ver sus recomendaciones en materia de formación. Se ha pretendido ver en esta actitud y en la importancia concedida al trabajo en la manufactura un componente mercantilista[15] que, por otra parte, ya estaba presente al menos desde el *Memorial* del Contador Luis Ortiz[16], dirigido a Felipe II y publicado en 1558, tras la bancarrota del año anterior (Cavaillac, 1975, pp. CX-CXV).

Ortiz, como se señaló, situaba la clave del colapso en el precario desarrollo de las manufacturas castellanas y en el desdén del que eran objeto los oficios artesanales. En la argumentación del contador burgalés, el hidalguismo y la vagancia se daban la mano provocando la ruina de Castilla. Confiaba en que, corrigiendo la ley de pobres dada en 1540 y escasamente aplicada, unida a un cambio en el menosprecio de las artes mecánicas, se pondría remedio a la situación[17]. Pero, como se constató, la reforma de 1565, realizada a la sombra de los de-

---

[14] Álvarez-Uría, 1979, pp. 68-69, Álvarez-Uría, 1983, pp. 44-46, y Serna Alonso, 1988, p. 59, pusieron de relieve esta relación; Santolaria, 2000, pp. 34-46 examina con mucho detenimiento las posibles fuentes comunes de los inventos respectivos de Bentham y de Giginta.

[15] «Conviene también al estado, porque habrá más concierto y aumento de gente, oficiales y trato en la tierra, y tantos millares de mendigos que sin esto andan por ahí ociosos, así los verdaderos como los fingidos, habrá de hacer algo en aumento de la república. Purgarse han fácilmente sin estrépito las provincias, de mucha gente baldía, que no conviene a los estados. Quitarse al aparejo que los espías de nuestros enemigos y de la fe tienen en talle de mendigos [...] No saldrá con esto tanto dinero del reino, como llevan tanta multitud de mendigos extranjeros» (Giginta, 1579, p. 169).

[16] «lo otro que estando la gente toda ocupada en sus oficios, no habrá los ladrones, salteadores, vagabundos y perdidos que hay en el reino que con ir a Italia [y] a las Indias la cantidad de gente que ha ido y de cada día va al presente ni caben en el reino ni en las cárceles que si fuesen oficiales se remediaría y excusaría este daño» (Ortiz, 1558, p. 38).

[17] «Para perficionar esta obra falta dar remedio en lo de los pobres, para remedio de lo cual, se ha de mirar la orden que se dió en años pasados y emendándose en algunas cosas proverse lo que les conviene, de que vendrá gran servicio a Dios y bien a los pobres y a la república» (Ortiz, 1558, p. 149).

cretos tridentinos, daba un mayor margen a la mendicidad y concordaba mal con las exigencias mercantilistas.

En esta senda abierta por los argumentos mercantilistas e introduciendo por primera vez el problema de la despoblación (Cavaillac, 1975, p. CXLII; Martín Rodríguez, 1984, pp. 54-55; Maza, 1987, p. 91), hay que emplazar el programa elaborado por el Protomédico de las Galeras del Rey, Cristóbal Pérez de Herrera. Su *Amparo de Pobres*, publicado en 1598, es el desarrollo, corregido y aumentado, de un discurso que comenzó a redactar en 1592 por encargo de Felipe II y que presentó a las Cortes de Castilla en 1595. En él se proponía una reforma de la policía de pobres y «vagamundos».

El texto de 1598 evidencia la conexión que existía entre el problema de la pobreza y el de la despoblación del reino. Pérez de Herrera, en concordancia con los criterios expuestos por los representantes de la escuela de Salamanca (Tomás de Mercado y Martín Azpilcueta, principalmente) (Cavaillac, 1975, p. CXXX; Maza, 1984, p. 91) y en clara afinidad con los planteamientos de Botero (Martín Rodríguez, 1984, pp. 54-55), entendía que la mayor riqueza de un Estado no era la moneda, como sostenía el bullonismo, sino la población susceptible de trabajar. Por esta razón, el declive en el número de moradores se agravaba con el aumento de vagos y holgazanes[18]. En esta lacra se aunaba la ociosidad mendicante con el hidalguismo rentista, conduciendo al abandono de la labranza y de los oficios.

Los vagabundos constituían, de manera indiscernible en la época, una amenaza política y económica. En conjunción con el creciente número de gitanos, moriscos y extranjeros, lo que contrastaba con el aminoramiento de los cristianos viejos ocupados[19], la proliferación de holgazanes ponía en trance de muerte al cuerpo de la república[20]. Aquí

---

[18] «Que se hallará gente que trabaje en diferentes ministerios, porque al presente, por haber tantos vagabundos, no hallan labradores quien los ayude a cultivar las tierras, ni otros oficiales de la república a quien enseñen sus oficios –que por esta razón es cierto que valen tan caras las hechuras de las cosas, y todo lo que se vende de mercadería y mantenimientos–, ni otras gentes tienen quien les sirva. Que pienso que es la más verdadera causa ésta de tener tanta necesidad estos reinos, porque esta gente ociosa, fingiendo ser pobres, nos llevan y usurpan lo que tenemos, y quitan la limosna a los verdaderos –como está dicho–, y nos ayudan a comer los frutos de la tierra, no aprovechando en algo a la república, ni a la cultura dellos, como los zánganos de las colmenas, que comen la miel que no les costó trabajo a criar. Y siendo tanto el número dellos, que entiendo que en toda España hay más de ciento y cincuenta mil» (Pérez de Herrera, 1598, p. 110).

[19] «porque pienso cierto que, si no se remedia esto con brevedad, dentro de veinte o treinta años, ha de ser la mayor parte de estos reinos (fuera de alguna gente de calidad y rica) de mendigantes y gascones, por ser gran parte dellos desta nación, moriscos y gitanos, porque éstos van creciendo y multiplicándose mucho, y nosotros disminuyéndonos muy apriesa en guerras y religiones» (Pérez de Herrera, 1598, p. 177).

[20] Pérez de Herrera desarrolla extensamente la metáfora aristotélica de la república como «cuerpo» y del gobernante como terapeuta (él mismo era médico) en su escrito *Curación del*

reaparecían muchas de las asociaciones presentes en Vives y en otros tratadistas: la irreligiosidad de los pobres fingidos, su actuación como espías al servicio de potencias extranjeras[21], el papel que desempeñaban en la transmisión de enfermedades contagiosas. Pérez de Herrera proponía edificar en las grandes poblaciones de Castilla un «albergue de pobres». En él serían alistados todos los indigentes que se encontraran pidiendo por calles y puertas. Acto seguido se realizaría un escrutinio de cada pobre, con intervención del administrador del albergue en presencia de un médico o cirujano. Los pobres fingidos serían obligados a trabajar y los legítimos recibirían una insignia y un testimonio firmado por el administrador y los diputados de la Justicia. Con esta licencia, renovable anualmente, el pobre verdadero quedaba autorizado a pedir limosna en el municipio. No tenía que regresar a su lugar de origen, pero le estaba vedado abandonar la localidad donde se le había registrado.

Los albergues no eran hospitales; Pérez de Herrera sugería hospitalizar a los pobres enfermos de las principales ciudades castellanas, pero el establecimiento que proponía tenía un cometido distinto. El albergue tendría por un lado la condición de parroquia, donde los ingresados, en consonancia con la recristianización contrarreformista, oirían misa diaria y aprenderían la doctrina. Al mismo tiempo, estos locales funcionaban como «dormitorios», donde los pobres se comprometían a recogerse para pernoctar[22].

Se trataba, por tanto, como en el caso de Giginta, de un establecimiento relativamente permeable. El protomédico no dice casi nada acerca del régimen de trabajo seguido en los albergues; se sugiere que en el establecimiento sólo tendrían ocupación los que no la encontrasen fuera. Con objeto de buscar colocación para los pobres «desenmascarados» por el escrutinio, se proponía la figura del «padre de trabajadores», cuyas ofertas pasaban por rebajar el salario al mínimo posible. Los pobres no registrados se considerarían delincuentes y se les aplicarían las leyes de vagabundos. Por último, los albergues serían regidos por la autoridad secular, aunque su gestión contaría con el auxilio de los eclesiásticos.

---

cuerpo de la República o Remedios para el bien de la salud del cuerpo de la República, que versa sobre *Bien, prosperidad, riqueza y fertilidad destos reynos y restauración de la gente que se ha echado dellos* (1610). Sobre este texto, véase Cavaillac, 1975, pp. LXI-LXII. Sobre el pensamiento médico de Pérez de Herrera, véase Granjel, L. S. 1967, pp. 41-64.

[21] «que informándome de personas religiosas y de otras muy virtuosas y prudentes [...] me han contado que con este hábito fingido han andado, y deben de andar, por los reinos de V.M. algunos herejes de diferentes sectas, y espías suyas, y de moros y turcos, y otras gentes de leyes perniciosas y malditas» (Pérez de Herrera, 1598, pp. 39-40).

[22] «Porque es bien que estas casas siempre sirvan de sólo administración de sacramentos y oír misa, y dormitorio de gente inútil, sin enfermedades que tengan necesidad de curarse de presente» (Pérez de Herrera, 1598, p. 58).

En *Amparo de Pobres* se desarrolla asimismo un plan para la reformación de mujeres «vagantes» y niños abandonados. En el primer caso, el régimen relativamente flexible de los albergues deja paso al programa disciplinario de unas «casas de trabajo y labor» que preludian las «casas de galeras» para meretrices proyectadas por la Madre Magdalena de San Jerónimo unos años más tarde[23]. Estas vagabundas «que andan perdidas por tabernas y bodegones» en las grandes ciudades de Castilla aparecen en realidad identificadas como prostitutas clandestinas –recuérdese que en esa época la prostitución estaba autorizada en el interior de las mancebías oficiales–, focos de contagio y sospechosas de abandonar a sus vástagos, cuando no de asesinarlos[24].

El otro frente de su reforma concernía precisamente a la infancia abandonada, vivero de niños pordioseros y de pícaros. Los estudios realizados sobre las instituciones de recogida permiten afirmar con seguridad que las cifras de expósitos en las principales urbes castellanas eran abrumadoras. Pérez de Herrera proponía que los prelados y los corregidores se encargaran de distribuir a la mayoría de estos niños entre familias ricas y honradas y que los restantes permanecieran en las casas de expósitos y en los albergues hasta cumplir siete años (Pérez de Herrera, 1598, pp. 103-104). A partir de esa edad, ingresarían en unos seminarios para aprender algún oficio; de esta manera aumentaría el número de artesanos, tan necesitados para evitar la inundación de España por las manufacturas extranjeras. Con este planteamiento mercantilista en el gobierno de la infancia, Pérez de Herrera anunciaba un motivo que sería común entre los arbitristas del siglo XVII.

Las propuestas de Giginta y de Pérez de Herrera[25] recibieron una acogida muy favorable cuando fueron presentadas a las Cortes castellanas. En 1580 se abrió la primera casa de misericordia en Toledo y en 1581 en Madrid, pero su vida fue efímera. Sólo la fundada en Barcelona en 1583 continuó abierta. No obstante, en ninguna de ellas se siguieron las pautas prescritas por el canónigo de Elna. Habrá que

---

[23] Pérez de Herrera, 1598, p. 241, se refiere a la experiencia de la Madre Magdalena de San Jerónimo en la reformación de las «vagabundas». Magdalena de San Jerónimo desarrolla el plan de las «casas de galera» en *Razón y forma de la galera*, Valladolid, 1608. Sobre esta institución, véanse Serna Alonso, 1988, pp. 33-34, y Meijide Pardo, 1996.

[24] «Escusándose por este camino muchas enfermedades del mal francés, y otras, con que contaminan e inficionan los reinos, por la desordenada vida que traen [...] fuera de que cesarán las maldades y delitos que cometen, echando niños recién nacidos en pozos por no criarlos, y los que violentamente procuran echar de sus cuerpos y mal parir, por estar más desocupadas para sus vicios» (Pérez de Herrera, 1598, p. 128).

[25] Sobre el grado de aplicación de estas propuestas, véase Cavaillac, 1975, pp. XXXVII-LXX y CXXVIII-XXIX; Maza, 1987, pp. 90 y 96; Garrán, 2004, p. 129, y Santolaria, 2000, pp. 50-55.

aguardar al último tercio del siglo XVII, con la apertura de las casas de misericordia de Zaragoza (1668) y de Valencia (1673)[26], para encontrar una plasmación institucional del modelo. Por su parte, el plan de Pérez de Herrera, apoyado por el Consejo Real de Castilla y por el propio Felipe II, se vio interrumpido en su realización con el fallecimiento del monarca y la llegada del Duque de Lerma al valimiento. En el transcurso del siglo XVII, tuvo lugar un claro reflujo en la tratadística sobre pobres dedicada a presentar propuestas concretas de reforma institucional. La regresión no es tanto cuantitativa, pues no dejaron de producirse obras de este género[27]; tiene que ver con la falta de originalidad de los proyectos planteados (Serna Alonso, 1988, p. 53, y Carmona García, 1988, p. 73). Por otra parte, apenas se producen innovaciones legislativas en este periodo, preservándose en líneas generales la Pragmática dictada por Felipe II en 1565.

Las prácticas y los discursos relacionados con el gobierno de la pobreza en España aparecen conectados directamente, al menos hasta el advenimiento de la dinastía borbónica, con el orden doctrinal y teológico forjado por el Concilio de Trento. Esto no significa que la línea de reflexión mercantilista, abierta en la época del contador Luis Ortíz y del canónigo Giginta y asociada al problema de la despoblación a partir de Pérez de Herrera, se esfumara. La conexión entre el aumento de la pobreza y el declive económico, político y demográfico del reino es un elemento crucial en la vastísima literatura de arbitrios producida durante el siglo XVII. Pero en los arbitristas esta reflexión va a tomar la forma de una discusión moral acerca de los vicios derivados del ocio y de la holgazanería y su presencia en todos los estamentos del reino. Discutirán si el ocio y la pereza son tachas características de los españoles[28] o si más bien derivan de determinadas condiciones

---

[26] La dureza del régimen y la impermeabilidad del establecimiento valenciano, estudiado por Serna Alonso, 1988, pp. 69-75, parecen muy alejadas de la «casa de misericordia» proyectada por Giginta.

[27] La más importante de la época fue el *Monumento triunfal de la Piedad Católica* (1673), obra del jurista zaragozano Pedro José Ordóñez (según Campomanes este nombre es en realidad el seudónimo de Benito Trelles, miembro del Consejo y Cámara, véase Campomanes 1774, p. 63). Este proyecto sigue básicamente la estela del de Giginta, véase Maza, 1987, p. 98 y Martín Rodríguez, 1984, p. 222. Hay que mencionar asimismo el *Tractado sobre el modo de distribuir y repartir la limosna con discreción, médico y utilidad* (1606), de Martín Batista de Lanuza, seguidor de Pérez de Herrera, véase Maza 1987, p. 98.

[28] «Lo que más ha distraído a los nuestros de la legítima ocupación que tanto importa a esta República ha sido poner tanto la honra y la autoridad en el huir del trabajo, estimando en poco a los que siguen la agricultura, los tratos y todo cualquier género de manufactura contra toda buena política [...] Y si es verdad, como lo es, que nuestros Españoles son todos afectadores de honra» (González de Cellorigo, 1600, p. 70); «En España es la gente más inclinada al ocio que en otras provincias, porque, demás de la general inclinación de todos los ombres al ocio i a aborrecer el trabajo, aquí tiene la gente mucho de vanidad i fantasía, más que en otras naciones» (De Valencia, 1608, p. 165).

morales y materiales, como la subida del «vellón»[29], el exceso de metales preciosos circulantes[30], la atracción ejercida por el lujo[31], la presencia masiva de manufacturas y de artesanos extranjeros[32] o el abandono de la ganadería[33]. El monopolio que la Iglesia de la Contrarreforma ejerce en el campo de la pobreza durante todo el siglo XVII (Carmona García, 1988, p. 73) se constata tanto en el ámbito de las definiciones como en el de las intervenciones. Ciertamente, la preeminencia alcanzada en España por el discurso contrarreformista limitó aquí la ruptura con la tradición medieval y bloqueó en cierto modo el proceso de desacralización o secularización de la asistencia a los pobres. Pero hay que evitar el uso teleológico que a menudo se hace de este concepto de «secularización», como si existiera una pauta de desarrollo noroccidental y como si el caso español constituyera una «desviación».

Sin duda la doctrina de Trento sobre la justificación llevaba a restaurar la herencia teológica medieval, emplazando la donación particular de la limosna en el universo de las «buenas obras», un gesto que sellaba la colaboración del cristiano en su propia salvación, auxiliado por la gracia santificante otorgada por Dios. Al mismo tiempo, sin embargo, la representación del pobre como símbolo de Cristo era eclip-

---

[29] «habiéndose los más de los españoles reducido a holgazanes, unos a título de nobles, otros con capa de mendigos [...] Y el haber en España muchos holgazanes y por consiguiente muchos pobres, nace de diferentes causas. Una de ellas es el no haber monedas menudas de vellón» (Fernández Navarrete, 1626, p. 86).

[30] «Porque antes que hubiese tanta plata, un pobre hallaba un cuarto en ocho blancas, más fácilmente que ahora dos reales en diecisiete cuartos» (De Moncada, 1619, p. 143).

[31] «Para remedio de la ociosidad, se an de considerar las causas i achaques o pretextos della. Las partes de la República son tres: los sabios [...]; los soldados; el resto todo a de ser de labradores i artífices [...] Para que estas partes se correspondan i se sustenten i conserven con equidad, sin agravio, i, para que sea posible el mantenerse i pasar adelante, es necesario que las dos primeras no sean en número mayor del conveniente i bastante, i que se contenten con lo bueno i conveniente, no hagan gastos excesivos ni se den a regalo culpable. Porque si son muchos i gastadores, la tercera parte, que es la que a de trabajar, queda menor en número y fuerzas para poderlos mantener» (De Valencia, 1608, p. 164). Sobre otros autores que consideraban el lujo como causa de ociosidad véase asimismo Martín Rodríguez, 1984, pp. 226-227.

[32] «Francia, Génova y otras naciones que no son vasallos, al que más ha podido ha quitado de las manos a los Españoles la industria, o piedra filosofal con que transustanciado en plata y oro los ingredientes y simples materias que Dios les ha dado para sustentarse honesta y quietamente con ellas, introduciéndolos en la ociosidad, vicio tan pernicioso» (Martínez de Mata, 1650-1660, p. 146).

[33] «Todos, empero, cuantos han escrito sobre el estado de las cosas de España [...] han desbarrado [...] sin haber atinado a la puerta única del socorro, que es la crianza de los ganados. Pues aunque concurren muchas causas, la principal de donde se origina es la falta de ganados [...] de aquí se ha seguido la despoblación de los lugares, la necesidad común de los naturales, y la intolerable carestía de precios (Caxa de Leruela, 1631, pp. 39-40); «¡Oh miserable siglo en que la mayor pobreza y desdicha mayor de un pobre es tener hijos, y en que los mismos que quisieran trabajar están ociosos! Y la ociosidad de esta gente, nacida para el trabajo, es la pestilencial en la República, mucho peor que la holgazanería de los poseedores de vínculos y mayorazgos» (Caxa de Leruela, 1631, p. 178).

sada por un nuevo énfasis en la condición pecaminosa del ocio y en los estigmas negativos arrostrados por el «pobre fingido» o vagabundo. No se trata por tanto de un «regreso» al Medioevo sino de la forja de un nuevo modo de subjetividad y de una insólita práctica de gobierno. Este planteamiento se hace evidente en la Orden que lideró en España la empresa recristianizadora de la Contrarreforma, esto es, la Compañía de Jesús.

El fundador, Ignacio de Loyola, parece haber conocido y utilizado las propuestas de Vives en materia de pobreza. La Ordenanza adoptada en Azpeitia en 1535 e inspirada por el santo sigue en parte los criterios defendidos por el humanista valenciano. En esta norma, el Concejo de la localidad quedaba a cargo de nombrar a dos «mayordomos de pobres», un seglar y un clérigo, cuya tarea era recoger las limosnas –evitando así la entrega directa a los particulares– y administrar su reparto entre los necesitados. Asimismo se prescribían las penas aplicables a los «pobres fingidos» (Garrán, 2004, p. 96). Es sabido, por otra parte, que Ignacio de Loyola negaba el valor espiritual del ocio y de la devoción puramente contemplativa (Martín Rodríguez, 1984, p. 86)[34].

Por otra parte, en una línea argumental no muy alejada de Vives (Martín Rodríguez, 1984, pp. 88-89), Juan de Mariana equiparaba a los miserables con «lobos hambrientos»[35]. De un lado, defendía la libertad de los pobres para mendigar y consideraba que no se debía forzar el regreso de los indigentes forasteros a sus localidades de origen, siendo más conveniente que se les dejara permanecer tres días en la población distinta a la suya, salvo que encontraran ocupación. En contrapartida, sin embargo, no se oponía al recogimiento de los mendigos en «hospicios generales», sobre todo en las grandes ciudades. Proponía, al efecto, clasificar a los pobres en diferentes grupos, confinándolos en recintos con funciones diversificadas[36].

---

[34] Sobre la intención práctica y no contemplativa de los «ejercicios espirituales», véase Ravier, 1991, pp. 354-356.

[35] «Cuando en un país muchos están hambrientos es fácil que se produzcan revueltas, y no sin razón. Los lobos, cuando están hambrientos, invaden los pueblos por la necesidad de matar o morir» (Mariana, 1599, p. 402). Más adelante equipara a los menesterosos errantes con las «aves» (Mariana, 1599, p. 405). Sobre la metáfora del «lobo», presente también en Bodino, véase Serrano González, 1992.

[36] «Podrían fundarse hospederías para los peregrinos, asilos para los pobres, hospitales para los enfermos, refugios para los ancianos, orfanatos para evitar que los huérfanos se corrompan faltos de cuidado paterno, casas cuna para los niños expósitos, donde sean alimentados hasta cierta edad y que tengan protección en la época más indefensa de su vida. Así se cumpliría con los deberes de la piedad cristiana de una manera agradable al cielo y se atendería al bien general del reino, dando el mejor uso a las riquezas dadas por Dios» (Mariana, 1599, pp. 405-406). Sin separarse de la doctrina tridentina sobre la pobreza, el jesuita Pedro de Rivadeneyra, en su *Tratado de la Religión* (1595), se mostró partidario de acrecentar el poderío del reino promoviendo la abundancia de labradores y mercaderes (Martín Rodríguez, 1984, pp. 88).

En el plano de las intervenciones, el gobierno contrarreformista de la pobreza sigue una doble dirección. Por una parte, relega los proyectos de encierro disciplinario tutelados por la autoridad secular y los sustituye por un disciplinamiento emplazado en la cotidianidad del espacio urbano, implementado a través de las campañas o misiones emprendidas por las «congregaciones»[37], esas agrupaciones mixtas, de seglares y eclesiásticos, dedicadas a ejercer una censura y corrección moral continuadas. La recristianización de los pobres forma parte de un vasto conjunto estratégico: predicación y conversión de los presos en las cárceles, de las meretrices en las mancebías; campañas contra los juegos de azar, los duelos y las venganzas privadas, las corridas de toros, los baños públicos, las ejecuciones públicas de esposas adúlteras; reformación moral y religiosa del patriciado urbano y de la nobleza, etcétera.

A finales del siglo XVII se calcula que existían unas 20.000 congregaciones de esta índole en toda España (Garrán, 2004, p. 125, Santolaria, 2000, pp. 11-12), generalmente organizadas por los jesuitas. El disciplinamiento vehiculado por estas agrupaciones es el que impera en relación con el gobierno de la pobreza en todo el transcurso del siglo XVII. En él la ciudad es afrontada como un ámbito de desorden y de pecado que hay que purificar, encauzar, neutralizando en cierto modo su caótica diversidad hecha de placeres, miserias y violencias. Se trataba de hacer de la ciudad un espacio espiritualmente homogéneo, la versión católica de la «ciudad neutra» postulada por los puritanos; Babilonia convertida en Jerusalén[38].

Este disciplinamiento en el «siglo» coexistía con un abigarrado complejo institucional formado por hospitales –diseñados como centros de asistencia espiritual para enfermos y necesitados y, secundariamente, como lugares de curación médica– y otras instituciones de carácter más represivo (reformatorios para muchachos y muchachas, casas de «arrepentidas», casas de misericordia y albergues para pobres) regidas por distintas organizaciones eclesiásticas, gremios y cofradías caritativas, teniendo el estatuto de «obras pías»[39]. Fracasado el proyecto de centralizar y de reducir el número de hospitales así como de secularizar su gestión –un programa ya bosquejado por Vives–, lo

---

[37] Sobre las congregaciones, véanse los trabajos de Martz, 1983; Flynn, 1989, y Egido, 2004, pp. 148-150. Sobre el «disciplinamiento» como práctica de las congregaciones, véase Palomo, 1997, pp. 119-136. Sobre la categoría de «disciplinamiento» en la Edad Moderna, véase Prodi, 1994.

[38] Acerca de esta representación de la ciudad en la acción de las congregaciones, véase Vázquez García y Moreno Mengíbar, 1998, II, pp. 84-85.

[39] El Concilio de Trento había ordenado que las fundaciones pías quedasen bajo la jurisdicción de los obispos, empeñados desde entonces en regular las cofradías y hospitales de su diócesis (Kamen, 1998, p. 189).

que quedaba era un archipiélago de establecimientos de índole variada: hospitales de enfermos pobres, niños expósitos, ancianos, peregrinos, locos, leprosos, sacerdotes indigentes, extranjeros, convalecientes, niños huérfanos, así como las instituciones represivas mencionadas con anterioridad (Carmona García, 1988, p. 74).

Atravesando todos estos registros –la residual tratadística de pobres, la literatura arbitrista y la acción misional contrarreformista–, se mantiene una rotunda descalificación del falso pobre, del vagabundo. La legislación contra ellos se renueva periódicamente, endureciéndose (Cavaillac, 1975, pp. LX-LXI, y Garrán, 2004, pp. 126-127); se llega incluso a considerar, en el contexto de la expulsión de los moriscos (1609), la adopción de una medida similar con los gitanos, considerados como verdadero prototipo de la holgazanería y el fraude[40]. Entre los siglos XVI y XVII, el vagabundo llega a ser considerado por el pensamiento político como la negación misma de la soberanía, «la otra cara del rey» o al menos «la otra cara del pueblo» pacífico y laborioso[41]. En cualquier caso, la ruptura del vagabundo con los lazos de dependencia que perfilaban las estructuras de una sociedad de órdenes lo convertía, al mismo tiempo, en paradigma del nuevo sujeto libre y soberano, definitorio de la modernidad y del primer capitalismo. En este registro se ubicaría el retrato del pobre ofrecido por la novela picaresca española[42].

DEL POBRE FINGIDO AL POBRE ÚTIL

El siglo XVIII, en opinión unánimemente compartida por los historiadores, supone en España el triunfo de la actitud y de las represen-

---

[40] Sobre la discusión acerca de la necesidad de «expeler» a los gitanos, véanse las posiciones de los arbitristas De Moncada, 1619, pp. 211-226, y Fernández Navarrete, 1626, pp. 73-74. El debate es examinado por Gutiérrez Nieto, 1986b, pp. 783-786.
[41] Esta discusión tiene que ver con la crítica de Rivera García, 1995, pp. 127-142 y Rivera García, 1999, pp. 122-123 a la tesis defendida en el libro de Serrano González, 1992. En su *República original sacada del cuerpo humano* (1587), Jerónimo de Merola establece una correspondencia entre la república y las distintas partes del cuerpo humano. Los holgazanes y vagabundos, «dañosísimos para el común», se hacen corresponder con los «excrementos y superfluidades» del cuerpo (Tierno Galván, 1976, p. 59). Constituyen un elemento interior que tiene que devenir «exterior» para que el «cuerpo» de la república sobreviva, pero no componen «lo otro» de la soberanía, como defiende Serrano González.
[42] En este punto nos remitimos a la interpretación propuesta por Rodríguez, 1994, pp. 41-43. Sobre el pícaro como expresión de la crisis de la sociedad aristocrática, véase asimismo Geremek, 1991, p. 240. Álvarez-Uría, 2006, p. 319, ha señalado que la derrota de la Escuela de Salamanca tras el proceso al arzobispo Carranza, supuso también la derrota del concepto moderno de «libertad personal» implicado en el *ius gentium:* las leyes particulares de los reinos no podían atentar contra los derechos naturales del individuo en tanto que miembro del género humano. Este principio de libertad personal universal, aniquilado por contravenir las exigencias de la razón de Estado, sobreviviría, según Álvarez-Uría, en manifestaciones literarias y artísticas como *El Lazarillo* y el *Quijote*.

taciones modernas de la pobreza. Esta modernidad, anunciada por Vives y por otros tratadistas del asunto en el siglo XVI, se habría visto interrumpida en nuestro país por la implantación de la perspectiva postridentina, que venía en cierto modo a restaurar la visión tradicional y premoderna de la mendicidad. Pero un segundo impulso, abordado esta vez por los reformadores ilustrados y sus criterios pragmáticos y utilitarios, habría derribado definitivamente la hegemonía del viejo orden teológico y de su representación sacral de la pobreza y de la caridad, dando lugar a un planteamiento secular y económico-político del problema: el indigente no es un medio para la salvación sino un obstáculo para el progreso de la felicidad pública.

No se trata aquí de poner en cuestión este metarrelato, ni de entrar a valorarlo en términos de pérdida (de una ética comunitaria de la fraternidad a favor del eficientismo tecnocrático y del individualismo insolidario) o de ganancia (incorporación del país a los avances de la modernidad, triunfo de la libertad individual frente a las vetustas dependencias organicistas). Ya se ha visto que los conceptos de *secularización* y de *modernización* deben emplearse con cautela; el pobre recristianizado por las misiones de la Contrarreforma no es el pobre evangélico, símbolo viviente de Cristo. Se trata de personajes diferentes, conformados a partir de conceptos y de intervenciones institucionales también diferentes. En vez de contemplar la pobreza como un objeto en sí mismo invariable que sería representado y manipulado de modos cambiantes en el curso de la historia –en una línea de secularización, racionalización o modernización crecientes–, resulta más fructífero entender al pobre como una objetivación de perfiles mudables, producida a partir de complejos o regímenes de prácticas y de discursos extraordinariamente variados y también solapados de una época a otra. En vez de preguntarse obsesivamente si el caso español se ajusta o se desvía respecto a una supuesta norma europea, hay que captar la singularidad de esta dinámica en los regímenes praxeológicos tal como acaecen en la circunstancia española.

Dicho esto, a nadie se le oculta que el siglo XVIII introduce aquí una alteración profunda en la manera de construir el problema de la pobreza y la subjetividad misma del pobre[43]. En primer lugar, el gobierno de los menesterosos se va a convertir de manera cada vez más rotunda en un asunto de Estado[44]. Esta estatalización y centralización del gobierno de

---

[43] Sobre este cambio, especialmente a partir del reinado de Carlos III, véase Álvarez-Uría, 1983, pp. 51-52; Martín Rodríguez, 1984, p. 159; Maza, 1987, p. 100; Serna Alonso, 1988, pp. 61-63; Trinidad Fernández, 1988, pp. 89-91; Herrero Herrero, 1989, pp. 99; Monzón Perdomo, 1990, pp. 9-10; Santana Pérez, 1996, p. 341; Santolaria, 2000, p. 55, y Garrán, 2004, pp. 130-132.

[44] En rigor, como han demostrado los trabajos de Espanha, 1989 y Clavero, 1991, es en esta época cuando se puede empezar a hablar de una sociedad estatal, de un Estado y no simplemente de una sociedad corporativa, constituida por «estados» (estamentos, corpora-

los pobres tiene que ver desde luego con los nuevos modos de hacer introducidos por la dinastía borbónica; ésta, siguiendo el paradigma francés, amplía el ámbito de acción estatal y para ello, ya con Felipe V, reestructura la administración y el Ejército e intenta reordenar el espacio mismo del reino, desde la homogeneización legislativa y aduanera hasta la implantación de una red radial de caminos.

La voluntad centralizadora en materia de pobres se advierte ya en la Instrucción de Intendentes dada por Felipe V en 1718[45]. La pobreza aparece aquí como un asunto de Estado, pues la leva de menesterosos y su encierro afectan a la política exterior (reclutamiento forzoso) y a la producción interior (aplicación al trabajo en las manufacturas). Por otro lado, la autoridad competente en esta materia no son ya los municipios ni los obispados, sino los «intendentes», esas figuras creadas por la administración borbónica que actúan como relevos directos del poder discrecional ejercido por el soberano. La gestión de los menesterosos pasa a depender del Estado y, subsidiariamente, a título de colaboradoras, de determinadas agencias particulares amparadas o tuteladas por aquél (Álvarez-Uría, 1983, pp. 46-47, y Trinidad Fernández, 1988, pp. 89-90)[46].

El nuevo escenario acabó dando lugar a conflictos entre el Estado y la institución eclesiástica, especialmente porque tendió a extenderse, entre numerosos reformadores y gobernantes ilustrados, la idea de que la Iglesia debía participar con sus limosnas y con sus rentas al mantenimiento de los establecimientos públicos dedicados a la asistencia y corrección de los menesterosos[47].

Por otro lado la Iglesia, en la medida en que consideraba la mendicidad como algo digno de veneración –especialmente a través de la

---

ciones) donde el soberano conforma el «estado» principal, la «cabeza» de este microcosmos. Aquí aparece una vez más el riesgo de conceptos como los de «secularización» o «centralización», que sugieren una percepción teleológica del advenimiento del Estado.

[45] Los artículos de esta Instrucción referidos a los vagabundos aparecen reproducidos por Uztáriz, 1724, p. 114.

[46] Los ejemplos de esta subordinación y colaboración aparecen recogidos en muchos de los proyectos ilustrados, como los del Marqués de Villadarias (1727), proponiendo la fundación de una Obra Pía dirigida por el Estado y complementada con la acción de la Iglesia y de la nobleza, o el de Campillo (1741) favorable a que los hospicios se construyeran y mantuvieran con cargo al Real Erario; o la Obra Pía presentada por Ward (1750), que habría de quedar bajo el Patrocinio Real (Martín Rodríguez, 1984, pp. 232-233).

[47] No hay que olvidar que con la dinastía borbónica se inaugura en España un periodo marcado por las posiciones de la escuela regalista que, además de defender la prerrogativa regia en el nombramiento de dignidades eclesiásticas, es favorable a la contribución fiscal del clero. En esta línea se inscribe la queja del Obispo de Barcelona con motivo de la consulta realizada en 1778 para erigir un hospicio en la ciudad (Trinidad Fernández, 1988, p. 95) o las propuestas realizadas por ilustrados como el abate Matanegui (1786-1788) o Lorenzo Normante (1785) para que se financiaran los hospicios públicos con las rentas eclesiásticas. En esta estrategia estatalizadora se emplaza el intento de someter las Hermandades de Socorro –una especie de mutualidad de vinculación gremial– a la jurisdicción real, proponiéndose, entre otras cosas, la reducción de sus gastos en actos y material litúrgico (Trinidad Fernández, 1988, p. 109).

acción de las órdenes mendicantes– contribuía a propagarla en vez de conseguir su desarraigo[48]. El aumento del contingente de miserables no concernía únicamente a la moral; equivalía a un descenso en la mayor riqueza de un Estado, que eran sus «vasallos útiles», como ya se indicó. En la reducción de la indigencia y de la ociosidad estaba en juego la potencia misma de la monarquía, su fortaleza o su debilidad en el concierto de los Estados (Martín Rodríguez, 1984, p. 159). Se llega a sospechar, como fue el caso con motivo del Motín de Esquilache en 1766, una alianza conspiratoria entre los vagabundos más encanallados y algunas órdenes religiosas (Álvarez-Uría, 1983, p. 51). Esta estatalización del gobierno de los pobres llega a exagerarse en algún caso presentando al soberano y a sus oficiales como responsables últimos de las tareas asistenciales, llegando a apuntarse el tránsito del concepto de caridad al de beneficencia[49].

En esta estela de cuestionamiento del monopolio eclesiástico se insinúa asimismo la presencia, a partir de las últimas décadas del siglo XVIII, de un asistencialismo secular, desde el incipiente utilitarismo de la Asociación de Cárceles «El Buen Pastor» –de donde partió la primera versión castellana de *El Panóptico* de Bentham– y de la Asociación de Señoras de las Cárceles hasta los Montepíos y Pósitos dependientes del Estado (Trinidad, 1988, pp. 106-113), pasando por las Sociedades Económicas de Amigos del País –creadas a partir de 1775 y contando con una Comisión dedicada a la «persecución de vagabundos y empleo de holgazanes, asistencia a enfermos y socorro de impedidos, construcción de hospicios, hospitales y escuelas» (Maza, 1987, pp. 100-102). Se advierte así el paulatino tránsito de una caridad practicada por Congregaciones religiosas a una filantropía ejercida por asociaciones seculares.

La política de pobres apunta ahora no a la regulación sino a la extinción total de la mendicidad. Se trataba de aniquilar o, en su defecto, de reducir al mínimo posible el acto de pedir limosna en la calle.

---

[48] A este respecto, la denuncia de Ward bosqueja todo un nuevo régimen de visibilidad, una problematización de gestos que hasta entonces se daban por sentados: «La humildad de un religioso, que pudiendo tener sus conveniencias se sujeta a limosna, es sin duda de mucho ejemplo y digna de estimación; pero cuando ve el niño que su madre al dar la limosna al hermano le besa la mano, aquello de ver juntas la mendicidad y la veneración, engendra en los ánimos desde la tierna edad una impresión que entre gente ruda, que no sabe distinguir la pobreza religiosa de la mendicidad culpable, los inclina insensiblemente a la vida holgazana. En los países donde no hay religiosos mendicantes, ni peregrinos, no teniendo la pobreza viso alguno favorable, el horror que tiene la gente plebeya a tal estado es un poderoso incentivo a favor de la industria» (Ward, 1779, p. 225).

[49] Esta es la interpretación que ofrece Maza, 1987, pp. 113-114 de las palabras pronunciadas por Pedro Joaquín de Murcia, funcionario servidor de Carlos III, en su *Discurso político sobre la importancia y necesidad de los hospicios, casas de expósitos y hospitales* (1798), donde describe al rey como «dios de los pobres».

A esta meta parece dirigirse ya la Instrucción de Intendentes dada por Felipe V en 1718; los vagabundos hábiles para el ejercicio de las armas tenían que ser recogidos y destinados a los regimientos; los pobres inservibles para la guerra y las faenas agrícolas serían confinados en hospicios y obligados a trabajar en las manufacturas. Los inválidos y enfermos, por último, serían mantenidos en esos establecimientos (Martín Rodríguez, 1984, p. 273) con las limosnas que proveyera la comunidad[50].
La legislación aprobada por Carlos III a partir de 1775 seguía, en este aspecto, un planteamiento similar. Los pobres capaces en el manejo de armamento serían reclutados para el ejército, mediante levas periódicas y no ocasionales, como las emprendidas durante el reinado de Fernando VI por el Marqués de la Ensenada[51]. Los mozos sanos pero sin talla para engrosar la tropa irían destinados a la marina. El resto de los pobres útiles sería internado en hospicios donde aprenderían un oficio y enmendarían su vida. Por último, los pobres verdaderos, esto es, inaptos para el trabajo, serían atendidos con limosnas, pero no en calles y puertas solicitándola a los particulares, sino a través de una agencia encargada de su administración y reparto: la Junta General de Caridad, ramificada a través de las parroquias (Martín Rodríguez, 276-277).

Hospitales, hospicios, arsenales, el ejército, la marina, las colonias, el trabajo en obras públicas, la colocación en talleres de artesanos para trabajar por el mero sustento[52], la distribución institucional y centralizada de limosnas. La intención era sustraer definitivamente al mendigo de la vía pública, como sugería Campomanes, verdadero inspirador de la legislación dictada por Carlos III[53]. La mayoría de los re-

---

[50] «por lo que toca a los vagabundos, y pobres, que no fueren a propósito para la Guerra, para la cultura de la tierra, ni para otros exercicios violentos, dispondréis que en las Ciudades, y Villas se prevengan, a costa de ellas, casas a propósito, y se recojan en ellas, y que se les haga trabajar en hilar, y prevenir la lana, y seda, y otros materiales para las Fábricas y Artes mecánicas, destinando a cada uno el exercicio, que más le compitiere, según su edad, salud, y genio; de modo que con estas y otras providencias, que tuviéreis por conveniente aplicar, se consiga, que minguno esté ocioso, y que cada uno gane la vida sin mendigar ni usar de otros medios ilícitos; y que sólo los que, por sus achaques, o edad, no fuesen capaces de exercicio alguno, sean mantenidos con las limosnas que se fueren juntando, y con otros auxilios que aplicare la Comunidad» (Uztáriz, 1724, p. 114).
[51] Sobre la técnica de las «levas» de vagabundos, tan comunes en el siglo XVIII y tan denostadas por los liberales del XIX, véase Pérez Estévez, 1976, pp. 197-228, que describe con minuciosidad su metodología.
[52] Esta propuesta aparece defendida con distintos matices por el Marqués de Villadarias (*Apuntamiento en cuanto a la manera de formar sociedades para recogimiento y enseñanza de pobres y para el aumento de Fábricas en España*, 1732) y Amor de Soria, 1741, pp. 252-255; véase también Martín Rodríguez, 1984, pp. 159 y 231-232.
[53] «Las leyes quieren que los expósitos se destinen a los oficios y la buena policía no debe permitir que haya mendigos en el Reino, ni que viva ocioso el que pueda trabajar de cualquier modo» (Campomanes, 1774, p. 63).

formadores ilustrados confiaba en la eficacia de los hospicios, de distinto tipo y función, a la hora de aniquilar la mendicidad. Esto no suponía el fin de la caridad y de las limosnas, sino una nueva utilización de las mismas, destinándolas a sufragar las diversas instituciones de encierro[54].

Bernardo Ward, en la propuesta que presentó en su *Obra Pía* (1750)[55], planeaba la fundación de una Hermandad de la Obra Pía encargada de gestionar una constelación de 50 hospicios ubicados en los distintos obispados y que contarían con una casa central y una serie de sucursales en cada caso. Allí estarían obligados a trabajar en tareas de manufactura los vagabundos y los verdaderos pobres que estuviesen capacitados, dándoles ocupación según su edad y robustez. La limosna seguiría existiendo, pero su administración correspondería a la Hermandad y no a los particulares.

Posteriormente, en el *Proyecto Económico* (publicado póstumamente, en 1779, aunque redactado a comienzos de la década de 1760), Ward alteraba su diseño. Los verdaderos pobres serían atendidos en sus pueblos de origen, concentrando en sus parroquias las limosnas de los conventos y los prelados y la caridad particular. Ward confiaba en que la medida, obligando a los pobres verdaderos a pedir limosna ante la mirada de sus vecinos, provocaría un efecto de avergonzamiento que acabaría inhibiendo la presencia de la mendicidad callejera[56].

Un rasgo característico del reformismo borbónico e ilustrado en relación con el problema de la pobreza es la tendencia a afinar y especificar las taxonomías de los indigentes. Éstas se hacen cada vez más minuciosas. Sin duda la vieja partición entre pobres verdaderos y pobres fingidos o vagabundos no desaparece, pero la regla de formación presente en las clasificaciones ilustradas no pasa tanto por la división moral entre verdadero y falso como por la escisión

---

[54] En esta línea se inscriben las propuestas de Antonio Muñoz (seudónimo de Enrique Ramos), *Discurso sobre economía política*, Madrid, 1769, y Nicolás de Arriquívar, *Recreación Política. Reflexiones sobre el Amigo de los hombres en su tratado de población considerado respevto a nuestros intereses*, 1779; véase Martín Rodríguez, 1984, pp. 234-235.

[55] *Obra Pía. Medios de remediar la miseria de la gente pobre de España*, 1750. Acerca de Ward y de la evolución de su planteamiento sobre la pobreza, véase Pérez Estévez, 1976, pp. 313-319; Álvarez-Uría, 1983, pp. 48-51; Martín Rodríguez, 1984, pp. 232-234; Maza, 1987, pp. 105-109, y Castellano Castellano, 1982, pp. LIV-LXI.

[56] «Para que no disfrute la limosna sino quien la merece, se necesita quitar enteramente la mendicidad vaga y andante; lo que se conseguirá poniendo en vigor y observancia las leyes del Reino sobre este asunto, como se consigue en Inglaterra desde que se estableció la ley de que ningún pobre pueda pedir fuera de su parroquia, y en ella no necesita pedir por las providencias que hay para socorrerle sin esto. Al buen efecto de este reglamento en España contribuirá el puntillo de la nación, pues muchos más querrán ocuparse en alguna cosa que pedir en su propio pueblo y a vista de sus vecinos» (Ward, 1779, p. 225).

técnica entre individuos útiles e inútiles en relación con la capacidad bélica o laboral y siguiendo a su vez una gradación cada vez más continua.

Esto no significa que la antítesis entre trabajo y ociosidad pierda su impronta moral; al contrario, la vieja categoría del pobre se ensancha con la recepción de nuevos personajes que ejemplifican distintas perturbaciones del orden moral y familiar: vástagos revoltosos, hijas de familia rebeldes a la autoridad paterna, maridos que dan mala vida a sus esposas, individuos en posesión de armas prohibidas.

Ya se constataron estas circunstancias en la taxonomía expuesta en la Instrucción de Intendentes dada en 1718: vagabundos hábiles para la milicia, para la agricultura, destinados a la industria o a tareas graduadas según su «edad, salud y genio». La Ordenanza de Vagos de 1745 y las Instrucciones de 1751 y 1759, dictadas por Felipe V y Fernando VI, estas últimas inspiradas por el Marqués de la Ensenada, ofrecen una meticulosa enumeración de todas las situaciones que permiten etiquetar a un individuo como «ocioso, vagabundo y mal entretenido». Aquí aparecen esos hijos rebeldes, padres violentos y doncellas escandalosas, antes mencionados. Reaparece la división establecida según criterios de utilidad, prescribiendo el uso de los vagabundos para fines militares, pues era propósito de Ensenada armar un poderoso Ejército y una formidable Marina, que devolvieran a la monarquía española el protagonismo en la escena internacional.

Tras la leva de todos los mendigos, holgazanes, vagos y malentretenidos situados entre los doce y los cincuenta años, se procedía a su clasificación. Los más jóvenes eran llevados a la Marina (grumetes, calafates, pajes de navío) o a las fábricas de lona y jarcia. Pasados los veinte años podían permanecer en la Armada o retirarse a sus localidades de origen para ejercer un oficio útil, so pena de ser castigados. Los vagabundos adultos, esto es, con más de dieciocho años, eran conducidos al ejército de tierra; y los mal entretenidos, a presidio y a trabajar en los arsenales (Martín Rodríguez, 1984, p. 274).

La legislación de pobres dictada por Carlos III entre 1775 y 1785, mencionada anteriormente, disponía una selección entre la masa de indigentes, destinando los más aptos al Ejército o, en su defecto, a la Marina; en un siguiente escalón se emplazaban los recluidos en casas de misericordia y hospicios, dedicados al trabajo y al aprendizaje de un oficio, con disposiciones específicas para los gitanos y los huérfanos. Por último, los pobres incapaces de trabajar quedaban bajo la tutela de una Junta General de Caridad designada a estos efectos (Martín Rodríguez, 1984, pp. 276-277).

Este nuevo régimen taxonómico aparece también en los textos de los proyectistas ilustrados. Campillo[57], Ward[58] y Campomanes[59], entre otros, propusieron tipologías cada vez más precisas. Jovellanos, por su parte, se mostró muy crítico con los hospicios generales, donde vivían en vecindad promiscua toda suerte de indigentes, desvalidos y descarriados, centros de reclusión a los que reprobaba sus pésimas condiciones sanitarias, mala gestión económica y degradación moral. A modo de alternativa propuso, en su *Discurso acerca de la situación y división interior de los hospicios con respecto a su salubridad* (1778), un detallado plan donde diversificaba los hospicios en diferentes establecimientos especializados, cada uno con una clase de internos y un régimen distintivo (Jovellanos, 1778, pp. 431-435)[60].

---

[57] José del Campillo, en *Lo que hay de más y lo que hay de menos en España, para que sea lo que debe ser y no lo que es* (1741), distingue tres clases de pobres: verdaderos, «pobres en la apariencia» y «pobres en su conveniencia». Los primeros componen «el gran número de los verdaderamente infelices que, o ya destituidos de remedio a sus habituales dolencias, o ya tolerando las dilatadas muertes que ofrecen las penalidades de la ancianidad, solicitan el reparo de su hambre en la compasión del público», Campillo, 1741 (http://www.cervantesvirtual.com). Campillo estima que para éstos no se requiere decretar legalmente el encierro en hospicios, pues la mayoría de ellos lo preferirá. La segunda clase es la de los simuladores de dolencias e invalideces; se les debe recluir y hacer trabajar. La tercera clase está compuesta por delincuentes que se hacen pasar por mendigos para encubrir sus fechorías, en particular robos. La mayoría de los de este tercer tipo, así como buena parte de los adscritos al segundo deberían, según Campillo, ser destinados a galeras y presidios antes que a las «casas hospicio».

[58] En el *Proyecto Económico* (1779) –la clasificación presentada en la *Obra Pía* (1750) es algo diferente– Bernardo Ward distingue entre «pobres imposibilitados», es decir, los «verdaderos», que deben ser conducidos a sus pueblos de origen y atendidos con limosnas; holgazanes y vagabundos útiles –todos los individuos con 18 años cumplidos, ausentes más de un año de su pueblo y sin certificación de tener una ocupación honesta–, que serían destinados a los regimientos, «donde servirán toda su vida; los que no son de marca a los navíos del Rey con la misma condición» (Ward, 1779, p. 229) y «los facinerosos», obligados a trabajar en obras públicas. En el hospicio y bajo régimen de trabajo disciplinario quedarán los restantes indigentes: huérfanos, hijos de pobres «que no los pueden mantener», «muchachas y mujeres que no tienen modo de ganar la vida» y «gente anciana y achacosa de ambos sexos», «aplicándola a un trabajo proporcionado a sus fuerzas». Por último, el hospicio funcionaría asimismo como casa de enmienda, dando servicio a la petición de las familias «para la corrección de los hijos poco obedientes, que sus padres no podrán reducir y para los mozos revoltosos que suelen inquietar los pueblos, encerrándolos allí siempre que lo soliciten sus gentes, por un tiempo limitado, y aplicándolos a un trabajo recio hasta amansarlos» (Ward, 1779, pp. 229-230).

[59] Campomanes propuso elaborar, en todo el reino, una matrícula de todos los pobres y vagabundos, incluidos sus hijos menores, remitiendo esta relación, cuya circunscripción sería parroquial, a los intendentes, corregidores y al Consejo de Castilla, de modo que se conociese la cifra total de necesitados y su diferencia según la demarcación geográfica. En el Archivo de Campomanes se conserva una «Clasificación y cálculo de los mendigos», fechada en 1778 y redactada por el Fiscal del Consejo de Castilla. El criterio utilizado es el de la edad. Los pobres son divididos en cinco clases: a) niños hasta 8 años; b) muchachos de 11 a 15 años; c) de 15 a 21 años; d) de 22 a 50 años; e) de 50 años en adelante (Maza, 1987, p. 110).

[60] Acerca de esta propuesta de Jovellanos, que implica una meticulosa tipología de los menesterosos, véase Maza, 1987, pp. 111-112, y Trinidad Fernández, 1988, p, 93. Frente a Santana Pérez, 1996, p. 344, consideramos que Jovellanos no era un detractor de los hospicios; sólo se oponía a los hospicios generales.

La reducción al trabajo, incrementando la población útil y el poderío del reino, a la que se atribuía un valor de corrección moral, será la solución compartida por todos. Por otro lado, desde los arbitristas del siglo XVII a los proyectistas de la época de Felipe V[61] y de Carlos III, se venía solicitando la abolición de la deshonra legal del comercio y del trabajo, que era vista como un obstáculo para el desarrollo de la industria y el comercio del reino. El primer paso jurídico se dio en una Pragmática de 1682, declarando que el mantenimiento de fábricas no debía considerarse contrario a la condición de noble (Martín Rodríguez, 1984, p. 272), y culminó con la Real Cédula de 1783, que decretaba la dignidad y honradez de todos los oficios (Trinidad Fernández, 1991, p. 42, y Trinidad Fernández, 1988, p. 96).

Hay que decir, por último, que en el curso del siglo XVIII se generaliza el encierro correccional y disciplinario como instrumento para combatir la pobreza y la holgazanería[62]. La mayor parte de los castigos penales tradicionalmente asignados a los vagabundos apuntaban a marcar su cuerpo o a emplazarlos en una especie de muerte o exclusión civil: azotes, marca a fuego, destierro, galeras. Los reformadores ilustrados tendieron a criticar estas fórmulas[63], pues implicaba malgastar unas fuerzas que podían llegar a ser útiles para la

---

[61] El testimonio de Moya Torres y Velasco, un proyectista de la época de Felipe V, muy marcado por el mercantilismo propio del momento: «Y que ningún Oficio se tenga por vil será conveniente, excepto el de Verdugo, Pregonero, Regatones de cosas comestibles, Carniceros, Cocheros, Lacayos, esceptuándose de estos solamente a los que sirvan a Grandes, Títulos y Cavalleros» (Moya Torres y Velasco, 1727, p. 234).

[62] Sobre el encierro disciplinario en el siglo XVIII, hemos consultado los trabajos de Álvarez-Uría, 1983, pp. 46-63; Serna Alonso, 1988, pp. 61-108; Trinidad Fernández, 1988, pp. 92-96; Trinidad Fernández, 1991, pp. 34-47 y 73-77; Serna Alonso, 1989, pp. 363-365 y Santana Pérez, 1996, pp. 339-357. Convenimos con Serna Alonso, 1989, p. 363, y discrepamos de Santana Pérez, 1996, p. 343: los hospicios no responden a los intentos de preservar la existencia de la sociedad burguesa; no se trata de proyectos burgueses, de ahí su fracaso. Se está más bien ante un diseño ligado a las políticas mercantilistas en materia de población; biopolítica absolutista y no biopolítica liberal. Sobre la asistencia y corrección de pobres en el siglo XVIII se dispone en España de una amplia serie de monografías a escala local y regional, véase Santana Pérez, 1999, pp. 35-50.

[63] A partir de 1764, Campomanes realizó una exhaustiva revisión crítica de la legislación española sobre ociosidad. Cuestionó la política de restituir a los pobres a sus localidades de origen e impugnó la eficacia del destierro perpetuo del reino, estimándola «una falta grande de política, pues no hay holgazán o vago a quien el gobierno no pueda emplear con utilidad dentro del Estado sin perder un vecino a quien la fuerza de la justicia puede de gravoso volver industrioso y provechoso a la patria», cit. en Martín Rodríguez, 1984, p. 275. Por otro lado, aun admitiendo el presidio, otro de los castigos clásicos para vagabundos, defendió su reforma: «El almacenar muchos delincuentes en un presidio, sin ocupación, es indirectamente darles nuevas maneras de pervertirse en tan mala compañía y de aprender la facilidad de delinquir» (Campomanes, 1774, p. 100).

nación si se lograba encauzarlas bien, corrigiéndolas a través del trabajo y del adoctrinamiento religioso desarrollados en los hospicios[64].

Un excelente ejemplo de este cambio de estrategia en relación con los vagabundos, pasando del rechazo a la asimilación mediante normalización disciplinaria, la ofrecen las políticas ilustradas en relación con los gitanos.

¿QUÉ SE HACE CON LOS GITANOS?

En el curso del siglo XVI –en un proceso que parece quedar inaugurado con la célebre Pragmática de Medina, dada en 1499[65]–, el gitano parece encarnar al vagabundo por excelencia, y así lo establecen las leyes[66] y lo sugiere la tratadística de pobres[67]. Desde mediados del siglo XVI, la legislación tiende a endurecerse, y la pena de galeras (sustitutiva de la esclavitud) se cebó especialmente con los gitanos[68]. Durante el reinado de Felipe III, diversos memoriales presentados en las Cortes castellanas agravan la representación que se hace de este grupo: además de ladrones y embaucadores aparecen dominados por la lujuria (incestuosos, amancebados) y la irreligiosidad. La campaña contra ellos co-

---

[64] Hay que decir que el encierro disciplinario en hospicios, aunque prevaleciente, no era la única forma de asistencia a los pobres en el siglo XVIII. La creación de las Diputaciones de Barrio, por un decreto de marzo de 1778, con un radio de acción limitado a Madrid, implicaba una atención a domicilio; más adelante, cuando se analice la cuestión de la «policía», se indicarán con más detalle las funciones de esta nueva agencia. Hospitales, cofradías de socorro, asociaciones de caridad, montepíos y pósitos operaban asimismo como otras fórmulas asistenciales, véase Trinidad Fernández, 1988, pp. 97-114.

[65] En esta orden se señala que aquellos que en un plazo de sesenta días no vivan de «oficios conocidos», fijen su residencia en las localidades que elijan o se pongan al servicio de alguien, dejando de vagar y deberán salir del reino, so pena de azotes y destierro la primera vez; en caso de reincidencia se les cortarán las orejas y se les desterrará de nuevo, y por tercera vez, se les hará esclavos. En el texto de esta Pragmática se observan ya los principales tópicos comúnmente asociados al gitano: holgazanería, mendicidad, robo, engaño, hechicería. Véase Gutiérrez Nieto, 1986b, p. 780.

[66] La Pragmática de Monzón, dada en 1552, define como vagabundos a los «ygicianos y caldereos extranjeros» (Garrán, 2004, p. 127).

[67] Giginta señala que la puesta en marcha de las casas de misericordia sería objetada por los gitanos «que no podrán enviar sus hijos e hijas a bailar y pedir y perderse, ni sus mujeres a vender embustes y decir desventuras pidiendo, ni hacer ellos tantas solturas con achaque de pobreza» (Giginta, 1579, p. 107). Pérez de Herrera, por su parte, se refiere a la «perdición y ociosidad de los gitanos» (1598, pp. 114 y 171) y alude a la amenaza que supondrá en un futuro la falta de cristianos viejos en España, en contraste con «moriscos y gitanos», «porque éstos van creciendo y multiplicándose mucho, y nosotros disminuyéndonos muy apriesa en guerras y religiones» (*idem*, p. 177).

[68] Sánchez Ortega, 1977, pp. 107-108, expone la variación de las penas infligidas a los gitanos desde la Pragmática de 1499 hasta la de 1717. Entre 1539 y 1560 se generaliza la pena de galeras durante seis años a los que transgredan la ley dada en 1499.

mienza a verse asociada con la campaña que promueve la expulsión de los moriscos. Algunos empiezan a exigir la aplicación de esta medida a los gitanos[69]. Una Cédula dictada en 1619 se hace eco de una importante petición de las Cortes: que no se llamen gitanos ni usen su lengua y sus trajes característicos; se les obliga asimismo a residir en poblaciones que tengan más de un millar de vecinos y se les prohibe vender ganado. En caso de transgredir esta norma se prescribe el destierro[70]. En esta época comienza asimismo la intervención de los arbitristas. Los proyectos de Salazar de Mendoza (1618), Sancho de Moncada (1619), Fernández Navarrete (1626) y Juan de Quiñones (1631)[71], aparte de añadir nuevos oprobios en la representación de este grupo (el ejercicio de la prostitución, la condición de espías, raptar niños cristianos y venderlos en Berbería), defienden, con matizaciones en algún caso[72], la expulsión de los gitanos. Los argumentos obedecen a una doble lógica; por una parte se les considera dañinos para la república, dada su incorregible condición de holgazanes y ladrones. En segundo lugar, y dado que la primera obligación de un príncipe cristiano es la salvaguarda de la fe por encima de toda otra consideración, se les supone enemigos de la religión: impíos, hechiceros, desconocedores de la doctrina.

El primer argumento, relacionado en primera instancia con la razón de Estado, justifica la expulsión por ser gente inextirpablemente ociosa y criminal, «mucho más inútiles que los moriscos» (De Moncada, 1619, p. 215); el segundo, que apela prioritariamente a la ver-

---

[69] Éste es el caso del licenciado Castillo de Bobadilla en su *Política para Corregidores* (1597); véase Martín Rodríguez, 1984, pp. 87-88.

[70] Gutiérrez Nieto, 1986b, p. 783. Este autor sugiere que el recrudecimiento de la política antigitana en esta época tiene que ver con la preocupación extendida acerca de la falta de subsistencias provenientes de la agricultura y la ganadería, vinculada al miedo a la despoblación. Como los gitanos eran considerados unos expertos ladrones de ganado, sus fechorías concernían a la supervivencia misma del Estado. En caso de permanecer tras decretarse su destierro, la ley de 1619 estipula la pena de muerte (Sánchez Ortega, 1977, p. 107).

[71] Sobre las propuestas de Salazar y de Quiñones, hemos consultado a Gutiérrez Nieto, 1986b, pp. 783-786; respecto a los demás, véase De Moncada, 1619, pp. 213-224, y Fernández Navarrete, 1626, pp. 72-74.

[72] La posición de Sancho de Moncada es compleja. Comienza solicitando la expulsión, incluso sugiere hipotéticamente que «los gitanos se debían condenar a muerte» (De Moncada, 1619, p. 218). Pero, al mismo tiempo, sugiere la posibilidad de asimilarlos, pues considera que el «gitanismo» no remite a una raza o «nación», sino a un «modo de vida» (De Moncada, 1619, p. 222), una especie de hábito o religión que se «profesa» (*idem*, p. 223). Se trata por tanto de una circunstancia que puede ser desarraigada; por eso se muestra partidario, en línea con la petición de las Cortes recogida en la Cédula de 1619, de expulsar a los que persistan en el gitanismo y de considerar «españoles», y por tanto no susceptibles de ser expelidos, a los que abandonen ese credo. Se impone pues la aniquilación simbólica del nombre y de la cultura con objeto de asimilar a los individuos: «Y obligándoles a vivir de por sí, y de asiento, con oficios o amos, quedan Españoles meros, y les quitamos el Gitanismo, y los expelemos en cuanto Gitanos, que es lo que desea mi discurso» (De Moncada, 1619, p. 222). En este aspecto estamos más de acuerdo con la interpretación de Jean Vilar (Vilar, 1974, pp. 78-80) que con las lecturas de Martín Rodríguez, 1984, p. 99, o de Gutiérrez Nieto, 1986b, pp. 784-785.

dadera religión y secundariamente a la verdadera razón de Estado[73], los asimila a la minoría morisca, recientemente expelida. En ningún caso se invoca, como había hecho el licenciado Castillo de Bobadilla en su *Política para Corregidores* (1597), la pertenencia a una raza o nación infecta; de hecho se niega la existencia de una «nación gitana». No es la lógica de la sangre impura sino la de la conservación del reino y la de la integridad de su fe lo que comparece en estos alegatos. En 1633 la Corona publicó una Pragmática que parecía zanjar la cuestión remitiendo a argumentos explícitamente «biopolíticos»[74].

Con la entronización de la dinastía borbónica[75], las disposiciones legales no se relajarán; en principio, el nuevo énfasis que reformadores como Uztáriz ponían en el trabajo como recurso para incrementar la población sugería el empeoramiento de un grupo identificado por su ociosidad. Pero al mismo tiempo esto abría la puerta de su asimilación. Las pragmáticas dadas en 1717 y 1738 por Felipe V implican una tentativa de asimilar y asentar a la minoría, pues, aunque las penas no varían grandemente, se postula la distribución de la población gitana en determinadas ciudades enumeradas por la ley (Sánchez Ortega, 1977, pp. 117-118).

Otra tendencia, iniciada en 1695, cuando se establece el primer censo de la población gitana, pero acentuada durante el periodo borbónico, es una creciente «voluntad de saber» acerca de esta minoría, con el despliegue de distintas técnicas de inscripción. En primer lugar, la constitución de censos que permitieran conocer el nombre, edad, oficio, localidad, estado, modos de vivir, armas, caballos y otros animales[76]. En la famosa pragmática de 1783, dada por Carlos III, se solicita incluso una descripción física del individuo[77].

---

[73] Saavedra Fajardo advertirá que «los de diferentes costumbres y religiones más son enemigos domésticos que vecinos, que es lo que obligó a echar de España a los judíos y a los moros» (Saavedra Fajardo, 1640, II, p. 649).

[74] «no parece conveniente expedirlos porque la despoblación en que se hallan estos reinos después que salieron los moriscos y las causan las necesidades presentes, no pueden sufrir ninguna evacuación por ligera que sea, principalmente de esta gente que no son gitanos por naturaleza, sino por artificio y bellaquería y enmendados se reducirán a la forma de vida de los demás» (Pragmática de 1633 citada en Gutiérrez Nieto, 1986b, p. 786). Sobre los criterios étnicos que, sin embargo, justificaron la persecución de los judeoconversos desde 1478, véase Villacañas, 2008, pp. 626-632.

[75] Véase Sánchez Ortega, 1976.

[76] Las pragmáticas de 1695 y 1717 dan 30 días de plazo para declarar bajo juramento los datos requeridos a los gitanos. Esto debía hacerse ante los justicias de la villa, ciudad, cabeza de partido o lugar correspondiente; de no efectuarlo se penalizaba con arreglo a las leyes persecutorias de los gitanos (Sánchez Ortega, 1977, pp. 99 y 118).

[77] En este caso, transcurridos noventa días, los corregidores, alcaldes mayores y justicias habrían de remitir las listas con los datos correspondientes. Como la Pragmática de Carlos III pretendía transformar a los gitanos en trabajadores útiles, y no simplemente controlar sus movimientos y quehaceres, su rigurosa contabilidad apuntaba a calibrar la productividad de la minoría (Sánchez Ortega, 1977, p. 298).

El 30 de julio de 1749, ya en el reinado de Fernando VI, se dicta una nueva Pragmática, inspirada por el Marqués de la Ensenada, que parece renegar de la senda asimiladora. Se trata ahora de extinguir su forma de vida. La medida, pensada sólo para los «perniciosos y mal inclinados» (Sánchez Ortega, 1977, p. 211), se aplicó a la totalidad de la población gitana. Los hombres fueron trasladados a los arsenales de Cartagena, Cádiz, El Ferrol y el Castillo de Alicante. Se preveía asimismo su remisión a las minas de Almadén. A las mujeres se las internó en Valencia, Zaragoza y Sevilla, guardando a los niños menores de 7 años; los restantes fueron conducidos con sus padres. La nueva ley establece incluso la posibilidad de quitar la vida a los gitanos si eran encontrados fuera de los territorios de su vecindad (Sánchez Ortega, 1977, p. 212, Castellano Castellano, 1982, p. LIX). La vida del gitano es «puesta en bando»; se convierte en el «banido», una figura próxima a la del *homo sacer* explorado por Giorgio Agamben (2003, pp. 135-143), ajeno a la ley y al reino y librado a merced de ser aniquilado por quien lo encuentre. Con anterioridad, el propio Ensenada, al amparo de la nueva norma sobre vagos (dada en 1745) y sin intrusión de los tribunales superiores, había mandado apresar simultáneamente (el 8 de julio de 1748) a doce mil gitanos que fueron rápidamente despachados para los arsenales del reino.

La dureza de la medida no oculta el nuevo[78] giro de la situación; ni los azotes ni las galeras[79] ni el destierro ni la ejecución. Las terribles palabras de Ensenada comentando la orden[80] anuncian paradójicamente que el gitano puede ser en cierto modo corregido, reintegrado al cuerpo del Estado. El instrumento es el trabajo forzado, en este caso la producción para el Ejército. De hecho, el propio Fernando VI, ante las quejas recibidas por muchos gitanos, que alegaban vivir con arreglo a las pragmáticas, editó en octubre del mismo 1749 una segunda pragmática que ordenaba a los justicias la liberación y devolución de bienes a aquellos que no hubieran llevado una vida desarreglada. Aquí aparece una segunda técnica de documentación con fines disciplinarios; para decidir la puesta en libertad se recurría a un informe secreto sobre la vida y costumbres del afectado, realizado conjuntamente por los justicias y los párrocos (Sánchez Ortega, 1977, p. 211). De este modo, los censos de la población gitana y los censores encargados de inspeccionar su moralidad formaban una trama de información escrita y acumulable acerca de la minoría.

---

[78] La Pragmática de 1633 ya presuponía que los gitanos eran corregibles, pero no adoptaba la medida de someterlos a trabajo forzoso.

[79] La condena a galeras fue abolida por orden regia en 1748, véase Rizo López, 2005, p. 194.

[80] «La prisión ha de ser en un mismo día y en una misma hora [...]. Estas gentes que llaman gitanos no tiene religión; puestos en presidio se les enseñará y se acabará tan malvada raza» (citado en Castellano Castellano, 1982, p. LIX).

Con anterioridad, el proyectista Moya Torres y Velasco (1727) había propuesto a Felipe V ocupar a los gitanos trabajando en los astilleros, al servicio de la Marina del rey, colocando a las mujeres y niños en tareas auxiliares: «Hacer estopa de cables y cabos para el galafateo y en hilar para velas» (Moya Torres y Velasco, 1727, p. 309). Otros esperaban asimismo enmendarlos recurriendo al trabajo, pero en condiciones especialmente ásperas, despachándolos forzosamente a las minas de azufre de Almadén si contaban con más de veinte años o a las escuelas de Naútica si no alcanzaban esta edad[81]. Tuvo más resonancia el plan para enviar a todos los gitanos a trabajar como agricultores en las colonias, práctica común en otros países (Rizo López, 2005, p. 197), concretamente a orillas del Orinoco, tierra adentro –junto a las mujeres públicas, según Campillo (Martín Rodríguez, 1984, pp. 160-161). En esta misma línea se inscribe el plan diseñado por Ward: «Pudiera también examinarse la idea que yo propuse hacia los gitanos cuando se habían juntado en las cárceles hasta doce mil. Mi pensamiento entonces fue que se enviasen a las orillas del Orinoco, tierra adentro, lejos del mar, y que de distancia en distancia se formasen de ellos poblaciones cortas en la inmediación de aquel río, con el fin de dedicarlos a la pesca, en que se emplearían los hombres, y las mujeres en secar el pescado; desde el primer día sacarían de comer de la misma pesca, permutando parte de ella por pan y otros comestibles, hasta tener tiempo de sembrar y coger trigo, maíz, legumbres y algodón» (Ward, 1779, pp. 338-339)

Finalmente, y pese a que quedaban voces residuales a favor de la expulsión[82], se impuso, en la legislación de pobres dictada por Carlos III, un planteamiento asimilador. En 1783 se declaraba que los gitanos «no pertenecían a una raza infecta»[83] y se les aplicaban las mismas leyes que a los demás españoles siempre que no hicieran uso de sus trajes, lengua y forma de vida errante; en caso contrario se les aplicaban las mismas penas que a los vagabundos, siendo suprimido

---

[81] «La verdadera y útil providencia será que a instancia de las cortes, se forme Ley Real que los extermine, aplicando los hombres de veinte años hasta los sesenta irremisiblemente al trabajo interior en las minas de azogue de almadén y los jóvenes hasta la edad de veinte años, se repartan en las escuelas de la naútica y de las naves forzadamente» (Amor de Soria, 1741, p. 256).

[82] Es el caso de Santos Sáez en su *Memoria sobre el asunto 2.º de los publicados por la Clase de Industria en el Suplemento de «La Gaceta» de 23 de septiembre de 1796* (1796), comentado por Martín Rodríguez, 1984, p. 276.

[83] Véase Martín Rodríguez, 1984, p. 276. De este modo describe la medida el historiador Ferrer del Río: «La celebrada pragmática en que redujo a la vida civil y cristiana a los gitanos, declarando no serlo por origen o naturaleza, ni proceder de raza infecta alguna; prohibiendo que usaran la lengua, el traje y método de vida errante que tenían de costumbre, y que los demás vasallos de cualquiera condición y clase les denominaran gitanos o *cristianos nuevos* bajo las penas de los que injuriaran a otros de palabra o por escrito (de-

el destierro, por motivo «de humanidad y por el beneficio posible de aprovechar a estas personas» (Martín Rodríguez, 1984, p. 176)[84]. La pragmática fue precedida el mismo año por una Real Cédula que indultaba a los gitanos que anduvieran prófugos por delitos anteriores (Sánchez Ortega, 1977, p. 280). En coherencia con la medida asimiladora, se declaraba legalmente abolido el nombre de «gitano»; la tolerancia de la ley con los individuos, su nivelación con el resto de los súbditos exigía, de este modo, la aniquilación simbólica del colectivo.

---

nominaciones que se tacharían en cualesquiera documentos donde se hubieren estampado) y permitiéndoles ejercer todo oficio y entrar en toda comunidad o gremio. A pesar de algunas negligencias, remediadas en parte por Floridablanca, bien que requirieran mayor vigilancia en la magistratura, había este notado que entre muchos salteadores y malhechores perseguidos y presos después de la guerra que dejó estos tristes rezagos, eran muy pocos los llamados gitanos cómplices en tales delitos, lo cual demostraba en su sentir, y fundadamente, que la pragmática, dirigida a habilitarles para el trabajo y los oficios y a borrar la mancha de su raza y nombre, había producido no pequeña parte de su efecto» (Ferrer del Río, 1856, www.cervantesvirtual.com). La postura de Campomanes es controvertida; Rizo López, 2005, n. 197 sostiene que Campomanes estaba a favor de la deportación al Orinoco, en la línea de Ward; Martín Rodríguez, 1984, p. 175, señala que en este punto el fiscal del Consejo se apartaba de Ward, inclinándose por la puesta en marcha de planes para educar a los gitanos, lo que estaría más en consonancia con la norma de 1783. Sánchez Ortega, 1977, pp. 248-265 y 270-274, que conoce muy de cerca los escritos de Campomanes sobre el asunto, parece aportar una solución. En el erudito informe dado al rey en 1766, con motivo de las continuadas reclamaciones de gitanos internados en los arsenales, el fiscal se mostraba partidario del destierro a América, donde contribuirían a poblar las colonias de ultramar. Sin embargo, en el informe que redactó en 1772 Campomanes, después de analizar las circunstancias que han impedido a los gitanos convertirse en súbditos útiles, se inclina por permitirles todos los oficios y promover la asimilación, lo que lo convierte en «padre intelectual» de la Pragmática de 1783 (Sánchez Ortega, 1977). Estos expedientes se han publicado parcialmente en Sánchez Ortega, 1976.

[84] Esta Pragmática se acompañó de una consulta general a los presidentes de las Audiencias y Salas del Crimen. En general son bastante benévolos con la minoría. Así lo manifiesta, por ejemplo, el informe emitido por la Sala del Crimen de Aragón: «Aunque en este Reino de la Sala que es muy corto el número de esta especie de gente como en parte acredita la causa que formada contra tales hombres ha llegado al Tribunal y ninguna de muchos años a esta parte, de delito atroz o notable por sus circunstancias, lo que cuando menos manifiesta que los que hay no son tan delincuentes como los de otras partes» (Sánchez Ortega, 1976, pp. 188-189).

III

ENTRE LA BIOPOLÍTICA Y LA «POLÍTICA DEL CIELO»

GOBIERNO DE LAS POBLACIONES Y RAZÓN DE ESTADO

Hasta el momento se han considerado dos problemas relevantes que enmarcan el nacimiento de la biopolítica española en la Edad Moderna: cómo conservar y acrecentar la población y cómo incentivar su capacidad productiva y militar. Lo primero condujo a elaborar toda una serie de técnicas encaminadas a neutralizar la despoblación ajustando el número de moradores a la cuantía de las subsistencias; lo segundo remite a un complejo de técnicas orientadas a la gestión de la pobreza, distinguiendo el indigente verdadero del fingido y convirtiendo al ocioso en un vasallo útil.

Pues bien, al abordar esta segunda cuestión se ha puesto al descubierto que el gobierno de las poblaciones puede suscitar conflictos –como se ha visto en relación con las políticas de la pobreza y de los gitanos– entre las exigencias propiamente biopolíticas –como puede ser el aumento del número de habitantes útiles– y los requerimientos de la tradición cristiana –asegurar la unidad de credo en un mismo reino. ¿Cómo compatibilizar el gobierno biopolítico con las prescripciones de la verdadera religión? Aquí la clave consistirá en forjar una serie de técnicas intelectuales que permitan armonizar los fines de la razón de estado[1] y los imperativos de la fe cristiana, la ley civil y la ley natural, esta misma asentada en la ley divina. Este problema, que no es peculiar del pensamiento español, se da aquí con especial intensidad, dado que en

---

[1] Utilizamos ahora «estado», con minúscula, deliberadamente; hasta Hobbes no puede hablarse del Estado en singular, excluyendo y reemplazando a los estados (estamentos, corporaciones, etc.) en plural; no hay sociedad estatal sino sociedad corporativa; los derechos no corresponden a los individuos sino a las corporaciones, véase Clavero, 1991, pp. 35-42.

España no existían graves peligros de fractura religiosa y la posición favorable a subordinar la razón de estado a la herencia moral cristiana mantuvo un extraordinario vigor a lo largo de toda la Edad Moderna.

No se tratará a continuación de profundizar en la controversia acerca del maquiavelismo y la razón de estado, un debate que atraviesa todo el campo del pensamiento político español desde mediados del siglo XVI –al menos desde la inclusión en 1559 de las obras de Maquiavelo en el *Index Librorum Prohibitorum* (Maravall, 1975, p. 68)– hasta la segunda mitad del siglo XVII[2]. Lo que se pretende es comprobar de qué manera las tendencias que, en el curso del mencionado debate, luchan entre sí por imponer una definición de la razón de estado[3] se manifiestan también en el dominio de la naciente biopolítica y en relación con una serie de cuestiones asociadas al gobierno de la población: la consideración de la abundancia de moradores como principal riqueza del estado; el exceso de eclesiásticos y la necesidad de reducir su número; la expulsión de los moriscos; la persecución acrecentada de la sodomía; la extinción de las mancebías; la naturalización de extranjeros; la contribución del clero al aumento de recursos y la estigmatización de los hijos ilegítimos.

El campo del pensamiento político español se vertebra a partir de un cierto espacio de posibles en relación, básicamente, con dos cuestiones compartidas por todos los agentes que forman parte de aquél: la preocupación por el maquiavelismo y la tentativa de elaborar una «razón de estado cristiana». Aquí se distinguen, no única, pero sí principalmente, dos grandes tendencias cuyos límites, aunque borrosos, son perfectamente constatables: la escuela eticista y la escuela realista[4].

Antes de entrar a considerar lo que une y lo que separa a estas dos escuelas, puede decirse que ambas intentan realizar, en mayor o me-

---

[2] Este análisis en profundidad viene siendo realizado desde hace bastantes años por una legión de estudiosos del pensamiento político español en la cultura del Barroco. Hemos consultado al respecto los trabajos de Maravall, como los contenidos en Maravall, 1975, y su estudio concreto, Maravall, 1997; así como los imprescindibles de Fernández-Santamaría, 1986 y Rivera García, 1999; en el plano europeo se han consultado los trabajos de Oestreich, 1982, y Meinecke, 1983. Por otra parte, el trabajo de Clavero, 1991, convergente con el de Espanha, 1989, obliga a revisar por competo toda la discusión; el «estado» debatido en el Barroco coexiste con los «estados» es decir de una sociedad corporativa; no es el «Estado» constituido por «individuos» y característico de las Luces y de la Revolución.

[3] Como sugiere el trabajo de Clavero, 1991, pp. 27-28, la razón de estado es un «espacio de pensamiento», un nuevo «estilo de razonamiento» que se inventa en la Edad Moderna distinguiéndose de una razón jurídica y de una razón religiosa en un escenario donde existían los «estados» jurídicos –desde los distintos estamentos hasta el Príncipe– pero no el «Estado». Este espacio de pensamiento da lugar, no a la realidad institucional del Estado, pero sí a una cultura de estado político que coexiste con los «estados» jurídicos (estamentos, corporaciones, etcétera).

[4] Tomamos esta distinción de Fernández-Santamaría, 1986, pp. 1-4. Este autor distingue asimismo una «escuela idealista», que sólo difiere de la eticista al considerar que la Monarquía española representa la culminación y el grado más perfecto de sistema político dado

nor medida, el programa sugerido por Botero en su *Della Ragion di Stato* (1589), vertida al castellano en 1593[5]: elaborar una razón de estado cristiana compatibilizando la practica secular del gobierno con los imperativos de la fe avalados por la Iglesia de Roma. En vez de considerar a estas «escuelas» como encarnación de ideologías o doctrinas opuestas, se las puede afrontar como técnicas de gobierno que recombinan de forma diferente los tres tipos de racionalidad política que operaban en la España del Antiguo Régimen en relación con la naciente biopolítica.

En primer lugar, una racionalidad entendida como pronóstico o «proyecto» que afronta el futuro en tanto que ámbito abierto constituido por acontecimientos calculables y en este sentido gobernables. Este tipo de racionalidad se opone a la profecía, al discurso escatológico, que considera el futuro como advenimiento más o menos próximo del fin de los tiempos, del *eschaton,* un evento identificado con la segunda venida de Cristo y la apertura del Juicio Final[6].

Esta calculabilidad de los procesos se expresa en el uso combinado o alterno de dos series de técnicas. Por una parte, la argumentación fundada en recuentos y estimaciones numéricas, en datos cifrados, que anticipan el empleo, ya en el siglo XVIII, de los procedimientos de la aritmética política. El mercantilismo –presente en el pensamiento español desde mediados del siglo XVI– se identifica, en buena medi-

---

en el curso de la historia. Maravall (tanto en Maravall, 1997 como en 1975, p. 76), propone una clasificación diferente: los detractores de Maquiavelo y defensores acérrimos del punto de vista tradicional (subordinación de la política al dictado de la fe, en la línea de Jerónimo Gracián, Barbosa, Márquez, Rivadeneyra, Alvia de Castro, Quevedo, entre otros); los que aceptan la perspectiva maquiavélica disimulándola (Furio Ceriol y Eugenio de Narbona, y los llamados «tacitistas puros», como Antonio Pérez, Álamo de Barrientos y Juan Alfonso de Lancina), y, finalmente, los que aceptan la autonomía de la esfera política respecto a la religiosa pero evitan a Maquiavelo y recurren a Tácito, buscando compatibilizar política y religión cristiana (Ramírez de Prado, Saavedra Fajardo, Setanti, Mártir Rizo, entre otros). Por su parte, el trabajo de Rivera García, 1999, se limita a los planteamientos políticos de lo que denomina «clericalismo jesuita», tal como se encuentran plasmados en las obras de Suárez y Mariana, fundamentalmente. La tipología de Fernández-Santamaría nos parece la más apropiada, porque evita tanto una excesiva modernización del pensamiento político español –en la que a veces pueden incurrir los análisis de Maravall– como exagerar el peso de la perspectiva tradicional en este campo –lo que sucede en el caso de Rivera García, que parece considerar preponderante al «clericalismo jesuita», objeto de su investigación.

[5] Sobre el impacto de la obra de Botero en España, véase Maravall, 1975, p. 66, y Fernández-Santamaría, 1986, p. 12.

[6] Sobre esta antítesis entre pronóstico y profecía en el pensamiento político moderno, véase Koselleck, 1993, pp. 29-33. Sobre la relevancia política de las profecías apocalípticas en la España de Felipe II (revelaciones de Miguel Piédrola, vaticinios de Alonso de Orozco, sueños de Lucrecia de León, véase Kagan, 1991; sobre la importancia de este discurso escatológico en Fray Luis de León, véase Moreno Mengíbar y Martos Fernández, 1999, pp. IX-XLVI. Un ejemplo de crítica a las profecías de tipo astrológico en González de Cellorigo, 1600, pp. 15-18.

da, con este estilo de razonamiento. Por otro lado, hay que mencionar la argumentación sustentada en la experiencia histórica, en el pasado considerado como ámbito de sucesos y situaciones parcialmente repetibles, donde es posible extraer pautas generales de conducta. Este carácter iterativo de los tiempos históricos permite encontrar en ellos *exempla* que sirvan para orientar la acción de gobierno *(historia magistra vitae);* es un planteamiento que está en las antípodas de la visión moderna del acontecer como instancia única e irrepetible[7].

El arte de gobierno, cuyo fin es la conservación y el aumento del reino[8], se funda por lo tanto en esta racionalidad inmanente a los procesos históricos y autónoma respecto a todo orden de factura sobrenatural.

El segundo tipo de racionalidad[9] se identifica con un orden o legalidad natural de base teísta. La práctica racional consiste en ajustar el obrar humano –la acción de gobierno en este caso– a los imperativos de esa legalidad natural. Corresponde a la Iglesia de Roma, como instancia infalible, eliminar las incertidumbres del obrar humano, dictando sus preceptos conforme a ese orden natural inspirado por Dios, determinando qué conductas son adecuadas a las buenas costumbres. Este tipo de racionalidad se aleja pues del profetismo escatológico; la verdad moral no depende de la libre interpretación de la Palabra de Dios por el creyente; está mediada por la autoridad eclesiástica, que ejerce el monopolio de dicha exégesis.

Por otra parte, queda denegada toda autonomía a la esfera política. La ley divina, la ley natural y la ley civil forman un *continuum* donde no hay lugar para escindir lo espiritual de lo temporal, como sucedía en el bando de la teología protestante. El Príncipe debe subordinar sus decisiones a la ley natural, trasunto de la ley divina. Por ello, el arte de gobierno se funda en la potestad indirecta del poder espiritual o eclesiástico sobre el poder temporal o civil; esta potestad toma la forma de una censura moral que el clero ejerce sobre la actividad de los gobernantes.

---

[7] Consideramos que este vínculo con la historia como esfera de *exempla* limita la supuesta modernidad del pensamiento político de los siglos XVI y XVII y su vecindad con el método inductivo o con la revolución galileana, como ha sugerido Maravall, 1975, pp. 18-38. En esto coincidimos más con Koselleck, 1993, pp. 41-66, que contrapone la reiteración de los tiempos –inherente a la *historia magistra vitae*– a la unicidad de los acontecimientos característica de la moderna experiencia histórica. Sobre el uso de los ejemplos históricos en el pensamiento político español, véase Fernández-Santamaría, 1986, p. 160 y Maravall, 1997, pp. 58-71. Sobre la tendencia de la historiografía a modernizar excesivamente la ciencia política del Barroco español, véase Clavero, 1991, pp. 30-32.

[8] Acerca de la primacía de la «razón conservatriz» sobre la «razón adquisitiva» en el pensamiento político del Barroco español, véase Maravall, 1975, pp. 102-105. Véase asimismo Fernández-Santamaría, 1986, p. 20.

[9] Este tipo de racionalidad aparece ejemplarmente exhibido en lo que Antonio Rivera García denomina «clericalismo jesuita»; en nuestra descripción seguimos sumariamente el análisis que propone en Rivera García, 1999.

Esto excluye toda forma de teocracia, puesto que la potestad suprema en el plano temporal no corresponde al Papa sino a los soberanos.

Ahora bien, ese orden natural, esa ley natural en la que debe fundarse la ley civil, debe ser adaptada a las mudables circunstancias históricas, de tiempo y lugar, predeterminadas por Dios y sufridas por los hombres[10]. La ley natural debe ser interpretada y adaptada a las circunstancias concretas y cambiantes. Surge entonces una tecnología moral y política, el casuismo, que es un saber del contexto y de la singularidad[11] y que identifica lo verdadero con lo probable de una opinión, esto es, lo que posee más autoridades a su favor en unas circunstancias particulares[12].

El tercer tipo de racionalidad no obedece al patrón empírico y calculador del mercantilismo ni al esquema jurídico-teológico del casuismo. Se trata de una suerte de «racionalidad parental» que apela a la crónica histórica y a la genealogía con objeto de determinar la calidad de la «sangre». Esta invocación de la sangre opera en dos registros: el «honor estamental», que distingue a la nobleza de la infamia («los que trabajaban con sus manos») y el «honor étnico»[13], que diferencia a los «cristianos viejos» de los «cristianos nuevos». Como ha señalado Maravall, se trata de un sistema doble de exclusión del honor y, al mismo tiempo, de un sistema único de exclusión estamental; la sangre «limpia» no da acceso a la nobleza, pero la «sangre infecta» del cristiano nuevo la excluye (Maravall, 1979, pp. 118-119). Este tipo de racionalidad que naturaliza las diferencias de rango remitiendo a la sangre y al linaje, atraviesa numerosos ámbitos discursivos y no discursivos en la España del Antiguo Régimen, desde las normativas para ingresar en las Órdenes de Caballería a las ejecutorias de hidalguía, aparte de una vasta literatura jurídica, tratados de moral caballeresca, panfletos y memoriales diversos. Los argumentos que ponderan la importancia de los criterios asociados a la «sangre» y al linaje en el arte de gobernar, pertenecen a este campo. No nos detendremos en analizar este estilo de razonamiento con más detalle, pero

---

[10] Los argumentos de Suárez para justificar este reconocimiento de la finitud humana, aparecen detallados en Rivera García, 1999, pp. 24-25.

[11] Es lo que Gracián y otros autores del Barroco llaman la «sindéresis»: una forma de conocimiento práctico que permite ajustar el desempeño de las virtudes morales ajustándolas a unas circunstancias dadas por mediación de la prudencia. Véase Maravall, 1975, p. 57 y Fernández-Santamaría, 1986, pp. 81-82.

[12] Sobre el concepto «probabilista» de «verdad», véase Hacking, 1995, pp. 38-40 y 102-103.

[13] Esta diferencia ha sido señalada por Maravall, 1979, p. 116; no obstante, el concepto de «limpieza de sangre» tiene a la vez, como indicó Caro Baroja, un sentido religioso además de étnico, «ya que se refería, ante todo, a la posible mezcla o entronque de un linaje de españoles, "cristianos viejos", con otro de moros, judíos o negros e individuos de países en que la religión antigua no era la cristiana: de "cristianos nuevos"» (Caro Baroja, 1990, p. 160).

se constatará su presencia ocasional en relación con algunas de las controversias que encuadran la naciente biopolítica.

Eticismo y realismo combinan de modo distinto estos tres tipos de racionalidad que se acaban de diferenciar. El eticismo, que en principio parece identificarse más con el segundo tipo de racionalidad señalado, no deja de utilizar el recurso a la experiencia histórica y al cálculo cuando tiene que enfrentarse con los argumentos esgrimidos por los representantes de la pura razón de estado[14]. Ésta no queda descartada sino convertida en una técnica al servicio de la religión. Es lo que se conoce como «el maquiavelismo de los antimaquiavelistas», señalado por todos los comentaristas[15]. Desde la perspectiva eticista se entiende que el Príncipe ha de ser bueno, esto es, actuar con arreglo a las normas de la moral cristiana, pero también debe ser eficaz. Por otro lado, y pese a las tensiones que existían entre la ética caballeresca del honor mundano y de la sangre y la ética eclesiástica del «honor-virtud» (Chauchadis, 1984, pp. 45-57), la Iglesia no se negó a reconocer la intervención de la «sangre» en el orden de lo que la escolástica consideró «causas segundas» (Maravall, 1979, p. 43).

Por su parte, los autores de la escuela realista, que apelan al cálculo y a la inducción de patrones generales a partir de ejemplos históricos, tienden a reconocer que la «ciencia de gobernar», como la llamaba Sancho de Moncada, es una «ciencia de contingentes», en expresión de Álamos de Barrientos; es decir, requiere ajustar el conocimiento de regularidades empíricas a la «ocasión», a la presencia de «casos nuevos, y nunca vistos» (De Moncada, 1619, p. 236). Este saber estratégico y prudencial acerca de «casos», ciencia de lo individual incompatible con la *episteme* aristotélica, no anda lejos, en su proceder, de la casuística[16]. Además, aunque ciertamente la apelación a la superio-

---

[14] En la práctica, como ha señalado Clavero, 1991, pp. 24-26, no se necesitaba invocar la razón de estado para actuar políticamente transgrediendo los principios de la moral cristiana; se podía quitar la vida, perdonar la muerte, ocupar territorios, hacer la guerra o traicionar los tratados invocando la razón religiosa de majestad antes que la razón de estado.

[15] Véase Maravall, 1975, pp. 54-55, sobre los casos de Rivadeneyra, Quevedo y otros autores de la escuela «eticista». Véase asimismo el capítulo que dedica Fernández-Santamaría, 1986, pp. 81-117 al problema de la duplicidad entre los eticistas y a la justificación del recurso al disimulo y la simulación. Sobre el «maquiavelismo» del antimaquiavélico Mariana, véase Rivera García, 1999, pp. 33-34.

[16] Sancho de Moncada, en su propuesta para introducir la «ciencia de gobernar» en los estudios universitarios, equipara esta preparación a la del «médico, abogado o confesor» (De Moncada, 1619, p. 236), tres saberes en los que la norma general debe ajustarse a la interpretación del caso individual. El pensador belga Justo Lipsio, una de las figuras más influyentes en la escuela realista, ejemplifica cómo establecer el equilibrio entre prudencia y moralidad por medio de la casuística, véase Fernández-Santamaría, 1986, p. 83. Sobre la recepción del neoestoicismo de Lipsio en España, véase Oestreich, 1982, pp. 102-104. Un ejemplo de cruce entre casuística y realismo lo ofrece la posición de Baltasar Gracián, véase Maravall, 1975, pp. 199-241. Sobre la metodología de la ciencia política en la escuela realista, véase Fernández-Santamaría, 1986, pp. 205-250.

ridad de linaje y a la limpieza de sangre aparece relativamente atenuada en el caso de la escuela realista –por ejemplo entre los arbitristas[17]– no puede decirse que esté por completo ausente.

Ambas escuelas, la eticista y la realista, rechazan el maquiavelismo, aunque no del mismo modo. En la primera, el ataque a Maquiavelo y a los llamados «políticos» –príncipes y teóricos que siguen la doctrina del florentino (Fernández-Santamaría, 1986, pp. 47-51)– ocupa el lugar principal de su argumentación; en la escuela realista la ofensiva contra Maquiavelo mantiene un lugar secundario; se rechazan las tesis del autor de *El Príncipe* y se busca una alternativa en los escritos de Tácito[18].

Ambas tendencias sostienen asimismo, frente a Maquiavelo, la pertenencia del Príncipe a la república y por lo tanto la convergencia entre los intereses del soberano y de los gobernados. Esto se expresa a menudo en la metáfora del *corpus politicum* o del «cuerpo místico» como comunidad armónica compuesta de cabeza (el rey) y miembros (los «estados» o estamentos, en sentido jurídico), o en la referencia al amor del rey hacia su pueblo[19].

---

[17] Sobre el modo en que Saavedra Fajardo cuestiona que las virtudes se transmitan con la sangre, véase Maravall, 1979, p. 50.

[18] Sobre el tacitismo español, véase Maravall, 1975, pp. 77-106 y Fernández-Santamaría, 1986, pp. 163-172.

[19] Véase Clavero, 1991, 33-34 y 39-45; Maravall, 1975, p. 70, y Rivera García, 1999, pp. 70-71 y 76. Maravall, 1997, pp. 99-103, examina distintas definiciones de la «república» como «cuerpo» en el pensamiento político español del siglo XVII: Martín Rizo, Ramírez de Prado, Tovar y Valderrama. Nótese que los miembros son a su vez corporaciones, «estados» (ciudades y villas, corporaciones, comunidades religiosas, estamentos, etc.), no individuos. Maravall, 1997, p. 102, reconoce este extremo: «No los individuos, no ya sólo las familias constituyen los miembros inmediatos del cuerpo místico de la República, sino más amplias congregaciones de individuos caracterizados por los diferentes ministerios y oficios. Es la concepción estamental». Sobre este punto, véase Hespanha, 1989, pp. 231-256. La misma metáfora del «cuerpo» puede revestir por tanto significaciones muy diferentes. En los tratados políticos que escriben médicos como Jerónimo de Merola (*República original sacada del cuerpo humano*, 1587) (Tierno Galván, 1976, pp. 27-88) o Pérez de Herrera (*Curación del cuerpo de la república*, 1610) (Cavaillac, 1975, pp. LXI-LXII), el cuerpo –recogiendo un viejo tema aristotélico (González García, 1998, pp. 77-79)– es un micorcosmos que mantiene una relación de analogía con la república, de modo que cada parte principal del cuerpo (cerebro, hígado, corazón, estómago, ojos, manos, excrementos, etc.) se hacía corresponder con un estado (real, militar, eclesiástico, Grandes Títulos, Caballeros, labradores, oficiales, tratantes, mercaderes, vagabundos y holgazanes, etc.). Los miembros no son pues individuos sino «estados», y el Rey así como sus consejeros y funcionarios conforman sólo el estado principal. Sin embargo, la metáfora del autómata o del «cuerpo-máquina», que se advierte en Hobbes y continúa en los cameralistas y reformadores ilustrados, remite a un esquema geométrico y mecanicista, alejado del organicismo renacentista («microcosmos»). Aquí sí puede hablarse del «Estado» como mecanismo compuesto de «individuos» y de la razón de estado contrapuesta a la «razón individual». González García, 1998, pp. 170-176, ha analizado con tino la imagen del reloj como alegoría del Estado absolutista barroco, y considera que en este punto Saavedra Fajardo se adelanta a Hobbes. Pero el primero, como señala el propio González García, utiliza la imagen para describir la relación entre el Príncipe y sus consejeros, esto es, el «estado» político, no para representar la sociedad estatal en su conjunto, o sea, el «Estado».

Por último, ambas escuelas comparten el mismo objetivo: conciliar, frente al maquiavelismo, la razón de estado y la tradición de la ética cristiana, dando lugar a una «verdadera razón de estado» (Rivadeneyra) o a un «cristiano y político gobierno» (Salas Barbadillo, Saavedra Fajardo). Ciertamente, en un extremo del espectro eticista, autores como Jerónimo Gracián y Quevedo rechazan *in toto* la expresión «razón de estado», prefiriendo hablar, como hace el primero, de una «verdadera razón cristiana», y remitiendo a una política guiada exclusivamente por criterios evangélicos, donde el Príncipe está dispuesto a perder su reino y su reputación con tal de no ofender al Señor (Fernández-Santamaría, 1986, pp. 50-51). No obstante, esta negativa a toda posible conciliación es una toma de posición excepcional.

En lo que difieren eticistas y realistas es en el modo de articular la experiencia de la razón de estado –ese tipo de racionalidad calculadora antes descrito– y la herencia moral del cristianismo, concretada en la racionalidad jurídico-teológica anteriormente perfilada. En los primeros se afirma la doctrina de la potestad indirecta; esto es, el poder temporal del Príncipe queda subordinado al poder espiritual de la fe, representado por la Iglesia de Roma. Esta subordinación se ejerce a través de la censura moral de los actos de gobierno, de modo que un monarca puede quedar deslegitimado si actúa trasgrediendo los principios del Decálogo, si traiciona el compromiso de buscar el bien común en el seno de una república cristiana.

En el caso de los realistas la conciliación no se produce por subordinación sino por armonización; se confía en que existe una concordancia entre el orden de las cosas que constituye el gobierno eficaz del soberano y el orden natural por el que Dios rige el mundo. Se trataría de dos instancias convergentes aunque relativamente autónomas; el arte de conservar los Estados –los realistas prefieren hablar de «materia de estado» o de «negocio de estado» antes que de *ratio status* (Fernández-Santamaría, 1986, p. 125)– tiene sus propias reglas, pero éstas sólo son operativas si el Príncipe se atiene, en su actuación, a la salvaguarda de la fe católica.

En la práctica de la biopolítica, relacionada en esta época con el remedio de la despoblación, las soluciones arbitradas no siempre se prestarán a una fácil conciliación con la «política del cielo», como la llama Rivera García. A continuación y de modo necesariamente sumario, se pasará revista a algunos de estos conflictos y al esfuerzo empeñado para solventarlos. A medida que transitamos del arbitrismo y del tacitismo del siglo XVII al regalismo del siglo XVIII, la brecha entre biopolítica y política del cielo parece agrandarse definitivamente, hasta el punto de que la segunda acaba convirtiéndose en un verdadero obstáculo para el desarrollo de la primera, dando lugar a un problema que llega hasta hoy.

Presentar la población como principal riqueza del reino introducía un primer punto de eventual fricción con la Iglesia católica. No era difícil asociar aquel argumento con las desviaciones heréticas del protestantismo, contrario al celibato en todas sus formas, o vincularlo con una impía razón de Estado que subordinaba los valores sagrados de la religión, enaltecedora de la virginidad, a la voluntad de aumentar el reino multiplicando sus moradores. En esta doble raíz –protestantismo y razón de estado– se habían situado propuestas como las de Von Husum en 1618 –justificando la tolerancia religiosa por motivos poblacionistas y apelando a la autoridad de Bodino– o la de Bacon en 1625 –proponiendo la abolición del clero (Martín Rodríguez, 1984, p. 82). El encumbramiento de la población a máximo tesoro de un Estado tenía por consiguiente peligrosas resonancias (maquiavelismo, herejía) que arbitristas y tratadistas políticos debían neutralizar si querían conciliar aquel supuesto con los imperativos de la fe católica.

Había que encontrar en las Sagradas Escrituras una garantía de la ortodoxia teológica del poblacionismo. El pasaje de *Proverbios,* 14, 28, invocado por González de Cellorigo, Pedro de Valencia, Fernández Navarrete y Saavedra Fajardo[20], y repetido luego de forma rutinaria, parecía sellar con éxito la estrategia conciliatoria de la escuela realista. Otro arbitrista, Jerónimo de Ceballos, apuntalaba esta fórmula armonizadora cuando sugería en su *Arte Real* (1623) que el incremento de moradores favorecía el bien común y no exclusivamente la potencia del soberano (Martín Rodríguez, 1984, p. 89).

En el extremo opuesto, más allá incluso de los planteamientos eticistas y en línea con el programa puramente evangélico de una «verdadera razón cristiana», defendido por Jerónimo Gracián y Quevedo, se situaban proyectos como el de Fray Benito de Peñalosa. Éste redactó la obra más extensa sobre población publicada en la España del siglo XVII: el *Libro de las Cinco Excelencias que despueblan a España para su mayor potencia y dilatación* (1629). En ese pentágono de excelencias se menciona la religiosidad. Ésta se expresaba, entre otras cosas, en el gran número de eclesiásticos que había en el reino. Ciertamente admitía que, debido al celibato voluntario, la presencia de este factor contribuía a agravar la despoblación. Lo mismo sucedía con las expulsiones de judíos y moriscos o con la prohibición de entrada a los extranjeros no católicos, manifestaciones asimismo de la consabida piedad española. Peñalosa anteponía esta excelencia de la fe a la supuesta eficacia política que, según los mercantilistas, proporcionaba la muchedumbre de gente. Recurría, por otra parte, a los argumentos de lo que antes se llamó «racionalidad parental», es decir, la ape-

---

[20] Véase *supra,* p. 21, nota 2.

lación a los valores del linaje y del «honor étnico». Lo importante no era la cuantía de pobladores sino la calidad de éstos, esto es, las excelencias de su sangre. Peñalosa admitía la existencia de una preocupante despoblación en España, pero ésta no afectaba a la cantidad sino a una calidad que podría mejorarse mediante un masivo retorno de la población a las faenas agrícolas, cuna de las mejores virtudes y caracteres hispánicos (Martín Rodríguez, 1984, pp. 102-103).

Este mismo discurso sobre la sangre y su calidad puede encontrarse involucrado en el bando opuesto al de Peñalosa, entre los representantes del realismo político; éste es el caso de Saavedra Fajardo. En la estela del mercantilismo imperante, el autor de las *Empresas Políticas* (1640) sostenía que «la fuerza de los reinos consiste en el número de los vasallos» (Saavedra Fajardo, 1640, II, p. 647), pero al mismo tiempo proponía que se pusiera cuidado en su calidad, para que el incremento «no fuese solamente de gente plebeya», pues «es el pueblo un cuerpo muerto sin la nobleza», verdadero espíritu del reino (Saavedra Fajardo, 1640, II, p. 648).

Si en el espacio intelectual del siglo XVII Peñalosa representaba el punto de vista evangelista, aceptando la despoblación en aras de la devoción, el militar Vicente Montano se emplazaba en sus antípodas. Su manuscrito *Arcano de Príncipes* (1681), comentado con anterioridad, estaba cerca del más crudo maquiavelismo, pues no dudaba en defender, apelando al engrandecimiento del soberano, una política de población que transgredía sistemáticamente los mandatos del Decálogo, no haciéndole ascos al adulterio consentido, la poliandria o ciertas prácticas contranaturales. Lo paradójico de Montano es que su maquiavelismo era además limitacionista, lo que lo sitúa a contracorriente de su tiempo. Montano y Peñalosa son por tanto los extremos de un arco donde prevalecen los intentos conciliatorios de eticistas y realistas, cuyas propuestas, aunque coinciden frecuentemente en los actos, no siempre lo hacen en los argumentos, como sucede por ejemplo en relación con la prohibición de inmigrantes no católicos. Los eticistas apelarán al deber religioso de un Príncipe cristiano, que sólo puede tolerar en su reino el verdadero credo; los realistas invocarán la utilidad de gobernar una república unificada por la misma fe (Fernández-Santamaría, 1986, p. 66).

A partir del siglo XVIII, la introducción del regalismo borbónico y posteriormente del reformismo ilustrado, abrió un escenario distinto al delimitado en los siglos XVI y XVII por el debate acerca de la razón de estado. El problema será cada vez menos el de la coexistencia del estado –esto es, el Príncipe y sus consejeros– con otros estados (estamentos, corporaciones) frente a los que trata de afirmar su supremacía. De la multiplicidad de «estados» se pasará, en el lenguaje político, a la relación entre el Estado y los individuos –aún encuadrados en corporaciones y estamentos. Razón de estado y razón de individuo, una interlocución que se expresaba desde mediados del siglo XVIII en el lenguaje de los «intereses» y de la «felicidad»[21].

El orden del día en las políticas de la población, como en las restantes, pasará entonces por compaginar el poder del Estado y la felicidad de los súbditos. Aquí se alinean mayoritariamente los reformadores ilustrados que quieren convertir al Estado en una apisonadora de prejuicios, un instrumento para desarraigar las tradiciones vetustas y poner a España en la vanguardia del concierto europeo. Se trataba de funcionarios y de escritores que, sin renunciar a una acendrada religiosidad, se colocaron del lado del Estado cuando éste vino a colisionar –abiertamente en 1766, con el Motín de Esquilache y la expulsión de la Compañía de Jesús– con una parte importante de la Iglesia española.

No obstante, en este nuevo espacio intelectual que confrontaba los intereses del Estado con los de los individuos, también tomaron la palabra los que se oponían a una política de población rígidamente estatalista y mercantilista. El espectro comprendía alternativas muy diversas, desde los que, renovando el eticismo tradicional y la «política del cielo», apelaban a las Sagradas Escrituras y al «bien común», identificado ahora con la «felicidad» (Argumosa y Gándara, 1743; Nuix y Perpiñá, 1783)[22], hasta los que, dando paso a los argumentos del liberalismo, defendían la libertad individual para emigrar (Valentín de Foronda, 1789) (Martín Rodríguez, 1984, p. 119).

EL EXCESO DE RELIGIOSOS

Entre las causas de despoblación mencionadas frecuentemente por la literatura de arbitrios, aparece el exceso de religiosos. La abundancia de personas adscritas al estado eclesiástico, suponía este argumento, frenaba el ingreso en el matrimonio y consiguientemente la procreación, dado que los profesos hacían voto de castidad. Pero el clero aparecía también señalado como estímulo de la despoblación debido a otras circunstancias indirectas: su dedicación preferente a la vida contemplativa y su vínculo con la abundancia de festividades litúrgicas –y con el ejercicio de la caridad, asunto ya examinado– restaban fuerzas que debían ser consagradas al trabajo productivo. Por último, al quedar exento de toda tributación, el clero, pese a lo copioso de sus rentas, dejaba de contribuir al aumento de los tesoros del reino.

Obviamente, estas consideraciones, que convertían al estamento religioso en un estorbo para la conservación y el aumento de la Mo-

---

[21] Sobre este cambio de problemática, véase Clavero, 1991, pp. 27-45.
[22] Sobre estos autores, véase Martín Rodríguez, 1984, pp. 113-114 y 118-119.

narquía, implicaban de nuevo un conflicto potencial entre la razón de estado y la «política del cielo». ¿Cómo atenuar esta colisión preservando al mismo tiempo la voluntad de incrementar «la muchedumbre de gentes»? A esto se dedicó en parte la literatura arbitrista, más próxima al realismo político que al eticismo. Uno de sus iniciadores, González de Cellorigo, no estimó que el exceso de religiosos fuera causa de la «falta de gente» en España. Sin embargo, sí consideró que las prerrogativas fiscales de la Iglesia debían enmendarse. Manteniendo sus privilegios tributarios, el estamento eclesiástico debería aportar sus rentas al reino «en tiempos de urgente necesidad» (González de Cellorigo, 1600, p. 149), como era el caso. Además, deberían colaborar sufragando todo aquello «en que consiste la común utilidad del reino» (González de Cellorigo, 1600, p. 149). Esta contribución no debía dejarse a criterio del estamento concernido; cada miembro, o institución del mismo, haría su aportación en proporción a sus rentas y haciendas (González de Cellorigo, 1600, pp. 150-151). Para compensar esta interferencia del poder civil en la autoridad eclesiástica se sugería que estos tributos impuestos al clero contaran con la licencia del Sumo Pontífice, salvo en caso de que respondieran a una necesidad extrema e improrrogable (González de Cellorigo, 1600, p. 151).

Respecto a este asunto del exceso de religiosos hay que recordar que la opinión de los arbitristas se encontraba dividida. Los que habían desarrollado un «sistema» que situaba las claves de la despoblación en la merma de subsistencias (invasión de mercancías extranjeras o disminución de la ganadería, por ejemplo), consideraban que esta sobreabundancia de profesos era un efecto de aquella situación y no una causa de la pérdida de gente[23]. El aumento de los vagabundos y el de los eclesiásticos obedecía a las mismas razones, pero además esta adopción forzosa de los votos, debido a la necesidad económica, contribuía a disminuir la calidad del clero, dando lugar a «frailes y monjas, sin vocación» (Martínez de Mata, 1650-1660, p. 306)

Frente a los forjadores de «sistemas» estaban los arbitristas que trataban de identificar una a una las causas de la despoblación y de la miseria en la propia falta de pobladores y de gente aplicada al trabajo. Estos autores criticaban el excesivo número de religiosos que había en España, pero se abstenían de proponer medidas drásticas que supusieran una confrontación con la Iglesia o dieran lugar a la acusa-

---

[23] De Moncada, 1619, p. 136, consideraba que «las Religiones y eclesiásticos son más antiguos que el daño, que es muy fresco». Caxa de Leruela, 1631, p. 61 estimaba que «la retirada que han hecho muchos a los Claustros y sacerdocio en España ha sido ocasionada de las miserias, trabajo y necesidad del siglo; y así es efecto de la común, no causa». En una línea similar, Martínez de Mata, 1650-1660, p. 136.

ción de maquiavelismo o de complicidad con la herejía. Buscando el punto medio de una «cristiana razón de estado», pretendían aminorar la cantidad de religiosos elevando su calidad. Por eso suscribían los términos de la Consulta a Felipe III realizada en 1619 por el Consejo de Castilla. En ella se pedía suplicar al Santo Padre que cesara de dar licencia para la fundación de nuevas órdenes y monasterios, poniendo así un límite «en el número de religiosos». Al mismo tiempo, se estimaba que con la «muchedumbre» de eclesiásticos se daba padecimiento de «mayor relaxación de la que fuera justo, por recibirse en ellas muchas personas, que más se entran huyendo de la necesidad, y con gusto y dulzura de la ociosidad, que por la devoción que a ello les mueve, fuera del que se sigue contra la universal conservación de esta Corona, que consiste en la mucha población, y abundancia de gente útil, y provechosa para ella, y para Real Servicio de Vuestra Magestad»[24].

Como se ve, se combina un argumento relacionado con los intereses del estado, con otro vinculado al mejoramiento moral de los eclesiásticos: el cálculo de los moradores y el juicio casuista acerca de la conveniencia moral de reducir el número de religiosos para aumentar su excelencia. Se sugiere asimismo que la abundancia de sacerdotes y enclaustrados agrava la carga de los súbditos a cuya costa se han de mantener. Por último, se considera pertinente solicitar que se eleve la edad para ordenarse (hasta los veinte años) y para enclaustrarse (hasta los dieciséis). La petición fue reiterada por las Cortes de Castilla a Felipe IV en 1650, aprobándose parte de sus contenidos en una Real Cédula dada ese mismo año (Uztáriz, 1724, pp. 407-408).

Fernández Navarrete es quizás el arbitrista que con más detalle suscribe y glosa los contenidos de la mencionada consulta. En su *Conservación de Monarquías* (1626), pone cuidado en alabar el estado de castidad, que «llena de almas el Paraíso» (Fernández Navarrete, 1626, p. 116), encomiando el papel desempeñado por el clero en la conservación de la monarquía (Fernández Navarrete, 1626, pp. 341-342). Pero, al mismo tiempo, lamenta la degradación moral de este estamento, derivada del indiscriminado acceso al mismo. Por otro lado, recalcando la armonía que deben guardar entre sí todos los miembros que forman el cuerpo de la república, recuerda que el clero son «los ojos», pero que aquél no puede componerse sólo de ojos y carecer de «manos» (Fernández Navarrete, 1626, p. 353).

Saavedra Fajardo se muestra aún más cauteloso que Fernández Navarrete. Como éste, condena el exceso de fiestas, que restan la tan necesaria dedicación al trabajo; pero a la hora de sopesar el desmesu-

---

[24] El texto completo de la consulta aparece recogido en Uztáriz, 1724, p. 408.

rado número de religiosos su juicio es ambivalente. Refiriéndose a la proporción de soldados, artesanos, letrados y otros oficios, que debe convenir a una monarquía, considera el caso de los eclesiásticos. Estima que su exceso es «muy dañoso a la república y al príncipe» (Saavedra Fajardo, 1640, II, p. 646). Pero al mismo tiempo considera que «no se debe medir la piedad con la regla política y en la Iglesia militante más suelen obrar las armas espirituales que las temporales» (Saavedra Fajardo, 1640, II, p. 646). Deja el asunto en el aire («dejo considerar a quien toca si el exceso de profesos») aunque menciona resoluciones de la Iglesia y la consulta elevada por el Consejo de Castillla (1619), favorables a limitar el número de órdenes y a regular la edad de acceso a la carrera eclesiástica. Saavedra opone por un lado la «prudencia», virtud del político por excelencia, a la «piedad confiada» y el «escrúpulo» (Saavedra Fajardo, 1640, II, p. 647), proclives a ampliar irresponsablemente la Iglesia militante.

En las últimas décadas del siglo XVII el argumento favorable a reducir el estamento clerical seguía en vigor. Francisco Centani, autor de *Tierras* (1671), texto de gran difusión entre los memorialistas de la época, recomienda disminuir y mejorar la calidad del mencionado estamento e incluye la medida dentro de un plan general de reformas fiscales (Martín Rodríguez, 1984, p. 144). Con la entronización de la dinastía borbónica, la controversia se agudiza (Martín Rodríguez, 1984, p. 151); los proyectistas que buscan legitimar el regalismo borbónico[25], esto es, las prerrogativas del rey en materias de nombramiento y administración eclesiástica, y que adoptan un estricto mercantilismo, tienen ya menos escrúpulos a la hora de recomendar la reducción del clero.

En este aspecto, la influyente *Theórica y Práctica de Comercio y de Marina* (1724) de Jerónimo de Uztáriz, muestra aún bastante sobriedad. En esta obra se considera que los problemas del exceso de religiosos y de días feriados son «graves y delicados» (Uztáriz, 1724, p. 407). Teniendo esto en cuenta, Uztáriz renuncia a emitir directamente su opinión y prefiere glosar y citar *in extenso* el parecer de «diversos autores muy acreditados», contrarios tanto a la demasía de fiestas como de profesos. Estas autoridades eran los ministros del Consejo de Castilla, cuya consulta de 1619 se reproduce íntegramente, así como los tratadistas Fernández Navarrete y Saavedra Fajardo (Uztáriz, 1724, pp. 407-409).

Mucho más contundente y abiertamente alineado con el regalismo se manifiesta Moya Torres y Velasco en su *Manifiesto Universal de los males envejecidos que España padece* (1727). Su juicio del estamento eclesiástico español es extremadamente crítico, con un tono de

---

[25] Sobre las medidas regalistas adoptadas durante los reinados de Felipe V, bajo la ascendencia del ministro Macanaz, y Fernando VI, hasta el Concordato de 1753, véase Amalric y Domergue, 2001, pp. 100-102.

confrontación que sorprende[26]. Sin embargo, aunque Moya sobreestimaba el número de religiosos y lo consideraba desmesurado[27], no pone el énfasis en la despoblación sino en los perjuicios económicos causados por el estamento clerical: las elevadísimas rentas eclesiásticas, obtenidas a costa de los contribuyentes; los excesos de la amortización eclesiástica, que sustrae grandes cantidades de bienes al dominio laico; la abundancia de festividades de precepto (Moya Torres y Velasco, 1727, pp. 189-90); la dedicación de muchos eclesiásticos a empleos impropios de su condición; el reclutamiento indiscriminado de novicias en la más tierna edad, para hacerse con sus dotes; la captación de donaciones y testamentos y el abuso que se hacía de la inmunidad eclesiástica[28].

Una contrapartida de estos ataques procedentes del regalismo borbónico y anticipo de la ofensiva ilustrada contra las prerrogativas de la Iglesia, consistía en adoptar una postura defensiva pero dispuesta a otorgar algunas concesiones. Esta posición aparece bien representada en la obra del jesuita Juan de Cabrera, *Crisis Política* (1719). Este autor reconocía los numerosos abusos cometidos por el clero y no dudaba en condenarlos. Recomendaba asimismo que no se pudiera profesar antes de los veinte años, para evitar el sacerdocio sin vocación. Pero, al mismo tiempo, apelando a un argumento providencialista, sostenía que la elevada cifra de religiosos y su voto de celibato voluntario no podía impedir que Dios arbitrara otros medios para socorrer las pérdidas de población sufridas por España (Martín Rodríguez, 1984, pp. 151-52).

La controversia acerca del exceso de religiosos se intensificó a partir de mediados del siglo XVIII, cuando la disputa regalista entre la Iglesia y el Estado parece inclinarse a favor de este último propiciando, desde el reinado de Carlos III, una política restrictiva del número de profesos, especialmente de los adscritos al clero regular. Los planteamientos regalistas habían ganado una baza importante durante el reinado de Fernando VI, con el Concordato de 1753, que reservaba al soberano el derecho a nombrar los obispos y a recibir parte de las rentas que antes se dirigían a Roma. Por otro lado, la Compañía de Jesús fue expulsada en 1767, a raíz de su supuesta participación en el motín de Es-

---

[26] A título de ejemplo: «Passe a ver los perjuicios, que no considerados tales, los Reverendos Arzobispos, Obispos, Abades, Canónigos, y demás Eclesiásticos Seculares, Regulares y Sagradas Familias Religiosas de ambos sexos causan, y están cansando a esta lamentable España, que ni a unos se los permite ningún derecho, ni a otros sus Santos Patriarcas se los enseñaron; pues aunque hallé Dispensaciones Apostólicas para que tengan bienes en común, también vide el medio de sus inteligencias, y que ninguna dispensación puede aver prevalente en perjuicio de tercero, y de tercero tal como el universal Christiano» (Moya Torres y Velasco, 1727, pp. 87-88).
[27] Véase Domínguez Ortiz, 1992, pp. XXXVIII-XLII.
[28] Moya Torres y Velasco, 1727, pp. 86-144; 167-174; 182-184.

quilache, y extinguida en 1773; en esta misma línea estratégica se inscribe la renovación dada por Carlos III, en 1768, de un *Exequatur* que reducía notablemente las competencias de la Inquisición[29].

En este contexto prevalecía el planteamiento ilustrado que veía en el celibato eclesiástico[30] y en la abundancia de religiosos uno de los principales obstáculos para el incremento de la población útil. Campillo (1741)[31], Amor de Soria (1741)[32], Argumosa y Gándara (1743)[33], Campomanes (1750)[34], Santayana y Bustillo (1761)[35], Olavide (1768)[36], Normante (1785)[37] y Floridablanca (1787)[38], entre

---

[29] Acerca de estas medidas, véase Amalric y Domergue, 2001, pp. 111-112, y Perdices de Blas, 1995, pp. 64-65. La expulsión de los jesuitas puede ser interpretada como una operación «biopolítica», pues se trataba de purgar al Estado de una suerte de «cuerpo» –así lo describe Campomanes: «¿Qué prudente Estado viviría tranquilo nutriendo en sus entrañas un veneno oprimido, un resto depositado de aquella infección letal que le puso a los extremos de la enfermedad?»– extraño y hostil alojado en su interior, un Estado dentro del Estado. Al mismo tiempo, se reducía el número excesivo de religiosos. Véase al respecto Egido, 2004, pp. 256-280.

[30] Durante el siglo XVIII se debatieron en España los posibles perjuicios que la castidad ocasionaba a la salud. Sobre la defensa que hizo el Padre Feijoo de las bondades sanitarias de la castidad, véase Vázquez García y Moreno Mengíbar, 1997, pp. 97-98. En el lado opuesto se puede citar un texto de P. Arribas impreso en Madrid a comienzos del siglo XIX y titulado *Disertación sobre los Males que Ocasiona al Estado el Celibato*, que destaca las desastrosas consecuencias del celibato para la patria, véase Vázquez García y Moreno Mengíbar, 1997, p. 100.

[31] «Últimamente hay muchos frailes buenos y algunos santos, pero no pocos de más. Habiendo menos, tendrían no tantos gastos las religiones y por lo mismo no tanta necesidad de comerciar para comer, y más individuos el público y la Corona para beneficio y utilidad de ambos; pues habiendo menos frailes habría más seglares, y habiendo más de éstos habría más contribuyentes, cuyas pagas causarían menos tributo a otros y las grandes posesiones refundidas en las religiones cederían al Erario aquello con que hoy no contribuyen» (Campillo, 1741, www.cervantesvirtual.com), véase asimismo Martín Rodríguez, 1984, p. 62.

[32] «La sexta causa de la despoblación de España consiste en el excesivo número de religiones, religiosos y de religiosas, y en la muchedumbre de los clérigos y sacerdotes seculares [...] y aunque con ellos mismos debo confesar y todos los católicos confesarán que con el estado superior de los que se aplican a la vida eclesiástica y monástica, se aumentan las fuerzas espirituales de la religión católica [...], también debemos conocer que el número excesivo es muy dañoso a la República y al Príncipe» (Amor de Soria, 1741, pp. 92-93). Sobre la reducción de días feriados, Amor de Soria, 1741, pp. 257-258.

[33] *Erudición política. Despertador sobre el comercio, agricultura y manufacturas, con avisos de buena policía y aumento del Real Erario* (1743), véase Martín Rodríguez, 1984, p. 113.

[34] «El número de eclesiásticos es excesivo, ruinoso para el mismo Estado. Los que se ordenan sin renta y sin ciencia son inútiles a la Iglesia y dañosos al Estado, son los que se ordenan sólo por comerse crecidas rentas [...] Habrían de tener sus meses de probación, y todos habían de ponerse en estado de poder predicar la palabra divina para que nuestro clero todo fuese útil. Y entonces una cuarta parte bastaría y habría mucho menos número pero en quilates más perfecto [...] Las tres partes restantes, que no van por el verdadero camino, se aplicarían a oficios de la república, contraerían matrimonios y aumentarían el pueblo. Ambas cosas son muy propias de la atención de las dos potestades, pontificia y regia, y muy conformes a la mente verdadera de la Iglesia» (Campomanes, 1750, pp. 153-154).

[35] *Papel en el que se manifiesta la enfermedad que padece la monarquía de España, y remedios que puede aplicársele* (1761), véase Martín Rodríguez, 1984, p. 186.

[36] Véase el informe de 1768 remitido por Olavide al Conde de Aranda y el «Plan que demuestra las comunidades religiosas existentes en la ciudad de Sevilla, con distinción de los conventos de cada una y número de personas», ambos en *A.H.N.*, *Consejos*, leg. 11.872,

otros, se muestran partidarios de disminuir el estamento eclesiástico. Jovellanos, por su parte, contrario a la amortización de las tierras de la Iglesia, esperaba de ésta que se desprendiera de ellas (Martín Rodríguez, 1984, p. 181)[39]. En el bando opuesto se pueden diferenciar dos posiciones. En primer lugar un planteamiento situado en la estela de los argumentos presentados por los arbitristas «sistemáticos» (Sancho de Moncada, Caxa de Leruela y Martínez de Mata) durante el siglo anterior. Este enfoque, defendido entre otros por Aguado (1746-1750)[40], Ward (1779)[41], Generés (1793)[42], y Matanegui (1793)[43], descarta que la despoblación haya sido

---

ms., citados por Perdices de Blas, 1995, pp. 91-95. Por su parte, el Conde de Aranda respondió con aprobación a las consideraciones de Olavide.

[37] *Proposiciones de economía civil y comercio* (1785), véase Martín Rodríguez, 1984, pp. 121, 177.

[38] En los comentarios que hizo Floridablanca a los trabajos del Censo publicado en 1787, mostró su satisfacción por haberse reducido el número de religiosos, aumentándose paralelamente el «número de los pobladores y propagadores de la especie humana», citado en Martín Rodríguez, 1984, p. 197.

[39] Olavide pretendía que se prohibiera a los eclesiásticos arrendar las tierras ajenas y cultivar las propias. Sobre esta posición y sobre el empeño de Campomanes y de Francisco Carrasco para limitar legalmente la adquisición de bienes raíces por parte del clero, véase Perdices de Blas, 1995, pp. 96-99. Sobre el proyecto de Miguel Ignacio Pérez Quintero (1798) para justipreciar las tierras de la Iglesia, véase Martín Rodríguez, 1984, pp. 181-182.

[40] *Política española para el más proporcionado remedio de nuestra monarquía* (1746-1750), véase Martín Rodríguez, 1984, p. 157.

[41] «Lo primero, en lo que toca a los naturales, la gente joven de ambos sexos se inclina a casarse; pero la imposibilidad de mantener hijos los detiene; muchos y muchas se meten a frailes y monjas para huir de la miseria» (Ward, 1779, pp. 79-80). No obstante, aun considerando que el ingreso en el clero no causaba la despoblación sino que era el resultado de la falta de subsistencias, Ward se muestra partidario de dificultar el acceso a la carrera eclesiástica: «La facilidad que hay de entrarse cualquiera en el estado eclesiástico, secular y regular, inutiliza muchos hijos de labradores, que no sirven sino de dar carga a la Iglesia y al Estado; este abuso se remediaría, en parte si se observase la ley [...] que no permite que haya escuela de latín sino en pueblos de consideración» (Ward, 1779, p. 110).

[42] Generés, jesuita aragonés, posteriormente convertido en abate, después de clasificar a los «políticos» defensores de disminuir el clero (divididos en «sequaces de la madre natura», «esclavos de la moda» o «libertinos» y finalmente «los moderados», Generés, 1793, pp. 25-26), y de aceptar, apoyándose en la propia normativa eclesiástica, ciertas medidas reductoras, señala la clave del asunto: «Póngase en toda esa Provincia la agricultura como se puede y es debido; levántense las artes, así las necesarias como las útiles, y las de lujo, que están tan decaídas; perfecciónense las fábricas y manufacturas que hay en ella; plantifíquense las que le faltan con sumo detrimento suyo; exténdase por todas sus Ciudades y por todos sus ángulos una grande afición, ansia y actividad de comercio marítimo y terrestre, y se verá ciertamente que se irá disminuyendo el número de ambos Cleros» (Generés, 1793, p. 51). Por otra parte, se opone a todo intento de desvincular o de apropiarse de los bienes de la Iglesia: «No hay rentas en toda nuestra Península, que se empleen tan bien como se emplean las que posee la Iglesia, pues gran parte de ellas sirve para socorrer viudas y huérfanos, para alivio de las familias necesitadas y vergonzantes, y para el culto divino» (Generés, 1793, p. 52).

[43] El abate Matanegui defiende esta posición en sus *Cartas Críticas por las que se reconocen los errores que cometen los hombres con más frecuencia* (1793), véase Martín Rodríguez, 1984, p. 194.

causada de modo significativo por el excesivo número de religiosos. La raíz del problema estaba, según estos autores, en la escasez de subsistencias, vinculada a su vez con el menoscabo de la agricultura, la industria y el comercio. Mucha gente decidía tomar el hábito de fraile o de monja para huir de la pobreza, que era la verdadera causa de la despoblación.

En segundo lugar, existía un discurso de corte ultramontano que, estimando superior el celibato al matrimonio y avalando la potestad indirecta del poder espiritual sobre el temporal, se oponía a todo intento de rebajar el número de profesos. Esta posición estaba bien representada en las *Pruebas del espíritu del Sr. Melon* (1787), obra de Fray Jerónimo José de Cabra (Martín Rodríguez, 1984, pp. 120-122). En ella, el autor denunciaba las propuestas sugeridas por Lorenzo Normante que, en sus *Proposiciones de Economía Civil y Comercio* (1785), descalificaba el celibato por obstaculizar el fomento de una «población útil».

Las invectivas de Fray Jerónimo contra Normante no constituían un episodio aislado. Formaban parte de una contraofensiva –donde descollaron personajes como Fray Diego José de Cádiz o Fray Fernando de Cevallos– destinada a contener la difusión de las Luces en España[44]. En este mismo marco se inscribe la detención de Olavide y su procesamiento inquisitorial en 1778. Este acontecimiento simboliza en cierto modo una de las últimas victorias de la «política del cielo» sobre la «biopolítica» ilustrada. Olavide, director ejemplar del hospicio madrileño de San Fernando, destinado a transformar al pobre en vasallo útil; protagonista principal de las empresas colonizadoras de Sierra Morena y Andalucía; artífice de disciplinas y de repoblaciones, encarnación, pues, del programa «biopolítico» de las Luces. Las acusaciones instruidas contra este personaje hacían hincapié precisamente en esta faceta: haber prohibido la limosna, la asistencia a misa en días festivos, por interrumpir el trabajo; impedir el acompañamiento de la parroquia a los entierros de niños y adultos, entre muchos otros cargos (Perdices de Blas, 1995, pp. 347-48). Comparecen aquí algunos de los tópicos característicos de la biopolítica ilustrada: lucha contra el ocio y la mendicidad, reducción de los días feriados, saneamiento de los cementerios y de las ceremonias funerarias.

Con el «autillo de fe» que condenó al Intendente de Andalucía, la «política del cielo» consiguió un triunfo de honda repercusión. Una victoria, sin embargo, efímera, que no lograría detener, a la postre, las

---

[44] Sobre la difusión de la «antifilosofía» en España, véase Sánchez-Blanco, 1991, pp. 256-304. Sobre la campaña de Fray Diego José de Cádiz contra Normante, véase Llombart Rosa, 2000a, p. 55.

pretensiones de un Estado decidido a subordinar el gobierno de las almas a la administración de la vida[45].

POLÍTICAS DE EXTRANJERÍA

Junto a la reducción del clero, otra disposición biopolítica que resultó controvertida fue sin duda la referida a la admisión de extranjeros como medio de paliar la despoblación. En principio, y esta es una constante[46] que se reitera desde los arbitristas del Barroco hasta los reformadores de la Ilustración, el extranjero parece representar un doble peligro. Su diferencia de costumbres, y especialmente de religión, los convertía a la vez en una amenaza para la fe católica[47] y para la seguridad de la monarquía, toda vez que podían actuar como espías y conspiradores a favor de potencias extranjeras o de naciones heréticas[48].

En segundo lugar, y esto se advierte especialmente en los argumentos presentados por los arbitristas «sistemáticos», el extranjero aparece como un verdadero «sangrador» de las riquezas del reino; su actividad como prestamista de la Real Hacienda (*v. g.* los banqueros genove-

---

[45] A pesar de la depuración del equipo ilustrado de Carlos III en el Consejo de Castilla y de la reacción antiiluminista suscitada por la Revolución francesa, el mandato de Godoy propició, durante el reinado de Carlos IV, la primera desamortización oficial de los bienes eclesiásticos acontecida en España. El decreto de 1798 prescribía la venta de buena parte de los bienes raíces que pertenecían a obras pías, hospitales, memorias y aniversarios, colegios mayores y otras instituciones religiosas. Acerca de esto, véase Amalric y Domergue, 2001, pp. 129-131.

[46] No obstante, como señala Martín Rodríguez, 1984, p. 150, desde la entronización de la dinastía borbónica y sobre el trasfondo de un estricto mercantilismo, parece haberse acentuado la actitud favorable a la admisión de extranjeros al tiempo que se endurecían las medidas para restringir la entrada a las manufacturas foráneas.

[47] «Los de diferentes costumbres y religiones más son enemigos domésticos que vecinos [...] Los extranjeros introducen sus vicios y opiniones impías, y fácilmente maquinan contra los naturales» (Saavedra Fajardo, 1640, II, p. 649).

[48] «Otros dicen que es de importancia que acudan extranjeros a España, porque a la primera o segunda generación son españoles, o se españolizan [...] Pero contra esto he advertido a V.M. en los apuntamientos [...] Y los fundamentos son: el primero, la tan recibida máxima en todas materias que los hijos siguen la inclinación de sus padres, de que hay general experiencia, y en ellas fundan muchas Iglesias no recibir gente descendiente de Judíos, Moros, o Herejes [...] El segundo la seguridad de estado que resulta en las Indias y reinos que en Europa tiene V.M. de las Colonias que allá tiene V.M. de quien confiar los naturales, porque son de gente que desciende de españoles, porque se inclinan siempre a la nación de sus padres, y se reconoce el gran peligro del Imperio Otomano, que está lleno de varias naciones oprimidas, que siempre desean la monarquía de sus pasados, y el mismo riesgo corre España cargada de extranjeros» (De Moncada, 1619, p. 137); «Que los extranjeros sujetos a diferentes reyes o repúblicas no sean buenos para la población de Castilla, se puede ver en lo que dijo Aristóteles, que las ciudades que recibían forasteros a su vecindad, habían sido siempre fatigadas con sediciones [...] porque demás de que siempre traen consigo los vicios de su patria, son los que abren la puerta a los enemigos, y los que les descubren los secretos» (Fernández Navarrete, 1626, p. 123).

ses) y como industrial (*v. g.* los artífices franceses) y comerciante hacía que los metales preciosos huyeran raudos de España apenas arribados[49]. Por otro lado, el afán de adquirir las mercancías foráneas acababa arruinando la propia manufactura, y a la postre también la agricultura y la ganadería; simultáneamente, introducía la corrupción moral en todos los estamentos, fomentando el ansia del lujo y de bienes superfluos[50].

Al mismo tiempo, la acuciante «falta de gentes» que padecía el reino, parecía hacer muy recomendable la admisión de extranjeros; aparte de aumentar la cantidad de moradores y de incrementar el número de matrimonios, los artífices y oficiales foráneos podrían servir para enseñar a los españoles y, una vez instalados en el territorio, serían de gran ayuda para restaurar las manufacturas a su antiguo esplendor. Algunos, considerando la poca estima de los españoles hacia los oficios más serviles, llegaron a defender la entronización masiva de esclavos negros[51]. No obstante, la contrapartida de admitir a los extranjeros pasaba por prohibir o al menos restringir severamente la emigración de los españoles al exterior[52].

La clave, por tanto, consistía en encontrar una estrategia que permitiera regular la introducción de extranjeros neutralizando los peligros anteriormente aludidos. En primer lugar era necesario asegurar que todos los extranjeros admitidos pertenecían a la fe católica. Este requisito parece haber gozado de unanimidad casi total en el periodo que nos ocupa, desde Saavedra Fajardo (Saavedra Fajardo, 1640, II, p. 649), Martínez de Mata (Martínez de Mata, 1650-1660, p. 143) hasta Campomanes y Olavide[53].

---

[49] El tópico de los españoles haciendo de «indios» con los comerciantes extranjeros aparece ya en Ortiz, 1558, p. 30, y en De Moncada, 1619, p. 111.

[50] «Este daño tuvo principio conocidamente del descubrimiento de las Indias, porque al cebo de aquellos tesoros han pasado a ellos millones de naturales, y los extranjeros pusieron todo su estudio en ministrar, a los que quedan, comodidades y delicias, y distraerlos de la costumbre antigua, y del trabajo, y ocupación, pasando de las cosas útiles a curiosidades impertinentes» (Caxa de Leruela, 1631, p. 60); «siendo cierto, que la asistencia de extranjeros ha introducido en España tantos adornos en las casas, y en ellas tan costosos y tan afeminados camarines en lugar de las importantes y antiguas armerías» (Fernández Navarrete, 1626, p. 129); la asimilación del comercio extranjero al vicio de «bestialidad», pues también «se opone a la propagación», aparece en Martínez de Mata, 1650-1660, pp. 129-130.

[51] Éste fue el caso de González de Cellorigo, 1600, pp. 65-69, y Amor de Soria, 1741, pp. 268-269. Por su parte, Fernández Navarrete, consideró conveniente «si de la Etiopía, de Guinea y otras provincias de negros se trujesen algunas familias libres, para beneficiar algunas minas de las muchas y abundantes que España tiene» (Fernández Navarrete, 1626, p. 132).

[52] González de Cellorigo prefiere prohibir la salida de los naturales antes que traer «gente de afuera» (González de Cellorigo, 1600, p. 57). Juan de Cabrera (1719), ya en la época de Felipe V, propuso dificultar las licencias para salir de España y atraer maestros artesanos de otros reinos para mejorar las propias fábricas (Martín Rodríguez, 1984, p. 151). Amor de Soria, 1741, p. 252, propuso prohibir la creación de nuevas poblaciones en Indias.

[53] «Serían empleados en estas nuevas poblaciones no sólo tropas reformadas españolas, sino también los extranjeros verdaderos católicos que quisiesen establecerse dándoseles a

Esta actitud establece un claro contraste entre lo sucedido en España y lo que se constata entre algunos representantes del mercantilismo europeo, dispuestos a justificar la tolerancia religiosa como instrumento para repoblar el país gracias a la introducción de extranjeros[54]. En el plano normativo, el requisito de catolicidad es un imperativo común tanto a la legislación austracista como a la borbónica[55]. Por otro lado los extranjeros perseguidos en su país de origen por causa de su fe católica parecen haber gozado de especial estímulo[56]. La prohibición de residentes no afectos a la confesión católica se justificó a la vez con argumentos vinculados al eticismo –obligación del Príncipe cristiano de preservar en su reino la fe verdadera– y del realismo –conveniencia política de mantener a todos los gobernados bajo el mismo credo. Para los realistas ejemplificaba la obligada armonía que guardaban los asuntos de la fe y las «materias de estado»[57].

No obstante, e incluso compartiendo esta exigencia de catolicidad, no todos los proyectistas modularon la misma actitud; en unos casos persistió la reticencia a admitir extranjeros (Fernández Navarrete, 1626, pp. 123-133)[58]; en otros parecía incluso abrirse la posibilidad de admitir a extranjeros de credos diferentes, pues se con-

---

todos la naturaleza de españoles» (Campomanes, 1750, p. 159). Sobre el criterio religioso para la selección de los colonos de Sierra Morena, véase Perdices de Blas, 1995, p. 191.

[54] Véase Martín Rodríguez, 1984, p. 82. La tradición de tolerancia religiosa era mayor en otras partes de Europa, y venía avalada por toda una tradición legislativa: tratado de la Unión de Utrecht; edicto de Nantes; edicto de Potsdam, dado por Federico Guillermo de Brandeburgo; Ley de Tolerancia de 1689, aprobada en Inglaterra; *Toleranzpatent* (1781) promulgada en Austria por José II; edicto de Luis XVI (1787) (véase Rotondó, 1998, p. 66). En España la «libertad de conciencia», que no de cultos, tuvo que esperar a la Constitución de 1812. La tradición del cameralismo prusiano y de sus procedimientos para contabilizar las riquezas nacionales, se mostró especialmente proclive a aceptar la entrada de extranjeros no luteranos, en aras del florecimiento material del reino. De este modo, tras la revocación del edicto de Nantes por Luis XIV, el edicto de tolerancia dado por el Gran Elector Federico Guillermo permitió atraer a Prusia y a Brandeburgo unos quince mil de los cien mil hugonotes exiliados de Francia (véase Rotondó, 1998, p. 77).

[55] Tanto la Cédula de 1625 como la Pragmática de 1623, ambas dadas por Felipe IV, prescriben la catolicidad de los extranjeros admitidos en España; lo mismo sucede con la legislación promulgada durante el siglo XVIII y con el caso antes mencionado de los proyectos repobladores; véase Martín Rodríguez, 1984, pp. 262, 266 y 281.

[56] Bernardo Ward aconsejaba seleccionar, entre los extranjeros católicos, «los que se hallen oprimidos bajo de un gobierno protestante», pues «tendrán este motivo más de refugiarse a los dominios de S.M.» (Ward, 1779, p. 343). Por su parte, Fernández Navarrete afirmó lo siguiente acerca de los irlandeses: «Aunque los irlandeses es gente muy católica, y de no dañadas costumbres, son muchos los que han venido a España, sin que en tanto número se halle uno que se haya aplicado a las artes o al trabajo de labranza, ni a otra alguna ocupación más que a mendigar» (Fernández Navarrete, 1626, p. 74).

[57] Sobre este punto, vease Fernández-Santamaría, 1986, p. 66.

[58] Feliú de la Peña, en su *Político Discurso* (1681) también era reacio a la entrada de extranjeros, pues los consideraba dañinos para la industria nacional (véase Martín Rodríguez, 1984, p. 150).

fiaba en la rápida conversión de sus descendientes a la verdadera fe[59].

El segundo frente que había que regular no concernía a la idoneidad religiosa, sino al estado y condición de los foráneos admitidos. Además de católicos debían ser gente de «calidad»[60], principalmente artífices[61] o agricultores, excluyéndose a los que no poseían «oficio ni beneficio». Por otra parte se requería que fuesen casados o que ingresaran en el estado matrimonial dentro de un plazo determinado. Se pretendía con ello excluir la soltería, identificada con la disposición a regresar al país de origen, engrosando entonces la legión de forasteros que esquilmaban las riquezas del reino. Por esta misma razón, las normas y las propuestas apuntan a asentar a los extranjeros en el país receptor, limitando su libertad de movimientos y favoreciendo el casamiento con españolas –siempre se suponía que el inmigrante era un varón o cabeza de familia– de modo que su descendencia interiorizara las costumbres locales[62]. En esta misma línea estratégica se emplazaban las

---

[59] Aunque Martín Rodríguez, 1984, p. 102, sostiene que Jerónimo de Uztáriz consideraba muy conveniente la introducción de extranjeros en España, «con independencia incluso de su religión», lo que hemos encontrado en su *Theórica y Práctica de Comercio y de Marina* (1724) no permite llevar la interpretación tan lejos. Uztáriz se refiere siempre a «Artífices y Operarios Cathólicos» (Uztáriz, 1724, p. 27). Ahora bien, criticando el punto de vista de algunos autores «menos advertidos que Saavedra, que han tratado también de este punto, a mi parecer, con más zelo, que inteligencia, pues suponen que en su introducción puede peligrar la limpieza de la Fe y que los hijos siguen las inclinaciones de sus padres» (Uztáriz, 1724, p. 27), Uztáriz sostiene que «entre las Naciones Estrangeras hai tan buenos Cathólicos, como en España, y no inferiores en las loables costumbres», y recuerda que los instalados en España no dan «mucho que hacer a los Ministros de la Inquisición». Y en lo referido a las costumbres considera que la patria de acogida acaba amoldando a los extranjeros a los usos locales (Uztáriz, 1724, pp. 27-28). Por otro lado, Martín Rodríguez, 1984, p. 113 entiende que Juan Amor de Soria en su *Enfermedad chronica y peligrosa de los reynos de España y de Indias: sus causas naturales y sus remedios*, 1741, se mostró permisivo a la entrada de extranjeros no católicos. No obstante, su obra sólo se refiere a artesanos extranjeros católicos: «Combinar a los artistas católicos de las naciones de Europa, a conferirse en España con sus mujeres e hijos, acordándoles algún premio o gratificación, y la naturaleza en los reinos, y si fuere soltero, bajo la ley y obligación de casarse con hija natural de las mismas provincias de España» (Amor de Soria, 1741, p. 267).

[60] A este concepto se refiere explícitamente la Real Cédula de 1625 (Martín Rodríguez, 1984, p. 262).

[61] Sobre las exenciones fiscales y privilegios que la Pragmática de 1623 otorgaba a los extranjeros con «oficios y labores», véase Martín Rodríguez, 1984, p. 266.

[62] La Pragmática de 1623 estipula que los extrajeros puedan ser admitidos a los oficios de la República, además de toda una serie de privilegios fiscales, siempre que llevaran seis años casados con mujeres naturales y diez años residiendo con «casa poblada». La legislación posterior y la política de extranjería practicada por la Junta de Población entre 1679 y 1788 se expresa en términos similares (Martín Rodríguez, 1984, pp. 266-267). Pérez de Barrio en su *Secretario y Consejero de señores y ministros*, 1697, proponía que sólo se admitiese a extranjeros con las mujeres e hijos (Martín Rodríguez, 1984, p. 150), anunciando la forma de proceder de las repoblaciones ilustradas.

medidas legislativas de Carlos III favorables a la naturalización de extranjeros (Nadal, 1984, pp. 121-127) o el *Fuero* de las colonias de Sierra Morena, que propiciaban la mezcla de foráneos con españoles y la superior proporción de éstos en los asentamientos (Perdices de Blas, 1995, pp. 386-388). La admisión, por tanto, de contingentes de extranjeros normalizados en su fe y susceptibles de normalización en sus costumbres, en su estado y en su movilidad, requería el despliegue de ciertas técnicas disciplinarias de vigilancia e inspección[63]: homogeneizar un sistema de certificación para autentificar la catolicidad de la población entrante y conocer su oficio; definir un régimen de seguimiento y de registro para computar, al mismo tiempo, la duración de la soltería en el país receptor, la antigüedad del matrimonio contraído en éste, la permanencia «bien estante» en el reino y las exenciones fiscales aplicables en cada caso. Se sabe que incluso en las circunstancias más favorables a ejercer una ceñida «policía» –como sucedió con el primer contingente de colonos extranjeros llegados a Sierra Morena– fue imposible evitar el fracaso de los controles. El filtro no impidió la entrada de protestantes, vagos y facinerosos[64]. Se advertían, así, tanto los límites de la legislación[65], que pretendía obtener efectos disuasorios a falta de un sistema de «policía» más riguroso y extendido, como la impotencia misma de la tecnología disciplinaria que pretendía gobernar de modo exhaustivo, excluyendo toda infracción.

---

[63] Martínez de Mata, 1650-1660, pp. 314-315, proponía admitir a los extranjeros pero prohibiéndoles la salida, haciéndoles pagar un impuesto a la Junta de Gremios, obligándoles a casarse en el plazo de tres años y a proveerse de un registro dado por la Junta de Gremios, para controlar sus desplazamientos (en caso de ser cogido sin el registro, se prescribe la condena a galeras y la pérdida de bienes). Sugería además que se les obligara a emplear su hacienda en establecer fábricas de manufacturas (Martínez de Mata, 1650-1660, pp. 320-321). Bernardo Ward, escribiendo en un periodo más favorable a la introducción de foráneos, sostiene en cambio que «se logre dejar a los extranjeros que vengan a España, entera libertad de volver a su patria siempre que quieran y de llevar sus efectos, sin hacerles molestia, ni vejación alguna; negarles esta libertad será cerrar la puerta a muchos; y teniéndola, muchísimos no usarán de ella, o porque se congeniarán con el país y se casarán acá, o porque con el deseo de volver más ricos, diferirán su regreso de un día a otro» (Ward, 1779, p. 141). La rigidez disciplinaria de Mata contrasta con la fórmula de Ward, que se apoya en el propio «interés» y «deseo» de riquezas para gobernar a los extranjeros; el primero no admite excepciones; el segundo deja un margen de «riesgo» (los extranjeros que regresen a sus países de origen) con la confianza de que será siempre limitado; el primero encapsula la libertad de circulación; el segundo la utiliza como técnica de gobierno. Ward insinúa de este modo, aunque restringiéndolo al gobierno de los extranjeros, fórmulas próximas a lo que Foucault, 2004a, pp. 48-49, bautiza como «mecanismos reguladores» o «medidas de seguridad».
[64] Sobre el fracaso de estos controles y la escasa calidad de los colonos –se reclutaron incluso lisiados, vagabundos y protestantes–, véase Defourneaux, 1990, pp. 138-141.
[65] Salvo en el periodo inmediatamente posterior a la Revolución de 1789, el control de entrada y salida de extranjeros en la frontera parece haber sido bastante laxo (Martín Rodríguez, 1984, p. 167).

LA EXPULSIÓN DE LOS MORISCOS

El triunfo de una estrategia mayormente receptiva hacia la entrada de extranjeros contrasta con el remedio final dado al asunto de los moriscos. En este caso se trata de una «diferencia» general y absoluta («el morisco») construida en buena medida por las prácticas y los discursos de una cristiandad (Perceval, 1996, Martínez, 2000)[66] que aspira a abolir unas diferencias particulares y concretas consideradas intolerables. Desde esta perspectiva, la distinción entre «filomoriscos» y «antimoriscos», que dio lugar a cierta controversia entre los historiadores (García Cárcel, 1980, Márquez Villanueva, 1982), no resulta pertinente. Tanto los partidarios de la expulsión como los defensores de la «asimilación» apuntan a extirpar diferencias[67] que se consideran incompatibles con la fe verdadera, la conservación de la Monarquía y la preeminencia social del «cristiano viejo». Por otra parte, la expulsión no tiene por qué considerarse opuesta a la asimilación; la primera puede plantearse como recurso ulterior si la segunda fracasaba[68]. La estrategia asimilatoria, además, implicaba todo un rosario de prácticas paralelo a la evangelización intensiva[69]: dispersión

---

[66] Sobre la extraordinaria heterogeneidad socioeconómica, religiosa y cultural de los moriscos, véase García Cárcel, 1984, pp. 67-68.

[67] Sobre la «asimilación» como «declaración de guerra a la ambigüedad semántica» y reemplazo del orden natural por un orden diseñado artificialmente, separando las categorías de lo valioso y lo no valioso, véase Bauman, 2005, pp. 145-152. Este mismo autor señala que la lógica asimilatoria implica la tolerancia hacia el individuo diferente, pues es susceptible de perder su diferencia, pero implica la extrema intolerancia ante el colectivo (Bauman, 2005, p. 151). La voluntad de «borrar el nombre» de «morisco», presente en algunos partidarios de la asimilación, como González de Cellorigo y Pedro de Valencia, constata este extremo indicado por Bauman.

[68] Éste es el caso de la posición adoptada por González de Cellorigo (1598, pp. 444-464); véase también Gutiérrez Nieto, 1986b, pp. 754-758.

[69] El cardenal de Toledo e Inquisidor General, Fernando Niño de Guevara, defendía, en una carta dirigida al rey y fechada en 1600, la política de conversión. En caso de que los moriscos no cooperasen proponía medidas más extremas: enviar a los hombres válidos a galeras o a trabajar en las minas, a ser posible en las Indias; colocar a las mujeres en las casas de cristianos viejos, dedicándolas a tareas domésticas y separar a los niños de sus padres (Niño de Guevara, 1600, pp. 507). González de Cellorigo, 1598, p. 449, aconseja medidas de deportación y dispersión, ya practicadas con los moriscos de Granada con ocasión del segundo levantamiento de las Alpujarras (1570); recomienda, asímismo (González de Cellorigo, 1598, p. 453), que sólo se les permita dedicarse a la agricultura, excluyendo el comercio. Pedro de Valencia, también contrario a la expulsión, es partidario de dispersarlos, fomentando matrimonios mixtos con los cristianos viejos (De Valencia, 1606, p. 32). Considera que debe prohibírseles la agricultura, porque las faenas del campo los hacen más aguerridos; debe obligárseles a ejercer como tenderos y tratantes en las plazas de las ciudades (De Valencia, 1607, p. 157). Otro partidario de la asimilación, Juan Bautista Pérez, obispo de Segorbe, propugna que se retire a los moriscos de la costa, para evitar sus eventuales contactos con los turcos y con la piratería berberisca. Defiende asimismo su diseminación «para que se críen entre cristianos y pocos en número en cada lugar» (citado en García Cárcel, 1980, pp. 109-110).

geográfica de la población morisca, mezcla intencionada con familias de «cristianos viejos», fomento de matrimonios mixtos, prohibición de oficios ambulantes, como el «trajinar» mercancías, para evitar que hiciesen proselitismo, proyectos para disminuir su crecimiento demográfico, deportación tierra adentro, alejándolos del litoral[70].

¿Qué lógica presidió la decisión final de expulsar entre 1609 y 1614 a ese contingente aproximado de 300.000 musulmanes convertidos al cristianismo, en su mayoría procedentes de Granada, Aragón y Valencia, con los que hasta el periodo 1560-1570 aproximadamente (Gutiérrez Nieto, 1986b, pp. 733-738, Domínguez Ortiz y Vincent, 2003, pp. 28-33), había primado una política de concertación y de asimilación relativamente permisiva? En este punto se ha debatido asimismo entre los que han invocado el «racismo de Estado» (De Zayas, 1992) y los que prefieren poner en primer plano la intolerancia católica ligada a la «mentalidad inquisitorial» (Benassar, 1984) o simplemente el «odio religioso y cultural» (Braudel, 1976, II, p. 192). Por una parte, un Estado católico poderoso y centralizado dispuesto a hacer la «limpieza étnica» de una minoría religiosa definida en términos raciales; por otro lado, el énfasis en la disidencia religiosa antes que en la diferencia étnica, una desviación combatida por la Contrarreforma y por la particular «pedagogía del miedo» inquisitorial.

Lo cierto es que en un escenario como es el espacio político de la Monarquía hispánica en los siglos XVI y XVII, pensado como una multiplicidad de estados, es decir, como una sociedad corporativa, no había lugar para el Estado (Hespanha, 1989; Clavero, 1991) y, por tanto, tampoco para un «racismo de Estado». En ese campo, el «estado político», conformado por el soberano, sus consejeros y su administración, es uno más, aunque ciertamente ocupa la «cabeza» del reino y pretende afirmar su supremacía militar, jurídica y fiscal sobre el mismo con objeto de conservarlo y acrecentarlo en el concierto de las potencias.

Esta sociedad corporativa no está constituida por individuos; posee una estructura holística; está conformada por estamentos, por «cuerpos» colectivos o «estados». Para que sea posible un racismo de Estado, es necesario, como ha mostrado Dumont (Dumont, 1987, pp. 157-186), que desaparezca esta conformación corporativa u holística de la sociedad; por eso el nacionalsocialismo es el intento ilusorio de restablecer una estructura holística en una «sociedad de individuos». Se

---

[70] Por otro lado, en el contexto de la tentativa frustrada de expulsar a los moriscos emprendida por Felipe II en 1582, se sugirieron alternativas muy diversas: formación de guetos separando a los convertidos de los infieles, obligación de portar públicamente signos distintivos que indicaran la condición morisca de los individuos, envío masivo de los varones jóvenes a galeras, prohibición del matrimonio entre moriscos, rapto de los niños menores de seis años para confiarlos a familias cristianas, destierro a la isla de Terranova e incluso la castración de todos los hombres, véase Domínguez Ortiz y Vincent, 2003, pp. 69-72.

tiene que verificar el tránsito a una sociedad estatalizada, entendida como agregación de átomos individuales regidos por un Estado-nación. Sólo cuando la persona deja de definirse por su «estado» (estamento, orden, casta, corporación, etc.) y se convierte en individuo «propietario» en primer término de su cuerpo, en «nuda vida», puede la biología convertirse en criterio para demarcar los grupos.

Lo que define entonces al «racismo de Estado», en términos de Foucault (Foucault, 1997, pp. 227-234), es la fragmentación de la población, de la especie, de ese conjunto de individuos-átomos vivientes, en grupos calificados por sus diferencias biológicas, de modo que los conjuntos «biológicamente inferiores o degenerados» (judíos, enfermos mentales, negros, anarquistas, gitanos, homosexuales o delincuentes) se definan como un peligro para la supervivencia del Estado-nación.

Si no hay entonces lugar para un «racismo de Estado» en la España de 1600, ¿hay que entender la expulsión de los moriscos como el rechazo de una minoría definida exclusivamente en los términos de su disidencia religiosa?; ¿no existen componentes raciales o étnicos en el gesto de expulsión? Sin duda, tanto en los numerosos memoriales antimoriscos como en el mismo decreto de expulsión, el rechazo religioso coexistía con una estigmatización fundada en la «sangre».

Como ha señalado Caro Baroja (Caro Baroja, 1985, p. 525), a diferencia de lo que sucedía con los judeoconversos, los moriscos a comienzos del siglo XVII presentaban visiblemente ante los «cristianos viejos» los rasgos de una «casta»; se les distinguía por sus trajes, costumbres, gustos artísticos (bailes, música, albañilería, arquitectura), lengua y oficios preferentes. También se los identificaba por su ambigüedad religiosa. Los moriscos, en este sentido, componían un «estado» dentro del reino. Y en el escenario de la multiplicidad de «estados», que no del «Estado», la «sangre», transmitida a través de los linajes, era un elemento crucial de identificación que permitía naturalizar las diferencias jerárquicas entre estados.

Los moriscos por tanto, siendo «cristianos nuevos», eran considerados como de «sangre impura», entrando en el registro del «deshonor étnico», distinto del «deshonor estamental». Puede hablarse entonces de exclusión racista, apoyada en la diferencia biológica dada por la posesión de una sangre impura, pero se trata de un «racismo de estado», con minúscula, que remite a lo que Foucault denominó la «lucha de las razas» (Foucault, 1997, pp. 42-53), discurso histórico-político característico de Europa occidental en el Antiguo Régimen. Como se verá, también en España se dio este discurso que confrontaba a los que hacían del morisco el descendiente de un linaje impuro, nacido de Ismael, y los que por el contrario situaban a los moriscos en la raíz misma del cristianismo y los identificaban como defensores de una integridad hispánica resultante de la mezcla de razas bajo el benéfico gobierno árabe, oponiéndolos a la condición dañina y traicionera de la minoría visigoda, matriz de los «cristianos viejos».

El discurso de la «sangre», y por tanto de la «casta» y de la «raza» –en el sentido del linaje o estirpe–, está presente en las contiendas políticas e intelectuales rubricadas por la expulsión. Pero no es el único estilo de razonamiento que, en ese proceso, se puede identificar. Junto a ese discurso que contrapone la sangre pura del cristiano viejo a la impura del morisco descendiente de Ismael –discurso que tiene su contrapartida morisca, como se acaba de recordar– coexiste otro que opera con el léxico de la creencia y no con el de la sangre. Entonces el campo se organiza a partir de otra división: los partidarios de identificar a los moriscos con «infieles», susceptibles por tanto de evangelización y conversión, y los que, dada la contumaz perseverancia de la minoría en la fe musulmana, prefieren tildarlos de «apóstatas» o de «herejes» justificando así el extrañamiento de los mismos.

Finalmente, se puede reconocer asimismo un tercer registro discursivo, tal vez el que desempeñó el papel principal en el desencadenamiento de la expulsión. Entonces, lo que opera no es la división racial entre las calidades de sangre ni la distinción de creencia; se trata de una diferencia política e incluso «biopolítica»: ¿constituyen los moriscos una población frugal, trabajadora y fértil o se trata de enemigos de la Monarquía al servicio de potencias extranjeras? Estos tres campos de batalla en la definición del problema morisco –el de la sangre, el de la fe, el de la conservación del reino– no funcionan, por otra parte, como lenguajes mutuamente excluyentes sino que aparecen combinados entre sí en la abundante literatura sobre el asunto.

La *Crónica de los Moros de España* (1618) de Fray Jaime Bleda, monje valenciano de la Orden de los Predicadores, es un memorial redactado para justificar la orden de expulsión. En este texto y en el escrito con anterioridad por el mismo fraile, *Defensa de la Fe en el proceso de nuevos conversos del Reino de Valencia* (1604)[71], donde también se argumenta a favor del extrañamiento, se advierte muy bien la combinación de registros discursivos antes aludida. En la *Crónica* se sostiene con rotundidad que los moriscos, en tanto musulmanes, descienden de la rama impura del linaje de Abraham, de su vástago Ismael, resultado de las relaciones ilícitas que el patriarca mantuvo con una esclava. Los moriscos provienen pues de la esclavitud y de la «carne», mientras que los cristianos viejos prolongan el tronco de Isaac, hijo legítimo de Abraham, cuya madre era una mujer libre (Bleda, 1618, p. 907, y Martínez, 2000).

---

[71] Citaremos este texto como Bleda, 1604; hemos consultado el resumen que hizo del mismo Fray Luis Beltrán, publicado en De Zayas, 1992.

Este relato, que hacía proceder a los moriscos de una sangre infamante[72], había sido contestado ya en la obra del médico morisco y traductor del árabe, Miguel de Luna. Éste, en su escrito *Verdadera Historia del rey Rodrigo, en el cual se trata la causa principal de la pérdida de España* (1592, 1.ª parte; 1600, 2.ª parte), ofrecía una visión amable de la invasión musulmana de España; los reyes árabes eran presentados como soberanos justos y pacíficos. Asimismo, se sugería que en España habría predominado una mezcolanza de razas –argumento contrario a la supuesta integridad de los linajes de Abraham– cuya convivencia sólo se habría visto alterada por la acción siempre taimada y corrupta de la elite visigoda. Ésta aparecía como la verdadera usurpadora. Ahora bien, los godos constituían, según la historia y la genealogía oficiales, la raíz de la nobleza española más pura, entroncada con los linajes norteños, cuyas tierras nunca fueron conquistadas por los invasores musulmanes y permanecían por tanto a salvo de toda mácula de sangre mora o judía[73].

Este relato alternativo sobre la procedencia de la sangre morisca se advierte asimismo en el famoso descubrimiento de los «libros plúmbeos» del Sacromonte, unos volúmenes fabricados con láminas de este metal que, junto a supuestas reliquias de mártires y otros materiales, fueron encontrados en la montaña en cuestión entre 1595 y 1597, en sucesivas oleadas[74]. En los documentos se referían noticias sobre los mártires (Cecilio, Thesiphon, Hiscio, entre otros), todos discípulos de Santiago llegados a Granada y ejecutados en época de Nerón, así como algunas de sus obras. Los textos estaban redactados en árabe, en una supuesta escritura hispano-bética y en caracteres salomónicos. Uno de los escritos, la *Historia de la certidumbre del Santo Evangelio,* bosquejaba una suerte de Apocalipsis, profetizando la grandeza de los árabes y de su lengua. Éstos son presentados como descendientes directos del linaje de Adán y defensores de la fe cristiana. En otro escrito se cuenta que Santiago encontró a un árabe llamado Aben Almogueira al que convirtió y que más tarde sería san Indalecio. Por otro lado, el mártir Thesiphon era de la misma etnia. En suma, la existencia de santos varones árabes evangelizados por

---

[72] Bleda no era el único religioso que empleaba argumentos fundados en la calidad de la sangre. En una línea próxima se sitúa el alegato de Aznar Cardona, titulado *La Expulsión Justificada de los moriscos españoles* (1612), que alude a la «pestilencia pegajosa de los moriscos» (citado en Rudelle Berteaud, 2002). En la misma estela se inscribe la tesis de Fray Simón de Rojas, partidario de expulsar incluso a los niños moriscos, porque a través de la leche han recibido en su sangre «el odio que tienen a nuestra religión católica y la raíz infecta tienen dentro de sus entrañas» (citado por Caro Baroja, 1985, p. 511).

[73] Sobre el «ideal gótico» en la nobleza española, véase Caro Baroja, 1985, pp. 519-521, y Caro Baroja, 1990, pp. 161-162.

[74] El punto de partida lo constituyó el descubrimiento en 1588 de unos manuscritos con profecías y noticias sobre san Cecilio así como reliquias y la imagen de una virgen durante unas obras realizadas en la Torre Vieja de la mezquita mayor nazarí (véase Caro Baroja, 1992, pp. 118-119).

Santiago parecía contradecir el lugar común que convertía a los moriscos en «cristianos nuevos» y arruinaba, al menos en el caso de la minoría morisca, la distinción entre cristianos «viejos» y «nuevos».

Aunque pronto surgieron detractores que ponían en duda la autenticidad de aquellos testimonios –en cuya fabricación participó Miguel de Luna– la controversia sobre el asunto se mantuvo hasta bien entrado el siglo XVIII (Caro Baroja, 1992, pp. 132-143). Hay que tener en cuenta que los hallazgos fueron muy bien recibidos por las autoridades eclesiásticas españolas, en particular por el arzobispo de Granada, Pedro de Vaca y Castro. En efecto, venían a demostrar la estancia de Santiago Apóstol en España –algo puesto en duda por los teólogos de la sede romana; avalaban el dogma de la Inmaculada Concepción y cubrían de gloria a la Iglesia de España en general y a la de Granada en particular, colmada de mártires y Santos Varones fundadores del cristianismo peninsular. La alianza con la autoridad eclesiástica y la vindicación, en cierto modo, de una sangre tan limpia como la de los cristianos viejos, le permitía a los moriscos ganar bazas frente a la estigmatización de su casta y frente a la amenaza de una virtual expulsión, que ya estaba en el ambiente. Se trata por tanto, en el contexto español, de una variante del discurso histórico-político sobre la «lucha de razas», descrito por Foucault[75].

Los argumentos de Fray Jaime Bleda para sustentar el decreto de expulsión no se referían sólo a la sangre impura de los moriscos; aludían también a su actitud como falsos conversos, mofándose de la fe y cometiendo terribles pecados (Bleda, 1604, p. 467). No dudaba en calificar a los moriscos de «apóstatas» y de «herejes», además de ser «infieles» (Bleda, 1604, pp. 467 y 472). En rigor, la triple calificación era incoherente[76], pero la acusación de apostasía y herejía señalaba el carácter irrecuperable de los moriscos y la necesidad de expulsarlos. Bleda se alineaba así con autoridades como la de Ribera, arzobispo de

---

[75] Sobre los «libros plúmbeos» del Sacromonte como instrmento para construir una honrosa identidad morisca, véase Harris, 2000. El curso de la École des hautes Études en Sciences Sociales impartido en 1994-1995 en París por el hispanista Pedro Córdoba (CNRS) y titulado «Ethnologie de l'Espagne. Falsification du passé et guerre des races», al que tuve la suerte de asistir, aplicaba los análisis foucaultianos del discurso acerca de la «guerra de las razas» al caso de los «libros plúmbeos» del Sacromonte.

[76] El cardenal de Toledo, en su *Instrucción de Sacerdotes y suma de casos de conciencia* (1616), distingue entre los pecados de herejía (error pertinaz del hombre cristiano en algo contrario a la fe católica), apostasía (error del hombre bautizado, del todo contrario a la fe) e infidelidad (error del hombre no bautizado, contrario del todo a la fe). El infiel podía ser convertido y bautizado, pero el hereje y el apóstata no. Un tipo de apostasía era según Toledo la de los que interior y exteriormente profesaban una fe ajena a aquella en que fueron bautizados (citado en Caro Baroja, 1985, pp. 526-527). Este parecía ser el caso de los moriscos. El cardenal de Toledo, Niño de Guevara, prefería clasificarlos entre los «infieles e idólatras», y era contrario a la expulsión (Niño de Guevara, 1600, p. 509). El debate, en el seno de la Iglesia, sobre si los moriscos eran herejes y apóstatas o sólo infieles, ha sido estudiado por García Cárcel, 1984, p. 70.

Valencia, que insistía en la condición «herética» de los moriscos y requería su extrañamiento (García Cárcel, 1980, pp. 111-112).

Bleda no dudaba tampoco a la hora de utilizar, en su alegato de 1604, interpelaciones providencialistas, como cuando sugiere que las recientes epidemias de peste habidas en España eran un castigo por los pecados que cometían los hijos de Ismael, o al señalar que si se expulsaba a estos «heréticos», Dios tendría a bien colaborar con el soberano para derrotar a sus enemigos. Bleda alude asimismo a la doctrina de la potestad indirecta del poder eclesiástico sobre el civil cuando, citando un decreto aprobado en el Concilio visigótico de Toledo, recuerda el compromiso de los reyes españoles de vedar la entrada en su reino a todos los que no profesaran la fe católica (Bleda, 1609, p. 468).

Fray Jaime Bleda recurre también, y de forma explícita, a criterios derivados de la «razón de estado», y ello tras advertir que ésta no puede servir de pretexto para impedir la expulsión (Bleda, 1609, p. 491). Se tiene aquí un claro ejemplo del «maquiavelismo de los antimaquiavelistas», que niegan el realismo político pero se valen de sus cálculos y estratagemas. Así por ejemplo se descarta que el reino de Valencia vaya a quedar despoblado si se destierra a los moriscos; se trata de un reino tan fértil que aun desprovisto de estos moradores sería inmediatamente ocupado por cristianos viejos. Considera también que éstos son mejores labradores que los moriscos, por lo que los señores terratenientes valencianos no han de temer la ruina a causa de la expulsión (Bleda, 1604, pp. 494-495).

En el fundamento de estas razones se encuentra efectivamente el recelo de la nobleza valenciana ante el posible extrañamiento de los moriscos, excelentes agricultores que producían abundancia de rentas a los señores de quienes dependían. De hecho, la política de Felipe III y de su valido el duque de Lerma consiguió disuadir a los terratenientes compensando la ausencia de los moriscos con el reforzamiento de los derechos señoriales y de las cargas que deberían pagar los nuevos colonos ocupantes de las tierras. Se asistió por tanto a una verdadera «refeudalización» de las condiciones de apropiación del territorio. La Corona, por otro lado, dio garantías a la nobleza de que quedaría en posesión de los bienes confiscados a la minoría morisca (Gutiérrez Nieto, 1986b, p. 760).

Finalmente, Fray Jaime Bleda alude a un argumento decisivo, referido a la seguridad misma de la Monarquía. Considera que la nación morisca es «peligrosa» para España (Bleda, 1604, p. 467). Bleda se refiere a la fracasada expedición emprendida por Felipe III en 1602 para conquistar Argel, nido de piratas berberiscos. Señala que los moriscos habían avisado de la partida de la flota, en un acto de traición (Bleda, 1604, p. 480). Esta advertencia se inscribe en un trasfondo de amenazas exteriores vinculadas por una parte a la intensificación de la piratería berberisca –desde la pérdida de Trípoli, el Peñón de Vélez y Bujía a mediados del siglo XVI– y por otra a la eventualidad de una invasión turca. En ambos casos se considerará a los moriscos como una suerte de «quinta columna» del enemigo. A estas alianzas se sumaban los contactos con los hugonotes de Bearne (Gutiérrez Nieto, 1986b, pp. 737-738).

Estos eventuales pactos con enemigos externos de la Corona se unían a la memoria del segundo levantamiento de las Alpujarras, acontecido en 1570 y sofocado mediante disposiciones extremas de dispersión territorial y deportación, y al recrudecimiento del bandolerismo en las regiones de mayoría morisca (Gutiérrez Nieto, 1986b, p. 738).

Como era de esperar, el razonamiento estratégico en clave de «materia de estado» es el que predomina cuando se compulsa el testimonio de los arbitristas. Hay que evitar no obstante la tendencia a pensar que la expulsión de los moriscos obedeció al primado de la pureza religiosa sobre la estricta «razón de estado», proclive a la asimilación y conservación de una minoría considerada muy fértil y productiva[77]. La apelación a la unidad religiosa era en esa época un asunto que concernía a la conservación del reino, una cuestión de alcance biopolítico; hay que evitar la proyección, en esta época, de categorías que sólo para nosotros se encuentran bien delimitadas, como la diferencia entre política, religión y economía.

Lo que se da en realidad es una colisión entre dos supuestos; el que alude a la falta de gente y a la laboriosidad y fecundidad de los moriscos para legitimar su retención[78] y el que constata la complicidad de la minoría con potencias exteriores que amenazan la conservación misma del reino. En ambos casos se está ante argumentos de estricta racionalidad mercantilista, que por otro lado no sólo se encuentran en consejeros y funcionarios seglares, sino también en eclesiásticos[79]. De hecho, en el ámbito de la Iglesia y más aun de la Inquisición (Domíguez Ortiz y Vincent, 2003, pp. 160-161, García Cárcel, 1984) prevaleció el criterio favorable a la asimilación de la minoría.

Lo que sí parece haber sido común entre los arbitristas es la tendencia a minusvalorar la referencia al linaje infame o a la escasa cali-

---

[77] Martín Rodríguez sugiere que la expulsión de los moriscos fue una medida contraria «a la política poblacionista general de ese periodo» y que en ella, aun considerando otros factores, «el mantenimeinto de la pureza de la religión católica jugó un papel muy importante» (Martín Rodríguez, 1984, p. 7).

[78] Como constata el testimonio de Pedro de Valencia, contrario a la expulsión «cuando la pérdida no sea mayor que privarse el Rey y el Reino de tantas casas de vasallos en tiempo que tanta falta de gente se halla en España» (De Valencia, 1606, p. 23).

[79] El cardenal de Toledo, Fernando Niño de Guevara, reconocía que la expulsión de los moriscos podía causar la ruina de los patrimonios de la nobleza valenciana, por eso se mostraba reacio a la expulsión (Niño de Guevara, 1600, p. 514). Por su parte, en la misma época, el jesuita autor de la *Memoria sobre la Conversión de los Moriscos en la Corona de Aragón* (1600), consideraba que la expulsión engendraría una gran penuria de trabajadores (Anónimo, 1600, p. 548).

dad de la sangre morisca[80]. También parece existir cierto consenso a la hora de atribuir a los moriscos una singular potencia productiva y reproductiva[81]. Ahora bien, estas mismas virtudes los convertía en una amenaza, toda vez que existía el peligro de que las pusieran al servicio de potencias enemigas[82]. Sólo cabía la asimilación[83] o la expulsión; digerirlos en el «estómago» de la república o expelerlos, pues en ello iba «la vida» de la misma[84].

---

[80] González de Cellorigo, 1598, p. 455 es partidario de borrar el nombre de «morisco», de modo que se asimilen al resto de los «cristianos viejos». En la misma trayectoria se sitúa Pedro de Valencia: «En cuanto a la complexión natural y por el consiguiente cuanto al ingenio, condición y brío son españoles como los demás que habitan en España. Pues ha casi novecientos años que nacen y crían en ella y se echa de ver en la semejanza y uniformidad de los talles con los demás moradores della» (De Valencia, 1606, p. 9) También es partidario de «que se pierda el nombre y no haya conocido de tal nación y casta» (De Valencia, 1606, p. 35). No obstante, Pedro de Valencia no pretende que se igualen en honra a los cristianos viejos, y sigue recordando la diferencia entre la estirpe de Isaac y la de Ismael (De Valencia, 1606, p. 5). Fernández Navarrete, que escribe años después de la expulsión, se muestra –a diferencia de González de Cellorigo y de Pedro de Valencia– favorable a la misma, recordando, como también haría Saavedra Fajardo, 1640, II, p. 649, que se trataba de «enemigos domésticos» (Fernández Navarrete, 1626, p. 68). Pero al mismo tiempo sostiene que el desprecio y la deshonra («nota de infamia») con las que se les había tratado los conduzjo a odiar a su rey y a su patria, conspirando contra entrambos. Considera que se podía haber remediado el problema mezclando a los moriscos con familias de cristianos viejos, «y si se hubiera hecho esto, fuera cierto que este nobilísimo cuerpo de la monarquía española hubiera convertido en buena sangre, la que por estar separada no llegó a gozar de este beneficio» (Fernández Navarrete, 1626, p. 70).

[81] La idea de que los moriscos se reproducían más que los cristianos viejos y el miedo a que en el futuro fueran más numerosos están presentes en los arbitristas: «Si no se remedia esto con brevedad, dentro de veinte o treinta años, ha de ser la mayor parte destos reinos [...] de mendigantes y gascones [...], moriscos y gitanos, porque éstos van creciendo y multiplicándose mucho, y nosotros disminuyéndonos muy apriesa» (Pérez de Herrera, 1598, p. 177). Asimismo, González de Cellorigo, en un memorial de 1597, recuerda que la población morisca aumenta en número mientras disminuye la cristiana (véase Gutiérrez Nieto, 1986b, p. 757). Pedro de Valencia, por su parte ponía en relación la fecundidad y la combatividad de los moriscos con su dedicación a las faenas agrícolas; además, apoyándose en la autoridad de Hipócrates, consideraba que, debido a esta ocupación, engendraban más vástagos varones. Proponía prohibirles el trabajo en la agricultura y que se dedicaran al comercio; de este modo tendrían menos hijos y disminuiría su combatividad, identificada con la virilidad: «Si con esto se hiciesen ricos, no sería inconveniente; pagarían más imposiciones y serían más afeminados y temerosos y cobardes, porque como dice Eurípides, las riquezas hacen este efecto, y los oficios a la sombra y viles envilecen también los ánimos y los pensamientos. Y de este consejo usaron muchos reyes para rendir vasallos rebeldes» (De Valencia, 1607, pp. 156-157). González de Cellorigo, 1598, p. 453, sin embargo, recomendaba que labrasen la tierra para excluirlos de servir en las guerras y frenar su combatividad.

[82] Por esta razón el memorial anónimo de 1600, redactado por un jesuita, desaconsejaba la expulsión (Anónimo, 1600, p. 548).

[83] Pedro de Valencia consideraba que el bautismo no bastaba para la asimilación; debían probar continuamente su inocencia y condición de buenos cristianos mediante obras (Martínez, 2000). Aquí se revelan las ambivalencias de la «asimilación», señaladas por Bauman, 2005, p. 160, en relación con la situación de los judíos alemanes antes del Tercer Reich; los esfuerzos para asimilarse denunciaban precisamente su estigma, su diferencia culpable, la imposibilidad de este hecho, el imposible borrado del nombre.

[84] Esta metáfora del «cuerpo» y la alusión a la «vida» en Anónimo, 1600, p. 548.

En el caso de optar por la asimilación se propugnaba una campaña intensa de evangelización, recurriendo a medios suaves y disuasorios (atención a la instrucción infantil, utilización de predicadores que supieran árabe, captación de las elites moriscas) como los empleados en Valencia durante la década de 1560 a 1570 (García Cárcel, 1984, p. 73) y evitando en cualquier caso el adoctrinamiento forzado[85].

Otra serie de argumentos, utilizados por algunos de los arbitristas que escribieron con posterioridad a la expulsión, tendía a minimizar el efecto de esta medida sobre la despoblación del reino. En cierto modo, esta consideración implicaba una aprobación tácita del destierro, pues no se ponía en duda su condición de «enemigos domésticos»[86].

En la época del reformismo ilustrado las reflexiones sobre la «falta de gente» en España atendieron principalmente a los obstáculos en curso que impedían contar con una población numerosa y sobre todo útil. El asunto de la expulsión de los moriscos, vinculado al pasado, sólo se mencionaba ocasionalmente, y cuando se hacía era en general para lamentar una medida que se consideraba nociva, pues había agravado la falta de moradores útiles y laboriosos[87]. En la perspectiva de

---

[85] La insistencia en una evangelización eficaz que «conquistara su corazón» (Sobrino, 1600, p. 546), está presente con términos parecidos en González de Cellorigo, 1598, pp. 444-448, 1600 y en De Valencia, 1606, p. 28.

[86] «Otros confiesan la falta de gente, pero cárganla a las pestes, guerras y expulsión de los moriscos. Pero nada de esto ha habido de pocos años acá [...] Lo segundo porque en lugar de los Moriscos han entrado otros tantos extranjeros. Lo tercero, porque como enemigos de España, eran causa de muchas muertes (como dijo V. M. en el Real Bando de la expulsión) y así hacerla antes fue aumentar la nación española» (De Moncada, 1619, p. 135). Martínez de Mata descarta que la expulsión de los moriscos haya provocado la falta de población; si se hubieran vedado en España las mercaderías extranjeras, la incidencia de la expulsión se habría recuperado con creces en los cuarenta años transcurridos desde el extrañamiento de los moriscos (Martínez de Mata, 1650-1660, p. 295). Por otro lado, compara al rey de España con un buen «cirujano», que no duda en cortar un brazo para evitar que «se destruya todo el cuerpo». En este contexto se refiere a la expulsión de los moriscos por Felipe III, sugiriendo que la medida fue una necesaria operación quirúrgica (Martínez de Mata, 1650-1660, p. 326). Álvarez de Osorio, sin embargo, en su *Extensión Política y Económica* (1686) sí considera que la «expulsión de vasallos» destruye la multitud de gente (véase Martín Rodríguez, 1984, p. 152).

[87] El testimonio del abate Generés es bastante representativo: «Quarta causa universal [de despoblación] fue el decreto de expulsión de Hebreos y Moriscos en el Reynado de Felipe III: por el cual se privó España de cerca de un millón de vasallos, los más útiles, según algunos juzgan; aquellos que las artes y comercio, y éstos para la agricultura, con grande detrimento de su población. Miran muchos Políticos la tal providencia como del todo contraria a las leyes de la política; y así opinará quien la considere solamente por la relación y orden que dice a la población, prescindiendo de la religión y de otros motivos justos que deben regir a un gobierno sabio» (Generés, 1793, pp. 24-25). Entre los autores del siglo XVIII que identificaron la expulsión de los moriscos como causa de despoblación, hay que mencionar a Amor de Soria, 1741, p. 90 («el mal y daño de estas expulsiones, son bien conocidos en España, y la despoblación que nació de ellas, es una enfermedad que ha puesto en gran peligro estos reinos») a Danvila, 1779, p. 120 («y si los Moriscos hicieron falta, fue porque era gente que trabajaba») y Normante *(Proposiciones de Economía Civil y Comercio,* 1785), véase Martín Rodríguez, 1984, p. 177. El abate Matanegui, en sus *Cartas Críticas* (1793), en cambio, siguiendo la estela de Sancho de Moncada y Martínez de Mata, se mostró contrario a ese razonamiento (véase Martín Rodríguez, 1984, p. 194).

la Ilustración europea, el extrañamiento de los moriscos se añadió como un ingrediente más al retrato en negro de una España fanática e inquisitorial (Loy, 1984, pp. 587-596).

El cierre de las mancebías y la polémica sobre el lujo

La expulsión de los moriscos tuvo por tanto que ver, de forma decisiva, con su consideración como «enemigos domésticos», lo que se expresó a menudo mediante la metáfora de los «lobos» que habitaban en medio de ese rebaño de corderos que era la república (De Valencia, 1606, p. 22; Bleda, 1618, p. 915). Ya se ha constatado el uso de la misma metáfora para referirse a los vagabundos y a los pobres fingidos[88]. El naturalismo moral cristiano, que atraviesa todo el espacio del pensamiento político barroco, se caracterizaba precisamente por recurrir a la conducta animal como un medio retórico para aleccionar y censurar las costumbres humanas (Maravall, 1997, pp. 60-61); a fin de cuentas en un orden de saber dominado por la semejanza (Foucault, 1966), no era raro que el universo de los hombres emulara el de los brutos. Por esta razón la imagen de la alimaña oculta entre las ovejas servía para retratar a los moriscos y a los «vagamundos», acusados de actuar como virtuales «espías» al servicio de potencias extranjeras, traidores que suscitaban revueltas y sediciones.

Pues bien, los alegatos que se publicaron al comenzar la década de 1620 para justificar el cierre de los burdeles públicos, hasta entonces permitidos y regulados por la autoridad, también se detienen en glosar la conducta de las prostitutas tildándolas de «lobas»: «Son más crueles y voraces que las lobas, y ansi las casas públicas se llaman en Latín lupinarias, que quiere decir loberas, donde de ordinario se hace carnicería de las almas» (Maqueda, 1622, f. 27 r.)[89].

Desde el último tercio del siglo XVI, aproximadamente, y al hilo de la recristianización contrarreformista impulsada con el Concilio de Trento, las mancebías toleradas se van a encontrar cada vez con más detractores.

---

[88] Por ejemplo en Mariana, 1599, p. 402; la metáfora está presente en Bodino, véase Serrano González, 1992.

[89] Más adelante Gabriel de Maqueda, mencionando a san Juan Crisóstomo, describe los burdeles como «cuevas de víboras, áspides y dragones» (Maqueda, 1622, f. 27r.). Por su parte, Gerónimo Velázquez, en un alegato simiar, califica a las meretrices de «langostas», «porque chupan el dinero y empobrecen a los hombres» (Maqueda, 1622, f. 15 r.). Unos años antes, la Madre Magdalena de San Jerónimo las describía de este modo: «Digo pues lo primero, que ay muchas mugeres moças vagamundas y ociosas, y entre ellas algunas muchachas de diez y seys, y menos años, que no se sustentan de otra cosa, sino de mal vivir. Para esto llegada la noche salen como bestias fieras de sus cuevas a buscar la caça, pónense por essos cantones, por calles y portales de casas, combidando a los miserables hombres que van descuydados, y hechas lazos de Satanás caen y hazen caer en gravíssimos pecados» (San Jerónimo, 1608, p. 9).

El proceso, que culmina con la Pragmática dada por Felipe IV en 1623, ordenando el cierre de las casas públicas en todo el reino de Castilla, es bastante conocido[90]. En el curso del mismo la prostituta acabó convirtiéndose asimismo en una «enemiga doméstica», como el morisco[91] y como el vagabundo, del que terminó encarnando en cierto modo la variante femenina, de ahí el interés recibido por la meretriz en la literatura sobre pobres a finales del siglo XVI (Giginta, 1579, pp. 73, 121, y Pérez de Herrera 1598, pp. 83-84 y 117-132). A partir de 1623, todas las prostitutas se convertirían en clandestinas y se prescribiría su encierro en las «casas de galera», un prototipo de internamiento disciplinario para mujeres cuyo modelo fue diseñado por la madre Magdalena de San Jerónimo en 1608.

El cierre de las mancebías, como la expulsión de los moriscos, pretendía librar al reino de un grupo perseguido por atentar contra los principios de la fe católica –apostasía o herejía en el caso de los moriscos; pecados *contra natura*, contra el sexto mandamiento y fomento del delito de *proposiciones*[92] en el caso de las meretrices– y, a la vez, por amenazar la conservación del reino –sedición y conspiración en el caso de los moriscos y menoscabo de la población en el caso de las rameras[93].

---

[90] La campaña promovida por los jesuitas para conseguir el cierre ha sido examinada en Moreno Mengíbar, 1998, pp. 45-98, y en Moreno Mengíbar y Vázquez García, 2004, pp. 75-117; un análisis comparativo del proceso en relación con lo sucedido en otros países europeos se encuentra en Vázquez García y Moreno Mengíbar, 1998, I, pp. 53-88; un estudio de la dimensión intelectual de la campaña en Vázquez García, 2003, pp. 45-99. Véase también Jiménez Monteserín, 1994, pp. 158-173, quien indica que la medida sólo tuvo efecto en Aragón a partir de 1629.

[91] La asociación entre el sexo practicado en las mancebías y el comportamiento de moriscos y musulmanes en general, es frecuente en los alegatos publicados durante la campaña contra la casa pública. Así, Velázquez, 1621, f. 12 r., alude al vicio sodomítico, frecuentemente practicado en los burdeles, «como se ve en los Turcos, que son dados al vicio nefando». También señala (Velázquez, 1621, f. 14 r.) que la existencia de mancebías permitidas por la autoridad, lugares donde se hace mofa de la religión, «dan ocasión a los infieles para que no se conviertan [...] y les parece mala la ley cristiana que tolera estas mujeres». Por otro lado, el arzobispo de Granada, Pedro Guerrero, en las *Constituciones Synodales* (1573) de la ciudad, denuncia las mancebías como antros pecaminosos donde se puede perder la fe cristiana, debido a la labor insidiosa de prostitutas moriscas o descreídas (véase Moreno Mengíbar y Vázquez García, 1997, p. 47). Sobre la acusación de sodomía dirigida frecuentemente contra los moriscos, véase Carrasco y Vincent, 1985, pp. 144-145, y Rudelle-Berteaud, 2002.

[92] El delito de «proposiciones», juzgado por el Santo Oficio, consistía en pronunciar afirmaciones contrarias a la fe católica. La existencia de mancebías oficiales incitaba a muchos usuarios a afirmar que la fornicación con rameras no era pecado, o sólo lo era venial. Véase Moreno Mengíbar y Vázquez García, 2004, pp. 23-25.

[93] Aparte de los supuestos actos contranaturaleza, que interrumpían la procreación, de ser acusadas por «abortarias» e incluso por infanticidas y de contagiar el «mal de bubas», además de otras enfermedades (véanse los alegatos citados por Jiménez Monteserín, 1994, pp. 189-190), se consideraba que los hijos nacidos de la prostitución, carne de hospicio, «ni son criados ni sustentados y así se hace falta al aumento de la República» (González de Cellorigo, 1600, p. 58). Por otra parte, la tradición de la medicina hipocrático-galénica avalaba la tesis de que el coito con una prostituta –al no producirse semen femenino– era estéril (véase Vázquez García y Moreno Mengíbar, 1998, I, p. 38).

Sin embargo, las estrategias que condujeron a la adopción de ambas medidas no se pueden homologar por completo. El extrañamiento de la minoría morisca fue una decisión que partió principalmente de la propia Corona y del Duque de Lerma, no de la autoridad eclesiástica; se trataba de una disposición política, justificada por la complicidad de los moriscos con enemigos exteriores.

La clausura de las mancebías partió de «abajo»; fue el resultado de una campaña organizada por las congregaciones dirigidas por los jesuitas, particularmente en Granada y en Sevilla. Estas misiones, que actuaban en la calle, en las cárceles y en los hospitales, apuntaban a la reformación moral de las costumbres, limpiando la ciudad de pecados públicos. En consonancia con esto, llegaron a considerar el cierre de la mancebía como blanco principal de su operación. Las peticiones elevadas en ese momento al Consejo de Castilla para conseguir del rey el decreto de extinción, vino a coincidir con la estrategia adoptada por Olivares y por sus colaboradores –con Felipe IV recién entronizado– para fomentar los matrimonios y corregir la situación moral de la nobleza. Se trata del establecimiento de la Junta Grande de Reformación, constituida en 1622 después de un intento fracasado el año anterior. Este organismo asumía en cierto modo las propuestas de los arbitristas haciendo suya la preocupación por remediar la «falta de gente».

Entre las medidas propugnadas por la Junta estaban las dirigidas a reducir la emigración a Indias, evitar el traslado de las familias a las ciudades principales de la Península, hacer que los nobles dejasen la Corte y regresasen a sus posesiones y fomentar la entrada de artesanos católicos extranjeros. En concreto, lo que se fraguó fue una Pragmática dada en 1623 –conocida como la de los «reciencasados» (Martín Rodríguez, 1984, p. 266)– que incentivaba los nuevos matrimonios y a las familias con más de seis hijos, mediante exenciones fiscales, y penalizaba la soltería de los varones mayores de 25 años (Jiménez Monteserín, 1994, p. 159). Formando parte de este paquete de disposiciones estaba la proscripción de las mancebías, lugares donde, según el texto de la orden, se practicaban «abominaciones», esto es, actos contranaturaleza que impedían la procreación. La Pragmática se hacía eco, en buena medida, de los alegatos alentados por los jesuitas, pero no condenaban sólo la perturbación moral que suponían los pecados nefandos perpetrados en los burdeles, sino también sus efectos sobre esa «riqueza» principal del reino que era su «población».

Esta segunda vertiente, propiamente biopolítica, es la que a continuación intentaremos analizar. Las iniciativas de la mencionada Junta establecían un nexo directo entre la corrupción moral derivada de la ociosidad y del afán de lujo –que, partiendo de la nobleza, se difundía al resto de los súbditos–, la lujuria propiamente dicha y el menosprecio del estado matrimonial[94]. Este mismo discurso es el que se encuentra en la literatura arbitrista durante toda la primera mitad del siglo XVII. El neoestoicismo o senequismo cristiano[95] que encontramos evocado en los autores de este género, bien recibido en el círculo de Olivares y en perfecta concordancia con el *ethos* de los «letrados»[96] que nutrieron la naciente burocracia estatal, armoniza en este caso con el ascetismo promovido desde las Congregaciones, fuerza militante de la Contrarreforma.

El menosprecio del matrimonio entre los varones y la consecuente deriva hacia la conducta deshonesta y la prostitución aparece frecuentemente señalada por los arbitristas en su crítica moral del lujo. González de Cellorigo recuerda que la afición a los gastos superfluos, extendida entre las mujeres, hace que los hombres eviten el matrimonio al verlo como causa de ruina (González de Cellorigo, 1600, pp. 58, 63). A esto se une la dificultad de muchas familias para casar a sus hijas, habida cuenta de lo elevado de las dotes (González de Cellorigo, 1600, p. 63). Quedan entonces las mujeres «en tan poca estimación de los hombres, que huyendo del matrimonio desamparan la procreación y dan en extremos viciosos» (González de Cellorigo, 1600, p. 58). Se recomienda entonces endurecer el castigo de los pecados públicos –aludiendo a la prostitución– y penalizar con efectividad el adulterio y el amancebamiento[97].

Sancho de Moncada no anda lejos de estas opiniones. El mal en este caso procede del exceso de mercaderías extranjeras, que aparte de alentar el ocio, «madre de todos los vicios» (De Moncada, 1619, p. 109), hace que los plebeyos, en su afán de emular a los nobles, reser-

---

[94] Las medidas aprobadas por la Junta Grande de Reformación y decretadas en la Pragmática de 1623, asocian claramente el fomento de los matrimonios con las restricciones suntuarias: «Que por las razones que quedan ponderadas del exceso de las dotes, joyas, vestidos y otras, el santo sacramento del matrimonio, que es el medio único y legítimo para la población, es menos frecuentado de lo que conviniera [...]. Porque el mayor gravamen desta república es el esceso en los dotes, joyas y vestidos, que han llegado a tanta vanidad y ostentación que no hay hazienda para lo uno ni para lo otro, con que se impide el estado de matrimonio» (citado en Jiménez Monteserín, 1994, p. 186). Ya en la Consulta del Consejo de Castilla, realizada en 1619, se solicitaban medidas para limitar el lujo (Martín Rodríguez, 1984, p. 261). Una síntesis de las leyes suntuarias desde 1552 puede encontrarse en Martín Rodríguez, 1984, p. 265.

[95] Sobre el «neoestoicismo» como elemento clave en la conformación del *ethos* burocrático y como factor de disciplinamiento social durante los siglos XVI y XVII, es imprescindible Oestreich, 1982; sobre la incidencia del neoestoicismo de Lipsio en España, véase Oestreich, 1982, pp. 102-104, y Fernández-Santamaría, 1986, pp. 83-84; sobre el «senequismo cristiano» en el pensamiento político del Barroco español, véase Maravall, 1997, pp. 106-107.

[96] Sobre los «letrados», véase Pelorson, 1980. Rivera García, 1999, pp. 16-17, ha sugerido que el *ethos* promovido por el ascetismo jesuítico, a diferencia del calvinista, no da lugar al empresario burgués, sino al «burócrata».

[97] «Distrae mucho asimismo de la procreación el no ser castigados los delitos y excesos de las mujeres que quebrantan las leyes del matrimonio, con el rigor que tan grave pecado merece, de que se sigue demasiada libertad en ellas y a los hombres aborrecer el matrimonio» (González de Cellorigo, 1600, p. 59).

ven su hacienda para adquirir trajes costosos, de modo que «no se atreven a casar» (De Moncada, 1619, pp. 96 y 111). Entre los ociosos que aumentan debido a la invasión de manufacturas extranjeras, destacan los gitanos. A este respecto, Sancho de Moncada no duda en tachar de «públicas rameras» (De Moncada, 1619, p. 215) a las mujeres de esta etnia, sugiriendo su implicación como alcahuetas: «Siendo, como es, cosa notoria, los infinitos daños que han hecho en casas muy honestas, las casadas que han apartado de sus maridos, y las doncellas que han pervertido» (De Moncada, 1619, p. 215).

Martínez de Mata también resalta la presencia de un nexo causal entre la inundación de mercancías foráneas, el retraimiento del número de matrimonios y la prostitución. Pero en su caso –y en esto inaugura una línea argumental que será proseguida durante el siglo XVIII– el razonamiento no se acompaña de una condena del lujo. Muy al contrario, considera que éste es beneficioso[98]; el problema no está en el consumo suntuario, sino en que éste se vea provisto, en exclusiva, por fabricantes de fuera. En estas circunstancias, el labrador que antes, entre el producto de la tierra y lo que sacaba de colocar a sus hijos en la carrera y oficio de artesano, tenía para mantenerse e incluso casar a su descendencia, con la crisis de las artes ya no puede proveer el sustento a sus familias y menos sufragar casamientos[99]. Esto habría conducido a la miseria de los hijos y a la perdición de las hijas[100].

Fernández Navarrete, que no era partidario de atribuir la despoblación preferentemente a la entrada de industrias extranjeras, y que situaba el remedio en el estímulo directo del matrimonio y de la procreación, desarrolla con más pormenor el vínculo entre la avidez de lujos y notoriedades[101], la profusión de conductas lujuriosas y el declive de la antigua virilidad española.

En la obra de Fernández Navarrete, que dedicó a Olivares algunas de sus traducciones de Séneca (Gordon, 1982, pp. XXIX-XXX), se

---

[98] «Cuando un particular hace una casa magnífica y en ella gasta mil, o cien mil ducados, toda la cantidad se distribuye en jornales entre la gente pobre, que es quien la fabrica, y todos se reducen al consumo de frutos, ropa, herramientas y casas de morada, y corriendo aquel dinero por la República dando provecho a todos, resulta el alegre comercio y general consumo de frutos y ropa» (Martínez de Mata, 1650-1660, p. 138).

[99] «Se comieron los caudales, no pudieron pagar sus deudas ni repartimientos. Los fueron a ejecutar, se huyeron despechados. Se dejaron las tierras, yermas, las casas se cayeron. Se dejaron las mujeres, y con el desamparo se descarriaron los hijos. Y las hijas perecieron por los rincones, unas de hambre y otras se perdieron a millares. Son buenos testigos la casa de muchachos desamparados, y galera de mujeres desta Corte, jamás necesaria en España hasta que se abusó el comercio extranjero. No había tantos ladrones, ni mujeres malas; a los pocos que había les mutilaban los miembros» (Martínez de Mata, 1650-1660, p. 126).

[100] «tantas mujeres perdidas, viudas y solteras, que por no hallar con quien casar [...] se hallan perdidas» (Martínez De Mata, 1650-1660, pp. 315-316).

[101] Este argumento que ve en el lujo una causa de despoblación y depravación moral, se encuentra también en las obras de Lisón y Biedma, *Discursos y Apuntamientos* (1622-

advierte perfectamente la presencia del neoestoicismo, con su énfasis en la austeridad –primitiva virtud española según este autor– como atenimiento a la estricta necesidad. En este punto, el ejemplo debiera venir de la nobleza y de la misma familia real, dando al reino sus joyas y objetos de más valor (Fernández Navarrete, 1626, pp. 151-153). La prudencia, otra virtud típicamente senequista[102], se identifica con la moderación; los poderosos deben esquivar la vida regalada y sensual[103] (Fernández Navarrete, 1626, pp. 192-193) si quieren evitar que los plebeyos los imiten y, ante la imposibilidad de sostener los gastos derivados de esta emulación, no se atrevan «a casarse, quedándose en un celibato poco casto, en que inquietan la república, sin ser en ella más que número para consumir bastimentos, y para escandalizar con sus depravadas costumbres» (Fernández Navarrete, 1626, p. 92).

Fernández Navarrete advierte sobre la presencia de estos signos de depravación moral entre los españoles; desde la nobleza, cuyas mujeres gastan sin freno en todo un aparato de servidumbre y séquito, especialmente en la Corte, hasta el punto de que «por ostentar grandeza de acompañamiento, se animen a tener más criados de los que pueden sustentar; en que consumiendo las haciendas alimentan holgazanes, despóblanse con eso los lugares particulares, y aumentándose la Corte con deformidad y demasía: siendo asimismo ocasión a que, por ostentar grandeza de acompañamiento, ninguna mujer de cualquier hidalgo particular asista al gobierno de su casa ni a las labores mujeriles, gastando los días y aun las noches en recíprocas visitas» (Fernández Navarrete, 1626, p. 109).

Otro signo que se aprecia es el aumento de holgazanes y vagabundos, y de prostitutas («pícaras holgazanas, que con sus vicios inficionan la Corte, y con su contagio llenan los hospitales: y las que justamente se quitaron de las casas públicas, están expuestas en las calles y plazas, y muy ordinariamente en las gradas de las iglesias», Fernández Navarrete, 1626, p. 86), cuya profusión no ha podido remediarse ni con el cierre de las mancebías. En fin, el ansia de joyas, de sedas y de atuendos recamados, se traducía también en el frecuente uso del adulterio, extendido incluso entre damas de alcurnia (Fernández Navarrete, 1626, pp. 267-274).

Por encima de todo, el relato de Fernández Navarrete, cuyas trazas generales compartían muchos de sus contemporáneos, está marcado por

---

1623), Alonso de Carranza, *Rogación en detestación de los grandes abusos de los trajes y adornos nuevamente introducidos en España* (1636) y Gaspar de Criales, *Carta a Felipe IV* (1646) (véase Martín Rodríguez, 1984, pp. 140 y 226-227).

[102] Fernández Navarrete, 1626, pp. 271-272, menciona a Lipsio, el eminente divulgador de Tácito y de la prudencia neoestoica.

[103] Mateo López Bravo, en su *De Rege et Regendi Rationi* (1616), responsabilizaba a la «desvergüenza y haraganería» de los poderosos, por provocar las sediciones de los miserables y la despoblación general (véase Martín Rodríguez, 1984, pp. 108-109).

la melancolía. El arbitrista evoca nostálgicamente la añeja templanza y el endurecimiento militar de los españoles, y compara esas virtudes con la voluntad actual de vivir por encima de las necesidades, la búsqueda de superfluidades que debilita el valor (Fernández Navarrete, 1626, p. 251), necesario para la guerra y la conquista[104]. Fernández Navarrete resume este diagnóstico en una palabra repetida incesantemente: el «afeminamiento» de los españoles, reforzado por los objetos suntuarios traídos del extranjero y por la persecución desaforada de dignidades. Esta pendiente de degradación hace que España se aleje del ejemplo de Roma, modelo de virilidad y de virtudes castrenses, y se acerque a Egipto, paradigma de república afeminada (Fernández Navarrete, 1626, p. 297).

El «afeminamiento» remite a una pérdida de «hombría». Esta cualidad, exhorno indispensable del «caballero español perfecto» (Garza, 2002, pp. 25 y 71-76) se encontraría amenazada por la doble avidez de lujos y de lujurias. El memorial de Fernández Navarrete data de 1626; esas fechas aproximadamente, según los historiadores, coiciden con uno de los periodos con mayor número de procesos inquisitoriales instruidos en los tribunales de la Corona de Aragón (entre el 1540 y 1700) y encausados por transgresiones relacionadas con la conducta sexual, y más en concreto por crímenes de sodomía. En el caso de Castilla, donde este asunto era jurisdicción de los Tribunales Reales, generalmente más severos en su castigo, las fluctuaciones parecen seguir una tendencia similar[105].

Ciertamente, en esa época, sodomía y afeminamiento funcionaban como conceptos distintos (Garza, 2002, pp. 95-97), pero su proximidad –que se constata en autores como Bartolomé de las Casas, Huarte de San Juan o Mateo Alemán[106]– dista de ser excepcional. En cualquier caso, la noción de «afeminado» poseía una extensión mayor, puesto que se refería a individuos lujuriosos o disolutos; el «sodomita» cons-

---

[104] Esta narrativa melancólica se advierte con frecuencia entre los arbitristas, como Caxa de Leruela, 1631, con su evocación de una edad dorada de la ganadería castellana. En general, ese *pathos* melancólico entronca con el «menosprecio de corte y alabanza de aldea», muy generalizado entre los escritores del Barroco español; la amenaza, la depravación, vienen de la Corte, con su ejército de menesterosos, su vida artificiosa llena de disimulo y doblez, su cultivo de la ostentación y del adorno. Sobre este punto, véase Maravall, 1983, pp. 234-266. Sobre el *pathos* melancólico de una nobleza cortesana que añora la vida sencilla en sus señoríos, véase Elias, 1983, pp. 214-267. Sobre la «melancolía» como pasión política, véase Juaristi, 1999, pp. 30-34.

[105] Véanse las tablas y cifras aportadas por García Cárcel, 1980, pp. 261-294; Carrasco, 1985, pp. 76-88; Fernández, 1997, pp. 480-498, y Garza, 2002, p. 98. Para el caso de Castilla las estimaciones son menos precisas, pues no se apoyan en fuentes seriadas, véase por ejemplo Carrasco, 1985, pp. 77-78.

[106] Sobre Las Casas, véase Garza, 2002, p. 96; sobre Huarte de San Juan y Mateo Alemán, véase Vázquez García y Moreno Mengíbar, 1997, pp. 190 y 232. Garza, 2002, pp. 189-248, por otra parte, analiza con detalle el grupo de los sodomitas afeminados de Nueva España, perseguidos con celo por los Tribunales Reales desde mediados del siglo XVII.

tituiría un caso específico dentro de este género. Se trataría de una variedad execrable tanto desde el punto de vista de la fe, pues la sodomía se interpretaba como un gesto de rebeldía contra el Creador, como desde la perspectiva de la conservación de la república y el remedio de la despoblación. En efecto, al dejar de colaborar con Dios en el cometido de la creación (Tomás y Valiente, 1990, p. 38), es decir, interrumpiendo la procreación, el sodomita atentaba al mismo tiempo contra la riqueza primordial del reino, esto es, la muchedumbre de moradores.

Saavedra Fajardo, en sus *Empresas Políticas* (1640), recoge en parte los elementos de este discurso cuando asocia el menosprecio del trabajo –y el afán de ennoblecimiento de la gente plebeya– y el ocio con el afeminamiento[107]. Lo contrario de la laboriosidad son el «lujo» y la «lascivia». No duda en afirmar que «la mayor enfermedad de la república es la incontinencia y lascivia. Dellas nascen las sediciones, las mudanzas de reinos y las ruinas de príncipes, porque tocan en la honra de muchos, y las castiga Dios severamente» (Saavedra Fajardo, 1640, II, pp. 601-602).

La posición de Saavedra Fajardo ejemplifica muy bien la perspectiva dominante en la cultura política del Barroco español: para remediar la despoblación y fomentar el matrimonio y la laboriosidad era necesario reprimir las pasiones del consumo (el lujo) y de la lascivia (la lujuria). La extinción de las mancebías públicas, el encierro de las meretrices y las leyes suntuarias eran medidas coherentes con este modo de plantear el gobierno de las poblaciones.

En el curso del siglo XVIII, al menos en sus décadas finales, este planteamiento se va a encontrar problematizado. Se constatará entonces el gradual cuestionamiento de un gobierno que actúa extirpando las pasiones y conteniendo el deseo, y su tránsito a un nuevo régimen de gubernamentalidad. En éste no se tratará ya de aniquilar las pasiones sino –reconociendo su condición ineluctable– de compensar unas pasiones con el estímulo de otras. Esta rehabilitación de la pasión en el pensamiento ilustrado –explorada entre otros por Ernest Cassirer y Albert Hirschman[108]– indica al mismo tiempo la emergencia de un tipo de poder que interviene de otro modo en relación con los deseos[109]. No se trata ya de disciplinar el deseo oponiéndole la fuerza de la norma, sino de

---

[107] «porque no menos se afeminan los ánimos que se ocupan en lo muelle y delicado que los que viven ociosos» (Saavedra Fajardo, 1640, II, p. 696). Castillo de Bobadilla, en su *Política para Corregidores* (1597), también condenaba la ociosidad, pero en virtud de las diferencias en la calidad de la sangre, la disculpaba en el caso de la nobleza (véase Martín Rodríguez, 1984, pp. 87-88).

[108] Cassirer, 1984, pp. 125-128, y Hirschman, 1999, pp. 44-53.

[109] Sobre este punto, véase Foucault, 2004a, pp. 74-75, recordando que la práctica de los fisiócratas, vinculada a la introducción de los mecanismos reguladores, implicaba la imposibilidad de derrotar el deseo.

permitir su libre circulación, haciendo que unos deseos se compensen con la incitación de otros, operándose una suerte de autorregulación. Este proceso sólo culmina con la formación de una gubernamentalidad liberal, en el siglo XIX. Sin embargo, ya en los últimos años de la centuria anterior, se constatan los primeros signos en el interior de este cambio. En el caso español hay que examinar la apertura de dos nuevos procesos en el interior mismo del reformismo ilustrado: una paulatina tendencia a rehabilitar el afán de lujo –condenado mayoritariamente por los arbitristas del Barroco– y una pendiente, algo más tardía, que apunta a reemplazar el encierro correccional de las prostitutas por la tolerancia reglamentada del comercio carnal.

Durante el reinado de Felipe V los proyectistas prosiguen su crítica a la expansión del lujo entre nobles y potentados, señalando el mal ejemplo que se sigue de esto entre los plebeyos, que al imitarlos se ven obligados a vivir por encima de sus posibilidades y menospreciando el trabajo[110]. Por otro lado, se continúa requiriendo el cierre de las casas de prostitución –que seguían prohibidas desde la Pragmática de 1623– como medida propicia para fomentar los matrimonios y aumentar la población[111].

En relación con este asunto continúa asimismo la referencia al pecado de lujuria y a la corrupción moral que engendra, pero a medida que avanza el siglo, el énfasis empieza a desplazarse. La prostituta es percibida formando parte del colectivo de vagabundos y ociosos; se impone entonces su captura y reclusión en hospicios para hacerlas trabajar. En esta estela se sitúan las propuestas de Campillo en su *Lo que hay de más y lo que hay de menos en España* (1741) y Antonio Muñoz (seudónimo de Enrique Ramos) en su *Discurso sobre Economía Política* (1769).

---

[110] «Me dolió ver de plebeyos ajada la nobleza, y la pobreza noble abatidíssima; y hallé también ser todos los que con la desorden viven, por la mayor parte gente de inferior esfera, y con tantas galas, pelucas, franjas, y sedas, que viendo yo la ninguna existencia que podían en ello tener, de ellos me lastimaba, y del Público, a quien destruían, pues como la heredad para subvenirse en esta pompa, es sólo el tiempo que por sus manejos pueden hurtar, ya en los tratos, ya en los Oficios, en faltando éstos, como se convirtió en superfluo, y como hurtado en humo, ellos buelven a quedar desdichados» (Moya Torres y Velasco, 1727, p. 231). Moya Torres y Velasco apoyó la Pragmática de Felipe V sobre trajes, dada en 1723, y ponderó el ejemplo que daría el soberano a la nobleza si renunciara al exceso de «fausto y pompa» (Moya Torres y Velasco, 1727, pp. 230-235). Uztáriz se pronuncia en términos análogos; señala que el rey «atento al bien común de sus vasallos, consideró la necesidad que havía de corregir los abusos introducidos en los trages, y otros gastos superfluos, que no solamente incomodaban a sus vasallos, sino que perjudicaban a nuestras Manufacturas y Comercio, favoreciendo, en el mismo tiempo, al de los estrangeros, por las grandes cantidades de dinero que nos sacaban con géneros que servían más a la vana ostentación que a la necesidad y decencia». También elogia la actitud de la reina, que «apartó de sí los adornos comunes con oro y plata, estorvos de sus gracias naturales» (Uztáriz, 1724, p. 156).
[111] Esto propone Juan de Cabrera en su *Crisis Política* (1719), véase Martín Rodríguez, 1984, p. 150.

El primero, escandalizado por la abundancia y, sobre todo, por la visibilidad pública de la prostitución en la Corte, propugna que se interne a las prostitutas en una sección especial («en vivienda separada») dentro de la casa de hospicio. Allí se les proveería de un sueldo para su alimentación y vestido y se las sometería a un régimen de trabajo forzado en la elaboración de manufacturas, bajo la estricta vigilancia de «maestras y directoras». Para evitar que las más jóvenes se maleasen en contacto con las ya corrompidas, propone que se las interne en «habitación separada», dedicándolas a tareas de costura, bordado y encaje de Flandes. Permanecerán en el hospicio el tiempo necesario hasta que se corrijan y aprendan un oficio. De este modo el hospicio podrá incluso despachar recomendaciones para su casamiento (Campillo, 1741)[112]. Mediante este sistema de encierro correccional se pretendía, pues, tanto aumentar la población útil como los habitantes en números absolutos, gracias a los frutos fecundados por esas mozas corregidas y colocadas en casorio.

Bernado Ward defendía una alternativa diferente. Admitía que la perdición de las mujeres procedía de la miseria de sus familias (Ward, 1779, pp. 79-80), pero no dudaba en postular un remedio drástico. En vez de internar a las meretrices en casas de hospicio, sugería, siguiendo el ejemplo de Francia e Inglaterra, que se las deportara, junto a gitanos y «facinerosos», a las Indias: «Ellas y los facinerosos se casarían, se harían gente de bien y poblarían el país» (Ward, 1779, p. 338).

En cualquier caso, junto a la ociosidad, el aspecto más preocupante de la prostitución pasa a ser el relacionado con la salud. Este asunto ya había sido subrayado durante los siglos XVI y XVII en un doble sentido: los contagios producidos por las meretrices, en particular el del «mal de bubas», y los hijos ilegítimos, generalmente abandonados en casas de expósitos y abocados a una muerte casi segura. Pero estos problemas formaban parte de una inquietud mixta, a la vez religiosa, estamental y sanitaria.

Respecto al «mal de bubas», una de las designaciones de la sífilis, se abrió una polémica durante el siglo XVI entre los que advertían en él un castigo divino a los pecados de concupiscencia carnal, y los que, en un discurso festivo y jocoso, se ufanaban de haber superado la enfermedad (Vázquez García y Moreno Mengíbar, 1998 I, pp. 204-218). La profusión de nacimientos ilegítimos, por otra parte, era ocasión para la meditación sobre el sinnúmero de pecados públicos y para el desasosiego que implicaba la contaminación de los linajes con sangre extraña, trastocándose el sistema de las alianzas y la integridad en las

---

[112] Sobre la propuesta semejante de Antonio Muñoz (seudónimo de Enrique Ramos), véase Martín Rodríguez, 1984, p. 234.

transmisión del nombre y del patrimonio (Gacto, 1969 y Le Roy Ladurie, 1983, pp. 11-46)[113].

Desde mediados del siglo XVIII, las enfermedades venéreas y el problema de los hijos ilegítimos, sin perder por completo sus antiguas connotaciones, adquieren, al menos desde la perspectiva del reformismo ilustrado, la condición de problemas específicamente sanitarios y estrictamente biopolíticos.

El problema de los hijos ilegítimos ingresados en las casas de expósitos se va a conectar con la cuestión de su crianza y sobre todo con la acrecentadísima mortalidad infantil, especialmente elevada en esos establecimientos[114]. Entre finales del siglo XVIII y comienzos del XIX, surgió una literatura especializada en este asunto, adoptando una perspectiva estrictamente sanitaria[115]. Más adelante, cuando se examinen algunos aspectos de la policía médica dieciochesca, se hará referencia más pormenorizada a estos escritos. De momento baste decir que en 1794, bajo el reinado de Carlos IV, se promulgó un Decreto que, mencionando precisamente la elevada mortalidad de los niños expósitos, venía a reconocerlos como legítimos a todos los efectos civiles, y los asimilaba, en los aspectos laborales y judiciales con «la clase de hombres buenos del estado llano general» (Martín Rodríguez, 1984, pp. 277-278). Es evidente que esta medida no desarraigaba de golpe el estigma tanto de orden religioso —«hijos del pecado»— como estamental —«sangre bastarda»— que caía sobre este colectivo. Pero sentaba, desde la perspectiva del Estado, la prioridad de los criterios biopolíticos sobre todos los restantes, pues se pretendía reducir el abandono de recién nacidos y, de este modo, poner límites a la abrumadora mortalidad de los «infelices».

Respecto a las políticas de la prostitución, los proyectistas del siglo XVIII también ponen en primer plano el problema sanitario. Campillo defiende la necesidad de librar el reino de las «pestilencias» vehiculadas por estas mujeres (Campillo, 1741), y Ward comenta que

---

[113] No obstante, en la Castilla del Antiguo Régimen, los hijos ilegítimos no eran objeto de rechazo; a menudo eran bautizados y registrados con el nombre paterno y en el ámbito de la nobleza, no era raro que se criaran en casa familiar. Por otra parte, la inmensa mayoría de los niños expósitos eran ilegítimos (véase Molinié-Bertrand, 1985, pp. 324-425).

[114] Uno de los proyectistas que por primera vez plantea sin tapujos la cuestión de la mortalidad infantil es Jerónimo de Uztáriz: «Y que aun muchos de los casados, cuando logran los frutos de la fecundidad, no pueden criar y alimentar a sus hijos; y no son pocos los que se les malogran, particularmente en la primera infancia; pues ¿qué nutrimento pueden tener, y subministrarles los pechos de una Madre, que se alimenta con pan y agua, viviendo y luchando con una continua fatiga y melancolía? De los que se libran de fallecer en esta tierna edad, faltándoles aun largo tiempo hasta la de poderse mantener con su trabajo, perecen también muchos en este intermedio, por la misma falta de alimentos» (Uztáriz, 1724, p. 22). Con anterioridad, lo que ocupa preferentemente a los memorialistas, en relación con los niños espósitos en particular, es su crianza para convertirlos en trabajadores, no su salud; véase *v. g.* Fernández Navarrete, 1626, pp. 363-366.

[115] Acerca de esta literatura, véase Martín Rodríguez, 1984, pp. 182-183 y 267-268.

miles de ellas «se mueren miserablemente» (Ward, 1779, p. 338). Por su parte, Lorenzo Normante, en sus *Proposiciones de Economía Civil y Comercio* (1785), consideró las secuelas patológicas de la prostitución como una de las causas de la despoblación en España (Martín Rodríguez, 1984, p. 177).

En el caso de Andalucía, y a partir de fuentes hospitalarias y de otro tipo, se ha constatado para todo el siglo XVIII una correlación bastante directa entre los periodos de crisis agrícola y los picos en el número de ingresos por enfermedades venéreas (Moreno Mengíbar y Vázquez García, 2004, pp. 136-141). Al parecer, el éxodo rural de numerosas mujeres sin recursos engrosaba las filas de la prostitución urbana y multiplicaba la frecuencia de contagios. La existencia, constatada a finales del siglo XVIII, de un gran número de instituciones benéficas dedicadas al socorro de «arrepentidas» y de recogidas, no parece haber paliado la situación, dada la precaria situación financiera de la mayoría de estos establecimientos.

En cualquier caso, la faceta sanitaria del problema de la prostitución se impuso a fines del siglo XVIII, por encima de las demás. Esto se advierte rotundamente en las propuestas de Dámaso Generés. Este abate y antiguo jesuita aragonés, en sus *Reflexiones Políticas y Económicas* (1793), considera el «mal gálico» como una de las principales causas de despoblación (Generés, 1793, pp. 53-54). Admite que las curas mercuriales pueden ser eficaces para vencerlo, pero considera la cuestión, no desde el ángulo de su «remedio físico», sino en relación con su «remedio político», es decir, el encaminado a aumentar la población del reino.

La clave del asunto estaba, según Generés, en que la autoridad supiera atajar el ejercicio de la prostitución. Las «malas hembras» contagiadas aparecían como el vehículo principal de este «daño de la salud», según el abate. Propone que se publique una ley dirigida específicamente contra las meretrices que contagian a sabiendas, «por la que quede sujeta la que estando apestada, prosigue en ser meretriz, a ser después de rapada, emplumada y azotada por las calles públicas, puesta en una casa de reclusión, donde quede mientras viva privada de todo comercio humano» (Generés, 1793, p. 54).

Este castigo se complementa con el despliegue de una ceñida «vigilancia» en las ciudades «y el registro de quando en quando en aquéllas donde se disimulan, o donde se les destinan alguna o algunas calles, quando menos se lo piensen, con el pronto y severo cumplimiento de la ley en las primeras que caygan en el garlito» (Generés, 1793, p. 54). Es decir, se propone la supervisión permanente y la realización de apresamientos periódicos y por sorpresa, pues la ley disponía el ingreso de la prostituta en casas de galera. Generés complementa estas medidas dirigidas a las meretrices con otras destinadas a controlar a la clientela contagiada: «Si de mi dependiese, yo los privaría siendo casados hasta del comercio con sus propias mugeres: pues de él no se puede seguir sino pudrirse ellos más, apestar a sus consortes, y engendrar hijos igualmente apestados» (Generés, 1793, pp. 54-55).

La política auspiciada por Generés en relación con el problema del lenocinio tenía la novedad de medicalizar completamente el problema; se trataba de extirpar un «daño de la salud», el «mal gálico», sin entrar a considerar los aspectos morales o religiosos de la cuestión. Pero por otro lado, seguía confiando en viejas medidas dictadas, bien por el «derecho de espada» propio del poder de soberanía (marca infamante y casi muerte civil de la prostituta que contagiaba a propósito), bien de técnicas puramente disciplinarias (vigilancia y registro de prostitutas y de burdeles). La meta era, en último término, aniquilar el mal: «Y se desterrará del Estado tan funesto azote» (Generés, 1793, p. 54).

Pero con anterioridad al programa diseñado por Generés se habían formulado, fuera de España (Mandeville en 1724 y Réstif de la Bretonne en 1769) y en nuestro país, algo más tarde, propuestas que defendían una tolerancia regulada del ejercicio de la prostitución[116]. En el caso español, el proyecto fue presentado por Cabarrús en sus *Cartas sobre los obstáculos que la Naturaleza, la Opinión y las Leyes oponen a la Felicidad Pública*[117]. Ciertamente la idea de tolerar, reglamentándolo, el ejercicio de la prostitución, podía encontrarse ya esbozada en el *Arte de las Putas* (1772), de Nicolás Fernández de Moratín. En esta obra, prohibida en 1777 por el Santo Oficio, se aludía a los motivos sanitarios, policiales y familiares –el burdel como válvula para el desahogo de los solteros, evitando los atentados contra la virginidad de las doncellas– que recomendaban la permisión regulada (Vázquez García y Moreno Mengíbar, 1991, pp. 58-59). Pero el proyecto de Cabarrús desarrolla con todo detalle un plan que admite la existencia de locales de lenocinio y los somete a la supervisión de la autoridad. Cabarrús justifica el burdel por razones casi exclusivamente de índole sanitaria, con objeto de frenar la extensión de la sífilis. Al mismo tiempo reconoce que la prostitución, convenientemente disciplinada, puede ser un instrumento para gobernar a la población, permitiendo el desahogo de las pasiones, de modo «que se procuren disminuir los riesgos que acompañan a este desorden inevitable» (Cabarrús, 1795, p. 149). La prostituta no es ahora el objeto que hay que eliminar, al considerarla un vehículo de contagio; es un instrumento mismo de la acción de gobierno sobre las pasiones de los gobernados. Como en el modelo de la viruela, explícitamente invocado por Cabarrús, se trata de inyectar el mal en dosis controladas

---

[116] Sobre estas propuestas extranjeras, véase Vázquez García y Moreno Mengíbar, 1991, pp. 56 y 75-76.

[117] Se trata de una carta redactada en 1792 y comunicada a Godoy en 1795; su primera publicación data de 1808. Véase Cabarrús, 1795, pp. 149-157. Sobre su propuesta, véase Vázquez García y Moreno Mengíbar, 1991, y Guereña, 2003, pp. 38-44.

con objeto de prevenirlo[118]. Lo que hay que disciplinar, por tanto, no es el deseo, de modo que se extirpen sus formas extraconyugales, sino el propio comercio carnal; no se trata ya de extinguir la prostitución sino de eliminar su ejercicio clandestino.

Cabarrús comparte la rehabilitación de las pasiones emprendida por el pensamiento de las Luces[119]. Las pasiones son invencibles: «¡Establecer mancebías! ¡qué escándalo! Pues creed vosotros, hombres timoratos, que es fácil la castidad: que el Gobierno puede y debe reprimir y castigar los individuos de uno y otro sexo que la quebrantan: creed que los impulsos de la naturaleza cederán a su vigilancia: creed que no hay mujeres públicas, y que se puede evitar que las haya; yo no tengo la fortuna de preferir esas ilusiones de un buen celo a las demostraciones de mi vista y de mi razón» (Cabarrús, 1795, p. 149). Sólo cabe compensar las formas destructivas de unos impulsos estimulando las más constructivas. Por esta razón, y para evitar los estragos de la salud pública provocados por la imposible represión del amor carnal, lo mejor era canalizar esta pasión de modo que sus efectos socialmente negativos quedasen neutralizados («riesgos disminuidos» en palabras del propio Cabarrús). Hay que decir que el prostíbulo tolerado, en la fórmula sugerida, es sólo un castigo dentro de una gradación de sanciones que va desde este primer paso hasta la deportación a las colonias.

En efecto, el burdel permitido al que se refiere Cabarrús no es ese negocio privado y discreto, sometido a inspección médica y a contri-

---

[118] «es menester hacer a las enfermedades venéreas la misma guerra que a las viruelas, y voy a arriesgar mis ideas sobre este asunto» (Cabarrús, 1795, p. 149). Sobre la inoculación contra la viruela como paradigma de mecanismo de «regulación» (o «dispositivo de seguridad»), frente al modelo de la ciudad apestada como paradigma disciplinario, véase Foucault 2004a, pp. 59-65.

[119] En este línea llega incluso a solicitar –algo escandaloso para la época– la aprobación del divorcio. Considera que los perjuicios que se derivan de un matrimonio forzado donde la pasión del querer ha desaparecido, nunca ha existido o se ha dirigido a terceros, son superiores a sus beneficios: «¿Si no siente dentro de su corazón que el medio menos contingente de fijar su amor sobre un objeto está en el recelo de no perderlo? ¿Si, dado caso que este freno no le contenga, no interesan más su bienestar y la moral pública, en que no esclavice a la mujer a quien ya no ama, y se case con aquella que le promete más felicidad? ¿Si el cuidado de la madre para los primeros hijos no se puede reparar con más facilidad que los funestos ejemplos de un matrimonio mal unido? [...] El divorcio las restauraría, dando un nuevo aliciente a las almas bastante dichosas para reconocer el fastidio de una unión indisoluble, y en nada alteraría los buenos matrimonios; impediría la desgracia de muchos» (Cabarrús, 1795, p. 148). Llega incluso a interpretar la tradición evangélica y eclesiástica en un sentido favorable a legitimar el divorcio (Cabarrús, 1795, p. 148). En este punto la inmensa mayoría de los reformadores ilustrados españoles defienden el planteamiento tradicional: «El quinto y más poderoso medio de aumentar la población es la monogamia junto con la indisolubilidad del matrimonio. No habiendo cosa más opuesta al aumento del género humano que el libertinage y la facilidad del divorcio, o de separarse los casados» (Danvila, 1779, pp. 118-119). Cabarrús encarna una visión que asienta la pareja matrimonial en el afecto amoroso y no en el fortalecimiento de las alianzas y de los linajes. En esto concuerda con la campaña a favor de la libre elección de pareja conyugal, avalada por obras como *El Sí de las Niñas* (1806), de Leandro Fernández de Moratín.

bución fiscal, que será común a partir de la gubernamentalidad liberal. Aquí Cabarrús sigue siendo deudor del Despotismo Ilustrado, pues considera el asunto dentro del ramo de la «policía». Los burdeles serían establecidos por la autoridad, no por los particulares, y en ellos se confinaría forzosamente a las mujeres que practicaran el referido comercio. Se concentrarían exclusivamente en las grandes ciudades del reino, en una zona prescrita. Dentro de ésta, para facilitar el reconocimiento de las casas y evitar los desórdenes, cada local portaría el número de la manzana y «un rótulo que expresase los nombres, edades y patria de los inquilinos para favorecer las reclamaciones y comprobación de todo desorden» (Cabarrús, 1795, p. 151). Todavía se está lejos del respeto a la intimidad y privacidad reclamado por el liberalismo.

Los lupanares debían pues ser visibles, como también las mujeres, que deberían distinguirse con señales en su atuendo, «como *v. g.*, una pluma amarilla en la cabeza, sin la cual no pudiesen salir» (Cabarrús, 1795, p. 150). Por otro lado, aparte de un estricto régimen horario de salidas y de entradas de la zona prostibularia, se prescribía una diaria vigilancia armada de la misma, a cargo de un «piquete de tropa». Las meretrices serían periódicamente inspeccionadas por un médico que habría de avisar inmediatamente a la autoridad (al magistrado y al oficial de guardia) en caso de contagio, para verificar el traslado de la enferma al hospital. Las prostitutas clandestinas serían perseguidas y confinadas en los burdeles oficiales previo examen médico.

El diseño de Cabarrús afectaba también a los cuarteles, pues se consideraba que el Ejército era la institución más debilitada por los contagios venéreos. Se prescribía la inspección médica de los soldados con objeto de aislar a los posibles contagiados y ponerlos en cuarentena hasta su curación.

La nueva estrategia que se detecta en el plan de Cabarrús, que pasaba por la rehabilitación de las pasiones y por su gobierno a través de la autorregulación –compensación entre el impulso carnal de los clientes y el de supervivencia de las meretrices– y el disciplinamiento –del comercio carnal– más que por la restricción, se advierte también en el giro que afecta a la discusión sobre el lujo desde mediados del siglo XVIII.

Hasta entonces, la opinión mayoritaria de los proyectistas se inclinaba a considerar la pasión del lujo como causa de despoblación, pues inhibía la celebración de casamientos e incitaba a llevar una vida disoluta, lujuriosa y regalada, esto es, «afeminada». Amor de Soria, en su *Enfermedad Chrónica y Peligrosa de los Reinos de España y de Indias* (1741), muestra muy bien el apego a la formulación clásica del problema, viendo el lujo como una instancia de efectos «esterilizadores»[120].

---

[120] «El octavo medio [contra la despoblación], consiste en prohibir el lujo, o sea, gastos superfluos y excesivos de la vanidad, moderando con Pragmáticas válidas y con el ejem-

Poco tiempo después, Antonio Aguado, en su *Política Española para el más proporcionado remedio de nuestra Monarquía* (1746-1750) (Martín Rodríguez, 1984, p. 157), recordaba la vieja relación causal entre la vida regalada y la gestación de «hombres flojos, vanos, pródigos, holgazanes y malentretenidos». La variante consistía en considerar que estos caracteres proliferaban precisamente en las tierras fértiles, que carecían de «vigilante disciplina». En cambio, los territorios montañosos o estériles, gracias al acicate de la necesidad, criaban «hombres aplicados, negociantes, trabajadores». Girando la tuerca de este argumento, el jurista Bernardo Joaquín Danvila llegó a sugerir, retomando una idea del barón de Bielfeld, célebre cameralista prusiano, que la población se incrementaba más en los países con terrenos menos fértiles, mientras que decrecía en los mejor provistos por la naturaleza (Danvila, 1779, pp. 114-115).

Desde mediados del siglo XVIII, la ofensiva tradicional contra el lujo ya no suscitaba unanimidades. Existía una verdadera división: Ward[121], Romá i Rossell[122], Antonio Muñoz[123], Campomanes[124], Nicolás de Arri-

---

plo los trajes y vestidos costosos de hombres y mujeres, las piedras preciosas, los bordados de plata y de seda, el número de lacayos a grandes y caballeros, la calidad de las libreas, el tren de carrozas, la frecuencia de los festines y el peligroso [y] superficial abuso de los juegos de envite, donde las más veces fantástica la esperanza expone sin límites la hacienda, la vida y el honor por una reprensible y criminal ambición [...] Con estos excesivos desperdicios, se destruyen las haciendas, y no bastando los caudales, se reducen todos a la miseria, cesan los matrimonios, anda prófugo el artista y al fin la misma pobreza consume las gentes y esteriliza los pueblos» (Amor de Soria, 1741, p. 261).

[121] «Hay ciertas virtudes morales mal entendidas, que son vicios políticos y sirven de grande estorbo a la industria; la frugalidad de nuestros españoles es en gran parte causa de su desidia: el que se contenta con poco en comer y vestir, si gana en tres días con qué vivir seis, no trabajará sino los tres» (Ward, 1779, pp. 109-110). Más adelante critica las pragmáticas que limitaban el «gasto de los ricos», «por una economía mal entendida» (Ward, 1779, p. 125).

[122] «Mientras los hombres se contenten de lo más necesario, serán muy limitados sus deseos, y por consiguiente su industria. El que está acostumbrado a un alimento grosero, no siente la falta de otros más delicados; ni discurrirá mucho para el adorno, quien tratare solamente de no andar desnudo. Siempre que se les pudiere infundir a estos hombres, aptos para dar alimentos al lujo, un deseo ilimitado de gozar de todas las comodidades, se les facilitaren los medios, y pusieren cerca los exemplos, de que abunda España [...]; se verá que el luxo con los demás auxilios, es capaz de avivar la industria, aumentar la circulación y restablecer la Agricultura y las fábricas del Reyno» (Romá i Rossell, 1768, pp. 142-143). También critica las pragmáticas sobre trajes (Romá i Rossell, 1768, pp. 143-144).

[123] Antonio Muñoz (seudónimo de Enrique Ramos) en su *Discurso sobre Economía Política* (1769), señala que «el deseo de gastar con modas y invenciones» y el «ansia de lucimiento» aumentan el trabajo y la industria (citado en Martín Rodríguez, 1984, pp. 242-243).

[124] Campomanes, en obras más tempranas, como el *Bosquejo de Política Económica Española* (1750), se pronuncia a favor de las leyes suntuarias, pues los nobles de ahora «con que se crían de faustos, abundancia y regalo, crían a muchos enfermizos de cuerpo, débiles, regalones, poco versados en los negocios militares o políticos del reino, y, por consiguiente, son unos consumidores de infinitas riquezas inútilmente» (Campomanes, 1750, pp. 51-52). Sin embargo, en el *Apéndice a la educación popular* (1775), consideraba que las leyes suntuarias habían llevado al declive de las manufacturas españolas, y que debía animarse al consumo de bienes nacionales (véase Martín Rodríguez, 1984, p. 243).

quivar[125] y Sempere y Guarinos[126] se mostraban partidarios del lujo, porque estimulaba el desarrollo de las manufacturas y por lo tanto el incremento de población.

En el bando opuesto se agrupaban los detractores del lujo: Martínez de Irujo[127], Danvila[128], Francisco de Paula del Rey[129], Ignacio de Asso[130], En algún caso, junto a la argumentación moral tradicional, estos alegatos se apoyaban en razones sustentadas por los cálculos de Cantillon. El célebre pensador francés, bastante leído en algunos círculos ilustrados[131], sostenía que más allá de cierto umbral, los consumos suntuarios retardaban la expansión de las manufacturas y provocaban el decaimiento del Estado.

El signo de los tiempos estaba del lado de los apologistas del lujo. La pasión de consumir, como la pasión del amor venal, ganaba la batalla y se reconocía su condición invencible. Gobernar el deseo empezaba a ser algo distinto a reprimirlo o disiparlo; ahora se trataba de dejar curso a la autorregulación de sus flujos, de permitir su circulación de modo que unos impulsos se compensaran con sus contrarios. Por esta vía la Ilustración descubrió la dimensión de los efectos no buscados de la acción, esa opacidad que se convertirá en el nudo gordiano de las emergentes ciencias sociales (Hirschman, 1999, p. 63). La norma ya no era simplemente un patrón que recortaba el deseo sino un cierto punto

---

[125] Nicolás de Arriquivar, en su *Recreación Política. Reflexiones sobre el «Amigo de los hombres» en su tratado de población considerado con respecto a nuestros intereses* (1779), sostiene que la fabricación de objetos de lujo, siempre que su uso no cause desorden al Estado, contribuye a aumentar la producción agrícola y la población (citado en Martín Rodríguez, 1984, pp. 243-244).

[126] Joaquín Sempere y Guarinos, en su *Historia del luxo y de las leyes suntuarias de España* (1788), aparte de confeccionar una completa historia de la cuestión, consideró que puesto que en España las propiedad de la tierra estaba concentrada en pocas manos, muchos de sus moradores debían dedicarse a las artes para sobrevivir, lo que hacía completamente contraproducente la prohibición del lujo (citado en Martín Rodríguez, 1984, p. 244).

[127] «Reflexiones generales de las razones y causas que han causado la despoblación de las Castillas, Extremadura y Andalucías, y la decadencia de su agricultura» (1770), citado en Martín Rodríguez, 1984, p. 244.

[128] «Los efectos que el luxo causa en un Estado, sin hablar de los efectos morales, sino sólo de los políticos, esto es, si contribuye o no a la grandeza y opulencia de un Estado, son fáciles de conocer; porque es lo mismo que decir si será más feliz un pueblo que tenga costumbres sencillas, las ciencias y todas las artes que producen verdaderas comodidades, o si es más feliz el pueblo cuyos moradores viven hechos unos gusanos de seda sin tener más comodidades y teniendo más deseos y más necesidades» (Danvila, 1779, p. 92). Reconoce, no obstante, que el lujo de mercancías extranjeras es más dañino que el de manufacturas nacionales.

[129] *Reflexiones económico-políticas* (1792), citado en Martín Rodríguez, 1984, pp. 245-246.

[130] *Historia de la economía política de Aragón* (1798), citado en Martín Rodríguez, 1984, p. 245.

[131] Sobre la incidencia de Cantillon en Danvila, véase Llombart y Cervera, 2000, pp. 621-622, y Martín Rodríguez, 1984, pp. 190-195.

de equilibrio, un umbral de tolerancia en la deriva de los impulsos. Junto a la tecnología disciplinaria se anunciaba un nuevo arte de gobernar sustentado en regulaciones o dispositivos de seguridad.

Hasta aquí se ha intentado seguir esa articulación difícil de la biopolítica española en su momento naciente. Se ha pretendido captar el ajuste complejo entre el poder soberano que da muerte –física o civil–, el poder disciplinario que normaliza y un incipiente poder regulador que actúa mediante compensaciones y autorregulaciones. Desde este marco biopolítico se ha ofrecido una interpretación articulada y comparativa de distintos procesos e importantes acontecimientos que acompañan la entronización de España en la Edad Moderna: desacralización de la pobreza, regalismo, admisión de extranjeros, repoblación de Sierra Morena, expulsión de los moriscos, estigmatización de los gitanos, expulsión de los jesuitas, cierre de las mancebías y controversias sobre la razón de estado. Se han explorado ámbitos de gobierno muy diversos; desde la política fiscal y de aduanas hasta las que conciernen a la inmigración, la criminalidad, la asistencia a los necesitados, las relaciones con la Iglesia, el matrimonio y la familia.

En el curso de este análisis se ha buscado sortear los enfoques empeñados en seguir el hilo rojo de la modernización y de la secularización, herederos, en último término, del metarrelato de la modernidad como triunfo de la razón. En vez de esto se ha intentado captar, en la época en cuestión, un pensamiento atravesado por distintos «juegos de verdad» o «estilos de racionalidad», desde la racionalidad casuística que invocaba la potestad indirecta del poder espiritual sobre el temporal e incluía argumentos providencialistas –la «política del cielo» examinada por Rivera García, 1999– hasta la racionalidad mercantilista, avalada por el empleo de técnicas de cálculo y remisiones a la experiencia histórica –la biopolítica en sentido estricto–, pasando por una racionalidad parental que invoca la fuerza de la «sangre» y la lucha de los linajes.

Para comprender las peculiaridades de la biopolítica emergente en el caso español no basta pues con atender a una razón mercantilista con la que aquélla parece vincularse más directamente. Hay que apresar el entrelazamiento inestable que, en relación con los distintos problemas y conflictos que se despliegan, une recíprocamente, según combinaciones y ordenamientos variables, a estos distintos tipos de racionalidad.

A continuación se seguirán los avatares de la biopolítica, expresada en uno de los campos que se consolidaron en el curso de la Ilustración; el que abarca las prácticas y los discursos de la «policía» en general, y de la «policía médica» o sanitaria en particular.

IV

CIENCIA DE LA POLICÍA Y POLÍTICAS DE SALUD

CAMERALISMO Y CIENCIA DE LA POLICÍA

En el capítulo anterior se pudo advertir que el problema de la «población» se constituye en el pensamiento español en relación con la preocupación suscitada por la «despoblación» desde comienzos del siglo XVII. La población era una riqueza cuyo menoscabo se relacionaba asimismo con la falta de subsistencias, por eso el aumento de la primera implicaba al mismo tiempo el incremento de la segunda. Por otro lado, para maximizar la población era necesario hacer trabajar al mayor número posible de gente; aquí afloraba la cuestión de la pobreza y de su conversión en fuerza laboral. Finalmente, esta serie de envites se afrontaban desde una racionalidad mercantilista cuyo afán de incrementar los recursos del reino entraba a la vez en confrontación y en combinación con otros tipos rivales de racionalidad.

Pues bien, la aparición de la «policía» como práctica de gobierno y de la «ciencia de la policía» como reflexión sobre esa práctica, tuvo lugar, en España, dentro del contexto que se acaba de resumir. Aunque el término «policía» recibía desde el siglo XVI diferentes acepciones (Foucault, 2004a, pp. 320-321)[1], desde comienzos del siglo XVIII va a servir para designar al conjunto de medios que permiten acrecentar las riquezas del Estado manteniendo el orden del mismo (Foucault, 2004a, p. 321)[2].

---

[1] Así por ejemplo, en los *Discursos de la jurídica y verdadera razón de Estado* (*ca.* 1627), el jurista portugués Pedro Barbosa identifica la «policía» con el quehacer gubernativo de la república, aunque denuncia un uso nuevo que identifica «policía» con la política en sentido maquiavélico (véase Fernández Santamaría, 1986, pp. 22-23).

[2] Von Justi, en la traducción que hizo de su obra Puig y Gelabert, sugiere estos dos componentes (acrecentamiento de recursos y orden interior) cuando distingue entre «policía» y «política»: «La política tiene por fin la seguridad de la República tanto por fuera como por den-

Con la «policía» se trataba de preservar la fuerza del propio Estado situado en un escenario de competencia y rivalidad con otros Estados. Implicaba por tanto una relación de dependencia; la política exterior, esto es, el poderío y eficiencia de los medios diplomáticos y militares, dependía del potencial de riquezas que poseyera el reino, asegurando al mismo tiempo su orden y estabilidad interior[3]. La «policía», en este sentido, está estrictamente asociada a la racionalidad gubernamental del mercantilismo: el número de habitantes útiles, el nivel de producción y exportación de las propias manufacturas, el mantenimiento de salarios bajos, condicionan la capacidad de un reino para mantener su potencial en el equilibrio internacional de los Estados[4].

Teniendo en cuenta que, en el sentido señalado, la reflexión sobre la policía se despliega primero en Francia, a comienzos del siglo XVIII, y algo más tarde, pero más intensamente, en Alemania, se puede considerar que la recepción de esta tendencia fue en España relativamente tardía y dependiente[5]. Aunque en el caso español, el desarrollo del mercantilismo fue tanto o más precoz que en otras naciones de Occidente, hay que reconocer, como se ha constatado, que la constitución de una racionalidad mercantilista plenamente emancipada de otros estilos de razonamiento, en particular del que se ha denominado (Rivera García, 1999) «política del cielo», fue bastante precaria[6].

---

tro, y es su principal ocupación instruirse de la conducta, de las acciones y de los objetos, o intentos de las potencias extranjeras, ponerse a cubierto de sus empresas; como también establecer un buen orden entre los súbditos, conocer los sentimientos que los unos tienen hacia los otros; igualmente que para el gobierno, ahogar los partidos y las sediciones que se forman, y tomar las medidas necesarias para prevenirlas. Al contrario, el fin de la policía es asegurar la felicidad del Estado por la sabiduría de sus reglamentos, y aumentar sus fuerzas y su poder tanto como sea posible» (Von Justi, 1784)

[3] Este nexo entre la política (exterior e interior) y la policía, aparece indicado por Justi, quien sugiere, después de diferenciarlas, que en tanto la policía se ocupa de la seguridad interior no es sino un instrumento al servicio de la «política», encargada de «ahogar los partidos y sediciones que se forman» (Justi, 1784). Por su parte, Romá i Rossell conecta el objetivo didáctico de la ciencia de la policía (él la llama «ciencia del gobierno»), el aumento del número de funcionarios capacitados, con el mantenimiento del equilibrio entre las potencias europeas: «Aquella potencia de la Europa que tenga mayor número de hombres de estado, y sepa más bien colocarlos, se hará la más respetable, hasta que una inundación de Bárbaros rompa los diques de la política, y acabe con el systhema del equilibrio» (Romá i Rossell, 1768, 3 vo.).

[4] Esta dependencia del poderío externo respecto al orden interno se ha comprobado en la política seguida con los vagabundos y gitanos, especialmente a partir del siglo XVIII, en la voluntad de utilizar a estos grupos en el Ejército, en la Armada y en los trabajos ligados a la constitución de un contingente militar que haga respetar a España en el concierto europeo.

[5] Sobre el cameralismo y el desarrollo de las ciencias camerales en Prusia y en Austria, véase Guerrero, 1995-1996.

[6] Debido a esta precariedad no integramos la célebre *Política para Corregidores* de Castillo de Bobadilla dentro de la «ciencia de la policía», como hacen Jordana de Pozas, 1977, p. X, y Fraile, 1997, pp. 32-41. Este último admite que Castillo de Bovadilla aún no ha diferenciado «política» de «policía» y reconoce que enmaraña los conceptos de «pecado» y de «delito» y que le preocupa especialmente el linaje al que debe pertenecer el co-

El despegue de una reflexión autónoma sobre la conservación y el aumento de los recursos del Estado exige al menos dos requisitos. Por una parte, la consolidación de una administración estatal, centralizada y capaz de imponerse a los poderes periféricos, a las restantes corporaciones que conforman el cuerpo del reino. Esto no era posible en las condiciones de la administración habsbúrgica, que ha sido calificada por la historiografía reciente como un «Estado pactista», continuamente obligado a llegar a acuerdos con las Cortes, los cabildos municipales de las ciudades, las redes clientelares de la nobleza y el patriciado urbano, en suma, con los demás «estados» (Dedieu, 2000, pp. 19-24). El segundo requisito pasaba por contar con una tradición intelectual que deslindara la reflexión sobre el Estado y sus intereses respecto a toda subordinación a un orden moral iusnaturalista y de fundación trascendente que limitaba el ejercicio de la soberanía.

Tanto en Francia como en Prusia se daban ambas condiciones; una administración estatal centralizada (de nuevo cuño en el caso de Prusia, cuyo principado se fundó oficialmente en 1701), regida por criterios de cálculo y eficiencia y una tradición de pensamiento –remontable a Jean Bodin en el caso francés y vinculable a Lutero en el caso prusiano– que afrontaba el funcionamiento de la maquinaria estatal desde su propia inmanencia.

En España, el arranque de condiciones similares, en un proceso lleno de dificultades y resistencias, coincide con la reorganización administrativa, judicial y fiscal que entroniza el Estado borbónico a partir de 1714. Propiamente, las circunstancias idóneas para el surgimiento de una «ciencia de la policía» de elaboración propia, aunque forjada a partir de los comentarios y desarrollos de obras extranjeras, se dan con el reformismo ilustrado que caracterizó a los gabinetes de Carlos III.

El Estado borbónico, con voluntad de constituirse como «Estado de policía», en el sentido mencionado, alejado del Estado pactista promocionado por la dinastía austríaca, necesitaba contar con un cuerpo de oficiales, secretarios y magistrados cualificados en la ciencia del gobierno. Ésta brillaba por su ausencia en el ámbito universitario, que seguía siendo un bastión de la escolástica. La proliferación de proyectos para reformar la educación (Campomanes, Jovellanos, Olavide) y en particular la educación universitaria[7], tenía que ver en parte con este requerimiento. Los reformadores ilustrados españoles veían

---

rregidor (Fraile, 1997, pp. 36-37). Si a esto se añade su defensa de la «ociosidad» del hidalgo, o su referencia a la «sangre infecta» de los gitanos, elementos que se han mencionado con anterioridad, lo que se tiene es un estilo mixto de razonamiento, que mezcla el mercantilismo con las referencias a la «política del cielo» y al «honor étnico» y «estamental».

[7] Por ejemplo el *Plan para arreglar el estudio de las Universidades* (1798), propuesto por Jovellanos. Sobre la propuesta de reforma universitaria elaborada por Olavide, véase Perdices de Blas, 1995, pp. 275-304.

con envidia la situación de la universidad prusiana, donde las ciencias del Estado o «camerales» contaban con cátedras propias desde 1727 y se habían implantado en los estudios universitarios desde mediados de siglo (Usoz Otal, 2000, p. 591, y Guerrero, 1995-1996). Por otra parte, Prusia era el país de la Europa ilustrada donde más importancia se le concedía a las estadísticas en el ámbito de la administración estatal; el departamento estadístico se consideraba un órgano crucial para la fortaleza del Estado (Hacking, 1991, pp. 40-41). En vez de apelar a la virtud de la «prudencia civil» o a los protocolos de una ética neoestoica, el nuevo «servidor público» debía de estar capacitado con la adquisición de una serie de técnicas de gestión científicamente fundadas.

La literatura española sobre la «ciencia de la policía» surgió por tanto a partir de una doble dependencia: la francesa, representada por el monumental *Traité de Police* de Nicolás Delamare, publicado entre 1703 y 1713 –añadiéndosele póstumamente un cuarto tomo, editado en 1738–, y la alemana, difundida en los manuales de Von Justi (1758), el barón Von Bielfeld (1760) y Von Sonnenfels (1765).

Junto a la difusión de este saber, hay que mencionar la extensión de la «policía» como práctica de gobierno; aquí se inscribe toda una serie de iniciativas institucionales desplegadas a partir del reinado de Carlos III y que en parte se han glosado en los capítulos anteriores: política de pobres y vagabundos, eclesiástica, demográfica, laboral, agraria, educativa y sanitaria.

La variante francesa de la ciencia de la policía, encabezada por el extenso trabajo de Delamare, es el resultado de una reflexión sobre la práctica administrativa de un Estado consolidado y desarrollado, como era el francés al final del reinado de Luis XIV. Por eso su estilo es más descriptivo y compilatorio, consistiendo buena parte de sus cuatro tomos en la reproducción organizada de una enorme masa de ordenanzas, reglamentos y órdenes emitidas por los distintos órganos administrativos de la monarquía francesa a lo largo de su dilatada experiencia. Se trata de un compendio estructurado de Derecho público.

La literatura alemana sobre policía presenta un formato diferente. No se asienta sobre una prolongada experiencia estatal sino que en cierto modo está destinada a engendrar esa experiencia, cumpliendo la función didáctica de capacitar al personal administrativo de un Estado en formación. Su estilo es más universitario y propositivo, de modo que la información aparece estructurada a partir de un cierto esquema teórico general[8].

---

[8] Sobre estas diferencias entre la literatura francesa y la alemana, véase Foucault, 2004a, pp. 325-326.

En el caso español, la recepción de la ciencia de la policía en su variante francesa parece haber sido más tardía y limitada. Aunque la obra de Delamare era conocida en España desde tiempo atrás (Fraile, 1997, p. 80), su recepción a mayor escala se produjo entre 1798 y 1805, cuando el valenciano Tomás Valeriola[9] publicó, en una serie de diez «cuadernos», su *Idea General de la Policía o Tratado de Policía*. El libro se presenta como una elaboración de lo dicho por «los mejores autores que han escrito sobre este objeto» (Valeriola, 1805, p. 7). De hecho, se trata de una transcripción fragmentaria del tratado de Delamare. Valeriola suprime las referencias francesas –reglamentos, disposiciones, todo lo referido a la ciudad de París– y las reemplaza con la compilación de ordenanzas e informaciones sobre Valencia o acerca de España en general. En la transcripción se excluye el volumen póstumo de Delamare –redactado en realidad por Le Cler du Brillet (Fraile, 1997, p. 58)– que versa sobre cuestiones urbanas, el sistema de correos y los caminos, entre otras cosas. Sí es de cosecha propia, o elaborada a partir de la información que le suministró un médico cuyo nombre no menciona, el apartado consagrado a la práctica de la inoculación (Valeriola, 1805, pp. 96-129) para combatir la viruela, técnica que aún no existía en la época de Delamare.

En comparación con la recepción de la variante francesa, la acogida de la literatura alemana sobre *Polizeiwissenschaft* tuvo en España mucha más resonancia. Como se dijo, esta disciplina formaba parte, en Prusia, de una materia universitaria, las «Ciencias camerales», cuyo objetivo era la formación de funcionarios capacitados, adiestrados en las técnicas que permitían al mismo tiempo incrementar los recursos financieros del Estado y hacer de ellos un uso razonable. Estas técnicas fueron sistematizadas y fundadas teóricamente en una serie de tratados que alcanzaron amplia difusión en España a partir del reinado de Carlos III.

En la llegada de esta literatura a España pueden distinguirse tres ámbitos diferentes: la recepción periodística, las traducciones y las obras originales redactadas en este país. Hay que decir por otro lado –y esto vale asimismo para la entronización de la variante francesa– que el cameralismo y la ciencia de la policía fueron difundidos por autores emplazados en la periferia de la península, fundamentalmente procedentes de la Corona de Aragón (Aragón, Valencia y Cataluña) y del País Vasco (principalmente Valentín de Foronda).

El trasfondo institucional de esta recepción tiene que ver en buena medida con la actividad de las Sociedades Económicas de Amigos del

---

[9] Valeriola, miembro de la Real Sociedad Económica Valenciana de Amigos del País, parece haber formado parte, junto a su hermano Elfo, Vidal Micó y Castillo y Carroz, de un grupo de intelectuales, próximo a la nobleza valenciana y vinculados al absolutismo ultrarrealista (Lluch, 1980, y Lluch i Argemí i D'Abadal, 1985, pp. 85-88).

143

País ubicadas en estos territorios; su labor estimuló decisivamente el interés por los escritos sobre economía y administración (Llombart Rosa y Astigarraga Goenaga, 2000, pp. 677-708). Por otro lado, los manuales de la ciencia cameral alemana se utilizaron en la formación de intendentes (Zarzoso, 2001, p. 129) y funcionarios de la Hacienda –donde, por ejemplo, se estudiaron los métodos de contabilidad propuestos por Bielfeld (Lluch, 1990 y Lluch, 2000, pp. 725-727). Se tiene constancia, además, que desde finales del siglo XVIII, la Ciencia de la Policía formaba parte del plan de estudios por el que se examinaba a los abogados de la Real Audiencia. Éste era el caso en Barcelona, donde las materias de examen se dividían en Jurisprudencia Forense y Ciencia del Gobierno. Esta última constaba a su vez de tres partes: Policía, Política y Economía (Jordana de Pozas, 1977, p. IX, y Lluch, 2000, pp. 726-727)[10].

Un enclave principal para la difusión de la ciencia cameral alemana, en particular de la obra de Bielfeld, fue la cátedra de Economía Civil y Comercio, fundada en Zaragoza en 1784. Se trataba de un experimento pedagógico diseñado conjuntamente por la Sociedad Económica Aragonesa de Amigos del País y por la Corona española, representada en el ministro Floridablanca. El proyecto –frustrado en parte por las presiones del bando antiilustrado– era extender esta misma iniciativa a toda España. El modelo de esta intervención lo encarnaban las enseñanzas económicas que se impartían en Italia y en Alemania, dentro de la tradición cameralista, en este caso. El alumnado estaba constituido mayoritariamente por titulados en Derecho, que aspiraban a engrosar las filas del funcionariado estatal. A diferencia de los servidores públicos destinados específicamente a Hacienda, estos estudiantes no recibían formación en las técnicas contables, sino en los principios generales de la «ciencia del gobierno» (Usoz Otal, 2000, pp. 589-591).

En la recepción periodística de los textos de Von Bielfeld y de Von Justi, desempeñó un papel principal el aragonés Francisco Mariano Nipho, por cuya iniciativa se tradujeron muy pronto fragmentos de las obras de Bielfeld –entre 1762 y 1786– y de Von Justi –unas «Reflexiones políticas y económicas» que vieron la luz en 1771, traducidas en el *Correo General de España* (Lluch, 1989, p. XXXIV y Lluch, 2000, p. 725).

Respecto a los libros traducidos, hay que mencionar tres escritos: las *Institutions Politiques* de Bielfeld, editado originalmente en fran-

---

[10] Pablo de Olavide, en su «Plan de Estudios para la Universidad de Sevilla», redactado en 1768, esto es, un año después de la traducción española de las *Institutions Politiques* de Bielfeld, propone el tomo primero de esta obra como libro de texto de una materia llamada «Política» (véase Perdices de Blas, 1795, p. 294).

cés (1760), cuyos dos primeros volúmenes fueron traducidos en 1767 por Domingo de la Torre y Mollinedo, y los capítulos correspondientes dedicados a España y Portugal, traducidos por Valentín de Foronda en 1781. El propio Torre y Mollinedo completaría la traducción de la obra completa (seis volúmenes) en 1801. La versión española del libro de Bielfeld salió censurada, por la fama de anticatólico e impío que tenía en España el cameralista germano.

En segundo lugar se tradujeron los *Grundsätze der Policeywissenschaft* de Von Justi, editados originalmente en 1756. La traducción al castellano –titulada *Elementos Generales de Policía*– tuvo lugar en 1784, a cargo de Antonio Francisco Puig y Gelabert, Examinador de Abogados de la Real Audiencia de Barcelona y discípulo de Romá i Rossell[11]. A diferencia de Torres y Mollinedo en su versión del texto de Bielfeld, Puig y Gelabert no se limitó a traducir; introdujo un total de 54 adiciones, donde sugería proyectos y relacionaba las cuestiones tratadas por Justi con su circunstancia particular en España (Jordana de Pozas, 1977, pp. XV-XVI).

Finalmente, aunque el gran manual de Sonnenfels –los *Grundsätze der Polizei-handlung und Finanz* (1765-1776)– no fue vertido al castellano, su obra fue asimilada por López de Peñalver en 1812 (Lluch, 2000, p. 726); de este modo la literatura germana sobre ciencia de la policía se divulgaba en España traspasando las lindes del periodo ilustrado y llegando incluso hasta finales del siglo XIX (Fraile, 1997, pp. 122-128).

Por último hay que mencionar las obras sobre ciencia de la policía publicadas por los propios autores españoles. La primera y más importante es la de Francesc Romá i Rosell, *Las Señales de la Felicidad de España y Medios de Hacerlas Eficaces*, editada en 1768[12]. Aunque se refiere a la «ciencia del gobierno»[13] y no a la «ciencia de la poli-

---

[11] El propio Puig y Gelabert alude a esta circunstancia en el «Preludio» de su traducción: «Apenas la Real Audiencia de este Principado de Cataluña tuvo a bien mandar, que todos los abogados, no sólo por conveniencia, si también por necesidad debiesen estar instruidos tanto en la Jurisprudencia Forense, como en la Ciencia del Gobierno, que está dividida en los tres ramos de policía, política y economía, viéndome condecorado y regentando en esta sazón el distinguido empleo de Examinador de Abogados; considerando cuan difícil y costoso había de ser a los pasantes comprar una infinidad de libros, en que están dispersas las varias y sólidas nociones de que deben estar tinturados los que se sujeten en adelante exámenes de abogado; me había proyectado el arrojado empeño para darles algún alivio, de hacer unos elementos o compendio de policía, que me persuadí poder entresacar de varias eruditas obras de mis amados paisanos los españoles, por hallarse en ellas embebidas sus principales máximas y principios» (Von Justi, 1784). En 1791 saldría una segunda traducción castellana de la obra de Justi, realizada por Miguel Jerónimo Sánchez y Núñez.

[12] Sobre la importancia de esta obra como iniciadora del cameralismo y la ciencia de la policía en España, véase Jordana de Pozas, 1977, pp. XIV-XV, y Lluch, 1989, p. XXXIII.

[13] «basta insinuar la necesidad de que en todo País se enseñe por principios la ciencia del Gobierno a la Juventud, que puede aspirar a los empleos» (Romá i Rossell, 1768, p. 285).

cía» –que era en realidad una parcela de aquélla–, las materias que trata y los principios que guían la obra, inspirados en Bielfeld, coinciden mayormente con el mencionado género. En este escrito no se compilan ordenanzas y reglamentos[14]; se presenta una propuesta, en materia de ciencia del gobierno, para evitar el declive del Estado y promover su prosperidad (Romá i Rossell, 1768, p. 1). Se trata, por otro lado, de un texto dirigido a la juventud que se prepara para acceder a cargos en la administración pública (Romá i Rossell, 1768, p. 3).

El otro texto español[15] que presenta proyectos originales en el ámbito de la Ciencia de la Policía son las *Cartas sobre la Policía*, de Valentín de Foronda, datadas entre 1793 y 1801 y publicadas en esta última fecha. En un estilo epistolar y desenvuelto, que contrasta con el sesudo género del «tratado» cultivado por los cameralistas alemanes, Foronda aborda algunos de los temas clásicos de las reflexiones sobre la policía[16]. A pesar del carácter disperso y poco arquitectónico de su tratamiento, sus propuestas resultan originales, llegando incluso a formular un modelo ideal de ciudad administrada con arreglo a los principios de la policía (Fraile, 1997, p. 58).

Aparte de esta producción específica y concentrada en el género «ciencia de la policía», existió una inmensa producción diseminada sobre asuntos que concernían a lo que entonces se llamaba el «ramo de policía», monografías sobre la policía de pobres (*v. g.* Ward, Jovellanos y Sempere y Guarinos)[17], los espectáculos (Jovellanos)[18]; la reforma de la propiedad agraria y las comunicaciones (Jovellanos, Ola-

---

[14] El propio Romá i Rossell justifica en el «Prólogo» esta exclusión: «Mis únicos cuidados, han sido desprenderme, para que la Obra fuese menos pesada, de la mayor parte de las especies, que subministran materias tan fértiles» (Romá i Rossell, 1768, 6 vols.).

[15] Jordana Pozas menciona un *Discurso sobre la Policía* redactado por Manuel Nicolás Marín, Relator de lo Civil de la Real Chancillería de Granada y publicado en 1792, pero no lo considera muy relevante (Jordana Pozas, 1977, p. XVI). Pedro Fraile, por su parte, analiza la traducción que realizó en 1781 el arquitecto Benito Bails de la obra del médico portugués *Tratado de la conservación de la salud de los pueblos y consideraciones sobre los terremotos* publicada originalmente en 1757. Como se trata de una obra centrada en el ramo de «policía sanitaria» dejamos su comentario para más adelante (Fraile, 1997, pp. 57 y 65-67).

[16] Esta obra de Foronda coincide con la deriva de su pensamiento económico, en la última etapa de su trayectoria, hacia un liberalismo muy mitigado respecto al profesado en su época anterior, concediéndole al Estado un amplio radio de actuación en la generación y gestión de recursos (véase Barrenechea González, 2000, pp. 558-560).

[17] De Bernardo Ward hay que mencionar su *Obra pía y eficaz modo para remediar la miseria de la gente pobre de España* (1750); de Jovellanos, su *Discurso acerca de la situación y división interior de los hospicios con respecto a su salubridad* (1778); de Sempere y Guarinos su *Policía de España acerca de los pobres, vagos y mal entretenidos*, incluido en su *Biblioteca Española Económico-Política*, 1801-1821. Sobre la policía de pobres ejercida por las «diputaciones de barrio», establecidas en 1778, véase Guillamón Álvarez, 1989, pp. 62-64).

[18] *Memoria para el arreglo de la policía de los espectáculos y diversiones públicas y sobre su origen en España* (1790).

vide)[19], la política de granos (Campomanes, Jovellanos)[20], los bienes de la Iglesia (Campomanes)[21], la educación (Campomanes, Jovellanos)[22], la policía médica (Bails, Mitjavila)[23], el saneamiento de los cementerios (Jovellanos)[24], de las casas de expósitos (Bilbao, Uriz, Arteta de Monteseguro, Megino)[25]. En esta producción difusa destacan, por una parte, las memorias presentadas en los distintos concursos organizados por las Sociedades Económicas de Amigos del País, y por otra, la ingente obra de Jovellanos, que escribió sobre todos los ramos de «policía», desde las minas de carbón a los cementerios y las cárceles pasando por la instrucción y las obras públicas, la amortización de las tierras y los espectáculos taurinos (Fraile, 1997, pp. 115-122)[26].

La literatura sobre «ciencia de la policía» se ocupa preferentemente de todo lo que concierne al acrecentamiento de las riquezas del reino, es decir, a las actividades que el hombre empeña para apuntar a este logro. Es un género discursivo que se refiere a los seres humanos, pero no como miembros de un orden social –en relación a su estamento de pertenencia–, implicados en litigios –estatuto judicial– o po-

---

[19] De Olavide, su *Informe al Consejo sobre la Ley Agraria* (1768); de Jovellanos el *Informe de la Ley Agraria* (1795).

[20] De Campomanes, su *Respuesta fiscal sobre abolir la tasa y establecer el comercio de granos* (1764); de Jovellanos, sus inacabados *Apuntes para una memoria sobre la libertad del comercio de granos* (1785).

[21] *Tratado de la regalía de amortización* (1765).

[22] De Campomanes, su *Discurso sobre la educación popular de los artesanos y su fomento* (1775); de Jovellanos, su «Memorias sobre Educación Pública» (1802) y sus «Bases para la formación de un plan general de Instrucción Pública» (1809).

[23] Además de la traducción que realizó en 1781 el arquitecto Benito Bails de la obra del médico portugués *Tratado de la conservación de la salud de los pueblos y consideraciones sobre los terremotos*, publicada originalmente en 1757, hay que citar de Vicente Mitjavila su *Compendio de Policía Médica* (1803).

[24] *Respuesta a las reflexiones sobre la legislación de España, en cuanto al uso de las sepulturas* (1781) e *Informe sobre la disciplina eclesiástica antigua y moderna relativa al lugar de las sepulturas* (1783).

[25] A. Bilbao: *Destrucción y conservación de los expósitos. Idea de la perfección de este ramo de policía* (1789); J. J. Uriz: *Causas prácticas de la muerte de los niños expósitos en sus primeros años, remedio en su origen de un mal tan grave, y modo de formarlos útiles o a la Religión y al Estado, con notable aumento de la población, fuerzas y riqueza de España* (1801); A. Arteta de Monteseguro: *Disertación sobre la muchedumbre de niños que mueren en la infancia y modo de remediarlo y de procurar a sus cuerpos la conformidad de sus miembros, robustez, agilidad y fuerzas competentes* (1801-1802); A. de Megino: *La Demauxesia, aumentación del pueblo por los medios de procurar que no mueran cincuenta mil personas que, según un cálculo prudencial y bien formado, se pierden anualmente en las casas de expósitos, en hospicios y en las cárceles de España*, 1805.

[26] Fraile recuerda que Jovellanos utiliza el término «policía» de forma imprecisa, intercambiándolo a veces con «política» o reservándolo para referirse al conjunto de normas requeridas para el buen funcionamiento de algo (Fraile, 1997, p. 120). El mismo Fraile incluye un anexo al final de su estudio donde figura una relación de algo más de cien obras –en la mayor parte de los casos se trata de memorias presentadas en concursos de sociedades económicas de amigos del país– sobre cuestiones de «policía» (Fraile, 1997, pp. 133-137).

seedores de riquezas –dimensión fiscal[27]. Lo que importa en estos textos son los hombres considerados como agentes que colaboran en aumentar la prosperidad del Estado y, en la medida de esto, en intensificar su propia felicidad individual (Foucault, 2004a, p. 330).
Los asuntos tratados en el género de la «ciencia de la policía» pueden agruparse en cinco grandes dominios (Foucault, 2004a, pp. 330-333):

(a) El problema de la población, esto es, del número de moradores adecuado según la extensión del territorio y las subsistencias disponibles[28].

(b) El problema de los víveres, es decir, de los productos necesarios para la subsistencia. Aquí se inscriben cuestiones tan importantes como la política agraria, las manufacturas, la gestión de los precios del grano y el problema del lujo, es decir, de la distinción entre lo necesario y lo superfluo[29].

---

[27] Von Justi recuerda que, a pesar de estar estrechamente relacionadas, la Hacienda no se confunde con la Policía: «Muchos autores que han escrito sobre la policía, han confundido sus principios con los de hacienda, dejando muy mal cumplidas sus empresas. Yo convengo en que estas dos ciencias tienen mucha relación entre sí. La policía es el fundamento y la base de la Ciencia de Hacienda, y a ella le toca ver hasta que punto pueda aumentarla sin vejación del público; más no impide esto, que estas dos ciencias tengan cada una sus límites. La policía trabaja a conservar y a aumentar las rentas del Estado por la sabiduría de sus reglamentos; y el que está encargado de la hacienda se ocupa de descubrir medios para emplearlas del modo más ventajoso, para poder en tiempo de necesidad, o en la oportuna ocasión, subvenir a los gastos que está obligado a hacer» (Von Justi, 1784).

[28] Algunos capítulos del primer tomo y parte del segundo de las *Instituciones Políticas* de Bielfeld, se ocupan de este problema; Valeriola sin embargo no lo menciona en su transcripción fragmentaria del de Delamare; Romá i Rossell le dedica los capítulos I («De la Población»), III («De la transplantación de los hombres») y IV («De los casamientos»). Von Justi, por su parte, dedica al asunto la segunda sección de su obra («De la cultura interior de un país y del aumento de sus habitantes»), donde, entre muchas otras cosas, justifica la tolerancia religiosa para permitir la entrada de extranjeros pertenecientes a otras confesiones distintas a la mayoritaria del Estado de acogida; su traductor, Puig y Gelabert, se muestra opuesto a la tolerancia religiosa.

[29] Valeriola se ocupa del asunto de los víveres (Valeriola, 1805, pp. 577-630), especialmente de las carnicerías (Valeriola, 1805, pp. 632-705) y de la «policía de granos», esto es, su producción, almacenamiento, tráfico y distribución (Valeriola, 1805, pp. 513-576). Se muestra partidario de limitar la libertad del comercio de granos para evitar la escasez y de vedar la exportación de los mismos. Se opone al lujo (Valeriola, 1805, pp. 230-258). Romá i Rossell también se ocupa de la política de propiedad agraria, mostrándose partidario de favorecer el sistema de enfiteusis para evitar los males de la gran propiedad y de vedar el reparto de tierras en las transmisiones hereditarias (Romá i Rossell, 1768, pp. 14-34 y 92-95); defiende el libre comercio de víveres y de granos (Romá i Rossell 1768: 59-91); se ocupa de las manufacturas (Romá i Rossell, 1768, pp. 108-111) y se preocupa por el éxodo de los campesinos (Romá i Rossell, 1768, pp. 105-107). Señala la bonanza del lujo (Romá i Rossell, 1768, pp. 42-45 y 140-141). Bielfeld dedica el capítulo 9 de su obra a la «policía de la campaña», y el capítulo 3 a las manufacturas. Von Justi se ocupa de la producción de víveres en el primer capítulo de su Libro I; de la agricultura y las manufacturas en los capítulos 8 y 9; en el 13 del precio de las mercancías y en el 14 de los reglamentos que quitan los obstáculos al florecimiento económico, todos en su libro II; el capítulo 18, en el libro III, está dedicado al lujo; considera que la eliminación de éste supone un daño para la economía estatal, pero piensa que deben reprimirse algunas de sus formas.

(c) El problema de la salud, de la higiene, limpieza y decoro, en general. Aquí se incluye todo lo que premite que el hombre, contando con subsistencias para sobrevivir, se mantenga sano y apto para el trabajo[30].

(d) El problema del trabajo y del ocio o entretenimiento. Este apartado abarca la política de pobres y vagabundos, la educación, la reglamentación de gremios y oficios y todo lo concerniente a las festividades, la religión, el juego y los espectáculos[31].

(e) La cuestión de las circulaciones y de los tráficos. Aquí se inserta todo lo relacionado con el control de los desplazamientos de personas y mercancías, así como los medios para el mejoramiento de las comunicaciones, la construcción de caminos y canales y la navegación[32].

En último extremo, la ciencia de la policía se ocupa del hombre como viviente, es decir, de las condiciones que permiten su reproduc-

---

[30] Valeriola (1805) se extiende abundantemente en esta materia: intervención en caso de epidemia (pp. 377-430), establecimiento de mataderos (pp. 630-636), ordenamiento de cementerios y funerales (pp. 158-218), prevención de contagios aéreos (pp. 316-371), limpieza y aseo de las calles (pp. 356-371), inoculación de la viruela (pp. 88-134). Bielfeld trata el asunto en el capítulo 7 del volumen I de su obra; considera que la limpieza y el aseo forman el segundo ramo de la policía (Fraile, 1997, p. 78). Von Justi (1784) dedica todo el capítulo 6 de su obra al «cuidado que debe tener el soberano en impedir las enfermedades y la mortandad entre sus súbditos»; Foronda (1801) también se ocupa ampliamente de estas materias, desde la pureza e higiene del aire o la limpieza de las casas por cada vecino hasta el alcantarillado y la manera de exterminar los insectos. Romá i Rossell, sin embargo, no se ocupa en absoluto de estas cuestiones.

[31] Valeriola (1805) se ocupa de las medidas contra la blasfemia, la magia y la superstición (pp. 293-315) y de los juegos y espectáculos (pp. 264-288). Romá i Rossell 1768 se ocupa de la educación pública (pp. 285-289); defendiendo el acceso a la administración por méritos (pp. 290-300); defiende la existencia de los gremios (pp. 161-166) y la implantación de academias de agricultura (pp. 96-102) y la necesidad de proteger a los artífices catalanes (128-139). Se refiere asimismo a los hospicios y establecimientos de asistencia (pp. 35-41) y a la utilización de soldados para las obras públicas, defendiendo, en una línea etrictamente prusiana, el establecimiento de colonias militares (pp. 210-215). Justi (1784) por su parte, se ocupa de los oficios (capítulo 9.º), del respeto debido a la religión (capítulo 15.º), de la educación de la juventud (capítulo 17.º), del destierro de la ociosidad y la mendicidad (capítulo 19.º) y de la represión del crimen y de las sediciones (capítulos 22.º y 23.º). Foronda (1801), también se refiere a la lucha contra el ocio, la superstición, la persecución del crimen y en particular el bandolerismo, y se muestra partidario de fomentar las diversiones públicas, incluidos los bailes campestres y ciertos juegos (Fraile, 1997, pp. 81-82). En línea con lo defendido en Foronda, 1821, pp. 431-442, se muestra contrario a los hospicios y partidario de unas «casas de misericordia» y hospitales saneados donde, sin atentar contra la libertad de los recluidos, se alivien sus enfermedades y puedan subsistir los que no puedan mantenerse.

[32] Valeriola (1805) no se refiere a estos asuntos, pero Romá i Rossell (1768) atiende a ellos con bastante detalle: el comercio con Indias (pp. 260-73), con el mediterráneo oriental (pp. 274-279); las Juntas de Comercio (pp. 244-259), el comercio exterior en general (pp. 242-243), la circulación (pp. 114-121), los caminos y la navegación (pp. 195-203), el comercio interior (pp. 194-195), las exportaciones (pp. 172-193); los géneros extranjeros (167-171). Von Justi (1784) dedica casi toda la segunda sección de su libro II a estas cuestiones de la circulación y el tráfico. Von Bielfeld, por su parte, dedica los capítulos 4 y 5 de su segundo volumen al comercio y la navegación, respectivamente.

ción y su subsistencia, pero también de su «bien vivir», esto es, de su «comodidad» y «felicidad», como se dice continuamente en la tratadística de este género[33], del «bien estar», que se traduce en súbditos «bien estantes», como le gustaba decir a Olavide (Perdices de Blas, 1995, p. 200). La meta de la policía era suministrar los medios idóneos que permitieran articular la fuerza del Estado con este «bien vivir» de los individuos.

Estos medios no consistían en instrumentos judiciales, en leyes, sino en reglamentos. La «policía» concierne a medidas que, por situarse en la pequeña escala de lo cotidiano, no tienen rango de ley, y que debido a su urgencia e inmediatez no pueden pasar por el lento rodeo de los procesos judiciales. Funciona como un «permanente golpe de Estado» (Foucault, 2004a, p. 347). Las técnicas de policía son técnicas de vigilancia y disciplina que ayudan a reducir lo abigarrado y disperso a un orden concertado, trátese de las características físicas de los edificios, la instalación de los mataderos, la representación de obras teatrales, el encauzamiento laboral de los pobres o la numeración de las casas. Aquí resulta importante la referencia al esquema militar, que desempeñó un papel destacado, dada la inspiración prusiana de buena parte de esta literatura[34].

Esta atención disciplinaria al detalle, a lo menudo y a su normalización tiene su origen en la institución del censor (Rivera García, pp. 120-123), que, teniendo en mente el paradigma de la Roma antigua,

---

[33] «La policía es la ciencia de gobernar los hombres, contribuyendo a sus prosperidades; y el arte de llenarles de felicidades, en quanto es posible, y deben serlo según el interés general de la Sociedad» (Valeriola, 1805, p. 9); «La felicidad y tranquilidad interiores del Estado, que es el fin de todo Gobierno» (Romá i Rossell, 1768, p. 315); «El poder de un Estado consiste aún en los bienes muebles de los súbditos que le componen, y como éstos son el fruto del trabajo de la industria de los hombres, y provienen de los inmuebles, es fácil de ver que un medio para aumentar las riquezas del Estado es multiplicar los primeros cuanto sea posible. Contribuyendo estas producciones a la subsistencia y las comodidades de los habitantes, y por consiguiente a la felicidad de la sociedad, se sigue de la primera regla general» (Von Justi, 1784); [La Policía es] «una ciencia que tiene por objeto el procurar al hombre toda la comodidad que puede gozar sobre la tierra» (M. N. Marín, *Discurso sobre la Policía*, 1792, cit. en Jordana de Pozas, 1977, p. X).

[34] El «modelo prusiano» adoptado por Romá i Rossell fue señalado hace tiempo por Ernest Lluch, quien subrayó que la Ilustración económica española fue más prusiana y austrohúngara –es decir, más autoritaria, despótica y militar– que occidental –es decir, librepensadora (Lluch, 1989, p. XXXV). Esta militarización económica, según Lluch, se advierte en la preferencia de Romá i Rossell por las colonias militares al estilo de las establecidas en Prusia, utilizando a los soldados para construir caminos, canales y ríos navegables, y estipulando un sistema de crédito público para financiar el conjunto (Lluch, 1989, pp. XXXIX-XL). Se ha señalado también el influjo de este modelo de colonias militares en las poblaciones establecidas en Sierra Morena y en determinadas zonas de la América hispana (Lluch, 2000, p. 727). La inclinación militarista, y por tanto proclive a Prusia, parece haber sido muy importante en el grupo de ilustrados aragoneses, empezando por el Conde de Aranda, de ahí que el cameralismo se introdujera en España a través de la Corona de Aragón (Lluch, 2000, pp. 723-724).

siguieron algunos proyectistas del siglo XVI, como Vives o Pérez de Herrera. Pero este censor no se identifica ya con el ejercicio de una autoridad moral; se trata de una tecnología de vigilancia que opera en todos los resquicios de la vida cotidiana.

Algunas de las medidas de «policía» habilitadas por el reformismo ilustrado a partir de Carlos III ejemplifican el funcionamiento y los límites de este modelo disciplinario. El análisis de la colonización de Sierra Morena sirvió para mostrarlo en un contexto concreto. Se trata de un ejercicio de policía que opera en una doble escala; por un lado en el plano de las ordenanzas y los reglamentos emanados directamente de la Corona y por otra en la superficie de las disposiciones estipuladas por los ayuntamientos (Anguita Cantero, 1997). Entre una y otra parte de este mecanismo no faltaron las tensiones, de ahí las tentativas de la monarquía borbónica para controlar el poder municipal con la introducción de nuevas figuras como los «alcaldes de barrio» y los «síndicos personeros» o de instituciones como la Junta Consultiva de Policía Urbana (1752) y la Superintendencia General de Policía (1782); se trataba de convertir así al Ayuntamiento en un relevo del poder central, en una pieza del Estado de policía (Guillamón Álvarez, 1989, pp. 45-64).

En cualquier caso, la policía es un tipo de disciplinamiento que gobierna «urbanizando» (Foucault, 2004a, p. 342). Por esta razón la figura de los alcaldes de barrio y organismos como la Junta Consultiva de Policía Urbana y la Superintendencia General de Policía expresan muy bien este proyecto ilustrado de disciplinamiento ceñido que toma como paradigma a la «ciudad perfecta» (Fraile, 1997). La otra cara de este mecanismo lo representa la «policía de granos».

Tras la resaca del Motín de Esquilache en 1766, cuando el populacho llegó a hacerse dueño de las calles de Madrid, una Real Cédula dada en 1768 dividía a la capital en ocho cuarteles. A cada uno se le asignaba un «alcalde de cuartel»; a su vez la ciudad se distribuía en 64 barrios y se nombraban «alcaldes de barrio» con funciones de «policía» y jurisdicción criminal en su zona. Debían topografiar con esmero su sector, llevar una relación escrita del número de los vecinos del mismo, con indicación de su domicilio y ocupación. Asimismo, debían poner especial cuidado en controlar a los que se alojaban en posadas y en supervisar la vida cotidiana de las tabernas. También tenían a su cargo la policía de los pobres, recogiendo a los menesterosos y recluyéndolos en los hospicios y conduciendo los niños abandonados a las casas de expósitos.

En la escala del barrio funcionaron también las Diputaciones de Barrio —establecidas en 1778— que socorrían a los pobres, enfermos y sin trabajo, en sus propios domicilios, pagando al médico o cirujano que los atendía, sufragando las medicinas y la manutención (Guillamón Álvarez, 1989, pp. 62-64). Se trataba por tanto de una alternativa al internamiento en el hospital, institución desprestigiada entonces por sus pésimas condiciones higiénicas (Trinidad Fernández, 1988, p. 103).

Los diputados de barrio actuaban también como un instrumento de «policía»; se infiltraban en los barrios modestos, remitían los ociosos al hospicio y ponían a trabajar a los jornaleros. Proporcionaban consejo y asesoramiento e intercambiaban su sostén por la moralización del pobre, que se veía desprovisto de manutención o denunciado si se entregaba a una vida criminal o disoluta (Trinidad Fernández, 1988, p. 104, y Guillamón Álvarez, 1989, pp. 62-64).

Aunque durante el mandato de Aranda como presidente del Consejo de Castilla el dispositivo de los alcaldes de cuartel y de barrio mantuvo una actividad intensa, a partir de 1778 la aplicación de estas medidas se relajó. Respondiendo a esta situación, el ministro Floridablanca promovió la creación, verificada en un Real Decreto de 1782, de la Superintendencia General de Policía para Madrid y su Rastro (Sánchez León y Moscoso Sarabia, 1989, pp. 495-512, y Fraile, 1997, pp. 53-54). Este organismo pretendió centralizar el ejercicio de la «policía» en el ámbito de la Corte, pero en vez de sustituir a otras agencias que desempeñaban cometidos de la misma índole –regidores, corregidores, alcaldes de la Sala de Casa y Corte, consejeros del Consejo de Castilla– se adicionó a ellos, dando lugar a conflictos de jurisdicción. Sin contar tampoco con una *Instrucción* específica que desarrollara el reglamento de sus funciones, sus desempeños de «policía», supuestamente múltiples, acabaron reduciéndose a la mera vigilancia y represión de los desórdenes públicos, que podían ir desde el homicidio y la conspiración hasta actos no contemplados por las leyes, como la separación matrimonial o aproximarse más de la cuenta a los aledaños de Palacio (Fraile, 1997, p. 54).

En 1792 se extinguió la institución, y pese a que fue reinstaurada por un breve periodo en 1807, tras la creación de la figura del Juez de Policía por Carlos IV, acabó desapareciendo. Por otro lado, la Junta Consultiva de Policía Urbana, creada en 1752, tenía la función de homogeneizar y supervisar, desde la intervención del Estado, la diversidad de ordenanzas municipales establecidas en materia de higiene y construcción de viviendas. Era un órgano que pretendía convertir a los municipios en pieza de relevo del poder central (Zarzoso, 2001, pp. 132-133, y Anguita Cantero, 1997).

Situada un paso más allá del diagrama disciplinario y reglamentista de la «policía», se encontraba la «policía de granos» que acabó imponiendo el equipo ilustrado de Carlos III. Foucault vió en el programa liberalizador del precio del grano propuesto por los fisiócratas uno de los primeros ejemplos históricos de «dispositivos de seguridad» o «mecanismos reguladores», tecnologías de gobierno que abrían un nuevo ámbito más allá de la pura normalización disciplinaria y del poder jurídico de la soberanía. En efecto, aquí se tiene el caso de un poder que actúa rompiendo las constricciones reglamentistas que encauzaban el precio del trigo y dejando que la propia autorregulación del libre comercio –incluso con el exterior– actuara equilibrando las fluctuaciones de los precios dentro de un intervalo tolerable que minimizaba los «riesgos» (Foucault, 2004a, pp. 32-50).

La vieja política disciplinaria en materia de precios agrícolas, y en particular en relación con ese elemento básico para la subsistencia que era el pan, se habría organizado en el caso español, como en gran parte de Europa occidental –con las excepciones de Holanda e Inglaterra– sobre la fijación de una tasa que sustraía el precio del cereal a las fluctuaciones bruscas debidas a la imprevisible oscilación de las cosechas y a la especulación de los mercaderes de grano. La tasa se justificaba sobre la base de la vieja doctrina del «justiprecio» y actuaba como elemento supuestamente preventivo de revueltas urbanas y levantamientos campesinos.

Junto a la «tasa» existía la institución de los «pósitos» –las alhóndigas y el abastecimiento municipal podían desempeñar la misma función– uno de cuyos cometidos era el «panadeo», que consistía en surtir de pan a los pueblos, de modo que se estabilizaban los precios en épocas de crisis (Trinidad Fernández, 1988, pp. 111-112). Desde 1751, por un Real Decreto, los pósitos se centralizaron y pasaron de manos de los ayuntamientos, patronatos y juntas eclesiásticas al control de un Superintendente General de Pósitos con jurisdicción sobre toda la península.

Pues bien, en España, como sucedió en Francia, tendió a prevalecer entre los reformistas ilustrados la tesis favorable a la liberalización del comercio de granos[35]. Esta propuesta constituyó una de las piezas de lo que se ha llamado el «programa ilustrado» español en materia económica (Llombart Rosa, 2000a, p. 48). Ahora bien, aunque en esta medida se daba una coincidencia con los planteamientos de la fisiocracia francesa, el proyecto liberalizador propugnado en España nunca fue tan irrestricto como el formulado por los seguidores de Quesnay, especialmente en lo relativo al comercio exterior de granos.

El diseño liberalizador más influyente fue el presentado por Campomanes en su *Respuesta fiscal sobre abolir la tasa y establecer el co-*

---

[35] Desde la obra de Miguez de Zavala y Auñón (*Representación al Rey Nuestro Señor Felipe V*, 1732) hasta los smithianos de finales de siglo (Alcalá Galiano y Ramón Campos), pasando por Campomanes, Romá i Rossell, Olavide, Enrique Ramos, Nicolás de Arriquíbar, Jovellanos, Foronda y Cabarrús, la nómina principal de los pensadores españoles que se ocuparon de economía, estuvieron a favor de eliminar la tasa y liberalizar el comercio del grano, aunque con restricciones al comercio exterior (véase Llombart Rosa, 2000a).

mercio de granos (1764)[36]. Este texto, redactado a instancia de una consulta realizada por el marqués de Esquilache, a la sazón ministro de Carlos III, fue el que inspiró la Real Pragmática dada en 1765 por la que se abolía la tasa de granos y se permitía su libre comercio. La medida coincidió con una coyuntura dramática; la fuerte expansión demográfica iniciada a comienzos del siglo XVIII generaba una creciente demanda –en un sistema de propiedad de la tierra que mantenía a una gran masa de jornaleros en el límite de la subsistencia– que contrastaba con una oferta escasa y rígida –debido a las condiciones estructurales de baja productividad y restricciones institucionales propias del Antiguo Régimen. En 1760, una serie de sequías agravó el descenso de la producción y la pésima cosecha de 1763 dio lugar a una terrible carestía que situaba en Castilla hacia 1763-1765 el pico superior en el precio del trigo durante todo el siglo. Sobre este trasfondo y con las medidas liberalizadoras como respuesta, se gestó el Motín de Esquilache.

Ciertamente la propuesta liberalizadora de Campomanes era limitada; se justificaba en el intento de preservar un buen nivel para el precio del grano que fomentara la producción agraria; en los periodos de abundancia los comerciantes tenderían a guardar parte del grano y a revenderlo en tiempo de escasez; este libre ejercicio del comercio actuaría entonces equilibrando los precios. Incluso se contemplaba la importación de granos de fuera si se daba una situación de carencia. Por otro lado, aunque Campomanes postulaba la total libertad de comercio interior, proponía reglamentar la conducta de los comerciantes para evitar la compra adelantada de las cosechas y el perjuicio de los labradores (*v. g.* obligando a todos los mercaderes a matricularse en los ayuntamientos y a tener libros de contabilidad abiertos a la inspección pública). Finalmente, respecto al comercio exterior, mantenía bastantes reservas, preservando un régimen de precios máximos y mínimos que restringía la libertad de tráfico.

En la práctica, la liberalización fue contestada en la calle e incluso el propio Consejo de Castilla, en 1775, solicitó al rey que la derogara. La medida se mantuvo hasta 1790 –más tiempo que en Francia–, cuando una nueva carestía condujo a su abolición. Es la paradoja de una disposición que sustituye el reglamento disciplinario por la autorregulación del mercado, pero que se ve obligada a imponer la libertad con las armas, como cuando las tropas del Conde de Aranda fueron trasladadas a Aranjuez para hacer valer la Pragmática del libre panadeo (De Castro, 1987; Lluch, 2000, p. 724). A la postre, la decisión de las Cortes de Cádiz harían triunfar en 1813 la política libera-

---

[36] Para todo lo que sigue sobre la liberalización del comercio de granos, seguimos la exposición de Llombart Rosa, 2000b, pp. 222-227.

lizadora. Pero entonces el «Estado de policía» ya había entonado su canto de cisne.

POLÍTICAS DE LA SALUD

Pese a que, como se ha indicado, la lucha contra las enfermedades, y particularmente contra las epidemias, ya se encontraba planteada como asunto de gobierno entre los representantes del mercantilismo español durante el siglo XVII, sólo a partir del siglo siguiente, y especialmente desde el reinado de Carlos III, puede decirse que la «salud» empieza a afrontarse como un medio para acrecentar la cantidad y calidad de la población. En esta empresa y a través de sus oposiciones y de sus colaboraciones, la medicina estatal y un emergente mercado médico de clientelas privadas conformaron una estrategia global[37].

Ya se ha constatado que el gobierno de la salud era un apartado relevante en la esfera de la «policía». Una de las especializaciones de esta disciplina, que comienza a sufrir un cierto proceso de desintegración desde las últimas décadas del siglo XVIII (Zarzoso, 2001, p. 129), era precisamente lo que en Alemania se conoció con el nombre de *Medizinischenpolizei*, «policía médica», expresión introducida por Wolfgang Thomas Rau en 1764. El tratado donde se sugería el neologismo implicaba la consideración del médico como funcionario del Estado; su misión no consistía sólo en luchar contra las enfermedades; debía contribuir a la supervisión y mejora de la salud de la población (Rosen, 1985, p. 158). La consolidación definitiva de este concepto tuvo lugar con la publicación del monumental tratado de Johan Peter Frank, *System Einer Vollständingen Medizinischen Polizei*, editado en nueve volúmenes a partir de 1779.

El modelo cameralista de la «policía médica», entendida como una rama de la «policía» ejercida por la autoridad estatal, es el que predominó en la primera iniciativa institucional dirigida a implantar en España los estudios e intervenciones relacionados con la salud pública. Se trata del proyecto emprendido desde la Academia Médico Práctica de Barcelona, constituida oficialmente en 1770 y nucleada en torno a facultativos como Jaume Bonells y Francesc Salvá i Campillo. En los textos programáticos de estos doctores se conjuga una visión empirista y utilitaria de la medicina y un esquema institucional fuertemente centralizado, que coloca las tareas de la Academia bajo la autoridad

---

[37] Sobre este punto de partida, véase Foucault, 1985, p. 90, y Martín Rodríguez, 1984, pp. 267-268. Como ha señalado Foucault, 1985, p. 94, la actuación estatal en la atención médica no se restringe ya al auxilio de los enfermos pobres, sino que abarca al conjunto de la población; es el tránsito del socorro caritativo a la «policía sanitaria».

de la Real Audiencia de Barcelona, órgano de la burocracia estatal en el Principado de Cataluña (Zarzoso, 2003, pp. 143-146).

La emergencia de la «policía médica» española en el ámbito de la medicina catalana no es casual. Ya se ha constatado que uno de los principales centros en la recepción española del cameralismo estaba en Cataluña, donde destacaban la recepción de Bielfeld en la obra de Romá i Rossell y la traducción de Von Justi por Puig y Gelabert. Por esta razón no es de extrañar tampoco que el primer texto español de policía médica se publicara en Barcelona. Se trata del *Compendio de Policía Médica* editado en 1803; su autor, Vicente Mitjavila, era catedrático de Medicina Práctica en la mencionada Academia barcelonesa, donde se había fundado en 1801 una escuela de medicina clínica de clara inspiración germánica, siendo Salvá y el mismo Mitjavila sus primeros profesores (Calbet y Corbella, 1983, p. XII).

El entronque con la *Medizinischenpolizei* se advierte al inicio mismo del *Compendio,* donde se menciona explícitamente a «Juan Pedro Frank», y se justifica la publicación del texto, de neta vocación didáctica, «quanto no tenemos en español (a lo menos que yo lo sepa) otro de esta naturaleza» (Mitjavila, 1803, p. 64). El encuadramiento del médico como servidor del Estado aparece establecido desde el principio[38], por ello el *Compendio* no se limitaba a abordar algunos problemas particulares relacionados con la conservación de la salud, sino que abarcaba prácticamente todos los asuntos que constituían, en la época, objeto de gobierno en materia sanitaria.

Con estas miras, Mitjavila consagraba el primer capítulo de su obra al «buen orden» de la profesión médica; esto es, a señalar los deberes y cualidades morales que correspondían al facultativo. El resto de su trabajo se dedicaba a deslindar todo el repertorio de asuntos sanitarios que correspondían al gobierno de la población, realizando, en cada caso, las propuestas que se consideraban pertinentes: los obstáculos que impedían la procreación (uniones conyugales enfermizas o físicamente desproporcionadas, impotencia, esterilidad, partos, preparación de las parteras, abortos, infanticidios, cesáreas); el cuidado de la infancia (salud y educación de los expósitos, lactancia mercenaria, asfixias, gimnástica); el diagnóstico y la intervención médica en relación con accidentes varios (catalepsia, asfixia, ahogamientos, envenenamientos); la evitación de contagios aéreos (saneamiento de hospitales, cárceles, hospicios, cementerios, escuelas públicas); la preservación de enfermedades venéreas; las medidas que debían adoptarse en caso de epidemia; la inoculación y vacunación de la viruela y, finalmente, la salubridad de las aguas y de los víveres en general. Mitjavila con-

---

[38] «Los Médicos se hacen útiles, y sirven al Estado, en quanto trabajan incesantemente para la conservación del género humano» (Mitjavila, 1803, p. 64).

templaba asimismo como asunto de «policía médica», todo lo concerniente a la formación y al ejercicio profesional de la medicina, así como todo lo relacionado con el control de las boticas. No obstante prefería postergar el examen de estas cuestiones en una obra posterior (Mitjavila, 1803, p. 172).

El catálogo de cuestiones que, de un modo desordenado para la mirada del lector del siglo XXI[39], afronta el *Compendio de Policía Médica*, permite recomponer de forma sumaria un emergente espacio de problemas donde se articulaban las reflexiones, las propuestas y las estrategias institucionales desplegadas por el reformismo ilustrado español en todo lo que concernía a la salud como asunto de Estado.

Un primer ámbito de preocupaciones tenía que ver con las tentativas para aminorar la mortalidad, más específicamente la infantil. Aquí aparecían interconectados tres órdenes de cuestiones: la conservación de la vida de los niños expósitos, la lactancia mercenaria y la actuación contra la viruela.

A partir del siglo XVIII se puso en cuestión una evidencia tácitamente asumida durante siglos, esto es, que el destino habitual y mayoritario de la infancia era una muerte temprana. Los planteamientos de la medicina, marcados por la tradición hipocrático-galénica de la doctrina humoral, venían a reforzar esta convicción, caracterizando a los niños por su «fragilidad natural». Ésta venía dada por la prevalencia en ellos de la humedad y calidez, dando lugar a una constitución tierna y blanda, enfermiza por sí misma y en cualquier caso plenamente vulnerable ante la enfermedad (Balaguer y Ballester, 2003, pp. 33-54).

El renovado interés por la infancia en la Europa de las Luces tiene que ver sin duda, entre otros factores (Balaguer y Ballester, 2003, pp. 52-53), con un desplazamiento, ya señalado, en relación con el modo de considerar a la población. La riqueza que ésta representaba para el Estado no consistía simplemente en el número de moradores, sino principalmente en su calidad, en su utilidad como fuerza laboral, dentro de un contexto marcado a la vez por el crecimiento demográfico –incremento de la natalidad, desaparición paulatina de las grandes crisis de mortalidad, aumento de la esperanza de vida– y por el crecimiento del aparato productivo –manufacturas, agricultura y comercio. La condición para contar con un vasto contingente de trabajadores era disponer de una población sana y capacitada. La medicina y la edu-

---

[39] Ciertas distinciones que nos resultan familiares (entre higiene pública y privada, entre moral e higiene, entre deontología médica y medicina legal, entre medicina interna y pediatría) permanecen ausentes en el texto de Mitjavila; un similar tratamiento fragmentario, aunque más restringido en relación con los temas afrontados, aparece en los escritos contemporáneos de Foronda, 1793, pp. 511-542, y de Cabarrús, 1795, pp. 141-157.

cación se convertían en herramientas básicas para vigorizar al reino. No resulta entonces extraño que los reformadores ilustrados dirigieran su atención hacia la infancia abandonada, ese vivero de trabajadores potenciales cuya mortalidad masiva y precoz en las «casas de expósitos» suponía una verdadera sangría para la fortaleza del Estado. La institución de la inclusa o casa de expósitos se comenzó a generalizar en España a partir del siglo XVI[40]. Su función primordial consistía en la recogida y manutención de los niños abandonados, resultado de una práctica –la exposición– que pretendía proteger el honor familiar dando salida a ese caudal de hijos ilegítimos que lo arruinaba.

Entre las últimas décadas del siglo XVIII y la primera del XIX proliferó en España una literatura[41] que daba cuenta de las catastróficas condiciones sanitarias en las que se encontraban las casas de expósitos, verdaderos «mataderos» de la infancia[42], proponiendo su transformación en establecimientos para la crianza de trabajadores saludables, voluntarios y morigerados. Aunque ya a comienzos del siglo XVIII –recuérdese la preocupación de Ustáriz a propósito de la mortalidad infantil– pueden rastrearse los primeros pasos de esta literatura –con la *Práctica política y económica de expósitos*, de Fray Tomás Montalvo, publicada en 1700–, el grueso del género se produjo durante el reinado de Carlos IV. Entre sus autores se contaban altos funcionarios, administradores de hospicios, sacerdotes y médicos que, apelando al mismo tiempo a la compasión caritativa y a la utilidad del Estado, requerían el saneamiento de la institución.

Estas primeras propuestas para medicalizar la inclusa coincidían estratégicamente con las intenciones de la Corona. Aquí se inscribe el decreto promulgado el 5 de enero de 1794, donde se alude a la elevadísima mortalidad de los niños expósitos presentándola como «agravio de la caridad cristiana y grave perjuicio del Estado, por el detrimento de la población» (Nov. Rec. Libro VII, Título 37, Ley IV) y se reconoce legalmente a esos niños otorgándoles el mismo estatuto que a los «hombres buenos del estado llano en general». De este modo, por encima de la estigmatización sustentada en criterios de sangre

---

[40] Las monografías sobre inclusas en España desde el Antiguo Régimen hasta comienzos del siglo XX son ya bastante numerosas; véase el trabajo de Álvarez Santaló, 1980, sobre la de Sevilla; los de Demerson, 1972; Larquié, 1987; Sherwood, 1988; Vidal Galache y Vidal Galache, 1995, sobre Madrid; o el de Vargas González, 1986, sobre Barcelona.

[41] Sobre esta literatura véase Carreras Panchón, 1977; Domínguez Ortiz, 1982, pp. 167-174, y Balaguer y Ballester, 2003, pp. 55-59.

[42] Ruiz de Luzuriaga, médico de familia de Carlos IV y colaborador destacado de la Sociedad Bascongada de Amigos del País, elaboró entre 1817 y 1819 un voluminoso manuscrito sobre el estado de los hospicios españoles. A título de ejemplo aducía que en el hospicio de Santiago de Compostela en 1803 se alcanzaba una mortalidad de 761'2 por cada mil nacidos vivos (Balaguer y Ballester, 2003, p. 59).

(«bastardos») o en la culpabilización de origen religioso («hijos del pecado»), se propugnaba, como asunto de Estado, la protección y asimilación de los niños ilegítimos[43].

La inclusa recibía entonces un estatuto ambiguo; siendo contemplada y criticada como un enclave patógeno, se convertía al mismo tiempo en un verdadero laboratorio para la observación de las enfermedades infantiles, de modo que la fuente del problema pasaba a transformarse en principio de solución.

Uno de estos problemas, planteado de forma acuciante en el espacio de la inclusa pero que lo trascendía hasta convertirse en instrumento de crítica social en general, era el de la lactancia mercenaria. Los reformadores ilustrados españoles, empezando por médicos vinculados a las propuestas de la «policía médica», como Jaume Bonells, apoyaron masivamente una campaña que cuestionaba la práctica –habitual entre las familias acomodadas– de alimentar a los recién nacidos recurriendo a la contrata de nodrizas[44]. Justificándose a partir de argumentos técnicos y no meramente morales, y en consonancia con un movimiento de opinión generalizado en buena parte de Europa occidental, se ponderaban las bondades de la leche materna y sus efectos benéficos sobre la salud de los hijos. Al mismo tiempo se advertía acerca de los peligros inherentes a la lactancia mercenaria, enfatizando el papel desempeñado por la nodriza como vehículo de contagios (en particular los sifilíticos), lo incierto de su condición moral y la contaminación y mala calidad de una leche esquilmada por múltiples lactantes de pago.

En el caso de los niños hospicianos la apelación a la leche materna carecía de sentido. Los autores de monografías sobre casas de expósitos enumeraban el rosario de enfermedades que afectaban a estos niños, incluidas las engendradas a consecuencia de la leche de alquiler. Por ello exigían una estricta vigilancia y encauzamiento disciplinario de las nodrizas, apuntando a la fabricación de una «nodriza perfecta» que sirviera de patrón. Así, por ejemplo, el doctor Santiago

---

[43] Con objeto de propiciar que éstos se engendraran en condiciones óptimas preservando al mismo tiempo la discreción, Valentín de Foronda proponía la creación de hospitales paritorios para madres solteras, siguiendo los ejemplos prusiano y austríaco: «Ya que hablo a Vmd. de los medios de atajar los males que destruyen la salud, y que disminuyen la población, vuelvo a repetir lo mismo que le encargué en mis cartas sobre la Economía política, y leyes criminales: esto es, que tenga casas donde las muchachas, que han tenido un desliz puedan depositar con seguridad el fruto de una indiscreción, de una flaqueza, o de una impetuosa pasión, por cuyo medio se evitará el escándalo, y muchos atroces infanticidios. (Nota: Son dignos de imitarse los reglamentos que formaron en sus Reynos de Prusia y Austria, Federico II y José II, para las casas destinadas a recibir las mugeres que quisieran parir sin que lo perciba el público)» (Foronda, 1793, p. 524).

[44] Acerca de esta campaña y de la incidencia de los planteamientos rousseaunianos en la misma, véase Bolufer Peruga, 1992.

García, en sus *Instituciones sobre la Crianza Física de los Niños Expósitos*, formulaba un régimen específico para las nodrizas de inclusa, reglamentando estrictamente sus tareas (horario, aseo de los niños, número de mudas y de tomas diarias de los lactantes) y su moralidad (salidas restringidas y en grupo, conversación limitada a los próximos y familiares) (Balaguer y Ballester, 2003, pp. 61-62).

Por otro lado, ante la imposibilidad de recurrir a la lactancia materna, se proponía investigar, siguiendo el modelo de los experimentos realizados en hospicios franceses– las posibilidades de la lactancia artificial (leche de cabra, papillas, mezclas variadas de leche animal con otros alimentos, etc.) (Balaguer y Ballester, 2003, p. 62). De este modo se trataba de convertir a la inclusa en un espacio, no sólo de observación médica, sino de ensayo donde podían forjarse nuevas técnicas exportables después al conjunto de la población. Los niños de familias pudientes debían ser destinados a la leche materna; los niños abandonados en las inclusas podían servir de dominio experimental para las leches artificiales.

Otro ámbito de preocupación donde la inclusa llegó a desempeñar un papel sanitario relevante fue el de la lucha contra la viruela. Desde comienzos del siglo XVIII, con la remisión paulatina de la peste bubónica en Europa, aquella enfermedad vino a ocupar en cierto modo su lugar dentro de las obsesiones colectivas (Vigarello, 1993, p. 142). Sin embargo, desde 1720 aproximadamente (Watts, 2000, p. 164), comenzó a difundirse una técnica que, utilizada originalmente en algunos territorios del Imperio otomano, permitía prevenir, en la mayoría de los casos, la modalidad mortífera de la enfermedad. Se trataba de la inoculación.

Respecto a la tradición médica entonces dominante, la inoculación o variolización, que consistía en insertar directamente y durante los primeros años de vida, mediante incisiones sobre la piel, la materia purulenta procedente de las pústulas de un afectado por viruela, suponía un trastocamiento radical (Vigarello, 1993, pp. 142-143). No es de extrañar por ello que la principal resistencia frente a esta práctica procediese de los médicos de extracción universitaria, apegados a la enseñanza de la tradición (Watts, 2000, pp. 134-135). En vez de aislar al organismo del posible contagio o de purgar al cuerpo extrayendo la materia patógena, se curaba introduciendo el principio mismo del mal. Esta práctica afrontaba el cuerpo, no como una cápsula frágil y amenazada por fuerzas exteriores potencialmente invasoras, sino como un conjunto dotado de sus propias defensas invisibles que sólo había que liberar para hacerlas actuar.

Paralelamente, en el plano biopolítico, Foucault (Foucault, 2004a, pp. 59-64) ha considerado que la inoculación de la viruela ejemplifica el ejercicio de una tecnología de poder distinta de la soberanía y de los mecanismos disciplinarios. Estos últimos gobiernan los cuerpos ajustándolos a una norma externa que trata de excluir toda desviación. Las disciplinas operan sobre el esquema de la ortopedia. En la inoculación no se trata de encauzar el cuerpo –individual y colectivo– eliminando en él lo torcido y adaptándolo a un estándar preestablecido. Se trata en cambio de utilizar lo anómalo para provocar en el organismo el despliegue de sus propias normas internas; dejar hacer a las fuerzas intrínsecas para que éstas mismas restablezcan el equilibrio. La ortopedia es sustituida por la autorregulación y en vez de tratar de eliminar la amenaza se trata de administrarla en dosis limitadas. El encauzamiento es sustituido por la gestión de riesgos.

Esta nueva tecnología –«mecanismo de regulación» o «dispositivo de seguridad» en la terminología de Foucault– que representa la inoculación tuvo en España una recepción tardía (Balaguer y Ballester, 2003, pp. 80-81)[45]. Aunque la viruela hacía estragos aquí, siendo considerada en el siglo XVIII como la principal causa de la mortalidad infantil, la inoculación fue inicialmente objeto de rechazo mayoritario. Aparte de la renuencia de la población a esta práctica (Sarrailh, 1957, pp. 51-55), hay que mencionar la resistencia institucional, encabezada por los médicos de cámara a través del protomedicato de Madrid, del que formaban parte médicos del prestigio de Andrés Piquer y Gaspar Casal. Este organismo prohibió en 1757 la traducción de la obra de Christian de La Condamine, *Memoria sobre la Inoculación de la Vacuna de la Viruela*, que circulaba entonces en España y que había sido crucial para la divulgación de esta técnica en toda Europa. Aparte de algunas razones de índole religiosa –el texto presentaba los puntos de vista protestantes sobre el sacramento de la confesión[46]– el protomedicato se mostraba cauto recelando de un método novedoso cuya eficacia era por entonces sumamente dudosa (Balaguer y Ballester, 2003, p. 81).

Durante el reinado de Carlos III el asunto dio lugar a una polémica enfrentando a defensores y detractores de la inoculación (Riera, 1985, pp. 4-26; Demerson, 1993, pp. 3-39). Desde los círculos próximos a la Corte y al Consejo de Castilla la opción parece haber sido favorable a la técnica (Balaguer y Ballester, 2003, p. 84), cuyo uso está testimoniado en el País Vasco hacia 1771 –los ensayos que Ruiz de

---

[45] Aunque Feijoo fue quien la dio a conocer en España, apoyando su práctica en el *Teatro Crítico Universal* (1726-1740, V, XI, § 60). Sobre otros antecedentes en este país, Sarrailh, 1957, pp. 51-53. Sobre la inoculación y la vacuna en el contexto español, cfr. Granjel, 1979, pp. 121-125.

[46] Valentín de Foronda, decidido partidario de la inoculación, arremete contra «algunos teólogos faltos de ilustración», contrarios a la práctica; cita en su apoyo a Feijoo, que ridiculiza a ciertos presbiterianos que consideraban la inoculación como «invención diabólica» (Foronda, 1793, p. 522).

Luzuriaga realizó con su propia familia y presentó a la Sociedad Bascongada de Amigos del País (Sarrailh, 1957, pp. 51-52)– y en Ferrol hacia 1776 –por parte del médico irlandés Timoteo O'Scanlon, afincado en esta localidad. Pero el método no sólo fue avalado por los facultativos más al corriente de las innovaciones procedentes de la medicina europea (como Luzuriaga en las Vascongadas, Salvá en Cataluña o los irlandeses O'Scanlon y O'Sullivan, establecidos en España). En estos primeros años de práctica efectiva de la inoculación, un personaje tan relevante como Campomanes parece haber sido partidario de la misma[47]. Durante la década de 1790 la inoculación fue respaldada por la plana mayor de la ciencia y del reformismo ilustrado: Mutis[48], Cavanilles[49], Jovellanos[50], Foronda[51], Cabarrús[52], Generés[53], Valeriola[54], y Salvá y Campillo[55] entre otros.

Finalmente, en 1798, se dictaron en España las primeras providencias favorables a la implantación del método de inoculación. Sin embargo esta aceptación llegaba tarde; en 1796 tuvieron lugar los experimentos de Edward Jenner. Éste inoculó en un niño de ocho años la viruela de la vaca, de efectos suaves y pasajeros sobre las personas, pero que actuaba insensibilizando al organismo frente a la terrible viruela de variante humana (Vigarello, 1993, p. 203). De este modo nacía la técnica de la vacunación. Ésta si llegó a España con prontitud. El trabajo de Jenner se publicó en 1798; en 1800 y por iniciativa del doctor Francesc Piguillem, que hizo traer de París el fluido vacuno, se

---

[47] Así lo señalan Perdices de Blas, 1995, p. 190, y más matizadamente Balaguer y Ballester, 2003, pp. 83-84.

[48] Sarrailh, 1957, p. 52.

[49] Sarrailh, 1957, pp. 52-53.

[50] Fuentes Quintana, 2000, p. 388.

[51] «Ya sabe Vmd. Que la inoculación de las viruelas es uno de los presentes más preciosos que nos ha regalado la Providencia divina» (Foronda, 1793, pp. 521-522). Proponía asimismo establecer un seguro de vida para los que se quisiesen inocular, «pagando veinte pesos bajo de la obligación de recompensar a sus padres con mil en caso de que se desgracien sus hijos, lo que viene a ser un 2 por 100» (Foronda, 1793, p. 522). Aquí se constata el razonamiento en términos de gestión de riesgos, practicado habitualmente en el dominio de los seguros marítimos.

[52] «Establecidos estos lazaretos, se resolvería presto la gran cuestión de la inoculación, o, por mejor decir, dejaría de serlo; se quitaría a sus adversarios el solo argumento razonable con que la contradicen, mirándola como un nuevo medio de propagar tan terrible enfermedad en nuestras poblaciones; los facultativos, dedicados por su interés a disminuir los riesgos de las viruelas, serían los primeros apologistas de un método que les aseguraría más fáciles, más seguras y más completas curaciones» (Cabarrús, 1795, p. 144).

[53] «Para que las viruelas no hagan en los niños el estrago que suelen, fácil es el remedio: practíquese la inoculación, de la qual hay tanto escrito, y tantos y tan diversos métodos propuestos por médicos excelentísimos» (Generés, 1793, p. 55).

[54] «La inoculación es un beneficio del arte. Las preocupaciones se han desde luego reunido para hacerla proscribir; pero la experiencia y progreso de las luces han manifestado sus ventajas» (Valeirola, 1805, p. 88).

[55] Granjel, 1979, p. 122.

realizaron en Cataluña las primeras vacunaciones (Balaguer y Ballester, 2003, p. 85). Un año más tarde los médicos de la Familia Real, Ruiz de Luzuriaga e Ignacio de Jaúregui, introdujeron el procedimiento en la Corte.

En 1803 y por iniciativa del mismo Carlos IV se puso en marcha una expedición que pretendía difundir en todas las colonias españolas de ultramar la técnica de la vacunación[56]. La justificación de la misión era estrictamente biopolítica; aunque la inoculación se había extendido por buena parte de la América hispana desde 1775, la viruela seguía siendo endémica, causando una elevada mortalidad y menguando una fuerza de trabajo imprescindible para la preservación del Estado.

La expedición fue dirigida por Francisco Xavier de Balmis, facultativo que tradujo, en el mismo año de 1803, el *Traité Historique et Pratique de la Vaccine* (1801), de Jacques Louis Moreau de la Sarthe, el gran divulgador de los experimentos de Jenner en Europa. Lo más significativo de la misión es que de ella formaba parte un nutrido grupo de niños expósitos procedentes de la inclusa de La Coruña. Éstos llevaban en sus brazos el cultivo del benéfico fluido vacunal. Al parecer, la Junta de Damas del hospicio madrileño se había opuesto a la propuesta inicial que consistía en trasladar a los expósitos procedentes de este establecimiento. Los peligros que implicaba un viaje tan largo no compensaba la bondad de esta «Real Expedición Filantrópica de la Vacuna», que es como se la bautizó oficialmente (Balaguer y Ballester, 2003, p. 60). En la inclusa de La Coruña no se dieron tales reticencias; los niños hospicianos se convertían así en el instrumento de una de las experiencias biopolíticas más singulares de las acontecidas en la España del Antiguo Régimen.

La referencia a la lucha contra la viruela permite transitar a un segundo ámbito de problemas sanitarios conectados, no tanto con la infancia como con la ciudad, que funcionaba como una verdadera metáfora del reino. Se trata de la cuestión de la salubridad del espacio urbano[57], planteada en relación con una pléyade de enfermedades contagiosas y en tres frentes distintos y siempre presentes en la literatura y en las prácticas de «policía médica»: la salubridad de los asentamientos, de los víveres y de las costumbres.

La primera implicaba la conversión de los complejos arquitectónicos y urbanísticos en un asunto médico (Vigarello, 1993, p. 186),

---

[56] Sobre esta expedición, véase Balaguer y Ballester, 2003, p. 85, y Ramírez Martín, 2002.

[57] La salubridad no es lo mismo que la salud; se refiere al estado del medio ambiente y de sus componentes como base para mejorar la salud de los individuos; véase al respecto Foucault, 1990b, pp. 144-145.

pues, sustentada en la doctrina miasmática o teoría del aire mefítico, exigía remodelar la estructura y lugar de los enterramientos, los mataderos, los hospicios, las escuelas, las cárceles, las carnicerías, los cuarteles y los templos. Por otra parte, obligaba a intervenir en el saneamiento del alcantarillado, de los pantanos, las lagunas y las marismas. La segunda, asociada a la supervisión sanitaria del agua y de la calidad de otros alimentos, aparecía estrechamente vinculada con la anterior, pues en estos cometidos también se invocaba la doctrina miasmática para explicar la deriva patógena de los procesos de putrefacción. Por último, la salubridad de las costumbres hace referencia a la erradicación de aquellas que eran licenciosas como fuente de contagios venéreos, un asunto ya abordado al examinar las políticas de la prostitución. La exposición se detendrá por tanto en el primer frente, el relativo a la salubridad del espacio urbano, que es el que más interés suscitó entre los reformadores ilustrados; a título de ejemplo de estas preocupaciones se examinará la controversia sobre los enterramientos en la España de Carlos III.

Con anterioridad al desarrollo de la microbiología y de la bacteriología se consideraba que la enfermedad era transmitida por el contacto entre las personas o a través del aire; en esta época los nociones de «infección» y de «contagio» aún no estaban disociadas (Granjel y Carreras, 2004, pp. 72-73). Remontándose a la tradición hipocrática[58], la medicina identificaba la corrupción del aire –debida a la putrefacción de las sustancias– y el correspondiente desprendimiento de efluvios y de malos olores como causa de contagios epidémicos. El estancamiento del aire en espacios cerrados, la descomposición de materias animales o vegetales y la exhalación de las muchedumbres –el aire respirado se identificaba con una especie de excremento (Vigarello, 1993, p. 179)– producían «miasmas», esto es, elementos volátiles que vehiculaban la enfermedad. El mal olor, en particular, era un indicio inequívoco de la presencia miasmática producida por la corrupción aérea.

No obstante esta continuidad con el hipocratismo, la medicina ilustrada introdujo dos novedades importantes en relación con la explicación ambientalista de las enfermedades (Granjel y Carreras, 2004, pp. 74-75). Por una parte confiaba en que la reforma del espacio urbano permitiría prevenir las enfermedades. Por otro lado, las investigaciones sobre la composición del aire –la química neumática de Black y Priestley constituida en el curso del siglo XVIII y conectada con la medicina a partir de la obra posterior de Fourcroy y Lavoisier–,

---

[58] En el siglo XVIII se produjo un *revival* de los escritos hipocráticos que explicaban la génesis de las enfermedades por la alteración de factores ambientales. En esta estela de neohipocratismo se sitúa la publicación de estos textos por el prestigioso médico aragonés Andrés Piquer; véase López Piñero, 1964, pp. 148-149.

dedicadas a identificar los gases de la atmósfera y a ponderar su pureza, sirvieron de soporte epistemológico a la doctrina miasmática.

El predominio de esta teoría dio lugar a una vasta literatura que intentaba desentrañar las condiciones ambientales de la enfermedad: historias de epidemias, diarios meteorológicos, registros de mortalidad y topografías sanitarias de las ciudades[59]. Se entendía entonces que las autoridades, asesoradas por los médicos en tanto que especialistas en la acción patógena de los emplazamientos y las distribuciones, deberían adoptar las medidas políticas necesarias para remodelar las ciudades evitando el estancamiento de sustancias (*v. g.* las aguas estancadas en pantanos y lagunas, las deficiencias del alcantarillado), alejando y aislando los procesos de putrefacción (de los cadáveres en los enterramientos, de los deshechos orgánicos y aguas fecales en calles y albañales, de los restos orgánicos en los mataderos) y construyendo edificios públicos debidamente ventilados y fumigados. Se trataba en suma de conformar una ciudad libre de malos olores, «desodorizada», índice inequívoco de un aire saneado y en continua circulación[60].

En España existía desde 1720 la Junta Suprema de Sanidad, que concentraba las competencias estatales en estas materias. Sin embargo, la mayor parte de sus actuaciones se limitaron a aplicar las técnicas de vigilancia y de puesta en cuarentena tradicionalmente aplicadas en caso de epidemia (Rodríguez Ocaña, 1987-1988, pp. 145-170, y Granjel, 1979, pp. 117-119). Sólo a partir del reinado de Carlos III, cuando el reformismo ilustrado se instaló en los centros estatales de decisión, se abrió la posibilidad de intervenir de modo efectivo para aplicar las medidas de remodelamiento urbano sugeridas por la tratadística de «policía» y en particular por el subgénero de la «policía médica»[61].

---

[59] Sobre las primeras topografías médicas españolas publicadas entre finales del siglo XVII y mediados del siglo XVIII, véase Rodríguez Ocaña, 1992, pp. 9-10.

[60] Sobre el tema de la ciudad «desodorizada» en los siglos XVIII y XIX, véase el trabajo clásico de Corbin, 1982. Sobre la difusión de la doctrina miasmática y de la técnica de las fumigaciones en España, véase Carrillo, Riera y Gago, 1977, pp. 7-26. El tratado de policía médica consagrado a la salubridad del espacio urbano que tuvo más repercusión entre los médicos españoles fue el del portugués Antonio Ribeiro Sanches, *Tratado de la conservación de la salud de los pueblos y consideraciones sobre los terremotos*, editado originalmente en 1757 y traducido en 1781 por Benito Bails. Este reputado matemático y arquitecto barcelonés, que participó activamente en la campaña contra los enterramientos en los templos, reconoce en el prólogo a su traducción que desistió de redactar su propio tratado de «policía» al conocer el del médico portugués. En sus *Elementos de Matemática*, editados en nueve tomos entre 1779 y 1790, Bails se ocupó de cuestiones urbanísticas, adoptando los supuestos de la doctrina miasmática a la hora de estipular un modelo ideal de ciudad. Sobre Bails y su traducción de Ribeiro, véase Fraile, 1997, pp. 79-80 y 106-109; sobre la intervención de Bails en la polémica de los enterramientos, véase Giménez López, 1998-1999, pp. 113-146.

[61] Sobre las reformas de Carlos III en materia sanitaria, véase Granjel, 1979, pp. 51-54.

Uno de los asuntos que suscitó mayor controversia, pues daba lugar a un potencial conflicto con la tradición religiosa y con la institución eclesiástica, aparte de suscitar la resistencia popular (Sarrailh, 1957, p. 50), fue el de la «policía mortuoria», esto es, las medidas conducentes a prohibir el enterramiento en los templos o en sus proximidades y a edificar cementerios en las afueras de las ciudades. En el caso español esta polémica, bien explorada por los historiadores[62], se suscita ya en la década de 1770. En algunas sociedades médicas locales (Granjel y Carreras, 2004, p. 79, y Santamaría y Dabrio, 1993, pp. 5-28) y en el propio protomedicato madrileño se comenzó a debatir acerca de la conveniencia de instalar las sepulturas en recintos alejados del centro de las ciudades. En el caso del protomedicato el debate vino propiciado por un encargo que le hizo en 1776 el Consejo de Castilla para que emitiera un informe acerca de dos escritos concernientes al problema: la *Disertación físico-legal de los sitios, y parages, que se deben destinar para las sepulturas*, del sacerdote y facultativo Francisco Bruno Fernández[63], y el *Discurso Phisico, defensa por la costumbre de las sepulturas dentro de los pueblos*, del médico Antonio Pérez de Escobar. Los protomédicos se decantaron por la postura tradicional, defendida en este último escrito: no era pertinente, por razones médicas y morales, alterar la costumbre secular y piadosa de enterrar a los muertos dentro de las poblaciones.

El Consejo de Castilla, parcialmente proclive a avalar el proyecto reformista, solicitó entonces a la Academia de la Historia que informara sobre la misma cuestión. En esta oscilación entre registros discursivos, el médico y el historiográfico[64], se advierte la naturaleza de la ofensiva destinada a neutralizar los argumentos esgrimidos por los defensores de la tradición. Se trataba de demostrar al mismo tiempo que el enterramiento en los templos era pernicioso para la salud pública –apoyándose en la doctrina miasmática– y que esta costumbre, lejos de venir avalada por la autoridad atemporal del dogma, era una traición, históricamente datada, a las resoluciones genuinas de la dis-

---

[62] Destaca el trabajo de Granjel y Carreras, 2004, pp. 69-91, al que seguimos fundamentalmente en nuestra exposición y que a pesar de su título, trasciende el marco regional y ofrece una síntesis excelente a escala nacional. Véanse asimismo los estudios de Galán Cabilla, 1988; Zaparaín Yáñez, 1993; Santamaría y Dabrio, 1993, y Santonja, 1998-1999.

[63] Este autor, próximo a la metodología inductiva de Tissot, publicó también en 1769 una monografía sobre higiene pública, de un género similar a la de Ribeiro Sanches: *Instrucciones para el bien público y común de la conservación y aumento de las poblaciones y de las circunstancias más esenciales para sus nuevas fundaciones* (véase González de Pablo, 1995, p. 277).

[64] De este modo se entienden las extensas exposiciones históricas sobre el asunto de las sepulturas contenidas en los importantes tratados de policía publicados por Valeriola, 1805, pp. 158-218, y por Mitjavila, 1803, pp. 107-123, los cuales contrastan con la relativa parquedad de los argumentos médicos, que remitían invariablemente a la doctrina miasmática.

ciplina eclesiástica. La Academia de la Historia, donde predominaba la facción ilustrada, se mostró contraria a la tesis de Pérez Escobar: el enterramiento en lugar sagrado no era un gesto de piedad y una manifestación de la fe; se trataba de un asunto de «disciplina eclesiástica» que había sufrido grandes variaciones en el curso del tiempo.

El predominio de los argumentos históricos sobre los médicos entre los detractores de las sepulturas en los templos –situación común a los facultativos y a los clérigos ilustrados, favorables a la reforma– singulariza el caso de la polémica española respecto al debate suscitado en Francia, donde la relación entre ambos tipos de razonamiento era justamente la inversa (Granjel y Carreras, 2004, p. 78)[65]. Sólo si se probaba históricamente que desde un punto de vista teológico el enterramiento en los templos no era un asunto de dogma, podía convencerse a los reacios. Los argumentos de orden sanitario, parecían secundarios. La limitada emancipación del discurso médico respecto a los criterios de la moral católica (González de Pablo, 1995, pp. 274-278) y la restringida autonomización de la racionalidad biopolítica –que afronta la vida como algo manipulable y gestionable a partir de criterios de Estado– respecto a la racionalidad iusnaturalista de raíz religiosa –existencia de un orden natural inviolable y de base teísta– dan cuenta de esta particular coyuntura española.

En cualquier caso, esta primera controversia se saldó con el triunfo de la propuesta reformista; en 1783 Floridablanca autorizó la publicación de la obra de Bruno Fernández. A estas alturas, el gesto apuntaba ya a difundir y legitimar la Orden dada en 1781 por Carlos III al Consejo de Castilla para que dirimiera el modo más eficaz de prevenir acontecimientos como el sucedido ese mismo año: una crisis epidémica que provocó gran número de fallecimientos en la ciudad de Pasajes (Guipúzcoa) y cuya causa se atribuyó al hedor provocado por los numerosos cuerpos sepultados en la iglesia parroquial.

La Orden de 1781 expresaba rotundamente la intención de Carlos III y de sus colaboradores –Floridablanca y Campomanes en particular– favorables a adoptar en España una reforma idéntica a la aprobada en otros países europeos. La abolición del enterramiento en los templos y la instauración de cementerios en las afueras era considerada por un sector de la Iglesia española como una intolerable intromisión estatal. Afectaba a la dependencia económica de las parroquias respecto a la limosna percibida por las sepulturas, transgredía los derechos de los propietarios de las tumbas y chocaba contra la tradicional proximidad entre muertos y vivos, en la que se fundaba la eficacia de los sufragios por las almas de los difuntos.

---

[65] Cuando se pensó en trasladar el cementerio parisino de Los Inocentes, se consultó a Fourcroy, uno de los químicos más eminentes de fines del siglo XVIII (Foucault, 1990a, p. 140).

En respuesta a la orden regia, el Consejo de Castilla abrió un expediente pidiendo información sobre las providencias dadas acerca del asunto en algunas monarquías extranjeras; se requirió el parecer de la Real Academia de la Historia, la Academia Médica Matritense y la Junta Suprema de Sanidad. Finalmente se solicitó a todos los prelados españoles que hicieran llegar su opinión. Después de recabar y estudiar los informes, el Consejo de Castilla se manifestó en 1786 a favor de mantener los usos tradicionales. Pero la Corona y el equipo ilustrado que la asesoraba hizo prevalecer su punto de vista; invocando, en la estela del regalismo borbónico, las atribuciones del soberano en los asuntos eclesiásticos, se aprobó en 1787 una resolución legal por la que se establecía la disciplina eclesiástica según lo estipulado por el ritual romano en materia de sepulturas y cementerios (Granjel y Carreras, 2004, p. 72). Esto significaba que se restringía el enterramiento en los templos abriendo paso a la construcción de camposantos en la periferia de las ciudades. Las dificultades encontradas en la aplicación de esta medida y la parsimonia y desidia de las autoridades encargadas de hacerlo limitó considerablemente su alcance efectivo (Galán Cabilla, 1988, pp. 255-295); pero la vía que habría de conducir, ya en el siglo XIX, al establecimiento de los cementerios municipales, estaba abierta.

Otro ámbito importante de atención en el gobierno de la salud es lo que puede llamarse la «higiene de la procreación». La salud y utilidad que un individuo podía reportar al Estado no consistía sólo en su capacidad productiva y militar, sino también en su facultad de engendrar una progenie numerosa y vigorosa. El potencial reproductivo era tan importante como el productivo. Por esta razón no resulta sorprendente que la literatura germánica sobre «policía» y «policía médica» se ocupara con frecuencia de las conductas procreadoras: control de los enlaces matrimoniales, prohibiendo el matrimonio a los individuos con enfermedades hereditarias o inaptos para engendrar[66]; prevención de las enfermedades venéreas y reglamentación de la prostitución; educación de la juventud para prevenir los excesos sexuales y control gubernativo de los masturbadores[67].

---

[66] «Si, por un lado, debe animarse el matrimonio por todos los medios posibles, por el otro debe prohibirse a las personas decrépitas, ancianas, enfermas y viciosas, que están imposibilitadas para tener hijos; y de ningún modo oponerse al divorcio de las que no están contentas de su estado» (Von Justi, 1784) Sobre este punto en Von Justi, véase Rosen, 1985, p. 152. Sobre el gobierno de la vida sexual en el cameralismo alemán es indispensable el libro de Hull, 1997, pp. 155-198.

[67] Sobre esta cuestión en la literatura de «policía médica», véase Rosen, 1985, pp. 159-171; sobre el control de la masturbación en la obra de J. P. Frank, véase Seoane Cegarra, 2001, p. 16; sobre los cameralistas alemanes y la campaña antimasturbatoria, véase Hull, 1997, pp. 258-279. Como es sabido, a partir de la campaña médica antimasturbatoria difundida a gran escala por la obra de Simon Auguste Tissot (la edición latina data de 1758, la primera edición francesa, de 1760), se consideraba que el onanismo incapacitaba para en-

El comportamiento reproductivo se convierte en un área que el Estado debe reglamentar y someter a supervisión directa a través de los médicos, concebidos como funcionarios de la salud. Al mismo tiempo, el rechazo de la conducta sexual disipada no se fundaba en criterios procedentes de la moral religiosa sino en la consideración de los efectos patológicos de la vida licenciosa en tanto afectaban al poderío del Estado. Se trataba pues, de un proyecto, que encuadraba la política de salud sexual desde la perspectiva de una intensa centralización en la administración estatal y de una base argumental estrictamente secular.

La limitada presencia de este modelo de «policía médica» en el caso español hace difícil encontrar aquí fórmulas parecidas en relación con el gobierno de las conductas procreadoras. Este asunto recayó más del lado de cierta medicina doméstica, un género introducido en España en el último tercio del siglo XVIII. No obstante, el *Compendio de Policía Médica* de Vicente Mitjavila, inspirado en el monumental tratado del cameralista austríaco J. P. Frank, ejemplifica un interés por intervenir en las conductas procreadoras desde una perspetiva afín a la de los teóricos de la *Medizinischenpolizei*.

Mitjavila se refiere directamente a la policía sanitaria de las conductas procreadoras en los capítulos segundo («Propagación de la especie humana») y tercero («Impotencia para el matrimonio») y alude indirectamente al asunto en el capítulo XIV («Preservación de varias enfermedades mediante buena educación física y moral»).

La procreación es afrontada por Mitjavila como una circunstancia estrictamente fisiológica, un «poderoso estímulo» que en «todo hombre» –la mujer no es mencionada, ajustándose al patrón de la pasividad en materia sexual– «incita a la propagación de la especie» (Mitjavila, 1803, p. 69). Asimismo, desde el principio, declara que las uniones con vistas a la propagación constituyen un asunto de Estado[68]; por eso éste debe favorecer, en la medida de lo posible, los enlaces conyugales, evitando otro tipo de uniones «desarregladas». Sugiere que deben vedarse los matrimonios que involucraran a individuos con «males hereditarios» y que se hacía necesario proscribir las uniones físicamente desproporcionadas –entre ancianos y muchachas– o que implicaran a personas de muy poca edad.

---

gendrar, debilitando las fuerzas orgánicas y dando lugar a la impotencia y la esterilidad; en cualquier caso, la prole de un masturbador sólo podía ser raquítica y enfermiza: «Finalmente, o por la imposibilidad del coito o por la corrupción del líquido seminal, hacen estériles a casi todos aquellos que se han dedicado durante largo tiempo a dicho crimen» (Tissot, 1774, p. 41).

[68] «pero tanto como una unión desarreglada e ilegítima no conviene al Estado, se debe favorecer, quanto sea posible, la conyugal, con atención a que tiene cuenta a todo Gobierno que sus Reynos y Provincias estén completamente poblados» (Mitjavila, 1803, p. 69).

En una línea que coincidía estratégicamente con la empresa divulgadora realizada por dramaturgos como Leandro Fernández de Moratín o por hombres de Estado como Cabarrús[69], Mitjavila se oponía –desde argumentos estrictamente sanitarios– a los matrimonios de conveniencia. En el mismo momento que se privatizaba el matrimonio, asentándolo en vínculos afectivos y sentimentales y no ya en el viejo orden de las alianzas y de los intereses familiares, se justificaba la intervención del Estado en una política matrimonial ligada precisamente a ese orden, minando así, sin quererlo, una de las bases que sustentaban la organización estamental. La unión conyugal ya no debía fundarse en la preservación y engrandecimiento de la sangre, el linaje y el patrimonio; ya no debía ser vista como un «acto de convención», como dice Mitjavila, sino que expresaba «las funciones de la naturaleza» (Mitjavila, 1803, p. 70); este argumento era el envés de los que, como Moratín o Cabarrús, veían en el amor y el mutuo consentimiento –avalado asimismo desde la Iglesia (Fernández et al., 1983, p. 50)– el suelo sustentador de la pareja conyugal (Morant y Bolufer, 1998).

El capítulo dedicado a la impotencia distinguía esta entidad nosológica característica del varón –que podía ser temporal o permanente–, de la «esterilidad», que sería una afección exclusiva de la mujer[70]. Analiza las posibles causas de ambas enfermedades y, curiosamente, no menciona al onanismo en su repertorio etiológico. En esta época era ya habitual referirse a la masturbación como una de las principales causas tanto de la impotencia como de la esterilidad masculina. Ciertamente, como se verá, en 1803, año de publicación del *Compendio de Policía Médica*, aún permanecía prohibida en España la traducción de *L'Onanisme* de Tissot, la obra que difundió a gran escala la campaña médica contra la masturbación. Sin embargo, los puntos de vista del médico suizo eran relativamente accesibles a través de algunos textos de medicina doméstica editados en España; es posible que el silencio sobre el «funesto hábito» fuera un gesto de prudencia por parte de Mitjavila, sobre todo teniendo en cuenta que su texto estaba destinado a ser utilizado en la docencia.

En cualquier caso, el doctor catalán no albergaba dudas acerca de las nefastas consecuencias sanitarias derivadas de la relajación moral y en particular de la licencia sexual. Por ello, en el capítulo que consagró a la educación física y moral y a sus efectos sobre la salud, insistió en el necesario compromiso de los padres para prevenir en sus vástagos la

---

[69] Véase *supra*, p. 132, nota 117.

[70] En el planteamiento de Mitjavila, que aún no distingue la sexualidad como instancia propia, separada de la propagación, no hay lugar para lo que los médicos designarán más tarde como «anafrodisia» o posteriormente «frigidez», la falta de deseo femenino.

«conducta viciosa y desarreglada»; no ya por motivos religiosos, sino porque ésta «no puede dexar de ser perniciosa a la salud y a la Patria» (Mitjavila, 1803, p. 137). Junto a los padres despreocupados se condenaba a los «padres disolutos» que convertían a sus hijos en «testigos y compañeros de sus vicios y de sus excesos» (Mitjavila, 1803, p. 137). La «policía médica», por tanto, habilitaba al Estado para intervenir directamente en el espacio familiar, por eso se considera que los hijos malcriados «deberían ser recogidos en una casa de educación, o colocados entre los huérfanos, ya que deben considerarse tales, y si el Gobierno podría disponer que allí se les educase a expensas de sus mismos padres, siendo pudientes» (Mitjavila, 1803, p. 137).

En el esquema de Mitjavila las conductas procreadoras forman parte de las competencias propias de un «Estado de policía». Este programa estatalista es excepcional en el caso español, al menos en este campo del comportamiento sexual. Aquí la ofensiva principal procede de otro tipo de literatura relacionada más bien con la conformación de un mercado de bienes sanitarios destinados a una clientela privada.

Entre los siglos XVI y XVII circuló en España una serie de obras de inspiración galénica sobre el «arte de conservar la salud», basadas en el esquema de las *sex res no naturales* que era necesario evitar (Granjel, 1979, pp. 109-111; González de Pablo, 1995, pp. 269-271; Perdiguero Gil, 1991a, pp. 76-77, y Ruiz Somavilla, 1993). Esta literatura, adaptada a los nuevos conocimientos médicos, continuó produciéndose durante el siglo XVIII; sus autores no siempre eran facultativos, pero el género llegó a alcanzar una gran difusión entre las elites urbanas acomodadas. En su mayor parte se trataba de obras extranjeras traducidas en las siguientes fechas: *El Conservador de la Salud* (1776), de Begue de Presle; *La Sobriedad y sus Ventajas* (1782), de Lessio y Conaro la *Práctica Racional de Medicina* (1796), de Rowley, *El Arte de Conservar la Salud y prolongar la vida* (1800), de Pressavin, y los *Elementos de Higiene* de Tourtelle (1801-1806).

La difusión de estas «artes de conservar la salud» se vinculan a la tradición –defendida en España por autores como Feijoo y Mayans (Perdiguero Gil, 1991a, p. 89)– del «médico de sí mismo». Se trata de una herencia que incorpora una concepción intensamente individualizada de la medicina, dándole una gran importancia al concepto de «régimen», una regla de vida y de alimentación, de cuidado de sí que el sujeto se imponía a sí mismo (Andrieu, 2001, p. 89). Este énfasis en la autonomía y en la autoterapia estaba en las antípodas de los primeros pasos de la higiene pública que se encuentran en las obras de «policía médica», marcadas por un fuerte paternalismo estatalista, como se ha comprobado en el *Compendio* de Mitjavila.

Pues bien, en este foso que separaba a ambos géneros –el arte de conservar la salud y la policía médica– se abrió en España durante el tercio final del siglo XVIII una tercera posibilidad; se trataba de obras que pueden calificarse como de «educación sanitaria» (Perdiguero Gil, 1991a, pp. 90-91) y que se cuentan entre las obras de medicina más editadas en la España de la Ilustración. Se trata de la traducción de los textos de Tissot, *Aviso a los literatos y a las personas de vida sedentaria sobre su salud* (1771), *Aviso a los literatos o poderosos acerca de su salud* (1786) y del inglés Buchan, *Medicina Doméstica* (1785) y *El Conservador de la salud de las madres* (1808).

En estos tratados no se trataba simplemente de ofrecer un «régimen», un conjunto de reglas que uno debe aplicar a sus propias circunstancias para conservarse sano y alcanzar la longevidad. Lo que se proporciona es una pedagogía, una serie de advertencias dirigidas a ciertos estratos de la población –estudiosos y hombres de letras, progenitores de hogares pudientes– para que, dejándose conducir por el médico, evitaran estragos sanitarios que podían destruir a la familia y acarrear consecuencias negativas para el conjunto de la población.

A este género de *interface*[71] entre tecnología del yo (la práctica del «médico de sí mismo») y tecnología de gobierno (la «policía médica»); una medicina doméstica destinada a la clientela privada pero cuyos consejos apuntaban a incrementar la «felicidad pública», pertenecía *L'Onanisme* de Tissot, cuya primera edición francesa data de 1760. Esta obra representaba en buena medida la primera medicalización de las conductas masturbatorias. Su complicada recepción en España ha sido objeto de diversos estudios[72], por ello el proceso no será ahora expuesto con detalle. Se trata, no obstante, de un acontecimiento sumamente significativo del nacimiento de la biopolítica en España; en esta línea se ofrecen algunas claves de interpretación.

Antes de que circulara en España la primera traducción del mencionado texto –en la versión no autorizada de Ramón Senra y Parada, editada en 1807– las ideas de Tissot al respecto, es decir, la consideración del onanismo como una «enfermedad total»[73], causa virtual de toda suerte de dolencias y la idea de que sus efectos alcanzaban a la colectividad y no sólo al individuo masturbador, ya se habían difun-

---

[71] Sobre este concepto, véase Burchell, 1996, p. 25.
[72] Perdiguero Gil y González de Pablo, 1990; Perdiguero Gil, 1991a y 1991b, ha rastreado esta recepción a través del análisis del expediente elaborado a instancias del Consejo de Castilla y depositado en el Archivo Histórico Nacional. Sobre su difusión en el siglo XIX, véase Seoane Cegarra, 2001.
[73] Este concepto ha sido sugerido por Foucault en relación con el onanismo; véase Foucault, 1999, pp. 223-226. Sobre la historia de la cruzada médica antimasturbatoria existe una abundante bibliografía. Destacan los trabajos de: Stengers y Van Neck, 1984, pp. 73-134; Tarczylo, 1983, pp. 108-166; y Laqueur, 2003, pp. 185-358. El acontecimiento ha sido explicado de muy diversos modos; un estado de la cuestión puede leerse en Vázquez García y Seoane Cegarra, 2004, pp. 835-838.

dido principalmente a través de otros escritos médicos vertidos al castellano[74].

Lo relevante de los distintos intentos por traducir la obra de Tissot –desde la tentativa de 1785 a cargo de Ramón Fernández hasta la mencionada de 1807, pasando por las de 1791 y 1803– es la actitud sostenida por las autoridades habilitadas para informar sobre el libro y otorgar la correspondiente licencia de impresión. Como es sabido, el texto expone con detalle y plasticidad distintos casos observados por el propio Tissot, con objeto de aterrorizar a los lectores alejándolos de tan funesta conducta. Pues bien, en todos los casos fueron básicamente las agencias médicas consultadas por el Consejo de Castilla –Academia Médica Matritense, Protomedicato y Real Colegio de Cirugía de San Carlos– las que se mostraron contrarias a editar el ensayo del doctor suizo. Se consideraba que los detalles y la viveza de las anécdotas expuestas podían resultar peligrosas para los profanos en medicina, «estando expuestos a aprender [...] verdades que, aún siéndolo, conviene que ignoren» (citado en Perdiguero Gil y González de Pablo, 1990, p. 152).

Es decir, se estimaba que la obra de Tissot –a la que por otro lado se le achacaba su escasa originalidad– alentaba el vicio mismo que pretendía erradicar. Este juicio de los facultativos españoles retrasó considerablemente la traducción española de una obra celebrada en toda Europa[75] y que combatía el onanismo mediante argumentos estrictamente médicos, sin apelar a la noción de pecado ni al repertorio de la moral

---

[74] *El Conservador de la Salud*, de Begué de Presle, traducido en 1776, incluía un apartado consagrado a los peligros de la masturbación en ambos sexos, donde se recogían y exageraban las descripciones de Tissot; Buchan también mencionaba indirectamente el texto de Tissot en su *Medicina Doméstica* y Tourtelle recoge sus advertencias en sus *Elementos de Higiene* (véase Perdiguero Gil, 1991b, p. 312; y Vázquez García y Moreno Mengíbar, 1997, pp. 99-100).

[75] Los médicos ilustrados españoles se mostraron en general muy cautos a la hora de abordar el asunto de la masturbación. Así, por ejemplo, Andrés Piquer, en su *Filosofía Moral para la Juventud Española*, publicada en 1755, unos años antes de la edición latina del texto de Tissot, no menciona abiertamente el onanismo; refiriéndose a la lujuria en general, advierte que «no conviene explicar con especificación los varios modos que los hombres tienen de caer en su abominable fealdad». En una línea próxima se expresa el médico legista Fernández del Valle en su *Cirugía Forense, General y Particular* (1797): «Los profesores deben perorar continuamente contra tan infames hábitos entre sus apasionados, pero tendrán grande cuidado de no dar idea de ellos, tal vez por descuido, a los que no tengan noticia de semejantes enemigos del hombre». Por otro lado, una disertación presentada por el doctor Valentín González y Centeno a la Real Academia de Medicina y demás Ciencias de Sevilla, en 1790, titulada «Perjuicios que ocasiona a la salud de los hombres el viciado principio de que se producen», versa directamente sobre las pérdidas seminales y la masturbación («el malogrado efecto puede provenir de la mano») como causas de esterilidad; el texto es sumamente oscuro, envuelto con metáforas sobre la siembra y las semillas vegetales. El autor justifica en cierto modo su estilo: «Antes de lo qual corre el velo al misterioso título de esta memoria, cuyas voces y expresión eligió con preferencia a cualquier otra, consultando el decoro y honestidad». Sobre estas referencias, véase Vázquez García y Moreno Mengíbar, 1997, pp. 96-102.

sexual cristiana. Curiosamente, en el caso español, la actitud favorable a la traducción de la obra procedió de la autoridad ecesiástica. Consultado por el Consejo de Castilla para que censurara el escrito de Tissot, el Vicario Ecuménico de Madrid, Lorenzo Igual de Soria, estimó que la obra «lejos de oponerse a la fe y las buenas costumbres, puede contribuir a una saludable instrucción de los facultativos y a un cristiano escarmiento de los pacientes» (citado en Perdiguero Gil y González de Pablo, 1990, p. 156). Igual De Soria, que fue miembro del Consejo del Rey Fernando VII y de las Cortes de Cádiz, además de obispo de Pamplona y de Plasencia, se mostraba más receptivo que los doctores y consideraba, como habían hecho otros teólogos consultados, que el ensayo de Tissot tendría efectos disuasorios sobre los potenciales onanistas (Perdiguero Gil, 1991b, p. 305).

En cualquier caso, como sucedió en la acogida de la técnica de inoculación, la recepción de la cruzada médica antionanista resultó más bien tardía en España. Por otro lado –y esto va a perdurar al menos hasta la segunda mitad del siglo XIX– el pánico suscitado por la expansión de los usos masturbatorios no dio lugar en España –a diferencia de lo sucedido el Alemania en el grupo de pedagogos «filantropistas» establecidos en Dessau desde 1774– a un proyecto tendente a la educación sexual de los jóvenes. Esta estrategia, como sucedía con la inoculación, pretendía atajar el mal –el vicio solitario– inyectándolo; es decir, se trataba de prevenir la depravación sexual hablando sobre el sexo, no silenciándolo o retratándolo con tintes aterradores. Hablar a los niños de sexo, dejando libre de prejuicios el cauce de las tendencias instintivas de su naturaleza, como propugnaban los filantropistas siguiendo a Rousseau. Este mecanismo regulador que implicaba el despliegue de la educación sexual tardaría mucho tiempo en introducirse en España; durante los siglos XVIII y XIX imperó la vigilancia disciplinaria en los hogares y en los internados escolares[76]. En el ámbito epidemiológico de la viruela como en el campo económico de los intercambios, la apelación a la autorregulación –del organismo y del mercado– anticipó con mucho a lo sucedido en la esfera de la sexualidad.

Un último dominio abarcado por la policía de la salud fue el relativo a la profesionalización de las ocupaciones sanitarias. Éste es un apartado característico de los escritos sobre «ciencia de la policía» y «policía médica»: reglamentación de las enseñanzas y del ejercicio de la medicina y la cirugía, haciendo del facultativo un funcionario de

---

[76] Sobre la superposición de técnicas disciplinarias y reguladoras en la «pedagogización del sexo infantil» que acompaña a la cruzada médica antimasturbatoria, véase Foucault, 1976, p. 177, y 1997, pp. 224-225. Se ha intentado aplicar este modelo a la historia de la educación sexual en España en Vázquez García y Moreno Mengíbar, 1997, pp. 116-184; y Vázquez García y Moreno Mengíbar, 1996, pp. 67-94.

Estado, persecución del curanderismo y el charlatanismo[77], regulación profesional de las parteras, supervisión y normalización de las boticas y de la ocupación de boticario[78]. Ciertamente, en la España de la Ilustración, el modelo del médico como servidor del Estado en materia de salud pública no llegó a cuajar pese a la petición de algunos reformadores en este sentido[79]. Éste era el esquema defendido por el grupo de doctores catalanes pertenecientes a la Academia de Medicina Práctica de Barcelona fundada en 1770, encabezados por Jaume Bonells e integrando a profesores tan prestigiosos como Francesc Salvá y Vicente Mitjavila. Este paradigma, muy influido por el cameralismo alemán (Zarzoso, 2003) y favorable a una enseñanza eminentemente empírica y de proyección pragmática y utilitaria, no se implantó en el conjunto del territorio español. Las competencias de salud pública eran asunto de un organismo central, la Junta Suprema de Sanidad, cuyas actuaciones fueron bastante limitadas[80]. Sin embargo, las enseñanzas impartidas por las Academias de Medicina y Colegios de Cirugía gozaron de impulso y de reconocimiento oficial (Granjel, 1979, pp. 57-78; Nadal, 1984, pp. 121-127). De este modo se admitía el contraste entre una docencia médica universitaria, anticuada y libresca, y la formación más práctica y afín a la modernidad europea que se adquiría en el ámbito de las academias y colegios[81].

Por otro lado, se puso cuidado en perseguir el charlatanismo, publicándose en 1794 una farmacopea oficial que pretendía desterrar las panaceas y los falsos remedios de los embaucadores, complementan-

---

[77] «Debe Vmd. desterrar todos los curanderos y curanderas como enemigos de nuestra salud; todos los vendedores de específicos que no estén aprobados por el Proto-medicato, y toda aquella nube de saltimbanquis que corren los pueblos, a reserva de los saca-muelas, siempre que se limiten a este sólo egercicio» (Foronda, 1793, pp. 528-529).

[78] «Por lo que mira a los Boticarios es preciso atisvarlos con la mayor vigilancia, como que la vida de los hombres pende de la mayor o menor capacidad, atención y probidad de estos profesores; y como que el más pequeño descuido o mala intención puede producir las escenas más horribles; por lo que nadie debe egercer este oficio sin estar aprobado, y sin tener todos los aparatos químicos que se requieren para componer las medicinas» (Foronda, 1793, p. 527).

[79] «Puede y debe dar a un cuerpo de facultativos la inspección y la autoridad necesaria para cuanto interese la sanidad pública. Puede y debe dar a un cuerpo de facultativos la inspección nacional en los actos solemnes, sentados entre los magistrados que administran los intereses del Estado o dirimen los litigios de sus individuos» (Cabarrús, 1795, p. 156).

[80] Sobre la política de salud pública en general y el papel desempeñado por la Junta Suprema de Sanidad durante el siglo XVIII, véase Rodríguez Ocaña, 1988, pp. 145-170; Varela Peris, 1998, pp. 315-340; y Rodríguez Ocaña, 2005, pp. 17-48.

[81] «Los colegios de medicina prepararán una generación nueva de profesores, que reuniendo los conocimientos ahora dislocados, y por consiguiente harto insuficientes, llenarán todos estos fines: entonces mejorarán las providencias que ahora pueden concertarse con los profesores más sabios que tengamos para la sanidad pública» (Cabarrús, 1795, pp. 156-157). Granjel (1979, p. 43) ha señalado que «la novedad en el terreno de la enseñanza médica, en el siglo XVIII, decisiva por sus consecuencias, la constituye la creación de centros docentes no universitarios, los Colegios de Cirugía y la fundación de Academias y Sociedades que se ocuparán de difundir y enriquecer los saberes médicos».

do la intervención fiscalizadora del protomedicato, que debía otorgar las licencias correspondientes para la venta de fármacos[82].

Un asunto que ocupó especialmente a algunos de los ilustrados españoles que escribieron sobre policía sanitaria y que tenía una gran trascendencia biopolítica, pues afectaba directamente a la virtual magnitud de la población, era el de las comadronas (Granjel, 1979, pp. 89-90). La «partera ignorante», condición usual de las que ejercían este oficio en España según los reformadores que discurrieron sobre el asunto, aparece en estos escritos retratada como una verdadera enemiga del Estado[83]; su desconocimiento de las ciencias médicas y su aferramiento a prácticas calificadas de «bárbaras» –como el «vendaje» de los recién nacidos– hacía aumentar el número de decesos infantiles o daban lugar, en el mejor de los casos, a una generación enfermiza y tullida.

Algunos como Mitjavila proponían la instauración de «escuelas públicas» especializadas en el arte de partear, donde las futuras comadronas, instruidas por profesores, adquirieran los conocimientos necesarios de obstetricia y anatomía (Mitjavila, 1803, pp. 75-76). Al final del periodo de formación, estas mujeres deberían ser examinadas, tanto en sus conocimientos como en sus cualidades morales, de modo que sólo las aprobadas obtuvieran el título que las habilitaba para ejercer la profesión.

Mitjavila no sólo pretende que las parteras sean competentes en su oficio colaborando en el logro de alumbramientos felices, sino que apuntaba a convertirlas en verdaderos agentes al servicio de los intereses del Estado, previniendo abortos e infanticidios y sabiendo distinguir, a este efecto, entre la doncella honrada embarazada y la ramera encinta que pretendía ocultar su estado simulando una enfermedad y haciéndose recomendar remedios abortivos[84].

En otros casos no se trata simplemente de subordinar el saber práctico y femenino de las parteras a los conocimientos teóricos y a la autoridad masculina del médico. Se propone sin más sustituir a las comadronas por cirujanos competentes. Esto es lo que sugiere Valentín de Foronda, quien admite que las mujeres podrían adquirir también los conocimientos que dan acceso al título de cirujano, «pero esto es inconci-

---

[82] Sobre los problemas provocados por la venta de quina adulterada en las tiendas, véase Cabarrús, 1795, pp. 152-154. En general, sobre el ejercicio profesional de la medicina en la España del siglo XVIII, véase Granjel, 1979, pp. 79-99.

[83] «Una partera ignorante, dice el famoso Metzger, es una peste que asola al Estado, y por tanto los primeros objetos del Gobierno, amante de la población, se deben dirigir a providenciar que las Villas y Ciudades estén provistas de un suficiente número de comadres bien instruidas» (Mitjavila, 1803, p. 76). Una disposición regia dictada en 1750 imponía a las parteras la realización de un examen ante el Tribunal del Protomedicato (Granjel, 1979, p. 89).

[84] «Pero sobre todo, por lo que mira a la parte teórica, conviene que sepan conocer las señales de la preñez, para distinguir la doncella honrada de la ramera, principalmente cuando hay recelos de infanticidio» (Mitjavila, 1803, p. 78).

liable con las costumbres del siglo; no digo con sus talentos y las demás cualidades de que debe estar revestido un partero» (Foronda, 1793, p. 525). En su argumentación, adelantándose a los que verían la existencia de «comadrones» como una indecencia, Foronda recuerda que el registro de las «partes secretas» de la mujer es un cometido muy frecuente y necesario en el ejercicio de la cirugía, sin que ello pueda dar pie a inmoralidad alguna[85].

Este minúsculo episodio relativo a la voluntad ilustrada de eliminar a la «partera ignorante» revela la proyectada expansión de una policía sanitaria que quiere abarcar todo el periplo de la vida, desde los enterramientos hasta los alumbramientos; un gobierno que pretendía convertir en asunto de Estado hasta los sucesos vitales más arraigados en una sabiduría tradicional y de transmisión femenina, adquirida en el medio familiar.

UNA CIENCIA DEL ESTADO

Al comienzo de este capítulo se señaló que la práctica y la ciencia de la policía nacieron estrechamente vinculadas al programa político y económico del mercantilismo. La tarea de la policía consistía en acrecentar las riquezas del Estado manteniendo éste en orden y en un contexto de competencia con otros estados. Ahora bien, esto exigía conocer la magnitud de esas riquezas, calcular la cuantía de esos tesoros que eran la población y los recursos materiales. Se requería un «saber del Estado» acerca del propio Estado. En esto consistía precisamente la estadística, de la que se ha dicho que fue considerada necesaria y posible por la existencia misma de la «policía» (Foucault, 2004a, p. 323). De hecho, fue Prusia el país que impulsó principalmente la «ciencia de la policía», donde más importancia se le concedió a las estadísticas en los asuntos de Estado (Hacking, 1991, pp. 41-63). Por eso merece un apartado especial dentro de este capítulo el desarrollo, en esta época de la biopolítica absolutista, de los métodos empleados para el recuento estadístico de la población y en particular el desarrollo de la demografía sanitaria.

Los primeros censos[86] de la Corona de Castilla tienen lugar en 1528, 1536 y el más importante, el realizado en 1591, ya con la conciencia de la despoblación del reino como una de sus principales amenazas. Los censos tenían como objeto, principalmente, el conocimiento, en un régimen de soberanía absoluta, el conocimiento de los hogares con obliga-

---

[85] «La pretensión de calificar por indecente una función tan dolorosa como la de parir una mujer, y de verla sufrir, es infundada ciertamente; pues sería necesario tener una buena dosis de sensibilidad luxuriosa, para que pudiese pensar en tal momento en otra cosa el Comadrón, sino en compadecerse y en socorrer a la desgraciada atormentada con mil dolores» (Foronda, 1793, p. 525).

[86] Sobre los censos españoles, véase Reher y Valero, 1995.

ciones impositivas. Por otro lado y con la pretensión de alcanzar un recuento exhaustivo de las riquezas de los reinos hispánicos a efectos fiscales (número de vecinos, de cabezas de ganado, de casas y aperos de labranza, etc.), se emprendió en 1578 una gran encuesta (en el sentido de la *enquête* empírica descrita por Foucault, 1975, pp. 226-229), publicada con el nombre de *Relaciones Topográficas de los pueblos de España ordenadas por Felipe II*. Este cuestionario establece un recuento a gran escala de las riquezas disponibles (Alvar Ezquerra, 1993).

En el siglo XVIII, vinculados a las pretensiones de la «buena policía», se llevan a cabo cuatro grandes censos históricos que se consideran como las primeras grandes fuentes estadísticas españolas: el catastro del Marqués de la Ensenada (1749-1753), el censo de Aranda (1768-1769), el censo de Floridablanca, uno de los más notables en la Europa de la época (1787) y el censo de Godoy en 1797. Los objetivos de esta práctica eran preferentemente fiscales; se trataba de conocer las obligaciones impositivas de los distintos hogares, con el objetivo –desde la época de Ensenada– de establecer un impuesto único; al mismo tiempo se trataba de calibrar las riquezas, el potencial del Estado[87]. Por otro lado, en la Advertencia Preliminar al censo de 1797 se ponderaba la utilidad de contar con tablas necrológicas, de nacimientos y casamientos. En las primeras se habrían de incluir «el sexo, la edad, la profesión u oficio, la enfermedad» del fallecido. Se estipulaba entonces que cada parroquia del reino realizara estos estados mensualmente y se proveía, para homogeneizar el procedimiento, de los correspondientes formularios; al no verificarse el cumplimiento de la medida, ésta se reiteró en 1802 (Anes, 1982, p. 21). Se apuntaba por tanto a la formación de una estadística sanitaria y demográfica, análoga a la existente en otros estados europeos.

El desarrollo de la estadística, el conocimiento cuantitativo de los recursos poblacionales no se limitaba, en los siglos XVII y XVIII, al recuento de población. Ciertamente, desde el empleo de los libros parroquiales por Sancho de Moncada (De Moncada, 1619, pp. 134-135) hasta el conocimiento y la utilización de la relación de vecindarios por Uztáriz (Uztáriz, 1724, pp. 34-39)[88], la tradición mercantilista española hizo un uso reiterado de los recuentos censales, a efectos no ya descriptivos, sino prospectivos. Esto se advierte por ejemplo en la tentativa de pronosticar el ritmo de

---

[87] Así, por ejemplo, en la Advertencia Preliminar al censo de 1787 se señala que el conocimiento del «estado» de la población era necesario «para calcular la fuerza interior del Estado» y constatar el crecimiento relacionado «con el aumento dado a la agricultura, artes y oficios, y a los diferentes ramos del comercio» (citado en Anes, 1982, pp. 20-21).

[88] Junto a Uztáriz, el otro importante cuantitativista español de la primera mitad del siglo XVIII fue Zavala y Auñón, cuya *Representación al Rey N. Señor Felipe V, dirigida al más seguro aumento del Real Erario* (1732), introducía en España la defensa de la libertad de comercio de granos y de la «Única Contribución». Sus cálculos, no obstante, se refieren más a las finanzas del Reino y a los impuestos que a los fenómenos de población propiamente dichos (véase Llombart Rosa, 2000a, pp. 16-18).

crecimiento de la población en relación con las subsistencias, realizada por Martínez de Mata (1650-1660), en las previsiones de superpoblación sugeridas por Antonio Montano (1681) o en los intentos de Álvarez Osorio (1686) para deducir la población máxima que podía existir en España (Martín Rodríguez, 1984, pp. 141-142, 146-1547 y 152). Hay que mencionar asimismo el impulso de los procedimientos de análisis probabilístico, ligados inicialmente al trabajo de casuistas y probabilistas morales, dedicados a calcular la gravedad relativa de los pecados, una práctica vinculada al procedimiento de la confesión sacramental y a los debates teológicos a ella ligados. Bartolomé de Medina, Caramuel, Juan Justo García y Tadeo Lope y Aguilar son los nombres de algunos de estos probabilistas españoles del siglo XVII (Gómez, 2002, y Martín, 2002).

Por otro lado, no se pueden dejar a un lado los primeros impulsos de la estadística demográfica (AA. VV., 2003, pp. 148-155). Como ya se había señalado a propósito de los arbitristas, la población comparece como problema en la España del siglo XVII en relación con su descenso creciente. Por eso no es raro que el asunto por excelencia de estos primeros cálculos sea el de la mortalidad, a consecuencia de las frecuentes epidemias de peste durante esa centuria (el dominico valenciano Francisco Gavaldá publica en 1651 su *Memoria de los Sucesos Particulares de Valencia y su reino en los años 1647 y 48, tiempo de peste*). En el siglo XVIII, el asunto que más preocupa en este sentido es la mortalidad infantil. Diversos autores –entre los que destaca Antonio Arteta con su *Disertación sobre la muchedumbre de niños que mueren en la infancia* (1801)– se ocupan de calcular los niveles de mortalidad en los hospicios de expósitos. Destaca además el trabajo pionero del ilustrado Vargas Ponce (Vargas Ponce, 1805 y Anes, 1982), versado en aritmética política, que en 1805 publica sus *Estados de Vitalidad y Mortalidad en Guipúzcoa en el siglo XVIII*. Conocedor de los censos y apoyándose en los datos de los libros parroquiales y a partir de la información correspondiente sobre nacidos, fallecidos y casados suministrada por los párrocos de la provincia a instancia suya, Vargas Ponce confeccionó el primer estudio de las correlaciones entre variables demográficas realizado en España[89]. Junto al primer tomo que incluía las tablas preveía, según indica

---

[89] En sus *Observaciones sobre la Historia Natural, Geografía, Agricultura, Pôblación y Frutos del Reino de Valencia* (1795-1797), el levantino Antonio José Cavanilles utilizó los registros parroquiales publicando las primeras series de bautizados, casados y fallecidos. Intentaba probar que el aumento del número de habitantes en un sector de la región se debía a las mejoras de la salubridad en ella, al abandonar el cultivo del arroz. En 1798, Ignacio de Asso publicó la *Historia de la Economía Política de Aragón,* que dedicaba un apartado a las variaciones en el número de habitantes; aquí incluyó dos tablas de nacidos, muertos y matrimonios en dos décadas distanciadas entre sí. No obstante estos antecedentes, analizados por Anes, 1982, pp. 3-4, el estudio de Vargas Ponce, que abarcaba un siglo entero y establecía numerosas inducciones, sugiriendo principios generales, tiene un alcance superior.

en el texto introductorio a su trabajo, un segundo volumen consagrado al estudio de la agricultura –«base sólida de la prosperidad de un pueblo»– y un tercero dedicado a la industria. La estadística pretendía por tanto contabilizar las riquezas del Estado y medir su interdependencia, es decir, ponderar los «brazos» y las «subsistencias».

El ilustrado gaditano está al tanto, aunque de forma indirecta en algunos casos (Anes, 1982, p. 4), de las primeras estadísticas demográfico-sanitarias de su tiempo, como las inspiradas a partir del método elaborado por John Graunt y continuado por William Petty en Inglaterra, y es plenamente consciente de que «nada es tan esencial para conocer el vigor y recursos de un país como calcular su gentío, y las alteraciones de éste sean también la verdadera medida de los grados de su prosperidad» (Vargas Ponce, 1805, p. 33).

En el caso de Guipúzcoa le llamaba la atención su elevado número de moradores y su «pasmosa» fecundidad; mediante su estudio pretendía desentrañar las condiciones de esa circunstancia de modo que pudiera servir como patrón exportable para aumentar el gentío en otras partes del reino. Sus tablas no se limitaban a registrar la cifra de defunciones, nacimientos y casamientos en cada localidad, sino que apuntaban a establecer comparaciones con objeto de resolver ciertos problemas y formular «principios constantes» (Vargas Ponce, 1805, p. 39). Así por ejemplo contrasta la proporción de hembras y varones en los nacimientos y en los fallecimientos. En el primer caso el desequilibrio está a favor de éstos y en el segundo de aquéllas. De aquí infiere Vargas Ponce que este cambio –que considera una regularidad válida para todo el siglo– se debe a la numerosa emigración masculina a América. Ésta a su vez tendría que ver con el hecho de que la agricultura habría alcanzado en la provincia su máximo rendimiento posible. Por otro lado, la mentalidad hidalga del guipuzcoano, unida al celo por sus fueros, le llevaría a despreciar la industria –pese a las muchas posibilidades que ésta tendría en la zona–, que era otra vía para aumentar las subsistencias. Este mismo orgullo le haría reacio a emigrar a Castilla, donde su hidalguía requeriría probanzas, pleitos y gastos; de aquí la tendencia a trasladarse a América para buscar una improbable fortuna.

La búsqueda de correlaciones le llevaba a constatar el aumento vegetativo de la población guipuzcoana en el siglo XVIII, comparando las cifras totales de los fallecidos con la de los nacidos. Por último mostraba su dependencia respecto a la teoría ambientalista acerca de la acción de los «medios», sustentada por Buffon. Vargas Ponce sugiere la relación constante entre el coeficiente de fallecimientos, nacimientos y muertes y las características del entorno físico. De este modo se revelan las diferencias entre las localidades del litoral y las de los valles; las de la llanura y las de montaña; las feraces y las estériles; las dominadas por el comercio y las regidas por la industria.

En este estilo de razonamiento, Vargas Ponce está próximo a los métodos de la aritmética política iniciados por Graunt (1620-1674) más de un siglo antes. Partiendo de la confección de cuadros cronológicos derivados de los boletines de mortalidad publicados con ocasión de los grandes ciclos de peste en Londres, Graunt descubrió que los fenómenos de población, cuyo carácter en buena medida accidental –dependiente de guerras, epidemias, hambrunas, etc.– podía hacer pensar que se trataba de eventos sin orden, poseían una constancia, una regularidad medible. El número de muertes e incluso de sucesos desencadenantes de mortandad, algunos aparentemente tan arbitrarios como los suicidios, conservaba su estabilidad de un año a otro. La idea de que la población constituye un orden natural con su propia legalidad interna, ajena a la acción de gobierno –una tesis que culmina en las regularidades establecidas por Malthus– tiene aquí una de sus bases teóricas principales. Graunt abrió el camino para el vasto proyecto de Petty (1623-1684), médico de profesión, que pretendía utilizar las estadísticas de población, entre otras cosas, para promover la salud pública, tarea que consideraba un deber de Estado y donde intervino de modo relevante (control de enfermedades contagiosas, reducción de la mortalidad infantil, creación de hospitales de cuarentena y de casas de maternidad para madres solteras). Este saber calculístico sobre la población destinado a su optimización es lo que Petty bautizó en su obra principal con el nombre de «Aritmética Política». Su continuador, ya a fines del siglo XVII, fue Charles Davenant (1656-1714), que suele ser considerado uno de los últimos mercantilistas británicos[90].

Esta tradición británica de la «aritmética política» tuvo un impacto muy importante entre los reformadores ilustrados españoles. La obra que parece haber sido menos difundida es la de Graunt, aunque el abate Generés, uno de los ilustrados españoles mejor informados en materia de estadísticas sanitarias, menciona sus cálculos de mortalidad en relación con la viruela[91]. El método de Petty, conocido a través de la obra del francés Melon, aparece mencionado –y alabado– por primera vez en la obra de Argumosa y Gándara, *Erudición Política*

---

[90] Sobre la tradición británica de la artirmética política, véase AA. VV., 2003, pp. 32-42; Rosen, 1985, pp. 181-199, y Foucault, 2004a, pp. 76-87.

[91] «Si hemos de dar fe a varios célebres Escritores, como Graune [sic], Petri [sic], Halley, Deparcieux, Gerner, Buffon, Necher [sic] y otros, sobre el cómputo de los que mueren, hablando en general, es cada treinta y tres uno al año: de este número muere la tercera parte poco más o menos hasta la edad de seis años, y de estos son muchos más los que acaban sus días en el país donde no se usa la inoculación» (Generés, 1793, p. 55). Lorenzo Hervás y Panduro también conocía la obra de Graunt, y la menciona en su *Historia de la vida del hombre* (siete volúmenes publicados entre 1789-1799); a través de él la cita Arteta y por esta vía parece haber llegado a Vargas Ponce (Anes, 1982, p. 4).

(1743), estimando que los «denombramientos anuales del Reino por provincias» eran fundamentales para ponderar el grado de fortaleza de la monarquía (Martín Rodríguez, 1984, p. 160, y Llombart Rosa, 2000a, pp. 17-18). Pero la técnica de la «aritmética política» fue conocida en España principalmente a través de la obra de Charles Davenant. Campomanes tradujo hacia 1759 –en un proyectado *Discurso* que dedicaba a Carlos III– el opúsculo del inglés, titulado *Del uso de la aritmética política en el comercio y en la hacienda real* (Llombart Rosa, 2000b, pp. 241-242). Ward y Jovellanos también parecen haber estado familiarizados con el procedimiento (Astigarraga, 2000, p. p. 306), pero el autor que lo utilizó más profusamente fue Nicolás Arriquíbar. En 1770 fue consultado por la Sociedad Bascongada de Amigos del País pidiéndole la traducción de un texto de aritmética política[92]. Conocedor del método en la versión de Davenant y de sus aplicaciones francesas, así como de la obra de los cuantitativistas Uztáriz y Zavala, pretendió traducir la obra principal de Petty, pero en el mercado del libro francés sólo encontró la versión gala del ensayo titulado *Two Discourses on the Public Revenues and Trade of England* (1698). El texto sirvió de base para la traducción que realizó un socio de la Bascongada, publicándose en el ensayo de Arriquívar titulado *Recreación Política. Reflexiones sobre el Amigo de los hombres en su tratado de población considerado con respecto a nuestros intereses* (1779). En este escrito se empleaban los métodos de Davenant y las tablas cifradas de Uztáriz y Zavala para establecer una distribución numérica de la población española según los sectores de actividad (agricultura; milicia, Iglesia y Estado; oficios personales e industria y comercio) y sus implicaciones en el incremento de los recursos materiales del reino (Astigarraga, 2000, pp. 307-309).

Arriquívar consideraba que la «aritmética política» era la «ciencia doméstica de los reinos industriosos»; es decir, la ciencia económica se identificaba con el gobierno de la Casa del Rey, conformada por las riquezas del Estado. La economía como conjunto de dinámicas cuasinaturales y dotadas de regularidad propia, ajenas a la acción de gobierno, seguía siendo impensable. Más que de un proceso exterior por conocer se trataba de un recurso doméstico por gestionar; en esto su estructura era análoga a la de la población, el mayor tesoro del reino.

---

[92] El autor vasco atribuía buena parte de la preeminencia de Inglaterra al grado de perfección alcanzado en ella por esta técnica de cálculo y administración (véase Astigarraga, 2000, pp. 305-306).

V

UN GOBIERNO QUE SE LIMITA A SÍ MISMO
LA BIOPOLÍTICA LIBERAL CLÁSICA

IMPUGNACIÓN DEL ESTADO DE POLICÍA Y EMANCIPACIÓN DEL
MERCADO EN LA REVOLUCIÓN LIBERAL

Como ya se señaló en el apartado introductorio, el término «liberalismo» se utilizará para designar, no una doctrina política o un sistema de ideas, sino una manera de hacer, una manera de conducir las conductas, un arte de gobernar (Foucault, 2004b, pp. 29-48; Dean, 1999, pp. 48-55). El contexto de la «policía» y de la «razón de estado» escenificaba el ejercicio de un poder soberano –prohibición, exacción de riquezas y de la sangre de los súbditos– concentrado en el monarca. Este poder de soberanía no desaparece con el liberalismo; se encuentra ahora democratizado, repartido entre toda la ciudadanía. Pues bien, gobernar consistirá en hacer compatible esta soberanía democratizada con la autorregulación de los procesos que caracterizan a la economía y a la población. El gobierno liberal no consiste en anular o reducir las regulaciones (así se entiende equivocadamente el lema de *laissez faire*) sino en sustituir las regulaciones artificiales del Estado por las regulaciones naturales que perfilan a los procesos económicos (mercado), biológicos (población) y civilizatorios (sociedad civil). Esta desconfianza constante ante el ejercicio excesivo del poder estatal es lo que marca el *ethos* eminentemente crítico del liberalismo. Éste no atribuye al Estado un *quantum* fijo de poder; su grado de intervención dependerá de las circunstancias históricas en las que se desarrollen esos procesos, esas esferas dinámicas que ahora se consideran como externas al Estado mismo. De ahí la ductilidad tan extraordinaria del liberalismo, de ahí también su capacidad de supervivencia y sus distintas figuras históricas: liberalismo clásico, liberalismo interventor, liberalismo *welfarista* y neoliberalismo.

Vayamos entonces por partes. El gobierno liberal presupone el principio de una soberanía democratizada. Es decir, el poder soberano, fuente de derecho, no es un atributo del rey sino del cuerpo colectivo de la nación, del pacto que funda el orden político de la sociedad y que se encarna en su Constitución (obsérvese que se trata de una metáfora biológica)[1]. Muchos de los primeros liberales españoles, como ha señalado Antonio Elorza (1991, pp. 414-417) entienden que esa soberanía popular habría sido usurpada por el Absolutismo; de ahí los esfuerzos (*v. g.* de Martínez Marina en su *Teoría de las Cortes*, 1813) para reconstruir históricamente los antecedentes de la libertad política (las Cortes y el justicia de Aragón, las comunidades castellanas, los fueros vascos).

Esta democratización se encuentra en la España que dio al traste con el Antiguo Régimen (en 1812, en 1820, en 1837) limitada *de facto* al ámbito de los propietarios, únicos ciudadanos que poseen derechos políticos, además de los civiles (Rivera García, 2006, p. 58)[2]. El principio del sufragio censitario es la manifestación más visible de esta limitación. La desconfianza hacia la participación de las masas populares en la política está muy extendida entre los principales representantes españoles del liberalismo clásico (*v. g.* Blanco White o Alberto Lista). Habrá que esperar a 1869 y después, tras la suspensión canovista de 1878 a 1890, para encontrar en vigor el sufragio universal, reservado, por otra parte, a los varones.

En cualquier caso, este tránsito del súbdito como sujeto de obediencia al ciudadano como sujeto de derechos, marca la impronta de la revolución liberal española. En este frente se inscribe la crítica liberal al

---

[1] Los «progresistas» (doceañistas y veinteañistas) entienden que la soberanía reside en la nación. Ésta no es pensada con arreglo al viejo modelo de los distintos «miembros» o «estados» que conformaban el reino, sino como conjunto homogéneo de individuos libres e iguales que precede al propio monarca. La soberanía se distingue de su representación, que recae en los delegados votados por los electores. Por otra parte, se trata de una soberanía cuyo ejercicio se haya escindido conforme al principio de la separación de poderes. Los «moderados» (valedores de la Constitución de 1845), sin embargo, conciben la soberanía como instancia compartida entre el Rey y las Cortes y limitan notablemente la división de poderes (Rivera García, 2006, pp. 38-53). Por último, esta soberanía no reside en una ciudadanía más o menos abstracta, definida a partir de principios ilustrados; se trata –como muestra *v. g.* Martínez de Marina en su *Teoría de las Cortes*, redactada en 1813– de una comunidad étnica identificada con la «nación española» de la época goda, cuyas instituciones y formas de organización democráticas habrían sido derruidas con la usurpación extranjera que representa Carlos I y la dinastía austríaca. La insurrección popular contra la invasión francesa y la Constitución de 1812 signicarían la restauración de la patria en su forma histórica originaria. Sobre este «metarrelato» liberal, véase Juliá, 2004, pp. 21-45.

[2] La distinción entre derechos civiles, a los que el doceañismo reconoce una base natural (como el derecho a la seguridad o a la propiedad privada y las libertades de imprenta o de conciencia) y derechos políticos, que carecen de ese fundamento, es el principio que rige la distinción entre «sociedad civil» y «sociedad política», consagrada por la Constitución de 1812 (Rivera García, 2006, p. 79).

despotismo y a la condición extralegal de las regulaciones estipuladas por el Estado de «policía», en particular la descalificación de las expulsiones, levas, intromisiones y encierros indiscriminados practicados por las autoridades del Antiguo Régimen. Aquí se emplaza asimismo el recelo liberal ante la red de «bastillas» auspiciadas por la acción combinada de la Iglesia y de la monarquía absoluta: hospicios para pobres y huérfanos, inclusas para expósitos, mazmorras para criminales, casas de corrección para vagabundos y jóvenes libertinos, casas de galera y de recogidas para prostitutas, hospitales para enfermos, ancianos e inválidos. A fines del siglo XVIII, según cálculos de Fernando Álvarez-Uría, había 9.833 de estos establecimientos en toda España, mientras que en 1856 llegaban a 1.292 (Álvarez-Uría, 1988, pp. 136-138).

Esta desconfianza, e incluso terror, afectaba especialmente a los hospitales, percibidos como lugares de putrefacción en donde las dolencias se agravaban y la muerte se precipitaba. Además, a medida que se imponían las tesis contagionistas en la explicación de las epidemias de vómito negro, la población y las autoridades tendían a contemplar con pavor esos internados en los que se mezclaban promiscuamente los cuerpos y los hálitos, donde reinaba la suciedad y el abadono, mal ventilados, focos permanentes de humores mefíticos[3]. Por esta razón la Ley de Beneficencia de 1821 restringía considerablemente la recomendación del internamiento hospitalario y el proyecto de Ley sobre Beneficencia Pública de 1838 declaraba que el socorro médico domiciliario debía ser la norma general. En 1856 la cifra de acogidos en hospicios, hospitales y casas de misericordia era de 170.010 personas, mientras que la de socorridos a domicilio alcanzaba a 714.894 (Álvarez-Uría, 1988, pp. 136-137).

Además, procedente de la experiencia francesa, el gesto de abrir hospicios, mazmorras o casas de galera, como sucedió en 1820 con la revolución de los liberales exiliados, se identificaba con el fin de los encierros arbitrarios, la destrucción de las bastillas del despotismo, la apertura de una nueva era, reino del derecho y de las libertades ciudadanas. En los años veinte y treinta del siglo XIX se conoció en España el nuevo modelo correccionalista de prisión auspiciado por Bentham y por

---

[3] Los reformadores ilustrados eran ya conscientes de la situación de insalubridad que reinaba en los hospitales. Cabarrús, que los consideraba un lugar donde «se sacrifican los pobres», era un decidido partidario de la asistencia a domicilio, de modo que en los hospitales sólo quedasen «aquellos hombres destituidos de toda conexión y parentesco, o aquellas enfermedades contagiosas o aquellas que piden operaciones extraordinarias» (Cabarrús, 1795, p.: 61). Foronda, en cambio –en una carta datada en 1789– es partidario de conservar los hospitales, pues duda que en el domicilio del pobre las condiciones de salubridad sean mayores. Defiende que se asegure su financiación de modo que se pueda contar con establecimientos hospitalarios con «toda la salubridad posible», como los de Inglaterra, Viena o Florencia (Foronda, 1821, pp. 431-439).

las experiencias penitenciarias de Filadelfia y Auburn, transmitidas a través del informe de Tocqueville y Beaumont. Las oscuras mazmorras del Antiguo Régimen serían reemplazadas por esos observatorios de la conducta humana transparentes, a su vez, para la autoridad legalmente constituida (Fraile, 1987, pp. 125-192; Serna Alonso, 1988, pp. 109-140; Trinidad Fernández, 1991, pp. 112-173, y Oliver Olmo, 2001, pp. 279-326).

En la misma línea se sitúa la crítica a la reclusión forzosa de mendigos y pordioseros, tan común en la España de Carlos III, y que se mantendrá, pese al garantismo liberal, hasta bien entrado el siglo XIX (desde 1852 las casas de misericordia y los hospicios pasan a depender de las Diputaciones). La jurista Concepción Arenal en *La Beneficencia, la Filantropía y la Caridad* (1861) protesta contra estas medidas como un atentado a la libertad individual y defiende el derecho del mendigo a elegir el ingreso en el establecimiento de misericordia o dedicarse a vivir de la caridad pública[4]. Pese a estos ataques, el sistema ilustrado de hospicios y casas de expósitos se mantuvo tal cual durante todo el siglo XIX y parte del XX; sólo varió la gestión, que de diocesana y a cargo de la Junta de Caridad se convirtió en provincial, a cargo de las Diputaciones (Carasa Soto, 1989, p. 218).

La crítica liberal a la captura y a la reclusión arbitrarias alentadas por la gubernamentalidad absolutista está también presente en la implantación de dos nuevas instituciones: el sanatorio mental, justificado como internamiento terapéutico de individuos «alienados» (Álvarez-Uría, 1983) y el burdel tolerado y reglamentado (Guereña, 2003), donde las prostitutas desempeñaban su oficio ateniéndose a ciertas ordenanzas y eran sometidas a inspecciones médicas periódicas. El primer acontecimiento se inaugura con la memoria de José Pérez Villargoitia, *De los Remedios para mejorar en España la suerte de los enagenados* (1846) y el proyecto para el asilo de Santa Cruz diseñado por Pi i Molist (1846). De esta misma época datan los primeros pasos de la prostitución reglamentada,

---

[4] «De hecho también el pobre está fuera de la ley, se le priva de su libertad, de todos sus goces, por la sola razón de que es pobre. Nosotros queremos que al pobre inválido se le deje en libertad de implorar la caridad pública, y que al vago se le persiga de modo que no abuse de ella. ¿Cómo disitnguirlos? No nos parece difícil. Establézcanse por Ayuntamientos, por distritos, como mejor parezca, y cuidando de evitar la aglomeración; establézcanse una especie de tribunales, de jurados, que con la intervención de la caridad, de la autoridad y de la ciencia, y después de un maduro examen, decidan si un pobre es o no inválido. Al que lo sea, désele una chapa, medalla o distintivo cualquiera. El pobre podrá elegir entre el establecimiento de Beneficencia y la caridad pública, que entonces no temerá verse burlada» (Arenal, 1861, p. 125). Reformadores ilustrados como Danvila y Villarrasa, 1779, pp. 127-140; Cabarrús, 1795, p. 51; y Foronda, 1821, pp. 123-124, se habían mostrado ya contrarios al sistema de hospicios públicos. Danvila defendía la existencia de unas «casas de piedad» para los verdaderos pobres, de régimen abierto, de trato protector y sufragada por los particulares. Cabarrús era un detractor de la caridad reglamentada y financiada por el Estado y veía los hospicios como un acicate y no como un freno de la pobreza. Foronda, por su parte, propugnaba la existencia de unas «casas de misericordia» que respetaran escrupulosamente «la libertad de los ciudadanos».

con las *Disposiciones* del gobernador civil de Zaragoza en 1845 y el reglamento madrileño de 1847. Este nuevo dispositivo se asentaba en una crítica al encierro arbitrario de las malas mujeres en casas de galera –tradición española desde Felipe IV– pero tampoco coincidía con la forma autoritaria de regulación estipulada en el proyecto de Cabarrús de 1795. A diferencia de lo que ocurría con la «policía» y con la «razón de estado», gobernar no consistía ya en disponer adecuadamente a las cosas y a los súbditos en el interior de un territorio. Gobernar era actuar sobre procesos cuasinaturales, es decir, sobre cursos temporales que obedecían a sus propias leyes internas. El cometido del gobierno consistía en descubrir estas leyes y en liberarlas de los constreñimientos artificiales y externos que impedían la espontánea autorregulación de los procesos. En esta línea se sitúa la recepción de Bentham en la obra de Ramón de Salas, durante el Trienio. Para Salas, la política debe sustentarse en el conocimiento experimental aplicado al estudio de los procesos sociales (Elorza, 1991, pp. 429-430).

El primero de estos procesos descubiertos por la gubernamentalidad liberal es el proceso económico. La «economía política», desarrollada inicialmente en Gran Bretaña, es en este aspecto el saber gubernamental por excelencia. El gobierno tiene el cometido de solventar los obstáculos para lograr la prosperidad nacional y la autorregulación del mercado a partir del «principio de la libertad económica». En el diagrama ilustrado de la «policía», las riquezas eran algo interior al Estado, eran los recursos de la Casa del soberano que éste debía administrar correctamente. Ahora la economía es una esfera que posee una legalidad propia y autónoma respecto a la política estatal. El logro de la prosperidad pasa por gobernar el proceso económico sin interferir en esta espontaneidad natural cuya base es el individuo propietario (el *homo œconomicus*) que busca maximizar su beneficio en un mercado libre.

El principal introductor en España de la ciencia económica, según los principios de la escuela clásica inglesa, fue Álvaro Flórez Estrada, particularmente en su *Curso de Economía Política* (1828), donde, entre otras cosas, hace un análisis muy completo de los obstáculos que impiden la libertad de producción y de comercio, fundamento de la prosperidad nacional[5]. Liberar lo que Flórez Estrada denomina «el estado natural del comercio» exigió en España un enorme esfuerzo, un despliegue espectacular de medidas gubernativas apoyadas en la legislación, instrumento por excelencia de la gubernamentalidad liberal. Desde la Regencia de María Cristina el Estado intervino agresiva-

---

[5] Sobre el primer desarrollo de la Economía Política Clásica en España, véase Almenar Palau, 2000a, pp. 7-92; sobre la difusión de los economistas clásicos en nuestro país, véase Lluch y Almenar, 2000, pp. 93-170. Sobre Flórez Estrada, véase Almenar Palau, 2000a, pp. 369-412.

mente para liberar el espacio de un mercado nacional unificado; propiamente, lo que conocemos como la «nación española» o como la «sociedad española» fue el resultado de este esfuerzo ingente.

Entre estas intervenciones se sitúa en primera línea la desamortización civil y eclesiástica, proyectada por la Constitución de 1812 y realizada por la legislación liberal de Mendizábal (desamortización de tierras de la Iglesia 1835-1837) y Madoz (desamortización de tierras comunales, 1855). La tierra se convertía en una mercancía y quedaban abolidas las jurisdicciones eclesiásticas y señoriales, incluido el mayorazgo. El sistema de propiedad ya no estaba regido por el estatus, por la pertenencia estamental, sino por el contrato de compraventa. Con ello se trataba de aliviar la deuda nacional, pues las ventas de tierra se hacían en bonos estatales; se extendía el control del Estado sobre territorios antes sometidos a la jurisdicción de la Iglesia y de la nobleza, y se intentaba controlar la amenaza que la primera cernía sobre la unidad nacional. Se rompía la existencia de los estamentos –de los estados– y se creaba una clase de propietarios ricos y adictos a la nación, aumentando el radio de tierras puestas en cultivo (Rueda, 1986).

La segunda intervención destinada a producir un mercado nacional consistió en la abolición de los gremios y la proclamación de la libertad de industria. Esta medida ya había sido defendida por algunos reformadores ilustrados (con Campomanes a la cabeza) y por el Conde de Toreno en las Cortes de Cádiz. Avalada durante el Trienio Liberal, fue finalmente ejecutada por un decreto de 1834[6].

---

[6] Una expresión casi «de manual» del «naturalismo liberal», realizada cuando el trabajo de eliminar los obstáculos de la «Naturaleza» –esto es, del libre mercado– estaba en proceso de culminación, es la siguiente: «El principio vital de la ciencia económica es la libertad; sin este principio no puede existir la economía política; por esto se confunden en una sola las dos escuelas liberal y económica. Todas las cuestiones deberán pues resolverse según este principio. Muchas son las conquistas que ha hecho. A su impulso cayeron los gremios y los aprendizajes, por él se destruyeron las tasas, desaparecieron las vinculaciones [mayorazgos] y se proclamó el principio de la libertad industrial: pero aun queda mucho por hacer. El principio liberal en economía política quiere que cese toda intervención del gobierno en las relaciones diarias de los ciudadanos, quiere libertad en la asociación, libertad de cambios, exige que desaparezca la tasa del interés del dinero, la desamortización completa civil y eclesiástica. Conocemos cuantos obstáculos se presentan a la realización de todo esto; por lo mismo escribimos, para que la opinión se vaya formando y llegue el día en que reconocidas estas verdades por todos puedan hacerse las aplicaciones convenientes sin revoluciones ni motines, sólo por la fuerza de aquélla. Las sociedades abrumadas por el pauperismo caminan con pasos inciertos sin saber por donde van, ni a donde se dirigen. Hoy esperan su salvación de un principio y mañana de otro enteramente contrario: ¿qué significa pues esta incertidumbre? La falta de fe en el principio liberal, la dominación de la teoría de los principios no absolutos. Nada más sencillo que la teoría de la verdadera escuela económica; es la misma ley natural dictada para el gobierno de la Sociedad [...] El principio liberal es la única áncora de salvación que tienen hoy las Sociedades modernas. Sin duda alguna al principio de *dejar obrar* está reservado remediar todos los males que hoy se sufren simplificando la administración pública, abaratando el consumo y distribuyendo naturalmente la riqueza, en proporción a la inteligencia y al trabajo de cada hombre, distribución que jamás será justa ni equitativa mientras se efectúe por los sistemas artificiales que hoy conocemos» (Cervera, 1849, pp. 403-404).

Otra medida importante, impulsada desde las Cortes de 1812, es la reestructuración del aparato asistencial. Durante el Antiguo Régimen éste estaba en manos de la Iglesia –particularmente los hospitales y casas de misericordia– o controlado directamente por los órganos de la monarquía absoluta. Se consideraba que el imperio de la caridad eclesiástica dirigida por parroquias y órdenes religiosas favorecía la limosna y la mendicidad, inmovilizando una fuerza de trabajo necesaria para la prosperidad nacional («manos muertas»). Desde 1812 se trasladó la beneficencia al poder civil, de forma que los ayuntamientos se encargaban de velar por los establecimientos asistenciales y las diputaciones de supervisar el correcto cumplimiento de sus fines. La Ley de Beneficencia del Trienio, en 1822, crea las Juntas Municipales de Beneficencia, donde pierden protagonismo los eclesiásticos en detrimento de los médicos. Estos principios legislativos de 1812 y 1820, proclives, por una parte, a la municipalización y a la provincialización[7] –frente al centralismo dirigista propio de la *policía*– y, por otra, a la secularización, inspirarán las sucesivas leyes de beneficencia aprobadas entre 1833 y 1852. La Iglesia pierde hegemonía en la gestión asistencial, pero conserva e incluso acrecienta sus bazas en el curso de todo el proceso. La nueva política secularizadora, con oscilaciones que llevan a una tendencia regresiva en los gobiernos moderados o tras el Concordato de 1851, es contraatacada por la Iglesia con el apoyo al movimiento carlista o con la creación de nuevas órdenes religiosas de vocación asistencial o dedicadas a la enseñan-

---

[7] Los «progresistas» son contrarios al dirigismo de la Administración central, porque enfatizan la representatividad de los órganos locales y provinciales y ligan históricamente la reivindicación de las libertades ciudadanas con la independencia de los municipios respecto al poder central. Por otro lado, adaptando una distinción realizada por los doctrinarios franceses (Guizot, Royer-Collard), diferencian entre los intereses particulares o económicos y los generales o políticos (Rivera García, pp. 69-70). Los primeros deberían ser atendidos por el poder local y provincial; aquí se incluye todo el registro de lo que antes cubría el «Estado de policía», tal como lo establece el artículo 321 de la Constitución de 1812: «Salubridad y comodidad, auxilio al alcalde en todo lo que pertenezca a la seguridad de las personas y bienes de los vecinos, y a la conservación del orden público», «administración e inversión de los caudales de propios y arbitrios»; «hacer el repartimiento y recaudación de las contribuciones»; «cuidar de todas las escuelas de primeras letras, y de los demás establecimientos de educación que se paguen de los fondos del común»; «cuidar de los hospitales, hospicios, casas de expósitos y demás establecimientos de beneficencia»; «cuidar de la construcción y reparación de los caminos, calzadas, puentes y cárceles, de los montes y plantíos del común y de todas las obras públicas de necesidad, utilidad y ornato»; «formar las ordenanzas municipales del pueblo» (Fernández García, 2002, pp. 157-158). En el Discurso Preliminar se critica explícitamente la subordinación que en el pasado sujetaba a los Ayuntamientos y a las Diputaciones bajo la férula de «jefes políticos y militares» nombrados por la Administración central (Fernández García, 2002, pp. 254-259). Esta «autolimitación» del poder central, delegando en las instancias periféricas, más próximas a los intereses de los individuos, es característica de la gubernamentalidad liberal clásica, donde se trata de gobernar reduciendo la intervención externa de las agencias estatales. Como afirmaba Ramón Salas, «el mejor sistema de administración provincial y municipal será el que deje más libertad a los administrados para gobernarse a sí mismos» (Salas, 1821, p. 281).

za: Hijas de la Caridad (1802), Hermanas de Santa Ana (1804), Congregación de Carmelitas de la Caridad (1826), Hermanas del Santo Ángel de la Guarda (1839), Siervas de María (1851), Instituto de Nuestra Señora de la Consolación (1858), Oblatas del Santísimo Redentor (1864), Hermanas Filipenses (1865), etcétera (Álvarez-Uría, 1983, pp. 123-128; Carasa Soto, 1985, y Esteban de Vega, 1992, pp. 132-137).

El creciente protagonismo de los médicos en el dispositivo de las juntas locales es evidente; los facultativos tendrán asignada una plaza pagada por la municipalidades, las cuales no podrán despedirlos sin el consentimiento de las Juntas de Beneficencia y las Diputaciones Provinciales.

La creación de un mercado nacional unitario exigía todo un conjunto de medidas de normalización, tanto en el terreno estrictamente económico y jurídico como en el ámbito de los transportes y las comunicaciones. Por otra parte, llevaba a fabricar una identidad nacional a escala de todo el territorio. En el campo económico y jurídico y en el ámbito de las comunicaciones hay que mencionar la fundación de la Bolsa de Madrid en 1831; la entrada de España en el sistema bancario y crediticio internacional entre 1848 y 1856; el despliegue de un sistema de impuestos nacional y uniforme bajo el Ministerio de Mon; la fundación del Banco de España en 1856 con el monopolio en la fabricación de papel moneda; la unificación de pesos y medidas y la introducción del sistema métrico en 1858; la abolición de los fueros locales y la instauración de un Código Penal estatal en 1822 y 1848; la construcción de un sistema de vías nacionales entre 1840 y 1868, completando la iniciativa de los «caminos reales» levantados en el siglo XVIII; la red de ferrocarriles implementada entre 1848 y 1880; el sistema telegráfico a escala de todo el territorio en la década de 1840 (Tortella Casares, 1973; Labanyi, 2000, pp. 19-23).

La inculcación de una identidad nacional (Gortázar, 1994; Álvarez Junco, 2001, pp. 187-304) que se correspondiera con los límites de este mercado unificado pasaba por la nueva cuadriculación administrativa del Estado en provincias, para dar así uniformidad a la división territorial. A esto se unía el establecimiento de un sistema de conscripción militar obligatorio, si bien canjeable por una tasa. La puesta en marcha de una legislación educativa unitaria, con la Ley Moyano de 1857, la creación de las Escuelas Normales y la importancia que cobra el estudio de la geografía nacional en la enseñanza escolar son dignas de mención en este aspecto. Aquí hay que mencionar la publicación entre 1845 y 1850, del monumental *Diccionario Geográfico Histórico-Estadístico de España*, de Madoz, donde se realiza una recogida de información a gran escala de toda la nación.

Esta cascada de intervenciones estaba destinadas a liberar la espontaneidad de un mercado nacional autorregulado costreñido hasta entonces por el artificioso ordenancismo del Antiguo Régimen, con su variopinto sistema de prerrogativas y privilegios y el lastre que suponían los bienes eclesiásticos –que en el siglo XVIII aun triplicaban los del Estado–, así como el control de las corporaciones sobre la vida económica[8].

Pero en la lógica liberal gobernar implicaba no sólo emancipar al mercado de las constricciones políticas externas, sino armonizar su funcionamiento con la autorregulación de los procesos biológicos y civilizatorios que afectaban a la población. Ésta ya no es pensada como número, como conjunto de habitantes que ocupan un territorio, sino como una serie de procesos vitales (fecundidad, morbilidad, natalidad, mortalidad, vivienda, siniestrabilidad, longevidad, etc.) conectados con los procesos económicos. La cuestión ya no es sin más incrementar el número de súbditos útiles, sino calcular unos procesos mutuamente correlacionados. Por esta razón, como señala Flórez Estrada, las disposiciones de la *policía* ilustrada destinadas a incrementar la población (*v. g.* las exenciones de impuestos para los matrimonios que tuvieran más hijos) de nada servían por sí mismas si no se acompañaban de un aumento del «acopio de subsistencias» gracias a la liberalización de los mercados; de otro modo, la progenie desprovista estaba destinada a sucumbir o a dar lugar a las «calamidades inseparables de la mendicidad»[9].

La correlación entre el crecimiento geométrico de la población y el crecimiento aritmético de los recursos, establecida por Malthus y comentada por Flórez Estrada, expresa la diferencia indicada entre la biopolítica liberal y la biopolítica absolutista. Al mismo tiempo revela una circunstancia que muy pronto se hizo evidente para los reformadores liberales: la creación de un mercado autorregulado a través de las medidas desamortizadoras o la descomposición de los gremios dejaba a los artesanos desprotegidos y a las masas rurales sin los tradicionales derechos para cultivar en las tierras comunales, eclesiásticas y señoriales y los obligaba a emigrar a la ciudad, dando lugar a un ejército de vagabundos y desempleados que no podían ser absorbidos por un

---

[8] Una enumeración de las medidas aprobadas por las Cortes de Cádiz para la instauración del mercado autorregulado puede verse en Rivera García, 2006, pp. 77-78.

[9] «El premio y el castigo son los dos móviles de que pueden valerse los legisladores a fin de hacer variar los actos humanos, pero ni el uno ni el otro causarán buen efecto aplicados a reprimir la propensión que el hombre tiene a reproducirse. Ningún legislador sería capaz de sancionar una ley que impusiese el castigo correspondiente al mal resultado del conato que se procuraba contener. La dificultad sería insuperable si se tratase de conceder premios a los casados con el objeto de moderar la población y nivelarla con el capital. El modo único de asegurar a la clase trabajadora las satisfacciones morales que resultan del matrimonio, como hemos dicho en el capítulo anterior, es abolir las innumerables leyes que impiden la justa recompensa del trabajo y generalizar la educación de las clases pobres» (Flórez Estrada, 1828, pp. 146-159).

precario tejido industrial. Esto que Pedro Carasa Soto y Justo Serna Alonso han calificado como un «proceso de proletarización mal resuelto» dio lugar al incremento de la pobreza y la marginalidad, o a la revuelta a través del ingreso de las capas populares en las filas del carlismo o en las partidas de bandoleros (Carasa Soto, 1987 y 1989, y Serna Alonso, 1989).

Se trata del problema del *pauperismo*, de las consecuencias sociales derivadas de la constitución de una esfera económica independiente. El nacimiento de lo social como objeto de saber coincide en España con las reflexiones sobre el pauperismo a partir de la década de 1840. En este contexto es donde se discuten las tesis de Malthus: ¿es la pobreza una consecuencia del crecimiento geométrico de la población?; ¿está la clave en auspiciar un incremento proporcionado de las subsistencias o en cambiar las formas de vida, el *ethos* auspiciado por la civilización industrial? Sean cuales fueran las respuestas, todas se emplazaban en el mismo terreno: la sociedad es un ámbito regido por sus propias leyes donde se ponen en relación los procesos económicos y los procesos biológicos y civilizatorios que afectan a la población. La ciencia de lo social es la encargada al mismo tiempo de encontrar las claves que permitan reconciliar los imperativos del mercado con la dinámica poblacional.

La mayoría de los ensayos sobre el pauperismo reconocen que la pobreza es un efecto inevitable del libre mercado y de la libertad de propiedad −como dice el higienista P. F. Monlau, *semper pauperes habebitis vobiscum*. Sin embargo, pauperismo no es lo mismo que pobreza. El primero es un hecho más moral que puramente económico; traduce la desmoralización del pobre[10]. Éste, espoleado por una so-

---

[10] «En España, ni aproximadamente podemos presentar guarismos concretos; pero no cabe duda de que gracias al enflaquecimiento de las creencias religiosas y merced a esta dichosa civilización en que vamos entrando, cada año aumenta el número de suicidas; y en este número tendrá indudablemente también su cuota el pauperismo [...] El pobre, a pesar de los recursos con que procura subvenir sus necesidades, rara vez alcanza una alimentación sana, una habitación aireada, limpia y decente, un vestido que le preserve de las injurias de la atmósfera y de las estaciones. De ahí su degeneración física; de ahí el transmitir la vida a seres débiles y enfermizos como él y de ahí la enervación de las generaciones. A la degeneración física acompaña la degradación moral: la pobreza está naturalmente afectada por un abatimiento incurable, por un descuido extremado: de ahí los hábitos de imprevisión, de embriaguez y de libertinaje que se observan en la población indigente. No sin motivo, pues, se ha dicho que el pauperismo era uno de los mayores azotes que podrán afligir a las sociedades humanas. Sí, señores: el pauperismo debilita al Estado; disminuye la población; gasta las fuerzas físicas y morales de una parte de la misma; corrompe las clases todas; degrada la dignidad del hombre y la libertad del ciudadano; abrevia la duración de la vida; bastardea las generaciones; fomenta las epidemias y los contagios; impele a la prostitución y al crimen; provoca a los disturbios políticos; desacredita a los gobiernos; pone en peligro las instituciones... y llegaría a producir el caos» (Monlau, 1846, pp. 379-380).

ciedad que estimula las necesidades de sus habitantes, tanto más cuanto más civilizada y rica sea, intentando resolver su estado de insatisfacción recurre a medios que acaban amenazando la supervivencia de la sociedad misma: pereciendo de hambre o enfermedad, por el suicidio, la emigración, la mendicidad, la prostitución, la degradación, el delito y el crimen. El pauperismo es el resultado de un desequilibrio entre el progreso de la civilización industrial y el de la civilización moral. En el bando antiliberal, formado por integristas, carlistas y neocatólicos, bien representado en los escritos de Donoso Cortés, el pauperismo se percibe como un efecto directo de la revolución liberal. Ésta habría echado a perder la antigua caridad cristiana que formaba parte de las obligaciones de los estamentos privilegiados del Antiguo Régimen (López Alonso, 1992, pp. 149-151).

La estadística y la higiene como tecnologías de la gubernamentalidad liberal

Los filántropos, políticos e higienistas que reflexionan sobre el pauperismo urgen sobre la necesidad de contar con estadísticas que permitan constatar la correlación directa entre el desarrollo económico, el crecimiento urbano y el pauperismo. A falta de cifras españolas, al menos en las décadas de 1840 y 1850, suelen invocar recuentos realizados en otros países. En este periodo la estadística, uno de los instrumentos principales de la ciencia liberal del gobierno, estaba dando en España sus primeros pasos.

En 1802 y en conexión directa con la estadística censal y con sus objetivos fiscales, se establece en Madrid la primera Oficina de Estadística oficial. Las Cortes de Cádiz de 1812, que establecen el principio de soberanía de la población nacional, convirtiéndola así en realidad con derecho propio, dictan las primeras normativas en materia de Estadística censal.

Las Cortes liberales de 1822 encargaron al Secretario de Gobernación las medidas efectivas para organizar la estadística y catastro del reino. En 1852 la Sociedad Económica Matritense creó la primera cátedra de Estadística, que fue desempeñada por D. José M.ª Ibáñez. Pero el punto de arranque de la estadística pública en España tiene lugar en la última etapa del reinado de Isabel II, cuando un real decreto crea en 1856 la Comisión Estadística General del Reino. De este mismo año data el primer Anuario Estadístico de España.

Junto a los pasos iniciales de la estadística pública hay que mencionar el impulso que empieza a recibir la estadística desde el campo de la Medicina. El pauperismo aparece calificado como el problema por excelencia de la población y ésta es considerada como una realidad biológica, conformada por procesos que subtienden al cuerpo colectivo. Calcular estos procesos y sus correlaciones es una tarea que compete sobre todo a los especialistas de la salud. Aquí se inscribe la contribución de higienistas como el mencionado Pedro F. Monlau, Mendez Álvaro o Mateo Seoane. Méndez Álvaro se esforzó por introducir la estadística en los planes de estudio de la carrera de Medicina y concibió técnicas sistemáticas para analizar la información procedente del Registro Civil (fundado en 1871). Seoane, exiliado en Londres durante la Ominosa y familiarizado con la avanzada organización estadística británica, comprendió la importancia de este saber en la reforma sanitaria que España necesitaba. En 1837 publicó sus *Consideraciones Generales sobre la Estadística Médica* (Seoane, 1838, pp. 187-212). A partir de la década de 1840 se editan en España los primeros tratados generales sobre estadística: *Elementos de la Ciencia de la Estadística* (1841), obra traducida del portugués Sampaio, *Tratado Elemental de Estadísitca* (1844), del mencionado José M.ª Ibáñez, y *Estadística* (1845), de Dufau, traducida del francés por Ildefonso Larroche y Sierra.

A estas contribuciones hay que añadir los recuentos, particularmente de estadística demográfica, sanitaria y criminal, realizados provincia a provincia en el ya mencionado *Diccionario Geográfico Histórico-Estadístico de España*. Aunque su autor, Madoz, era abogado de profesión, comparte en su obra los supuestos netamente ambientalistas que primaban entre los higienistas españoles del momento, destacando la acción de los determinismos del medio (clima, orografía, luminosidad, alimentación) sobre la conducta, en la tradición francesa (Montesquieu, Buffon, Comte)[11].

La Higiene va a desempeñar un papel capital en la reflexión sobre el pauperismo. Si éste constituye un problema moral más que propiamente económico, lo que se impone es una estrategia de moralización de las clases populares. La imprevisión, la ignorancia, la promiscui-

---

[11] La importancia de las estadísticas demográficas y sanitarias para remediar la «despoblación» aparece claramente expresada en un discurso del Dr. Ramírez Vas: «Los datos estadísticos referentes al censo y movimiento de población, deben servir a las autoridades para remover, atenuar y neutralizar todas aquellas causas que puedan influir en la despoblación de ciertas comarcas, planteando las mejoras que la ciencia aconseja y que la experiencia ha acreditado como beneficiosas y practicables. Si este no fuera el fin al que se aspira, sería una curiosidad impertinente e inmotivada la reclamación de tales documentos. Indudablemente es algo mejor saber que ignorar el número de los que mueren anualmente y su proporción con los nacidos en el mismo periodo; pero si a esto se limita la estadística necrológica [...] la higiene pública sacará escaso provecho de estos datos, y la administración tampoco adelantará mucho para llenar su misión civilizadora y humanitaria de salubrificar las localidades y mejorar la condición social de sus habitantes. Es pues, indispensable que se amplíe el estado de las causas ostensibles de la muerte, que consten en él las causas endémicas más pronunciadas y que impriman un carácter constante a las enfermedades y un sello especial a la fisonomía de las personas que viven sometidas a su perniciosa influencia» (Ramirez Vas, 1860a, p. 405).

dad, la falta de atención a la salud y al cuidado de la progenie pasan por inculcar hábitos de autodisciplina, de prudencia, laboriosidad y templanza. Los distintos artefactos postulados para poner remedio al pauperismo (sociedades de ayuda mutua, montepíos para facilitar créditos gratuitos a los pobres, cajas de ahorro, cajas de previsión, viviendas obreras, escuelas dominicales, talleres modelos, escuelas industriales) son verdaderas máquinas de moralización cuyo propósito es inculcar a los miserables en los hábitos de la austeridad, la obediencia, la laboriosidad, la mentalidad previsora, la responsabilidad familiar. Los autores que disertan acerca de las consecuencias del mercado autorregulado sobre la población, como Flórez Estrada, Antonio Ignacio Cervera o Monlau rechazan las asociaciones de trabajadores con objetivos de reivindicación política, pero las admiten en tanto asociaciones de socorros mutuos. El socialismo en todas sus formas (fourierismo, saintsimonismo, etc.) es atacado frontalmente, pero se advierte sobre la necesidad de conciliar el libre mercado con los procesos poblacionales, dando lugar a una suerte de economía social amortiguadora de la lucha de clases.

Pero este disciplinamiento de alcance general[12] en el que la higiene desempeña un papel capital no consiste en una acción ejercida directamente por el Estado sobre las clases populares; no se está ante una reedición de la «ciencia de la policía». En buena biopolítica libe-

---

[12] Sobre el ilimitado campo de la Higiene en el gobierno de las poblaciones puede citarse este significativo fragmento: «La Higiene, en su inmensa extensión, nada deja de comprender que con el hombre se relacione: abraza en su dilatada esfera el bien y el mal, haciéndolos objeto de su estudio en aquéllo que se refiere a la salud y a la prolongación de la vida. Lo bueno, por necesidad ha de influir favorablemente, ayudando al bienestar y a la salud, y el higienista debe por tanto solicitarlo; al contrario, lo malo habrá de influir de una manera dañosa, y el higienista tiene que aconsejar su anulación si fuere posible, o en otro caso los medios de atenuar sus perniciosos efectos. ¿Hasta dónde podría llevarnos un estudio tan amplio y elevado de la higiene? ¿Qué institución, qué ley, qué código, qué costumbre, qué género de actividad, qué industria, qué acción no cae, según esto, dentro de los dominios dilatados de la higiene, unida, como no puede menos de estarlo siempre, y aun identificada con la moral?

El hombre, desde que es concebido y mientras dura su vida intrauterina; el hombre después de nacer, en las diferentes edades y hasta en la senectud más extrema; el mismo en sus diferentes industrias, oficios y profesiones; en su retiro, en la vida pública, en sus tareas intelectuales, en todos sus actos; la familia y el domicilio; las poblaciones y los campos; los establecimientos industriales, fabriles, mineros, etc.; los ejércitos, las armadas, todas las grandes aglomeraciones y colectividades; la organización social y política de los pueblos; su estado civil y su educación; los sistemas de cultivo y las subsistencias o mantenimientos de todas clases; los baños públicos, las abluciones y ejercicios gimnásticos; los medios de locomoción, las fiestas, diversiones y regocijos públicos, así como los duelos, las calamidades y los pesares; las guerras por mar y por tierra; los terremotos, los meteoros, las inundaciones, etc.; las pestes y contagios de todo género; el suelo, el aire y las aguas; los vestidos; cuanto puede inducir alguna modificación favorable o adversa... ¡todo pertenece al imperio de Hygeia, a los vastos dominios de la diosa de la salud, preciada hija de Esculapio!» (M.A., 1869, p. 14).

ral se trata de poner en marcha los mecanismos para que la propia «sociedad civil», esa esfera privada compuesta por el conjunto de los ciudadanos y exterior al Estado, sea capaz de regularse a sí misma, a través de sus agencias particulares. La higiene[13] es precisamente una de estas agencias. Colaborando en la moralización de los pobres y en el saneamiento del espacio urbano, los higienistas operan como un relevo, como una *interface*, permitiendo coordinar las metas de la sociedad civil y de la propia libertad individual con las metas generales del Estado[14].

La higiene funciona por una parte representando los intereses públicos. En España los médicos lograron incrementar su prestigio gracias a su intervención en las grandes crisis epidémicas del primer tercio del siglo XIX (cólera, fiebre amarilla) (Peset y Peset, 1972). Esta «expansión del poder médico», como la denomina Fernando Álvarez-Uría (1983, pp. 77-97), tiene que ver por una parte con la competencia adquirida por los facultativos en el campo de la sanidad municipal. La circulación de aguas y de aires, la eliminación de residuos, el control de los alimentos y las bebidas, la vigilancia de establecimientos peligrosos (mataderos, cementerios, burdeles), la salubridad de las viviendas, la intervención en caso de epidemia, etc., convierten a la higiene pública en la tecnología encargada de establecer las circunstancias básicas para la preservación de la vida y de la actividad económica. Por otra parte, como se ha señalado, los higienistas intervienen decisivamente en la educación, la previsión y la moralización de las clases más bajas.

Las primeras tentativas para centralizar la política de salud pública tienen lugar con la fundación de la Junta Suprema de Sanidad en 1840 y con la instauración posterior (1847) de la Dirección General de Beneficencia y Sanidad, que aprueba en 1848 el establecimiento de los subdelegados provinciales de Sanidad. A partir de 1843 se esta-

---

[13] Junto a la «policía», pero esta –desde la aparición de la siniestra «policía política de Fernando VII»– empieza a perder el significado que se le atribuía en el siglo XVIII, identificándose progresivamente con el órgano encargado de preservar el «orden público». En el planteamiento liberal clásico, la policía urbana actúa preferentemente bajo la autoridad del Ayuntamiento y del Jefe Político –lo que más tarde serán los gobernadores civiles. Véase al respecto Requena Hidalgo, 1997, sobre el caso de Barcelona, y De Antón, 2000, pp. 163-170.

[14] El fracaso del proyecto para aprobar –en el contexto del Trienio Liberal– un proyecto de Código Sanitario que operaría en todo el Estado, tiene que ver en parte con las reticencias que suscitaba entre comisionados y diputados la creación de una Dirección General de Sanidad. Este órgano recortaba la autonomía de Diputaciones y de Ayuntamientos en materia de salud pública, colisionando en buena medida con la vocación municipalista de los doceañistas y reeditando el intervencionismo estatal y centralizado típico de la policía médica absolutista. Asimismo suscitaban recelos los costes del proyecto y la posible parálisis del comercio debido a los controles epidémicos practicados en ciudades como Cádiz o Barcelona, donde prevalecían las tesis «anticontagionistas» entre los doctores (Peset y Peset, 1972, pp. 196-198).

blecen las primeras cátedras de Higiene. En esta época destaca el manual de Monlau *Elementos de Higiene Privada y Pública*, editado entre 1846 y 1847. Entre 1850 y 1865 tiene lugar una verdadera expansión de las revistas médicas especializadas en Higiene, tanto las de higiene pública como las de higiene doméstica (Granjel, 1983).

En relación con la esfera doméstica, esta gubernamentalidad liberal que se apoya en la higiene va a ser también un agente conformador de la familia como ámbito privado, refugio atravesado por dependencias afectivas y sexuales. En la España del Antiguo Régimen, más que la «familia», existía la «casa», un espacio de relaciones que no coincidía con la unidad de corresidencia (padres e hijos) y que se definía tanto por vínculos de afinidad espiritual como de consanguineidad: la esposa, los hijos, los parientes, los próximos, los clientes, los domésticos, los que guardaban una relación de dependencia. Se trataba de un medio social afectivamente denso que al mismo tiempo funcionaba como una suerte de unidad política, un «estado». Los reformadores liberales criticarán esta entidad como un lugar corrupto, colmado de favoritismos, clientelismos y prerrogativas. Piensan ya en la familia como núcleo de corresidencia, refugio privado y afectivo escindido respecto al dominio público.

En la gubernamentalidad liberal se trata de que la familia se controle a sí misma, regule las conductas amorosas y sexuales, apoyándose para ello en toda una serie de prácticas y de discursos que tienen que ver con la medicina en un sentido amplio: higiene privada, higiene especial, venerología, ginecología, medicina mental. Este dispositivo de medicalización no sólo es activado por profesionales médicos sino por agentes con metas muy heterogéneas (urbanistas, filántropos, pedagogos, novelistas, criminólogos, jueces, militares, funcionarios de las distintas administraciones) y con emplazamientos diversos (saneamiento municipal, asociaciones médicas, escuela, relaciones domésticas, fábricas, ejército, sistema penal, policía, etcétera).

Un ejemplo muy claro de este modelado higiénico de la familia lo ofrece la campaña médica contra el onanismo. La campaña higiénica destinada a prevenir la masturbación infantil y adolescente, que ve en esta conducta, especialmente en su variante masculina, una especie de «enfermedad total», causa de todas las dolencias imaginables, se inicia en Europa occidental a mediados del siglo XVIII, pero en España no arraigará hasta comienzos del XIX (Vázquez García y Seoane Cegarra, 2004). Se dirige principalmente a la vigilancia en el ámbito familiar e inyecta en los padres una nueva preocupación, hasta entonces prácticamente inédita: la preocupación por la sexualidad de los niños. Los manuales de higiene privada y de medicina doméstica, publicados a partir de finales del siglo XVIII, insisten en que los padres deben responsabilizarse de la disciplina y de la vigilancia de los hijos (malas compañías, domésticos viciosos, ocios perjudiciales, lecturas y espectáculos indecentes, alimentación y vestimenta inadecuadas, soledades sospechosas, etcétera). La sexualidad infantil se constituye así como algo que los padres deben tomar a su cargo asesorados por la medicina. Ésta debe aconsejar acerca de la relación más adecuada entre padres e hijos para evitar una perniciosa orientación de la sexualidad infantil que puede llevar no sólo a la ruina biológica y a la desvirilización del individuo, que acaba en la impotencia, la esterilidad o el aborrecimiento del matrimonio, sino a la de toda la nación[15]. De este modo se establece una coordinación (*interface*) a distancia entre la exigencia pública de construir una identidad nacional cohesionada y el deber privado de disciplinar la sexualidad infantil.

Esta campaña higiénica para prevenir la masturbación infantil y adolescente está restringida, en la España de la primera mitad del siglo XIX, al campo de las familias de clase acomodada, adoctrinadas por el facultativo privado y por los manuales de medicina doméstica. La sexualidad infantil de las clases populares sólo surgirá en primer plano desde la segunda mitad del siglo XIX, con el auge de las campañas moralizadoras (Casco Solís, 1990). La preocupación comenzará a perfilarse en las memorias de los higienistas y filántropos acerca del problema del pauperismo y en las iniciativas de la caridad privada y de la Iglesia para prevenir la corrupción temprana de las niñas pobres y estimular los matrimonios entre las clases populares (*v. g.* mediante el establecimiento de escuelas dominicales). El problema de la promiscuidad[16], de la

---

[15] «Las consecuencias de la mansturbación, ora con eyaculación, ora sin ella, son muchas, y a cual más desastrada. La tísis; las aneurismas; las palpitaciones habituales; las contracciones espasmódicas; las convulsiones parciales o generales; la eclámsia; la epilepsia; cierta especie de parálisis particular acompañada de contracción de los miembros; jibosidades o desviaciones varias del espinazo; el embotamiento de todos los sentidos; la pérdida de la memoria; la debilidad de las demás facultades intelectuales, que puede llegar hasta la idiotez y el embrutecimiento; el marasmo y la muerte: he aquí los resultados del abuso sensual y prematuro de sí mismo. Si el mansturbador llega por azar a la virilidad, no cuente con buena salud, ni vida longeva: resígnese a la más vergonzosa impotencia, y renuncie a la fecundidad, o sépa que, cuando más, transmitirá su menguada complexión a una prole raquítica y desgraciada.

Tantos y tamaños desastres bien valen la pena de ser a toda costa conjurados. Cuiden, pues, los padres de apartar la influencia de todas las causas físicas y morales que dejamos enumeradas, y ejerzan una vigilancia asidua (aunque disimulada) sobre el niño y sobre todas cuantas personas le rodean o tratan (nodrizas, ayas, criados, institutores, compañeros de infancia, etc.), pues ya hemos visto que hasta la cuna tiene sus peligros y sus misterios de depravación» (Monlau, 1885, pp. 569-570).

[16] «De manera que este miserable albergue sirve a un tiempo de cocina, de establo y de dormitorio a una familia numerosa. No es sólo la salud del cuerpo la que entonces se altera y deteriora, sino que también la salud del alma sufre un menoscabo irreparable y cuyos amargos frutos han de venir a madurarse más tarde con la corrupción de las costumbres, resultado indispensable de una educación poco esmerada, que es la escala fatal por la que se llega a la última meta de los crímenes más horrendos, demostrándonos la estadística criminal que esta clase de seres degradados es la más propensa a lanzarse en la vía de los desaciertos. Y no podía suceder de otro modo; porque confundidos desde su más tierna edad los

corrupción sexual de los hijos e incluso del incesto se vincula a los tres grandes temas suscitados en la campaña moralizadora: la aplicación al trabajo como un medio de disciplinamiento del cuerpo, el cultivo del ahorro y la crítica a los gastos superfluos (juegos, taberna, burdel) y, especialmente, la reorganización de los alojamientos (Campos Marín, 1995, pp. 1099-1102). Con la reestructuración de la Comisión de Reformas Sociales de la década, hasta entonces limitada a labores informativas, esta campaña alcanzó una resonancia estatal aunando las voces del catolicismo social, el krausismo institucionista y el sindicalismo. Pero esto nos sitúa ya en la aurora de un nuevo tipo de biopolítica y de gubernamentalidad.

---

niños de ambos sexos en un mismo lecho, y presenciando entre sus padres escenas nada conformes a la sana moral, se angosta en ellos el pudor, esa flor virginal de la infancia y pura emanación de la inocencia» (Ramírez Vas, 1860b, p. 90).

VI

ENTRE LOS SEGUROS Y LA EUGENESIA. LA BIOPOLÍTICA INTERVENTORA

LA TECNOLOGÍA DE LOS SEGUROS Y LA MEDICINA SOCIAL

El nacimiento de un nuevo tipo de biopolítica en la Europa de las últimas décadas del siglo XIX, acompañando al nacimiento del Estado social o interventor[1], muy distinto, como se verá, del *Welfare State* alumbrado tras la Segunda Guerra Mundial, no supone una ruptura con el liberalismo. Lo característico de la biopolítica liberal, como ya se indicó, es su condición extremadamente elástica y autocrítica. En ella se trata de auspiciar un gobierno fundado en una soberanía democratizada y que armonice la autorregulación de los procesos económicos (el Mercado), biológicos (la Población) y civilizatorios (la Sociedad Civil) con la mínima intervención estatal posible. Ahora bien, el *quantum* de intervención estatal necesaria no viene dado *a priori;* depende de las condiciones históricas en las que se produzca el ejercicio de gobierno. Con esto se quiere decir que la «biopolítica interventora», si bien supone una problematización de la «biopolítica liberal clásica», no es exterior al liberalismo; es una exigencia de la gubernamentalidad liberal para ajustarse a las transformaciones históricas que acompañan a ese periodo crítico que va de la Gran Depresión de fines del siglo XIX al cataclismo de 1929 y que coincide con el tránsito a un capitalismo monopolista e imperialista (Peset, 1973, p. 191).

En el caso español, la presencia de esta biopolítica interventora es más tardía y menos intensa que en las principales potencias económicas y políticas europeas. Su trasfondo es la intensificación de la agi-

---

[1] Tomamos el concepto de «Estado Interventor» de Varela y Álvarez-Uría, 1989, pp. 61-63. Su sentido está próximo a lo que Rosanvallon, 1990, pp. 132-135, ha denominado «Estado higienista».

tación laboral y social y la consolidación y expansión correlativas del movimiento obrero. El ciclo revolucionario del Sexenio se cerró con la Restauración de la monarquía y con el régimen canovista, que gobernó en un verdadero estado de excepción entre 1874 y 1881, pero ello no desterró, en la conciencia de las autoridades y de las clases que las respaldaban, la amenaza permanente de subversión (Álvarez Junco, 1988, pp. 147-149).

En este contexto se fueron abriendo paso las voces reformistas que defendían la intervención del Estado en los procesos económicos y en la sociedad civil para contrarrestar el aguzamiento de la lucha de clases y los efectos destructivos del mercado autorregulado en la cohesión social. Los remedios de la beneficencia y de las instituciones de caridad privada no servían para paliar la degradación de las condiciones de vida en la clase trabajadora, un proceso que ponía en peligro la viabilidad misma de la sociedad de mercado. La primera y tímida respuesta a estas preocupaciones fue la creación en 1883 de la Comisión de Reformas Sociales, que habría de estudiar y proponer las reformas legislativas necesarias para arbitrar las relaciones entre capital y trabajo, mejorando la condición de la clase trabajadora y frenando así sus aspiraciones revolucionarias.

Hoy, gracias al trabajo de los historiadores (Elorza e Iglesias, 1973; AA. VV., 1987; Pérez Ledesma, 1988; Álvarez Junco, 1988; Palacio Morena, 1988; Calle, 1989), se conoce muy bien la composición y las tareas emprendidas por esta institución. El polo conformado por krausistas y republicanos –decididos partidarios de las políticas aseguradoras cuyo modelo encarnaba el seguro de enfermedad aprobado en 1883 para el Imperio alemán– se veía contrarrestado por el polo católico-conservador, receloso ante las intervenciones estatales y defensor de las bondades de la caridad privada. La Comisión se transformó en 1903 en Instituto de Reformas Sociales y en 1908 se denominó Instituto Nacional de Previsión. Sólo a partir de esta fecha y en un largo proceso –salpicado de crisis políticas, atentados anarquistas y sacudidas revolucionarias– que llega hasta la Segunda República, se irá aprobando paulatinamente la primera legislación aseguradora: seguro de accidente, de vejez, de maternidad, de enfermedad y de paro forzoso (Espina, 2007, pp. 73-100).

El significado de estos acontecimientos para la historia de la biopolítica en España parece claro. La miseria, la degradación biológica y el auge de la marginalidad derivados de un proceso de proletarización no resuelto como el que tuvo lugar en la España del siglo XIX iban a contracorriente de la optimización de la vida que caracteriza al biopoder. La revueltas y agitaciones populares –carlistas, cantonalistas, proletarias– que habían marcado el Sexenio, la fuerza creciente de las organizaciones obreras, mostraban la ineficacia del régimen de beneficencia y encierro disciplinario característico de la biopolítica liberal clásica. La degradación de los procesos biológicos (mortalidad, esperanza de vida, natalidad, maternidad, morbilidad, siniestrabilidad, hábitat, etc.) que el liberalismo clásico gobernaba minimizando la intervención del Estado y estimulando la autorregulación de la sociedad civil amenazaba con hacer inviable la democracia liberal, la sociedad de mercado, la unidad nacional y la supervivencia misma de la patria. Concordando en este diagnóstico, una franja creciente de reformistas sociales se inclinaba por defender la ampliación de los márgenes de intervención estatal sobre los procesos vitales y civilizatorios[2]. Las ciencias sociales, instrumento de autocrítica nacido con la gubernamentalidad liberal, desempeñaron un papel crucial en esta problematización de la biopolítica liberal clásica; por ello aparecen omnipresentes –Estadística, Sociología, Economía, Medicina Social, Antropología criminal, Pedagogía, Psiquiatría– en las nuevas estrategias de la biopolítica interventora.

A grandes rasgos se pueden diferenciar cuatro tendencias en la implantación de la biopolítica interventora dentro del marco español:

a) El tránsito de una política de beneficencia a una política de previsión con la puesta en marcha de nuevas tecnologías aseguradoras que apuntan a administrar los riesgos que afectan a la población.

b) El desarrollo de la Medicina Social como ciencia y regulación de las circunstancias patógenas medioambientales.

c) El tránsito de una política de beneficencia a una política de previsión con la programación de nuevas tecnologías eugenésicas que apuntan a administrar la «herencia» de las poblaciones optimizando su calidad y vigor.

---

[2] Del lado de las organizaciones obreras, el giro reformista implicaba reconocer el fracaso del capitalismo. Así lo expresó el dirigente socialista Jaime Vera: «Haremos notar que la intervención gubernativa en las relaciones de capitalistas y obreros no sólo es contraria del todo al criterio de la libertad en materia económica, principio hasta aquí profesado por los partidos llamados democráticos, en que creíamos militaba el señor Moret, sino también la condenación del sistema actual de relaciones económicas y una demostración indirecta de la doctrina que profesamos y defendemos. ¿A qué queda reducida la sagrada libertad individual que vosotros decís, si en una u otra forma interviene el Poder público en los contratos de obreros y patronos? Si son armónicos sus intereses, ¿por qué viene el Poder político a mediar como amigable componedor? No menos vulnerado queda el principio, aunque intentéis justificar vuestra intervención con el propósito de favorecer al obrero. ¿Cómo el obrero necesita el favor y auxilio de la acción gubernativa? Esta declaración vuestra, terminante y categórica 'es preciso mejorar la condición del trabajador', es el reconocimiento terminante y categórico de la opresión y dependencia económica y social del hombre de trabajo; es admitir implícitamente que la evolución capitalista arrolla al trabajador, le priva de sus medios de defensa, ahoga su libertad individual; que deja de ser persona cuyo derecho hay que garantizar, para convertirse en cosa que hay que proteger» (Vera, 1884, p. 138).

c) El tránsito del *homo œconomicus* vinculado a la ciudadanía «mercantilizada» del liberalismo clásico al *homo hygienicus* asociado a la «ciudadanía nacionalizada» del liberalismo interventor.

La «beneficencia», concepto que definía a las intervenciones biopolíticas del liberalismo clásico, se caracterizaba por actuar sobre las calamidades sociales derivadas de la economía de mercado, considerándolas como una especie de *Faktum,* una realidad dada y natural. La mortalidad infantil desmedida, la malnutrición crónica, la mendicidad, las epidemias, el hacinamiento urbano, la prostitución, la criminalidad, todo lo que los filántropos e higienistas incluían bajo el rótulo de «pauperismo» era afrontado como un proceso natural que debía ser prevenido mediante estrategias de moralización encaminadas a inculcar en la clase trabajadora el sentido de la prudencia, la restricción en el gasto y en la licencia de las costumbres. La prevención de los peligros descansaba en el disciplinamiento individual. Se ponía mucho cuidado en despolitizar y descentralizar los asuntos relacionados con la beneficencia y la salud pública; por eso, como ya se indicó, en la tradición española del liberalismo clásico –desde la Constitución de 1812– estas competencias no recaían en la administración estatal, que era la encargada de las cuestiones propiamente políticas, sino en las municipalidades y las diputaciones. La salud pública, la beneficencia, del mismo modo que las transacciones económicas en la esfera del mercado, eran ámbitos prepolíticos según la perspectiva del liberalismo clásico español. Para los liberales doceañistas y veinteañistas, uno de los errores del Despotismo Ilustrado consistía precisamente en haber querido reglamentar estatalmente estas cuestiones que afectaban a la vida personal de los ciudadanos y que se atendían más correctamente allí donde los particulares se relacionaban entre sí, esto es, a escala local y provincial.

La noción de «previsión», tal como aparecía utilizada en el ámbito del reformismo social español entre la Restauración y la Segunda República, implicaba una lógica de intervención diferente. Las calamidades sociales no se entienden ahora como sucesos naturales, sino como «riesgos», esto es, realidades virtuales, calculables estadísticamente, ligadas a las eventualidades del entorno o a los azares de la herencia[3]. La sociedad tendía a ser pensada en un lenguaje biológico más que en un lenguaje moral; se trataba de un organismo cuyos avatares (vejez, enfermedad, accidente, maternidad, criminalidad, etc.) se conceptualizaban como episodios biológicos. Ahora bien, si estos riesgos afectaban al conjunto del organismo nacional, si trascendían

---

[3] Sobre esta doble faz del «gobierno social» de riesgos –estrategias aseguradoras que intervienen en el entorno y medidas eugenésicas que actúan sobre la herencia–, véase Dean, 1999, pp. 146-147.

el ámbito privado y la esfera local, su solución no podía venir arbitrada por políticas aplicadas a escala municipal o provincial. La nueva biopolítica interventora va a reclamar una acción unificada ejercida directamente desde los órganos centrales de la administración estatal. Esta tendencia centralizadora –evidente, *v. g.* en las discusiones de comienzos del siglo XX en España sobre la necesidad de establecer un Ministerio de Sanidad (Rico Avelló, 1969; Huertas, 1996)– va a marcar la pauta de la gestión de las poblaciones desde finales del siglo XIX.

La previsión implicaba, en primer lugar, una intervención sobre las circunstancias aleatorias del entorno. No se trataba en este caso de prevenir los riesgos mediante el disciplinamiento de la conducta individual, sino con la puesta en marcha de una serie de mecanismos arbitrados por el Estado en consonancia con los gobernados. Aquí se inscribe la tecnología de los seguros (Ewald, 1991).

A diferencia de la lógica jurídico-penal, los seguros implican una indemnización acordada contractualmente entre la Administración y los individuos «en riesgo»; no se trata de la restitución de un daño infligido sino de la compensación de un riesgo potencial. Los seguros actúan sobre la condición social (solidaridad, responsabilidad colectiva) de los gobernados, no sobre su responsabilidad individual. Por eso los seguros, en el contexto del Estado Interventor, funcionaban a la vez como un derecho y como una obligación. Se entendía que la conservación de la propia salud, la prevención de los «riesgos», era un compromiso que el individuo contraía con la nación. El Estado se ocupaba de la salud y protección de los ciudadanos en la medida en que ello redundaba a favor de la colectividad, del vigor físico de la nación, de su poderío económico y capacidad de expansión. Este desequilibrio, esta subordinación de la demanda individual a los imperativos del organismo nacional, que, entre otras cosas, distingue al Estado Interventor bismarckiano del Estado del Bienestar keynesiano, justificaba la condición obligatoria del seguro.

Como se dijo, el camino para la aprobación de los seguros sociales obligatorios fue un trayecto que España, en contraste con otras potencias europeas –Francia y Bélgica también tardaron en establecer el principio de obligatoriedad–, comenzó con retraso, prosiguió con interrupciones y accidentes y culminó de modo precario e incompleto (Espina, 2007, pp. 27-37). Los trabajos de la Comisión de Reformas Sociales, establecida en 1883, sólo empezaron a cosechar éxitos –pese al predominio en su seno de los que defendían el intervencionismo estatal sobre los partidarios de la caridad– en la primera década del siglo XX. Este retraso parece el sino de la legislación social española. La que se puede considerar primera ley social en España, aprobada en 1880, obligaba al Gobierno a establecer cajas de ahorro y montes de piedad en todas las capitales de provincia y localidades importantes. Pues bien, en 1885, sólo se habían abierto 15 cajas de ahorro, que, además, se encontraban infrautilizadas. En 1900 se aprobó finalmente la ley de accidentes de trabajo, que sólo afectaba a los obreros industriales pero que introducía por primera vez el principio de responsabilidad patronal.

En 1908 se aprobó la ley del seguro social, que establecía pensiones de retiro por enfermedad y vejez. Este seguro, sin embargo, no era obligatorio ni universal; se asentaba en un sistema de imposiciones únicas o periódicas verificadas por quienes hubieran de disfrutar de las pensiones[4]. Hoy se sabe que el número efectivo de beneficiarios de este seguro era muy reducido. Fue necesaria la crisis social y el levantamiento revolucionario de 1917 para que se reconociera en España la insuficiencia del seguro libre subsidiado.

Entre 1919 y 1922, en paralelo a la intensísima conflictividad social de esos años, se aprobó el seguro obligatorio de vejez («retiro obrero»), que alcanzó también al seguro de paro forzoso (Martínez Quintero, 1988, pp. 177-194). Todo este complejo asegurador afectaba únicamente a los trabajadores asalariados y con patrono; ya en los años veinte, el seguro de vejez llegó a afectar a cinco millones de trabajadores. El seguro obligatorio de enfermedad quedó postergado, pendiente en los años veinte de la reforma estructural de la administración sanitaria española. De hecho, la Dictadura de Primo de Rivera proyectó utilizar los recursos derivados del seguro de vejez para emprender la mencionada reforma; finalmente se decidió invertir estos activos en la construcción de escuelas y de viviendas obreras baratas (Cuesta Bustillo, 1988, pp. 195-226). El seguro de maternidad tuvo que esperar a 1931, entronizado ya el régimen republicano, para verse aprobado (Cabeza Sánchez Albornoz, 1985, pp. 147-162).

---

[4] Espina Capó señaló los beneficios que, para la política de salud pública, podría reportar la implantación del seguro obligatorio frente al meramente voluntario: «Dos maneras hay de prever: una voluntaria, individual; otra, colectiva, involuntaria, hasta cierto punto, pero de todos modos, automática e ineludible. La primera es el ahorro; claro está que esta es la mejor. Se adquiere un hábito y se maneja su capital y se distribuye su dinero; pero ¡cuán difícil es, de una manera continua, sustraer a diario, por semanas o meses, una cantidad previsora para la necesidad que se ve de lejos, cuando se ve, en perjuicio de la imperiosa necesidad de cada día, cuando el diario jornal no alcanza a subvenir las necesidades más urgentes! ¿Cómo exigir que el obrero prive a sus hijos del pan diario, del calzado necesario para ir a ganar parte de lo preciso en ayuda del padre, del abrigo, de la luz, y después, para tener, cuando más, un porvenir de poca ayuda con el ahorro individual y personal? [...]. La segunda forma, la del Seguro obligatorio, es tal vez un tanto dura y no tan liberal como el Seguro voluntario. Pero es más fácil de implantar, más barata en la cuota, más segura en el tiempo, más eficaz en el momento de la necesidad, muy educativa y muy objetiva, pues el resultado se toca siempre que se busca [...]. Al contemplar en Berlitz la mansión principesca del Sanatorio contra la tuberculosis y la invalidez que allí se ha levantado con el ahorro obligatorio, los Sanatorios sembrados por toda Alemania, los de Francia, Italia e Inglaterra, naciones de psicología tan distinta, pero que todas, y otras muchas más, han aceptado como mejor el Seguro obligatorio, no puedo menos que pensar que en España lo hemos de conseguir muy pronto» (A. Espina Capó, *El Seguro de Invalidez*, 1917, en Rodríguez Ocaña, 1987, pp. 101-102).

A lo largo de este complicado proceso, la emergente política aseguradora tuvo que rivalizar con la actuación persistente de agencias herederas del viejo régimen de beneficencia: las «casas de préstamo» (prohibidas desde comienzos del siglo XX), el socorro a domicilio practicado por las juntas parroquiales de señoras, el paternalismo asistencial de algunas instituciones patronales, las sociedades de socorros mutuos (surgidas en 1887 al amparo de la Ley de Asociaciones) y la mezcla de caridad y proselitismo ejercidos por diversas congregaciones religiosas (Pérez Ledesma, 1988, pp. 155-176).

En estrecha relación con la emergencia de la nueva política aseguradora, hay que situar el desarrollo, en España, de la Medicina Social. Heredera de la Higiene Pública decimonónica, la nueva disciplina se presentaba con el cometido de diagnosticar e intervenir sobre los sectores de riesgo derivados de las condiciones de vida originadas por la economía industrial y de libre mercado. Sus expertos pretendían, por una parte, ofrecer un conocimiento científico de las patologías sociales y, por otra, estipular las soluciones técnicas más convenientes. De este modo la Medicina Social aparecía como legitimadora del reformismo social y como instancia crítica de la biopolítica liberal[5].

Aunque inicialmente la Comisión de Reformas Sociales estuvo formada preferentemente por sociólogos, ingenieros y abogados, los médicos no tardaron en sumarse a la iniciativa favorable a la introducción del seguro y de la previsión social. La mayoría de estos participantes se reclutó entre los médicos vinculados a la administración sanitaria (Martín Salazar, Cortezo, Murillo Palacios, Bardají, Pascua) o a las obras higiénico-sociales (Espina y Capó, Torre Blanco, Espinosa, etcétera). Esta plataforma de facultativos era la más familiarizada con la Medicina Social, y contrastaba con un amplio grupo de médicos, procedentes de los colegios profesionales y de los sindicatos de doctores, contrario a la implantación del seguro obligatorio de enfermedad.

Una de las aportaciones cruciales de la Medicina Social habría de ser la cuantificación de los fenómenos de población, el estudio de las correlaciones entre patología y condición social y la estimación de las pérdidas económicas derivadas de los procesos de morbilidad y mortalidad[6]. En España, debido al prolongado recelo de muchos profesio-

---

[5] En este punto nos atenemos a los trabajos de Rodríguez Ocaña, 1987, 1988, pp. 227-265, y 2005; se trata sin duda de las obras de referencia sobre la cuestión.

[6] Hauser ofrece un buen ejemplo de esta práctica de estimación de los costes económicos de la enfermedad: «¿Cómo es posible que la autoridad local y el Gobierno de la nación no adopten las medidas necesarias para poner la capital de España en iguales condiciones sanitarias que disfrutan las otras capitales de Europa? ¿No es acaso un deber imperioso de los gobiernos el conservar la vida de los ciudadanos, que con el fruto de su trabajo llevan las cargas del Estado y contribuyen a dar vigor a la savia del organismo nacional? Se contestará que el Gobierno y las corporaciones locales carecen de recursos para aplicar el remedio a un mal tan grave. Esta

nales médicos ante la introducción de los métodos estadísticos, las realizaciones en este campo fueron bastante limitadas. Aunque el Registro Civil se estableció en 1870, la norma en los tratados hispánicos de higiene era la aplicación analógica de las estadísticas exploradas en otros países. Las medidas adoptadas por Cástor Ibáñez de Aldecoa, Gobernador Civil de Barcelona desde 1877 y Director General de Beneficencia y Sanidad desde 1879, para recabar sistemáticamente estadísticas de población con fines sanitarios fueron excepcionales.

Hubo que esperar a 1902 para que, gracias a la publicación periódica de los anales del «Movimiento de la Población de España», tuviera lugar en nuestro país eso que Ian Hacking ha denominado «la irrupción de los números» (Hacking, 1991, p. 20), base imprescindible de toda investigación estadística sobre los procesos vitales. Por esta razón fue muy meritorio el estudio publicado en 1899 por Luis Comenge (*Estudios demográficos de Barcelona. La mortalidad infantil*), donde se intentaba delimitar con precisión la correlación entre enfermedad y nivel social en conexión con la mortalidad infantil en Barcelona (Rodríguez Ocaña, 2005, pp. 49-85). Más avezados fueron los intentos de medir el coste económico de la salud y de sus deterioros. Los trabajos de Benito Avilés y Merino (*Estudio sobre el valor económico de la vida y la salud*, 1889), Ángel Larra y Cerezo (*Los Grandes problemas higiénicos y sociales en relación con las instituciones armadas*, 1902), Henri Hauser (*Madrid bajo el punto de vista médico-social*, 1902) y Martín Salazar (*La Sanidad y los Seguros Sociales*, 1913) se dedicaron en buena parte a realizar esta ponderación.

En Alemania, lugar de constitución de la moderna Medicina Social, así como en otros países europeos, se produjo una confrontación entre dos paradigmas teóricos rivales. Los defensores de una Higiene Social de base experimental invocaron el modelo de la Bacteriología, que prometía localizar las bases físicas, microbianas, de las enfermedades de más calado social. Enfrente se situaban los partidarios de una Medicina de inspiración sociológica, primando el recurso al análisis estadístico y a la cooperación con las ciencias humanas.

---

contestación pierde su valor si se piensa que en tiempo de una epidemia colérica basta el pánico que se apodera de las altas clases sociales para que los gobiernos se crean autorizados para arbitrar recursos con el solo fin de aliviar una situación angustiosa [...]. No obstante, ninguna de las epidemias coléricas que han reinado en esta capital ha producido 5.000 defunciones, cifra que corresponde al exceso de mortalidad anual ocasionada por las enfermedades infecciosas endémicas en la corte. Aun si se quiere hacer abstracción de la parte moral y humanitaria de esta cuestión, hay que considerarla bajo el punto de vista económico social, pues para juzgar bien del diezmo mortuorio de un país, según dice Rochard, es necesario fijar el precio que representa la vida humana. Aunque la vida del hombre no tiene precio si se le considera bajo el punto de vista moral e intelectual [...], lo tiene bajo el punto de vista material. En prueba de esto, basta el ejemplo de los seguros de vida, por medio de los cuales el hombre estima el valor de su existencia para su familia lo mismo que si asegurase una casa» (H. Hauser, *Madrid bajo el punto de vista médico-social*, 1902, en Rodríguez Ocaña, 1987, pp. 88-89).

En España, como señala Rodríguez Ocaña (Rodríguez Ocaña, 1987), esta disputa apenas tuvo cabida. Lo que se produjo aquí fue una cierta fusión entre ambos paradigmas. La Medicina Social se asentaba en la metáfora de la sociedad entendida como un organismo vivo enclavado en unas circunstancias ambientales determinadas (López Piñero y Navarro Pérez, 1994, pp. 44-45). Estas circunstancias del entorno podían ser de naturaleza físico-ambiental o propiamente social, lo que legitimaba, según Hauser, la distinción entre enfermedades infecciosas y enfermedades propiamente sociales. Las enfermedades mentales, el alcoholismo, el tabaquismo, la sífilis y la tuberculosis, debido a su origen (relacionado con las condiciones de vida), extensión (de emplazamiento ubicuo) y consecuencias («debilitamiento de la raza», esto es, amenaza al porvenir biológico de la población nacional) constituían –recordaba Hauser– el elenco principal de enfermedades sociales. Los textos de otros autores –*La Socio-Patología* (1890), de Rubio Galí, *La Sanidad Social y los Obreros* (1905), de Valentí Vivó, y *Ensayo de Patología Social* (1909), de García Hurtado 1909)–, prolongando la metáfora de la sociedad como ser vivo que enferma y muere y de la Medicina Social como terapia de las calamidades colectivas, encuadraban en la patología social todas las alteraciones del orden político y moral vigente: la vagancia, la mendicidad, el juego, la prostitución, la criminalidad, el suicidio, las huelgas, los motines y las revoluciones. Los fenómenos sociales e históricos quedaban de este modo naturalizados y apelando a una solución técnica.

Ofreciéndose como alternativa neutra y desinteresada, presidida por la objetividad científica, la Medicina Social pretendía ser la terapia que remediara las enfermedades de alcance colectivo y acabara con la lucha de clases[7]. El éxito de la nueva disciplina no se hizo esperar; entre 1882

---

[7] Un ejemplo de esta autolegitimación de la medicina social como alternativa a la represión en el combate contra el «odio revolucionario»: «Entre nosotros el peligro de la degeneración orgánica es evidente. No hay más que entrar en una escuela, recorrer los departamentos de una fábrica, asistir a un desfile de soldados; los niños raquíticos, los hombres y mujeres anémicos, los mozos de talla escasa y cuerpo desmedrado nos anuncian que España tiene en abandono cuanto atañe a la salud pública [...] El amor a la vida, el respeto a la vida, no representan un empeño epicúreo, sino una finalidad altamente moralizadora. El fundamento de la riqueza de los pueblos es la vida de los hombres. Cada niño que sucumbe, cada joven que perece, cada hombre maduro que muere, representan pérdida en el capital colectivo, y estas pérdidas contribuyen a la desmoralización, a las sacudidas violentas, a los estragos que afligen a las sociedades modernas. Salud del cuerpo es la alegría en el alma, risa, optimismo, generosidad, expansión. Pan escaso, aire impuro, vida corta, producen el odio revolucionario, la ira demagógica. Más se hace con medidas de higiene que con todas las de represión que adopten las autoridades contra las reclamaciones airadas de la muchedumbre. Por lo mismo los médicos podemos ser mensajeros de una paz que en vano se busca con bandos de buen gobierno; podemos y debemos serlo para cumplir altas incumbencias y estimular a los Poderes públicos, siempre reacios a proceder con diligencia cuando se trata de estos asuntos. Hasta los partidos que se nutren con el proletariado, usan de modo secundario las reclamaciones a favor de la salud, prefiriendo las campañas en contra de tiranías imaginarias, cuando hay tiranos mayores que destruir, como los llamados anemia,

y 1920 se puso en marcha todo un complejo de iniciativas (fundación de sociedades científicas, publicaciones periódicas, congresos y asambleas) que, partiendo principalmente de Madrid y de Barcelona, propagaban los diagnósticos y soluciones médicas para los males de la nación. No es de extrañar por ello la entente formada por la Medicina Social con los postulados del regeneracionismo. La representación de la nación española como un organismo enfermo y degenerado encontraba una ilustración acabada en el catastrófico estado sanitario del país (en Bilbao, Sevilla, Cádiz y Valladolid, el índice de mortalidad era superior en once puntos a la media europea, equiparable al de ciudades como Bombay o Calcuta en la misma época) (Magnien, 1991). Los principales intelectuales del regeneracionismo y de la corriente krausopositivista habían enfatizado la importancia de la cultura sanitaria para la salvación de la patria y habían defendido el liderazgo de los técnicos (frente a los políticos y leguleyos) en la empresa regeneradora[8]. Los facultativos relacionados con la administración sanitaria –como Ángel Pulido, Martín Salazar o Murillo Palacios– interpretaban las elevadas tasas de mortalidad infantil y de morbilidad como un síntoma de degeneración de la raza. La Medicina Social asumía la tarea de analizar las variables del medio ambiente proponiendo medidas que regularan adecuadamente la relación entre los obreros y sus condiciones de vida. Pero esta atención al entorno causante de las patologías sociales debía completarse con una intervención sobre la herencia misma y sobre las condiciones de su transmisión. De este modo la Medicina Social se entrelazaba con una política eugenésica.

---

tuberculosis, sífilis y alcoholismo» (Francos Rodríguez, 1918, p. 702). Sobre la Higiene industrial como pacificadora de la lucha de clases, véase Fernández Arbas, 2005, p. 20.

[8] Aguado Marinoni, importante impulsor de la Eugenesia y la Medicina Social en España, formula con mucha claridad esta voluntad de liderazgo del facultativo en la política regeneradora: «La llamada cuestión social, el desarrollo normal y progresivo de las colectividades humanas, la gobernación de los pueblos, todos los grandes problemas nacidos de la convivencia, cada vez más estrecha, del hombre con el hombre, no encontrarán solución adecuada y estable mientras no los saquemos del terreno de la especulación metafísica y les situemos en el campo de la Biología, que es su base fundamental. Se legisla demasiado y, lo que es peor, sin otro criterio que puras fantasías ideológicas, de escaso o ningún contenido real, y sin tener en cuenta que el hombre, como todos los seres vivos, está sujeto a leyes naturales, de cuya transgresión no puede esperarse otra cosa que la enfermedad, la degeneración del tipo humano y la degeneración consiguiente y obligada de todos sus productos y actividades [...] Sólo el hombre sano es susceptible de una cultura racional y armónica, y sólo el hombre sano y culto está en condiciones de emprender y de gozar plenamente el grande, el inmenso placer de vivir. La política, pues, de los tiempos modernos ha de ser la lucha por la salud, y en esta formidable empresa nos está reservado a los médicos por derecho propio el papel de vanguardia [...] Y la misión principal, la verdadera del médico en la sociedad será la de modificar, la de disponer el ambiente, físico y social, en que el hombre viva, de tal modo que el resultado forzoso, natural, espontáneo, sea la salud de todos» (Aguado Marinoni, 1921, p. 830).

Los senderos de la eugenesia y la emergencia del Homo Hygienicus

La Eugenesia[9], tal como la define su fundador, Sir Francis Galton, es una técnica que pretende mejorar la especie humana corrigiendo los trastocamientos de la selección natural que afectan a las modernas sociedades industriales. Si en la Naturaleza, como había descrito Charles Darwin, el mecanismo de selección sexual explicaba que fueran los seres mejor dotados los que sobrevivían y se reproducían en mayor número, en el caso de las sociedades modernas, el principio parecía invertirse. Las clases infradotadas, más pobres y menos inteligentes eran las que presentaban unas tasas de fecundidad más altas, mientras que las élites, las clases directoras, se reproducían en menor número.

Este proceso, en opinión de Galton, acababa minando las bases biológicas de la civilización, al proliferar la presencia de individuos tarados y degenerados en detrimento de los más capaces. Para invertir esta tendencia y restaurar la ley de selección natural en las sociedades humanas, era necesario que las autoridades intervinieran sobre los procesos reproductivos fomentando el nacimiento de los mejores y frenando la procreación de los individuos biológicamente inferiores[10].

En España, la recepción de este discurso vino a coincidir en el tiempo con las aspiraciones del movimiento regeneracionista. El problema no era, como en la Gran Bretaña de Galton, la existencia de una «clase residual», de un subproletariado misérrimo contemplado como fuente de desmanes y calamidades. Tampoco se trataba, como en Francia, de la alarmante despoblación ligada a la expansión del control de natalidad[11]. La descomposición del organismo nacional, cuyo signo culmi-

---

[9] En este punto nos valemos de las obras de referencia de Raquel Álvarez Peláez, máxima especialista de la historia de la eugenesia en España, véase Álvarez Peláez, 1985, 1988 y 1999.

[10] Medidas como la prohibición del matrimonio a individuos con enfermedades hereditarias, venían siendo defendidas desde la época de la «policía médica» dieciochesca, como ya se vio en el caso de Mitjavila. A mediados del siglo XIX, en plena biopolítica liberal clásica, esta medida siguió siendo defendida por algunos médicos, como revela este testimonio: «Si se consultase a los médicos acerca de las imposibilidades, o mejor, acerca de ciertas y determinadas dolencias que pueden y deben impedir el matrimonio, ¿se vería la degradación sucesiva que se nota en la especie humana?; ¿no sería útil y conveniente, como lo ha propuesto el novelista y médico Eugenio Sue, prohibir el matrimonio a ciertos individuos atacados de enfermedades terribles para la sociedad? [...] es terrible, malísimo, que el individuo se empeñe en perpetuarse para hacer que de él procedan seres enfermizos, destellos desgraciados que ha de ser su mísera existencia una cadena de males y desgracias, un continuo martirio» (Martínez, 1847, p. 352). Lo que la Eugenesia aportó posteriormente fue un marco teórico y científico general donde podían integrarse propuestas de este género.

[11] Luis Morote, en uno de los textos clásicos del regeneracionismo, contrasta en este punto la corrupción moral de la mujer francesa con la actitud de la «admirable, de la santa

nante fue el desastre del 98, tenía que ver, según los regeneracionistas, con el estancamiento de una sociedad escindida entre unas clases poseedoras egoístas, corruptas e indolentes, y unas clases populares degradadas por la ignorancia y la pobreza. La coyuntura se expresaba asimismo en la degeneración biológica del español –el ensayo de Max Nordau que popularizó este concepto, *Degeneración*, se editó en España en 1902–, en el lamentable estado sanitario de la nación. Este lenguaje organicista y socialdarwinista utilizado en la literatura sobre el Desastre, rica en términos de la misma familia, como el «cirujano de hierro» de Costa, las «tendencias morbosas parasitarias» de Picavea, las «razas degeneradas» de Mallada o «los gérmenes de degeneración» de Isern, era afín a los planteamientos de la eugenesia (Moreno Mengíbar y Vázquez García, 1999). Esta permitía, en cierto modo, dotar de una cierta codificación científica al discurso regeneracionista.

Enrique Madrazo, adelantado de la Eugenesia en España con la publicación de su *Cultivo de la Especie Humana. Herencia y Educación* (1904), encarna a la perfección esta simbiosis entre eugenismo y regeneracionismo[12]. En su obra proponía la creación de un Centro para la Promoción de la Raza, cuya función sería poner remedio al declive biológico sufrido por los españoles (Madrazo, 1904, pp. 342-343). Madrazo insinúa ya un distingo que tendrá un largo porvenir. Por una parte, una eugenesia negativa, dedicada a localizar y eliminar aquellos grupos de población que suponían una amenaza biológica para el organismo nacional: enfermos mentales, disminuidos físicos, delincuentes y gitanos, principalmente. Madrazo no dudaba en defender la castración obligatoria, la expulsión e incluso la destrucción, al menos en relación con la raza gitana[13]. Por otra parte, esbozaba un

---

madre española, que conserva todos los atributos de tal por no haberse contaminado por las corruptoras costumbres que por ahí fuera van prevaleciendo, y porque a ésta no ha llegado, ni con mucho, el lujo que reina en otros lados. No es español, no lo será acaso nunca ese voto tan frecuente en las madres (especialmente en la burguesía) francesas del *único hijo*, de reducir la familia a un solo vástago. Leed, si no lo habéis hecho ya, *Fecundidad*, la última novela de Zola, y veréis a qué extremos, extravíos, horrores y hasta crímenes lleva la preocupación de no tener más que un hijo» (Morote, 1900, p. 250). La prensa médica española daba noticia de las preocupaciones de los facultativos galos por la caída de la natalidad, pero no expresaba el mismo pánico respecto a la situación propia (véase por ejemplo R. P. H., 1885, pp. 145-150); aquí el asunto estelar lo constituía la elevadísima mortalidad, en particular la mortalidad infantil.

[12] Los escritos propiamente regeneracionistas de Madrazo –sobre el estado moribundo de España, etc.– pueden consultarse en una reciente edición: Madrazo, 1998.

[13] «Ejemplo tenemos de la tiranía de las leyes hereditarias en lo que fatalmente se repite dentro de la raza gitana [...]. No os canséis, no lograréis modificarle [al gitano]; si le arrastráis forzosamente a la escuela se os escapará, sin que haya medio de retenerle entre sus compañeros [...]. Como pájaro salvaje, teme al hombre y huye su presencia; igual que el lobo tira al monte y del monte ama la vida. De capacidad craneana reducida, de columna vertebral sutil y excepcionalmente cambreada en su posición lumbar que da el caracte-

programa de eugenesia positiva, destinado a estimular la reproducción de los individuos más aptos e inteligentes. Aquí se inscribe su defensa de la educación para padres y de la pedagogía sexual (Madrazo, 1904, pp. 295-333). Este mismo lenguaje social darwinista que reconoce la división de la sociedad en distintos grupos perfilados como identidades biológicamente inconmensurables es el que impregna a la Antropología Criminal, la Medicina Legal y la Psiquiatría de la época. Los delincuentes son calificados como verdaderos «enemigos biológicos» que amenazan la supervivencia de la nación. El auge de la criminalidad asociado al crecimiento urbano y a un proceso de proletarización no resuelto fue considerado como un síntoma más de la degeneración colectiva.

A comienzos del siglo XX floreció en España una literatura consagrada a la investigación y clasificación de la criminalidad. En 1906 se fundó en Madrid la Escuela de Criminología, dirigida por Rafael Salillas, cabeza, junto a Constancio Bernaldo de Quirós, de la Antropología Criminal española[14].

En esta calificación del «otro» como enemigo biológico hay que mencionar el programa biopolítico de Sabino Arana Goiri[15]. Se trata de un proyecto encaminado a restaurar una sociedad holista en medio de la sociedad de individuos, desagregada y atomizada, característica de la era industrial. Arana reivindica la añeja simbólica de la sangre y la necesidad de preservar su pureza –invocando, por ejemplo, la hidalguía universal de los vascos– con la exigencia de proteger la integridad de la fe cristiana en un «estado», las provincias vascas independientes, mantenido al abrigo del Estado ateo y moralmente corrupto que representaba la España liberal, enemiga secular del *euskeldún*.

Al mismo tiempo, este regreso se amalgama con la referencia a la craneometría comparada y a un empleo más o menos difuso del concepto de *degeneración*, asentando así la diferencia «racial» –la «raza» entendida al modo *ancien régime*, como linaje– en diferencias bioló-

---

rístico balanceo a la pelvis; de esqueleto reducido y endeble; enjunto, de mano fina, dedos delgados y uñas largas, de piel oscura y ojos negros; sucios y desgreñados, holgazanes y traidores, falsos y ladrones, se aman entre ellos de modo rudimentario muy próximo al olvido, y odian a los otros hombres. Sin hogar ni verdaderos lazos familiares, ni cohesión moral, no los une más que la rapacidad y vivir malditos fuera de la ley [...] y su alma de prehistórico salvaje se solaza con tal proceder de la vida [...]. No nos alcanzará el sosiego ni podremos vivir tranquilos mientras esa maldita raza se halle infiltrada en nuestras entrañas [...]. Hay que señalar la trascendental importancia de este problema, que tiene que terminar infaliblemente por la expulsión o destrucción de ese pueblo» (Madrazo, 1904, pp. 102-106).

[14] Se han consultado, en este punto, los principales estudios sobre el nacimiento de la Antropología Criminal española: Maristany, 1973; Galera, 1991 y Trinidad Fernández, 1991.

[15] Véase Elorza, 1995; Juaristi, 1990, pp. 139-205, y Díaz Freire y Arbaiza Vilallonga (s.a.).

gicas de base. El *maketo,* por oposición al vasco, encarnaba un tipo físico de estirpe africana, degenerado y afeminado, aquello mismo que había que depurar para conquistar la emancipación de la nación oprimida. Esta misma combinación de la simbólica de la sangre, que persigue reeditar una comunidad orgánica premoderna, y del discurso eugenésico es la que se constata, según Foucault (1976, p. 197), en el caso del nacionalsocialismo. Con algunas diferencias notables. En primer lugar, tanto el Estado nazi como el Estado euskalerriaco se asientan en una organización máximamente disciplinaria, que apunta a proyectarse en la sociedad, pero en el primer caso el modelo lo suministra el militarismo prusiano; en el segundo, procede de la Compañía de Jesús, pues Arana modeló su partido sobre el paradigma forjado por Ignacio de Loyola. Por otro lado, Arana tiene una confianza en la añeja organización jerárquica y familiar de la sociedad estamental que está ausente en el planteamiento nazi. En segundo lugar, se trata de programar un Estado máximamente eugenésico, pero en el proyecto de Arana la presencia de la eugenesia es muy difusa; remite a una atmósfera de época más que a un conocimiento de esta tradición científica. Ciertamente se opone a los matriminios mixtos con los *maketos* y es partidario de prohibir la inmigración, pero en este caso no se apuesta por la eliminación física del enemigo sino por medidas de estricto aislamiento y separación, en un esquema de *apartheid.* Finalmente en ambos modelos se renuncia a la democratización del poder de soberanía, pero el nacionalsocialismo localiza la fuente de la soberanía en una instancia biológico-cultural (el «pueblo alemán» que habla por la voz del *Führer*), mientras que el sabinismo la remite a una instancia bioteológica (la patria vasca como depósito de un inalterable orden moral cristiano).

En ese momento triunfaban en nuestro país, como en el resto de Europa, los planteamientos penales de la teoría de la defensa social. Esta perspectiva rompía con los supuestos del Derecho Penal característicos del liberalismo clásico. En el discurso jurídico-penal del liberalismo, la función de las leyes era perseguir y castigar aquellas conductas que intencionalmente violaban el pacto social. La imputación penal exigía que el transgresor fuera responsable de sus actos. En la filosofía de la defensa social, cuyo principal teórico fue el belga Adolphe Prins, la función del Derecho Penal cambiaba. Su cometido no era castigar las infracciones de la ley sino defender al organismo social de las amenazas que ponían en riesgo su existencia. Existían grupos que por su estilo de vida y comportamiento, con independencia de los delitos que eventualmente pudieran cometer, suponían un «peligro» para la existencia misma de la nación. De este modo, las nociones de «responsabilidad» e «imputabilidad» cedían su lugar a los conceptos de «peligrosidad» y «temibilidad». Una penalidad verdaderamente preventiva debería diagnosticar e intervenir sobre la conducta delincuente antes de que ésta se materializara en una violación del derecho; por eso, más que arbitrar leyes tendría que promover medidas de seguridad, mecanismos de defensa que actuaran sobre las poblaciones «peligrosas». Lo relevante para el penalista no era la imputabilidad de los actos criminales, sino la forma de vida del criminal, su personalidad, su constitución biológica. En este espacio desplegado por la teoría de la defensa social[16] se abría la posibilidad de una Antropología Criminal y de una Psiquiatría legal vinculada a patrones biologistas.

Aquí se emplaza la recepción y discusión entre los criminólogos y psiquiatras forenses españoles de las tesis defendidas por los autores de la Escuela Positivista italiana (Lombroso, Ferri, Garofalo) y del degeneracionismo francés (Morel, Lucas, Magnan). Los primeros veían al criminal como una permanencia atávica del hombre primitivo; los segundos, apegados al lamarckismo, consideraban al delincuente como el resultado de una adaptación exitosa a un medio patológico, de modo que los caracteres adquiridos en él se transmitían por la herencia a la siguiente generación, dando lugar a una progenie de tarados. El debate acerca de estas doctrinas involucró, a comienzos del siglo XX, a lo más granado del Derecho, la Antropología, la Psiquiatría, la Pedagogía y la Medicina Social española: Rafael Salillas, José Antón, Bernaldo de Quirós, Dorado Montero, José M.ª Escuder, Ángel Simarro, José M.ª Esquerdo, Arturo Galcerán, Francisco Giner de los Ríos. Un campo privilegiado para la aplicación de estas teorías fue el anarquismo, de fuerte implantación en España y motivo de pánico social a través de los numerosos atentados que se le atribuían. Las tesis de Lombroso sobre el «anarquista nato» fueron muy difundidas y discutidas, no sólo en la literatura más técnica de psiquiatras y juristas, sino en el campo de la novela y el ensayo[17].

La perspectiva biologista en los ámbitos de la Criminología y de la Psiquiatría era convergente con los planteamientos eugenésicos. Estas disciplinas estaban comprometidas con la mejora de la calidad biológica de las poblaciones; se trataba de tecnologías encaminadas a regenerar las energías del organismo nacional contribuyendo a la detección de aquellos gru-

---

[16] Sobre la obra de Adolphe Prins, véanse los estudios contenidos en Tulkens, 1988. Sobre la teoría de la defensa social en España, véanse asimismo los trabajos de Aranguren, 1982, pp. 145-164, y Trinidad Fernández, 1991, pp. 314-353. Sobre la noción de «peligrosidad», véase Foucault, 1990b, pp. 231-264.

[17] Sobre la Antropología Criminal lombrosiana en España, véase Maristany, 1973; Galera, 1991, pp. 9-140, y Trinidad Fernández, 1991, pp. 248-282. Sobre la repercusión del lombrosianismo en el ámbito de la literatura española finisecular, véase Litvak, 1990. Sobre la recepción del degeneracionismo francés en España, la obra de referencia es la de Campos, Martínez y Huertas, 2000.

pos que ponían en peligro su existencia[18]. Pero el programa eugenésico, cuya resonancia iba en aumento en la década de 1910-1920 (en 1918, por iniciativa de César Juarros y Aguado Marinoni, se funda en Madrid uno de sus principales centros difusores, el Instituto de Medicina Social), exigía pensar de un nuevo modo las relaciones entre Estado y familia. La familia, encarnación de intereses privados, ya no es, como sucedía en la gubernamentalidad liberal clásica, un interlocutor con el que el Estado llega a compromisos y alianzas estratégicas, respetando siempre su condición de recinto inviolable. Se trata ahora de un instrumento de la autoridad para civilizar a las clases populares, previniendo la degeneración. La nueva articulación del nexo Estado-familia –que era más un *desideratum* de los reformadores sociales y burócratas de la salud pública que una realidad efectiva– se concretaba en una doble estrategia. Esta consistía, por una parte, en la protección de los miembros más débiles del círculo doméstico –la infancia y la mujer, excluidos del mecanismo de los seguros sociales– y, por otra, en la crítica de la vida pública, despreocupada y proyectada al exterior, del varón. La infancia, «porvenir de la raza» y patrimonio biológico de la nación según los eugenistas, era a la vez una infancia en «peligro» (preocupación por la mortalidad infantil, el trabajo de los niños, su instrucción, su posible corrupción moral) y «peligrosa» (delincuentes infantiles o «micos», prostitución infantil, anormales, «pequeños perversos»)[19].

Esta preocupación por los miembros débiles del hogar se concreta en una multitud de leyes e instituciones creadas desde comienzos del siglo XX. La protección de la infancia fue avalada por un rosario de iniciativas legales –desde la prohibición del trabajo infantil a la lucha contra la pornografía, pasando por la fundación del Tribunal Tutelar de Menores–, educativas –la creación del Ministerio de Instrucción Pública en 1900, la participación intensa de la Institución Libre de Enseñanza en distintas iniciativas pedagógicas– y sanitarias –desde el establecimiento de con-

---

[18] Rafael Salillas, verdadero fundador de la Antropología Criminal española, pone en conexión el discurso regeneracionista con la depuración del «golfo», personaje característico del arrabal madrileño: «El golfo es, en cualquiera de sus manifestaciones, un andrajo social y acusa a la sociedad en donde vive [...]. De igual manera que los organismos vigorosos tienen en sí energía bastante para transformar las propias impurezas de la vida, las sociedades bien consolidadas se purifican también por su propio esfuerzo; siendo organismos y sociedades enfermizos los que manifiestan en su exterior lamparones y roñas, sarpullidos y lacras, harapos y parásitos [...]. España debe adherirse a las iniciativas regeneradoras de Europa y América, si no, inútil será hablar de redenciones en el país que quiere seguir siendo tributario de la muerte por incuria higiénica, de la ignorancia por incuria intelectual y del delito y la prostitución por incurias sociales» (Salillas, 1902, p. 38).

[19] Sobre la «construcción de lo social» en torno a esta problematización de la familia en la España de la Restauración, véase Labanyi, 2000, pp. 52-87. Sobre las características generales de la vida familiar en esta época, véase Muñoz López, 2001. Sobre la distinción entre «infancia peligrosa» y «en peligro», véase Varela y Álvarez Uría, 1991, p. 216.

sultorios para lactantes y «gotas de leche» hasta la inspección médico-escolar, pasando por el despegue de la Puericultura como disciplina. La consigna de «salvar al niño» llegó a convertirse en un lugar común[20]. Por otro lado se produce una promoción general de la mujer en las clases populares, de sus abnegadas y superiores funciones en la casa, de su papel regulador y «de orden» respecto a la indiferencia y despreocupación del marido[21], la necesidad de fomentar su instrucción[22]. La «maternidad», por otra parte, se valora como un bien nacional que el Estado debe preservar (Vázquez García y Moreno Mengíbar, 1997, pp. 435-440). Entre 1900 y 1931, cuando se aprueba el seguro obligatorio de maternidad, se sucede la puesta en marcha de medidas legislativas y la instauración de organismos dedicados a la protección de la maternidad (Cabeza Sánchez Albornoz, 1985). Al mismo tiempo, las formas públicas de sociabilidad masculina son contundentemente rechazadas porque disipan la vida del hogar, fomentan la desidia del padre ante sus deberes como esposo y educador de la prole (tabernas, garitos, casinos, espectáculos inmorales, burdeles[23], amancebamientos).

---

[20] Sobre la protección de la infancia en la España de comienzos del siglo XX y en sus distintas facetas (jurídico-penal, laboral, pedagógica y sanitaria) existe ya una vasta bibliografía. De ella destacamos los estudios contenidos en dos compilaciones: Borrás Llop, 1996, y Perdiguero Gil, 2004.

[21] Un buen ejemplo de crítica al «masculinismo» en nombre de la alianza entre la mujer y el médico se encuentra en el testimonio del médico forense Valentí Vivó: «Se impone un cambio profundo en el Sanitarismo estatista, dándole a la mujer participación en el Gobierno de los municipios y de las regiones, por absoluta necesidad de culturación experimental biológica, en fuerza de respetar a la mitad del todo social como organismo, que si no se le equipara en derechos y deberes al de sexo opuesto fatalmente reaccionará para lograrlo con violencia, por mero ideal de justicia redistributiva. Al abusivo masculinismo legalista ejercido intangiblemente hasta finalizar el siglo XIX, habrá de adicionarse sin contraponerse el feminismo igualitario constituyente, por ley fatal de equilibrio compensador, ya que no puede llegar a mayor alcance la ineficacia del Derecho represivo para moderar el libertinaje castigando desigualmente a los enemigos del matrimonio fértil, a los abandonadores de sus hijos legítimos, a los seductores que prometen casarse, a cuantos luchan mercantilizando la corrupción de las costumbres» (Valentí Vivó, 1911, pp. 204-205). En términos análogos se expresa el arquitecto Arturo Soria cuando sostiene que serían las madres, celosas de salvar «a sus propios hijos de la muerte», las que harán triunfar su proyecto de «ciudad lineal», modelo de urbe saludable (Soria, 1894, p. 5).

[22] Sobre este punto, véanse los diversos trabajos, especialmente los emplazados bajo los epígrafes «El Trabajo de las Mujeres» y «La Educación y el Mundo de las Profesiones Femeninas», contenidos en Morant, 2006, pp. 291-546.

[23] Entre la Restauración y la Segunda República se va a poner en entredicho el sistema de tolerancia reglamentada de la prostitución arbitrado a escala local en toda España desde mediados del siglo XIX. Los avances incontenibles de la sífilis, el incremento de las formas clandestinas de lenocinio, los abusos perpetrados con las pupilas, la trata de blancas, etc., contribuirán, como en buena parte de Europa, a justificar la problematización del viejo sistema. Se formularán dos opciones: la neorreglamentista, que mantiene la tolerancia pero subordina el control policial de los burdeles a la supervisión médica y a una reglamentación centralizada, dentro de los dispositivos sanitarios de profilaxis antivenérea, y el abolicionismo, defendido en amplios sectores (feminismo, masonería, izquierda socialista y anarquista, facciones crecientes de la profesión médica). En Vázquez García y Moreno Mengíbar, 1998, II, pp. 44-56, hemos

La preocupación eugenésica por regular las conductas procreadoras se concreta en una multiplicación de textos de literatura psiquiátrica, antropológica, jurídica y pedagógica consagrados al problema de la sexualidad. A partir de la década de los veinte y durante toda la vigencia del régimen republicano, la «cuestión sexual» se convierte en un tema tan recurrente y obsesivo como la «cuestión social» (Vázquez García y Moreno Mengíbar, 1997, y Cleminson y Amezúa, 1999). En cierto modo, la popularización de la Eugenesia en las décadas de los veinte y de los treinta vino de la mano del reformismo sexual auspiciado por sus partidarios. La suspensión gubernativa del Primer Curso Eugénico Español, que tuvo lugar en 1928, y la celebración de las primeras Jornadas Eugénicas Españolas, en 1932, fueron acontecimientos que tuvieron eco en toda la prensa nacional.

Lo que hace especialmente interesante al pensamiento eugénico durante el primer tercio del siglo XX –en España y en el resto del mundo– es su polivalencia ideológica, lo que le permitía –preservando su aura de neutralidad científica– imbricarse en discursos políticos diametralmente enfrentados. Se puede encontrar una eugenesia de impronta positivista y anticlerical, como en los argumentos de Madrazo, pero también una eugenesia conciliada con el catolicismo, como en el teólogo Torrubiano Ripoll o en Marañón. Destacados intelectuales republicanos de izquierdas, como Luis Huerta, Jiménez de Asúa, Enrique Noguera o Rodríguez Lafora, se adhieren al movimiento eugénico, pero también cabía una eugenesia de extrema derecha, como en los casos de Salas Vaca, Vital Aza o Vallejo Nájera. El socialismo –a través de Jiménez de Asúa y de Hildegart Rodríguez, la «Virgen Roja»– y el anarquismo[24] –con los doctores Isaac Puente y Martí Ibáñez como figuras destacadas– también hicieron suya la eugenesia. Estimaban que podía convertirse en un instrumento revolucionario, emancipador de los trabajadores por medio de una sexualidad libre y de un control de la natalidad que descargaría a los trabajadores del lastre que implicaba una prole numerosa.

Desde el punto de vista legislativo, el programa eugenista se sustanciaba en una amplia serie de propuestas. Algunas eran compartidas por todos los vinculados al movimiento reformador; otras eran objeto de disputa. En todos los casos las medidas implicaban la intervención estatal en el ámbito otrora reservado del matrimonio, la vida familiar y las

---

tratado de explicar el cambio a partir del nuevo modo de entender las relaciones Estado-familia en el marco de la biopolítica interventora. Un estudio detallado del asunto a escala de toda España puede encontrarse en los capítulos 4 y 5 de Guereña, 2003; un estudio en profundidad de los dispositivos de lucha antivenérea, en Castejón Bolea, 2001.

[24] La obra de referencia acerca de la Eugenesia en el pensamiento anarquista español es la de Cleminson, 2000, donde se analiza con detalle la transición del neomalthusianismo de comienzos del siglo XX a la Eugenesia propiamente dicha.

conductas procreadoras: certificado médico prenupcial obligatorio, para evitar las uniones conyugales morbosas; aborto eugénico; investigación obligatoria de la paternidad; derecho al divorcio; indistinción legal entre hijos legítimos e ilegítimos; supresión de la prostitución reglamentada; tipificación del delito de contagio venéreo; introducción de la educación sexual en el currículo escolar y esterilización forzosa de delincuentes y anormales. Algunas de estas propuestas serían aprobadas por el Parlamento republicano; otras se debatirían intensamente durante este periodo. En último término, el horizonte del programa eugenésico, más allá de su polivalencia ideológica, era la subordinación del derecho, de las libertades individuales, a la norma biológica, a la salud de las poblaciones; del poder de soberanía al biopoder.

A través de las tecnologías del nuevo biopoder interventor (los seguros, la medicina social, la eugenesia), se trataba de producir un nuevo tipo de subjetividad añadida al *homo œconomicus* constituido durante la época del liberalismo clásico; lo que Alfons Labisch (Labisch, 1985) bautizó como el *homo hygienicus*. Este proceso se efectuó preservando la noción de *ciudadanía* como conquista del liberalismo, noción que remite a una soberanía democratizada y a un orden jurídico de derechos y garantías. Pero en la tradición del primer liberalismo la condición de ciudadano estaba marcada por la pregnancia del mercado, de modo que un individuo sólo podía considerarse partícipe en la soberanía si era capaz de participar en el orden de la propiedad, aunque sólo fuera la propiedad de sí mismo, mediante la prudencia y la autodisciplina. Con el *homo higyenicus* hay un deslizamiento en el concepto de *ciudadanía*; el modelo del Mercado es desplazado por el modelo de la Nación. El individuo ejerce como sujeto de derechos y partícipe en la soberanía en la medida en que se compromete a mantenerse saludable, subordinando sus intereses egoístas a la preservación de un organismo nacional sano y robusto[25]. Del otro lado, excluidos de la soberanía y confinados en la «peligrosidad», quedaban todos aquellos calificados de «enemigos biológicos» de la nación: criminales, enfermos mentales, perversos, prostitutas, miembros de razas degeneradas, alcohólicos, sifilíticos y tuberculosos, entre otros.

---

[25] El eugenista Joaquín Noguera expresa con rotunda claridad esta subordinación de la norma jurídica a la sanitaria: «Las naciones lo que necesitan, en principio, es de ciudadanos sanos, aptos para la vida individual y colectiva, capaces para el cumplimiento del Derecho, pues sin la condición primera de sanidad, sabido es que el derecho estará siempre en peligro de ser atacado y violado duramente por los elementos morbosos de los cuales la natural predisposición a la delincuencia no puede negarse [...] La influencia enorme de las degeneraciones sobre el crecimiento de la criminalidad está hoy fuera de toda duda. Asimismo, el peligro de las cacogenias sobre las razas tampoco podemos considerarlo como un mito [...]. El fin natural y lógico de toda raza que pierde su sanidad y su fuerza no es otro que el de llegar a ser dominada» (Noguera, 1930, 142-143).

El discurso valedor del *homo hygienicus* no se limitó a los márgenes estrechos de las disciplinas científicas (Antropología Criminal, Medicina Social, Psiquiatría, Ciencia Jurídica). Impregnó los alegatos de los políticos, los planes de los arquitectos, las informaciones de los periodistas y los relatos de los novelistas. De este modo se popularizaron los términos de «familia higiénica», «vivienda higiénica», «escuela higiénica» y «ciudad higiénica», así como las metáforas organicistas y el metarrelato de la degeneración nacional[26]. En el caso de los «alojamientos higiénicos», esta estrategia se concretó en la puesta en marcha de proyectos visibles, como los ensanches de las grandes ciudades (con el modelo del plan Cerdá en Barcelona, extendido a Madrid, San Sebastián, La Coruña y Vigo entre 1860 y 1900), la Ciudad Lineal de Arturo Soria desde 1892, el proyecto de Ciudad-Jardín, inspirado en las teorías del inglés Howard, presentado en Barcelona en 1900, la extensión de la red de alcantarillado y agua corriente, la ley de «casas baratas» aprobada en 1911, que permitió, ya durante la Dictadura primorriverista, la construcción de numerosas viviendas obreras de bajo coste (Magnien, 1991, pp. 107-130)[27].

Precisamente en la década de los veinte y durante la Segunda República, fue cuando el nuevo discurso eugénico y médico-social conoció una divulgación a gran escala. Mítines sanitarios, difusión en casas del pueblo y ateneos, amplia presencia en la prensa socialista y anarquista, proyecciones de películas, consultas radiofónicas. Es posible hacerse una idea de estos planes de propaganda sanitaria a gran

---

[26] Un ejemplo de esta pretensión de difundir la higiene a gran escala: «Con fábricas, talleres, industrias y artes en edificios capaces, higiénicos, libres de maquinarias descubiertas y destructoras, implantados en terrenos sanos y feraces, con todas las facilidades para su incremento y desarrollo, con horas hábiles para que los operarios no se excedan, con Cajas de Ahorro y cuanto se desprende de una buena organización, resulta un elemento capaz y de resistencia para que el organismo social se mantenga en pie ayudado por los demás. Con escuelas, colegios y demás centros de instrucción en condiciones y circunstancias tales que se pueda cultivar y perfeccionar el entendimiento sin excesos, sin plétora, sin detrimento de la salud individual [...] no hay duda de que también constituirá otro factor saludable para la colectividad en general [...] Y no hemos de decir más porque con lo dicho basta, y es más que suficiente para probar que las naciones no pueden tener riqueza si no gozan de buena salud, y por ende que no pueden prescindir en manera alguna de la Higiene. Cuantos se dedican al cálculo, a las estadísticas, a estudios de alto vuelo nos enseñan de un modo indubitable que se pierden muchos millones de riqueza con las enfermedades y muerte prematuras, haciendo deducciones y comparaciones entre el hombre sano y el enfermo, entre los gastos y lo que dejan de producir y ganar. El planteamiento de la Higiene en toda su extensión se va imponiendo cada día más, no tan sólo en la vida privada, en lo individual y en el seno de la familia, sino también en lo general, en lo colectivo y en la sociedad en conjunto» (Valera y Jiménez, 1892, p. 735).

[27] Sobre esta cuestión de la vivienda y de la planificación urbana desde la Restauración a la Dictadura de Primo de Rivera, véanse los trabajos de Pertierra de Rojas, 1981; Bahamonde y Toro, 1978; y Díez de Baldeón, 1986. Un enfoque más general y genealógico del problema, en Serrano Muñoz, 2006. Sobre la voluntad de transformar a Barcelona en «ciudad higiénica», véase Assis Da Costa, 1999.

escala leyendo la descripción que hace Hildegart Rodríguez en su ensayo *La Educación Sexual* –publicado por las gráficas de *El Socialista* en 1931–, cuando postulaba la creación de un Instituto de Sanidad y Pedagogía dedicado a la divulgación de la doctrina eugénica. Aquí se menciona la publicación masiva de folletos, la creación de dispensarios gratuitos para la lucha antivenérea, la organización de conferencias populares impartidas en talleres, fábricas, casas del pueblo, cárceles y reformatorios; la puesta en marcha de excursiones y olimpiadas, la creación de clubes recreativos infantiles, el reparto de carteles y material pedagógico en las escuelas (Rodríguez, 1931, pp. 48-50).

A través de estos instrumentos se trató de inculcar la cultura eugénica y los protocolos eugenésicos en la clase trabajadora. Tras la Guerra Civil estas tentativas propagandísticas conocieron un reflujo importante. La biopolítica interventora cedía su lugar a un nuevo tipo de biopoder definitivamente alejado de la gubernamentalidad liberal.

BIBLIOGRAFÍA

SOBRE BIOPOLÍTICA Y GENEALOGÍA

AA. VV. (2000a), *Biopolitique et Biopouvoir*, n.º monográfico de *Multitudes* 1. Colaboran, entre otros, Peter Sloderdijk, A. Negri, M. Hardt, Jacques Rancière, Bruno Latour.

AA. VV. (2000b), *Michel Foucault: de la guerre des races au biopouvoir*, n.º monográfico de *Cités* 2. Colaboran, entre otros, Yves Michaud, Yves Charles Zarka y Francesco Paolo Adorno.

AGAMBEN, G. (2003), *Homo Sacer. El Poder Soberano y la Nuda Vida*, Valencia, Pre-Textos.

BARRY, A.; OSBORNE, T. y ROSE, N. (eds.) (1996), *Foucault and Political Reason. Liberalism, Neoliberalism and Rationalities of Power*, Chicago, The University of Chicago Press.

BAUMAN, Z. (1998), *Modernidad y Holocausto*, Madrid, Ediciones Sequitur.

— (2005), *Modernidad y Ambivalencia*, Barcelona, Anthropos.

BERMEJO BARRERA, J. C. y PIEDRAS MONROY, P. A. (1999), *Genealogía de la Historia. Ensayos de Historia Teórica III*, Madrid, Akal.

BURCHELL, G. (1996), «Liberal government and thecniques of the self», en A. Barry, T. Osborne y N. Rose (eds.), *Foucault and Political Reason. Liberalism, Neoliberalism and Rationalities of Power*, Chicago, The University of Chicago Press, 1996, pp. 19-36.

BURCHELL, G.; GORDON, C. y MILLER, P. (eds.) (1991), *The Foucault Effect: studies in governmentality*, Hemel Mepstead, Harvester.

CASTEL, R. (1995), *Les métamorphoses de la question social: une chronique du salariat*, París, Fayard.

DEAN, M. (1999), *Governmentality. Power and Rule in Modern Societies*, Londres, Sage Pub.
DEAN, M. y HINDESS, B. (eds.) (1998), *Governing Australia. Studies in Contemporary Rationalities of Government*, Cambridge, Cambridge University Press.
DONZELOT, J. (1977), *La Police des Familles*, París, Minuit.
— (1994), *L'Invention du Social. Essai sur le déclin des passions politiques*, París, Seuil.
ESPOSITO, R. (2005), *Immunitas. Protección y negación de la vida*, Buenos Aires, Amorrortu.
— (2006a), «Totalitarisme ou biopolitique», en *Tumultes* 26 (2006), pp. 9-20.
— (2006b), *Bíos. Biopolítica y Filosofía*, Buenos Aires, Amorrortu.
FOUCAULT, M. (1966), *Les Mots et les Choses*, París, Gallimard [ed. cast.: México, Siglo XXI, 1968].
— (1975), *Surveiller et Pûnir. Naissance de la Prison*, París, Gallimard [ed. cast.: México, Siglo XXI, 1978].
— (1976), *Histoire de la Sexualité 1. La Volonté de Savoir*, París, Gallimard [ed. cast.: México, Siglo XXI, 1978].
— (1985), «La política de la salud en el siglo XVIII», en M. Foucault, *Saber y Verdad*, Madrid, la Piqueta, pp. 89-106.
— (1990a), «La evolución de la noción de «individuo peligroso» en la psiquiatría legal», en M. Foucault, *La vida de los hombres infames*, Madrid, la Piqueta, pp. 231-264.
— (1990b), «Historia de la medicalización», en M. Foucault, *La vida de los hombres infames*, Madrid, la Piqueta, pp. 121-152.
— (1997), *Il Faut Défendre la Societé. Cours au Collège de France, 1976*, París, Gallimard-Seuil [ed. cast.: Madrid, La Piqueta, 1992].
— (1999), *Les Anormaux. Cours au Collège de France 1974-1975*, París, Gallimard-Seuil [ed. cast.: *Los anormales*, Madrid, Akal, 2001].
— (2003), *Le Pouvoir Psychiatrique. Cours au Collège de France 1973-1974*, París, Gallimard-Seuil [ed. cast.: *El poder psiquiátrico*, Madrid, Akal, 2005].
— (2004a), *Securité, Territoire, Population. Cours au Collège de France. 1977-1978*, París, Gallimard-Seuil [ed. cast.: *Seguridad, territorio, población*, Madrid, Akal, 2008].
— (2004b), *Naissance de la Biopolitique. Cours au Collège de France, 1978-1979*, París, Gallimard-Seuil [ed. cast.: *Nacimiento de la biopolítica*, Madrid, Akal, 2009].
HARDT, M. y NEGRI, A. (2002), *Imperio*, Barcelona, Paidós.
— (2000), «La production biopolitique» en *Multitudes* 1, pp. 16-28.

HELLER, A. y FEHER, F. (1995), *Biopolítica. La modernidad y la liberación del cuerpo,* Barcelona, Península.
MORO ABADÍA, O. (2006), *La perspectiva genealógica de la historia,* Santander, Universidad de Cantabria.
NANCY, J. L. (2002), «Nota sobre el término "biopolítica"», en *La creación del mundo o la mundialización,* Barcelona, Paidós, pp. 115-120.
O'MALLEY, P. (1996), «Risk and Responsability», en A. Barry, T. Osborne y N. Rose (eds.), *Foucault and Political Reason. Liberalism, Neoliberalism and Rationalities of Power,* Chicago, The University of Chicago Press, pp. 189-208.
ORTEGA, F. (2005), «"La abstracta desnudez de ser únicamente humano". Racismo y biopolítica en Hannah Arendt y Michel Foucault», en J. Ugarte (comp.), *La administración de la vida. Estudios biopolíticos,* Barcelona, Anthropos, pp. 104-126.
POLO BLANCO (2006), *Gobierno de las Poblaciones en el Primer Franquismo (1939-1945),* Cádiz, Servicio de Publicaciones de la Universidad de Cádiz.
PROCACCI, G. (1993), *Gouverner la misère: la question sociale en France 1789-1848,* París, Seuil.
ROSE, N. (1999), *Powers of Freedom. Reframing Political Thought,* Cambridge, Cambridge University Press.
— (2001), «The Politics of Life Itself», *Theory, Culture and Society* 18/6, pp. 1-30.
— (2007), *The Politics of Life Itself. Biomedicine, Power and Subjectivity in the Twenty-First Century,* New Jersey, Princeton U. P.
UGARTE, J. (comp.) (2005), *La administración de la vida. Estudios biopolíticos,* Barcelona, Anthropos.
— (2006), «Biopolítica. Un análisis de la cuestión» (artículo inédito, comunicación personal).
VÁZQUEZ GARCÍA, F. (2005), *Tras la autoestima. Variaciones sobre el yo expresivo en la modernidad tardía,* San Sebastián, Gakoa.

SOBRE BIOPOLÍTICA EN ESPAÑA

AA. VV. (1987), *La Comisión de Reformas Sociales,* Actas de los IV Coloquios de Historia, Córdoba, Monte de Piedad y Caja de Ahorros de Córdoba.
AA. VV. (1988), *De la Beneficencia al Bienestar Social. Cuatro siglos de Acción Social,* Madrid, Consejo Social de Diplomados en Trabajo Social y Asistentes Sociales, Siglo XXI.
AA. VV. (2000), *Higienismo y Educación (siglos XVIII-XIX),* n.º monográfico de *Áreas. Revista de Ciencias Sociales* 20.

AA. VV. (2003), «La Bioestadística en España», en *Historia de la Bioestadística. La génesis, la normalidad y la crisis*, Cádiz, Quórum.
AGUADO MARINONI, R. (1921), «Medicina Social», *El Siglo Médico*, pp. 830-831, 903 y 972-973.
ALMENAR PALAU, S. (2000a), «El desarrollo del pensamiento económico clásico en España», en E. Fuentes Quintana (dir.), *Economía y economistas españoles*, tomo 4. *La economía clásica*, Barcelona, Galaxia Gutenberg, pp. 7-92.
— (2000b), «Álvaro Flórez Estrada y la Economía Política Clásica» en E. Fuentes Quintana (dir.), *Economía y economistas españoles*, t. 4, *La Economía Clásica*, Barcelona, Galaxia Gutenberg, pp. 369-412.
ALVAR EZQUERRA, A. (1993), *Relaciones Topográficas de Felipe II*, Madrid, Comunidad de Madrid.
ÁLVAREZ JUNCO, J. (1988), «La Comisión de Reformas Sociales: intentos y realizaciones», en AA.VV., *Cuatro siglos de acción social*, Madrid, Consejo General de Colegios Oficiales de Diplomados en Trabajo Social y Asistentes Sociales, Siglo XXI, 1988, pp. 147-154.
— (2001), *Mater Dolorosa. La idea de España en el siglo XIX*, Madrid, Taurus.
ÁLVAREZ PELÁEZ, R. (1985), *Sir Francis Galton, padre de la eugenesia*, Madrid, CSIC.
— (1988), «Origen y desarrollo de la eugenesia en España», en J. M. Sánchez Ron (ed.), *Ciencia y sociedad en España: de la Ilustración a la Guerra Civil*, Madrid, El Arquero/CSIC, pp. 178-204.
— (1999), «La eugenesia española a lo largo del siglo XX» en C. M. Romeo (ed.), *La eugenesia hoy*, Bilbao, Granada, Comares, Fundación BBV, Diputación Foral de Bizkaia, pp. 87-122.
ÁLVAREZ SANTALÓ, L. C. (1980), *Marginación social y mentalidad en Andalucía occidental: Expósitos en Sevilla (1613-1910)*, Sevilla, Diputación Provincial.
ÁLVAREZ-URÍA, F. (1979), «De la policía de la pobreza a las cárceles del alma», *El Basilisco* 8, pp. 64-71.
— (1983), *Miserables y locos. Medicina mental y orden social en la España del siglo XIX*, Barcelona, Tusquets.
— (1988), «Los visitadores del pobre. Caridad, economía social y asistencia en la España del siglo XIX», en AA.VV., *Cuatro Siglos de Acción Social. De la Beneficencia al Bienestar Social*, Madrid, Ministerio de Trabajo y Asuntos Sociales, Siglo XXI, pp. 117-146.
— (2006), «Pobreza y Modernidad: la política de pobres a la luz del derecho de gentes», en S. Castillo y P. Oliver (coords.), *Las figuras del desorden. Heterodoxos, proscritos y marginados*, Madrid, Siglo XXI, Asociación de Historia Social, pp. 285-308.

AMALRIC, J. P. y DOMERGUE, L. (2001), *La España de la Ilustración (1700-1833)*, Barcelona, Crítica.
AMAR Y BORBÓN, J. (1994 [1790]), *Discurso sobre la Educación Física y Moral de las Mujeres*, Madrid, Cátedra.
AMOR DE SORIA, J. (1741), *Enfermedad crónica y peligrosa de los Reinos de España y de Indias*, en Conde Amor de Soria, *Aragonesismo Austracista 1734-1742*, Zaragoza, Institución Fernando el Católico, 2000, pp. 73-367.
ANDRIEU, B. (2001), «Médecin de soi-même», en *Michel Foucault et la Médecine. Lectures et Usages*, París, Éditions Kimé.
ANES, G. (1971), «Nota Preliminar», en *Memoriales y Discursos de Francisco Martínez de Mata*, Madrid, Editorial Moneda y Crédito, pp. 11-93.
— (1982), «Nota preliminar» a J. Vargas y Ponce, *Estados de Vitalidad y Mortalidad de Guipúzcoa en el siglo XVIII*, Madrid, Real Academia de la Historia.
— (2000), «La economía española en el siglo XVIII», en E. Fuentes Quintana (dir.), *Economía y economistas españoles*, t. III. *La Ilustración*, Barcelona, Galaxia Gutenberg, pp. 91-174.
ANGUITA CANTERO, R. (1997), *Ordenanza y Policía Urbana. Los orígenes de la reglamentación edificatoria en España (1750-1900)*, Granada, Universidad de Granada/Junta de Andalucía.
ANÓNIMO (1600), *Memoria sobre la conversión de los moriscos de la Corona de Aragón*, trad. al francés en R. De Zayas, *Les Morisques et le racisme d'Etat*, París, La Différence, 1992, pp. 547-570.
ARANGUREN, J. L. (1982), *Moral y sociedad. La moral española en el siglo XIX*, Madrid, Taurus.
ARENAL, C. (1861), *La beneficencia, la Filantropía y la Caridad*, Madrid, Atlas Ediciones, 1993.
ARENDT, H. (1993), *La condición humana*, Barcelona, Paidós.
ASSIS DA COSTA, F. (1999), *La compulsión por los limpios en la idealización y construcción de la ciudad contemporánea. Salud y gestión residual en Barcelona: 1849-1936*, tesis doctoral, Escuela Politécnica de Cataluña, Universidad de Barcelona.
ASTIGARRAGA GOENAGA, J. (1990), *Pensamiento económico y reforma ilustrada de la Real Sociedad Vascongada de Amigos del País (1760-1793)*, San Sebastián, Universidad de Deusto.
— (2000), «Nicolás de Arriquíbar, Economista de la Sociedad Vascongada», en E. Fuentes Quintana (dir.), *Economía y economistas españoles*, t. III. *La Ilustración*, Barcelona, Galaxia Gutenberg, pp. 303-313.
BAHAMONDE MAGRO, A. y TORO MÉRIDA, J. (1978), *Burguesía, especulación y cuestión social en el Madrid del siglo XIX*, Madrid, Siglo XXI.

BALAGUER PERIGÜELL, E. y BALLESTER AÑÓN, R. (2003), *En el nombre de los niños. Real Expedición Filantrópica de la Vacuna 1803-1806*, Madrid, Asociación Española de Pediatría.
BAÑOS SÁNCHEZ-MATAMOROS, J. et al. (2005), «Govern(mentality) and Accounting: the influence of different Enlightenment Discourses in two Spanish cases (1761-1777)», *Abacus* 41/2, pp. 181-210.
BARRENECHEA GONZÁLEZ, J. M. (1994), «Estudio Preliminar», en V. de Foronda, *Cartas sobre los asuntos más exquisitos de la Economía-Política, y sobre las leyes criminales*, Vitoria, Gobierno Vasco, pp. XV-CXXVI.
— (2000), «Valentín de Foronda y el pensamiento económico ilustrado», en E. Fuentes Quintana (dir.), *Economía y economistas españoles*, t. III. *La Ilustración*, Barcelona, Galaxia Gutenberg, pp. 529-567.
BENASSAR, B. (1984), «Modelos de la mentalidad inquisitorial: métodos de su "pedagogía del miedo"» en A. Alcalá et al., *Inquisición española y mentalidad inquisitorial*, Barcelona, Ariel, 1984, pp. 174-182.
BERGALLI, R. y MARI, E. E. (coords.) (1989), *Historia ideológica del control social (España-Argentina, siglos XIX y XX)*, Barcelona, PPU.
BITAR LETAYF, M. (1968), *Economistas españoles del siglo XVIII*, Madrid, Ediciones Cultura Hispánica.
BLEDA, J. (1604), *Defensa de la Fe en el proceso de nuevos conversos del Reino de Valencia*, trad. francesa en R. de Zayas, *Les Morisques et le racisme d'Etat*, París, La Différence, 1992, pp. 464-507.
— (1618), *Crónica de los moros de España*, Valencia, Felipe Mey.
BOLUFER PERUGA, M. (1992), «Actitudes y discursos sobre la maternidad en la España del siglo XVIII: la cuestión de la lactancia», *Historia Social* 14, pp. 3-22.
— (1994), «La imagen de las mujeres en la polémica sobre el lujo (siglo XVIII)», en C. Canterla (coord.), *VII Encuentro de la Ilustración al Romanticismo. Cádiz, América y Europa ante la Modernidad. La mujer en los siglos XVIII y XIX*, Cádiz, Servicio de Publicaciones de la Universidad de Cádiz, pp. 175-186.
— (1998), *Mujeres e Ilustración. La construcción de la feminidad en la España del siglo XVIII*, Valencia, Institució Alfóns el Magnanim.
BORRÁS LLOP, J. M.ª (dir.) (1996), *Historia de la Infancia en la España Contemporánea 1834-1936*, Madrid, Ministerio de Trabajo y Asuntos Sociales, Fundación Germán Sánchez Rupérez.
BRAUDEL, F. (1976), *El Mediterráneo y el mundo mediterráneo en la época de Felipe II*, 2 vols., Madrid, Fondo de Cultura Económica.

— (1984), *Civilización Material, Economía y Capitalismo. 2. Los juegos del intercambio*, Madrid, Alianza Editorial.
BUSTOS RODRÍGUEZ, M. (1982), *El Pensamiento socio-económico de Campomanes*, Oviedo, Instituto de Estudios Asturianos.
CABARRÚS, Conde de (1795), *Cartas sobre los obstáculos que la naturaleza, la opinión y las leyes oponen a la felicidad pública*, Madrid, Fundación Banco Exterior, 1990.
CABEZA SÁNCHEZ ALBORNOZ, S. (1985), «Legislación protectora de la Maternidad en la época de la Restauración española», *Cuadernos de Historia Moderna y Contemporánea* 6, pp. 147-162.
CALATRAVA, J. A. (1991), «El debate sobre la ubicación de los cementerios en la España de las Luces: la contribución de Benito Bails», *Espacio, Tiempo y Forma. Serie VII. Historia del Arte* 4, pp. 349-366.
CALBET, J. M. y CORBELLA, J. (1983), «La obra médica y social de Vicente Mitjavila», en V. Mitjavila, *De los daños que causan al cuerpo humano las preparaciones de plomo [...] y Compendio de policía médica*, Barcelona, Universitat de Barcelona, pp. VIII-XXI.
CALLE, M.ª D. de la (1989), *La Comisión de Reformas Sociales, 1883-1903. Política social y conflicto de intereses en la España de la Restauración*, Madrid, Centro de Publicaciones del Ministerio de Trabajo y Seguridad Social.
CAMPILLO, J. (1741), *Lo que hay de más y lo que hay de menos en España, para que sea lo que debe ser y no lo que es*, Alicante, Biblioteca Virtual Miguel de Cervantes.
CAMPOMANES, P. Rodríguez de (1750), *Bosquejo de Política Económica Española*, Madrid, Editora Nacional, 1984.
— (1774), *Discurso sobre el Fomento de la Industria Popular*, Madrid, Instituto de Estudios Fiscales, Ministerio de Hacienda, 1975, pp. 41-126.
— (1775), *Discurso sobre la Educación Popular de los Artesanos y su Fomento*, Madrid, Instituto de Estudios Fiscales, Ministerio de Hacienda, 1975, pp. 127-332.
CAMPOS MARÍN, R. (1995), «La sociedad enferma: higiene y moral en españa en la segunda mitad del siglo XIX y principios del XX», *Hispania. Revista Española de Historia* LV/3, 191, pp. 1093-1112.
CAMPOS MARÍN, R.; MARTÍNEZ PÉREZ, J. y HUERTAS GARCÍA-ALEJO, R. (2000), *Los Ilegales de la Naturaleza. Medicina y Degeneracionismo en la España de la Restauración (1876-1923)*, Madrid, CSIC.
CARASA SOTO, P. (1985), *El Sistema Hospitalario Español en el siglo XIX*, Valladolid, Universidad de Valladolid.
— (1987), *Pauperismo y Revolución Burguesa*, Valladolid, Universidad de Valladolid.

— (1989), «Beneficencia y control social en la España Contemporánea» en R. Bergalli y E. E. Marí (coords.), *Historia ideológica del control social (España, Argentina, siglos XIX y XX)*, Barcelona, PPU, 1989, pp. 175-237.

CARMONA GARCÍA, I. (1988), «La asistencia social en la España de los Austrias», en AA.VV., *Cuatro siglos de acción social. De la beneficencia al bienestar social*, Madrid, Ministerio de Trabajo y Asuntos Sociales, Siglo XXI, 1988, pp. 69-88.

CARO BAROJA, J. (1985), *Las formas complejas de la vida religiosa (siglos XVI y XVII)*, Madrid, Sarpe.

— (1990), *Razas, pueblos y linajes*, Murcia, Secretariado de Publicaciones de la Universidad de Murcia.

— (1992), «Los plomos del Sacromonte» en *Las falsificaciones de la historia*, Barcelona, Seix Barral, pp. 115-142.

CARRASCO, R. (1985), *Inquisición y represión sexual en Valencia. Historia de los sodomitas (1566-1785)*, Barcelona, Laertes.

CARRASCO, R. y VINCENT, B. (1985), «Amours et marriage chez les morisques au XVe siècle» en A. Redondo (ed.), *Amours légitimes et illégitimes en Espagne (XVIe-XVIIe siècles)*, París, Publications de la Sorbonne, 1985.

CARRERAS PANCHÓN, A. (1977), *El Problema del Niño Expósito en la España Ilustrada*, Salamanca, Instituto de Historia de la Medicina Española.

CARRILLO, J. L.; RIERA PERELLÓ, P. y GAGO, R. (1977), «La introducción en España de las hipótesis miasmáticas y prácticas fumigatorias», *Medicina e Historia* 67, pp. 7-26.

CASCO SOLÍS, J. (1990), «La Higiene Sexual en el proceso de institucionalización de la Sanidad Pública Española», *Asclepio* 42/2, pp. 243-250.

CASSIRER, E. (1984), *La filosofía de la Ilustración*, México, Fondo de Cultura Económica.

CASTEJÓN BOLEA, R. (2001), *Moral sexual y enfermedad. La medicina española frente al peligro venéreo (1868-1936)*, Granada, Universidad de Granada, Instituto Alicantino «Juan Gil Albert».

CASTELLANO CASTELLANO, J. L. (1982), «Estudio Preliminar», en B. Ward, *Proyecto Económico*, Madrid, Instituto de Estudios Fiscales, Ministerio de Hacienda, pp. VII-LXI.

CAVAILLAC, J. (1975), «Introducción», en C. Pérez de Herrera, *Amparo de Pobres*, Madrid, Espasa Calpe, 1975, pp. IX-CXCIII.

CAXA DE LERUELA, M. (1631), *Restauración de la Abundancia de España*, Madrid, Instituto de Estudios Fiscales, Ministerio de Hacienda, 1975.

CERVERA, A. I. (1849), «Economía política. Principios absolutos y no absolutos», en *El Amigo del País*, Madrid, año VI, tomo VII, serie 3.ª, num. 8 (20-1-1849), ed. en *Estudios de Historia Social* 10-11 (1979), pp. 402-404.

CHAUCHADIS, C. (1984), *Honneur, Morale et Societé dans l'Espagne de Philippe II*, París, CNRS.

CLAVERO, B. (1991), *Razón de Estado, razón de individuo, razón de historia*, Madrid, Centro de Estudios Constitucionales.

CLEMINSON, R. (2000), «En torno a *Sexualidad*: "desviación sexual", raza y la construcción de la nación», *Reverso* 3, pp. 41-48.

— (2000), *Anarchism, Science and Sex: Eugenics in Eastern Spain, 1900-1937*, Oxford, Peter Lang.

CLEMINSON, R. y AMEZÚA, E. (1999), «Spain: the political and social context of sex reform in the late nineteenth and early twentieth centuries», en F. X. Eder, L. Hall y G. Hekma (eds.), *Sexual Cultures in Europe. National Histories*, Manchester, Manchester University Press, pp. 173-196.

CORBIN, A. (1982), *Le miasme et la jonquille. L'odorat et l'imaginaire social 18e-19e siècles*, Paris, Aubier Montaigne.

CRIALES Y ARCE, G. (1646), *Cartas a Felipe IV*, Nápoles.

CUESTA BUSTILLO, J. (1988), «Evolución de la previsión social española en el primer tercio del siglo XX: los primeros seguros sociales en los años veinte», en AA. VV., *Cuatro siglos de acción social. De la beneficencia al bienestar social*, Madrid, Ministerio de Trabajo y Asuntos Sociales, Siglo XXI, pp. 195-226.

DANVILA Y VILLARRASA, B. J. (1779), *Lecciones de Economía Civil o de el Comercio*, Madrid, Marcial Pons, 1994.

DE ANTÓN, J. (2001), *Historia de la Policía Española*, Madrid, Tecnovic.

DE CASTRO, C. (1987), *El pan de Madrid. El abasto de las ciudades españolas del Antiguo Régimen*, Madrid, Alianza Universidad.

— (1996), *Campomanes. Estado y Reformismo Ilustrado*, Madrid, Alianza Editorial.

DE MONCADA, S. (1619), *Restauración política de España*, Madrid, Instituto de Estudios Fiscales, Ministerio de Hacienda, 1974.

DE VALENCIA, P. (1606), *Tratado acerca de los moriscos de España*, Málaga, Algazara, 1997.

— (1607), «Discurso sobre el acrecentamiento de la labor de la tierra», en *Obras Completas*, IV/1. *Escritos Sociales. I. Escritos Económicos*, León, Secretariado de Publicaciones de la Universidad de León, 1993, pp. 137-158.

— (1608), «Discurso contra la ociosidad», en *Obras Completas*, IV/1. *Escritos Sociales. I. Escritos Económicos*, León, Secretariado de Publicaciones de la Universidad de León, 1993, pp. 159-173.

DE ZAYAS, R. (1992), *Les Morisques et le racisme d'Etat*, París, La Différence.

DEDIEU, J. P. (2000), «Procesos y redes. La historia de las instituciones administrativas de la época moderna, hoy», en J. L. Castellano, J. P. Dedieu y M.ª V. López Cordón (eds.), *La pluma, la mitra y la espada. Estudios de historia institucional en la Edad Moderna,* Madrid, Marcial Pons, Universidad de Burdeos, pp. 13-30.
DEFOURNEAUX, M. (1990), *Pablo de Olavide, el afrancesado,* Sevilla, Padilla Libros.
DEMERSON, P de. (1972), «La Real Inclusa de Madrid a finales del siglo XVIII», *Anales del Instituto de Estudios Madrileños* 8, pp. 261-272.
— (1993), «La práctica de la variolización en España», *Asclepio. Revista de historia de la medicina y de la ciencia* 45/2, pp. 3-39.
DÍAZ FREIRE, J. y ARBAIZA VILALLONGA, M. (s.a.), «Cuerpos en Conflicto. La construcción de la identidad y la diferencia en el País Vasco a fines del siglo XIX», *Cuadernos de Trabalho* 4 (www.desafio.ufba.br).
DÍEZ DE BALDEÓN, C. (1986), *Arquitectura y clases sociales en el Madrid del siglo XIX,* Madrid, Siglo XXI.
DÍEZ DEL CORRAL, L. (1943), *El Liberalismo Doctrinario,* Madrid, Instituto de Estudios Políticos.
DOMÍNGUEZ ORTIZ, A. (1982), «Los expósitos en la España Moderna: la obra de Antonio Bilbao», en AA. VV., *Les Problèmes de l'Exclusion en Espagne,* Université des Midi-Pirinées, pp. 167-174.
— (1992), «Estudio Preliminar», en F. M. Moya Torres y Velasco (1727), *Manifiesto Universal de los males envejecidos que España padece,* Madrid, Instituto de Cooperación Iberoamericana, Sociedad Estatal Quinto Centenario, Antoni Bosch Editores, Instituto de Estudios Fiscales, pp. IX-LVIII.
DOMÍNGUEZ ORTIZ, A. y VINCENT, B. (2003), *Historia de los moriscos. Vida y tragedia de una minoría,* Madrid, Revista de Occidente.
DUMONT, L. (1987), *Ensayos sobre el individualismo,* Madrid, Alianza Universidad.
EGIDO, T. (coord.) (2004), *Los jesuitas en España y en el mundo hispánico,* Madrid, Marcial Pons Historia, Fundación Carolina, Centro de Estudios Hispánicos e Iberoamericanos.
ELIAS, N. (1983), *The Court Society,* London, Blackwell.
ELORZA, A. (1991), «La formación del liberalismo en España» en F. Vallespín (ed.), *Historia de la teoría política,* t. 3, Madrid, Alianza Editorial, pp. 397-447.
— (1995), *La religión política. El nacionalismo sabiniano y otros ensayos sobre sabinismo e integrismo,* San Sebastián, Haranburu.
ELORZA, A. e IGLESIAS, M.ª C. (1973), *Burgueses y proletarios. Clase obrera y reforma social en la Restauración,* Barcelona, Laia.

ELLIOTT, J. H. (1998), *El Conde-Duque de Olivares: el político en una época de decadencia*, Barcelona, Mondadori.
ESPINA, A. (2007), *Modernización y Estado de Bienestar en España*, Madrid, siglo XXI.
ESTEBAN DE VEGA, M. (1992), «La Asistencia Liberal Española: Beneficencia pública y previsión particular», *Historia Social* 13, pp. 123-138.
EWALD, F. (1991), «Insurance and Risk», en G. Burchell, C. Gordon y P. Miller (eds.), *The Foucault Effect: Studies in Governmentality*, Londres, Harvester Wheatsheaf, pp. 192-210.
FERNÁNDEZ, A. (1997), «The Repression of Sexual Behavior by the Aragonese Inquisition between 1560 and 1700», *Journal of the History of Sexuality* 7/4, pp. 469-501.
FERNÁNDEZ ARBAS, O. (2005), «¿Higiene obrera o trabajadores higienizados? El caso asturiano de A. Pin El Ajustador», *El Catoblepas* 45, p. 20.
FERNÁNDEZ GARCÍA, A. (ed.) (2002), *La Constitución de Cádiz (1812) y Discurso Preliminar a la Constitución*, Madrid, Castalia.
FERNÁNDEZ NAVARRETE, P. (1626), *Conservación de Monarquías y Discursos Políticos*, Instituto de Estudios Fiscales, Ministerio de Hacienda, 1982.
FERNÁNDEZ RODRÍGUEZ, C. et al. (1983), «La sociedad del siglo XVIII a través del Sermonario», *Cuadernos de Historia Moderna y Contemporánea* 4, pp. 35-57.
FERNÁNDEZ-SANTAMARÍA, J. A. (1986), *Razón de Estado y política en el pensamiento español del Barroco (1595-1640)*, Madrid, Centro de Estudios Constitucionales.
FERRER DEL RÍO, A. (1856), *Historia del reinado de Carlos III*, Alicante, Biblioteca Virtual Cervantes.
FLÓREZ ESTRADA, A. (1828), *Curso de Economía Política*, Madrid, BAE, tomo CXII, 1958.
FLYNN, M. (1989), *Sacred Charity. Confraternities and Social Welfare in Spain, 1400-1700*, Ithaca, Cornell University Press.
FORONDA, V. de (1793), «Sobre la Salud Pública», en V. Foronda, *Los Sueños de la Razón*, Madrid, Editora Nacional, 1984 (la carta forma parte de las *Cartas sobre la policía*, editadas en 1821).
— (1801), *Cartas sobre la Policía*, Vitoria, Defensor del Pueblo Vasco, 1998.
— (1821), *Cartas sobre los asuntos más exquisitos de la Economía-Política, y sobre las leyes criminales*, Vitoria, Gobierno Vasco, 1994.
FRAILE, P. (1987), *Un espacio para castigar. La cárcel y la ciencia penitenciaria en España (siglos XVIII-XIX)*, Madrid, Ediciones del Serbal.

— (1997), *La otra ciudad del Rey. Ciencia de la policía y organización urbana en España*, Madrid, Celeste Ediciones.
FRANCO, G. (1968), «Don Gerónymo de Uztariz, mercantilista y reformador en el siglo XVIII español», en G. Uztáriz, *Theórica y Práctica de Comercio y de Marina*, Madrid, Aguilar, 1968, pp. XV-LXVI.
FRANCOS RODRÍGUEZ, J. (1918), «Propaganda Médica», *El Siglo Médico*, pp. 700-702.
FUENTES QUINTANA, E (2000), «Una aproximación al pensamiento económico de Jovellanos a través de las funciones del Estado» en E. Fuentes Quintana (dir.), *Economía y economistas españoles*, t. III. *La Ilustración*, Barcelona, Galaxia Gutenberg, pp. 331-419.
— (dir.) (2000), *Economía y economistas españoles*, t. III. *La Ilustración*, Barcelona, Galaxia Gutenberg.
GACTO FERNÁNDEZ, E. (1969), *La filiación no legítima en el derecho histórico español*, Sevilla, Universidad de Sevilla.
GALÁN CABILLA, J. L. (1988), «Madrid y los cementerios en el siglo XVIII: el fracaso de una reforma», en AA.VV., *Carlos III, Madrid y la Ilustración*, Madrid, Siglo XXI, pp. 255-295.
GALERA, A. (1991), *Ciencia y delincuencia. El determinismo antropológico en la España del siglo XIX*, Madrid, CSIC.
GARCÍA CÁRCEL, R. (1980), *Herejía y sociedad en el siglo XVI. La inquisición en Valencia 1530-1609*, Barcelona, Península.
— (1984), «El itinerario de los moriscos hasta su expulsión», en A. Alcalá *et al.*, *Inquisición Española y Mentalidad Inquisitorial*, Barcelona, Ariel, 1984, pp. 67-78.
GARRÁN MARTÍNEZ, J. M.ª (2004), *La prohibición de la mendicidad. La controversia entre Domingo de Soto y Juan de Robles en Salamanca*, Salamanca, Ediciones Universidad de Salamanca.
GARZA, F. (2002), *Quemando mariposas. Sodomía e imperio en Andalucía y México, siglos XVI-XVII*, Barcelona, Laertes.
GENERÉS, D. (1793), *Reflexiones políticas y económicas. La población, agricultura, artes, fábricas y comercio del Reino de Aragón*, Zaragoza, Gobierno de Aragón, Institución «Fernando el Católico» e Instituto Aragonés de Fomento, 1996.
GEREMEK, B. (1991), *La Estirpe de Caín. La imagen de los vagabundos y de los pobres en las literaturas europeas de los siglos XV al XVII*, Madrid, Mondadori.
GIGINTA, M. de (1579), *Tratado de Remedio de Pobres*, Barcelona, Ariel, Edicions Universitat de Barcelona.
GIMÉNEZ LÓPEZ, E. (1998-1999), «La exhalación de la muerte. La aportación del matemático Benito Bails a la polémica sobre los

cementerios en el siglo XVIII», *Reviista de Historia Moderna* 17, pp. 113-146.

GLICK, T. F. (1998), «El Impacto del psicoanálisis en la psiquiatría española de entreguerras», en J. M. Sánchez Ron (ed.) (1988), *Ciencia y sociedad en España: de la Ilustración a la Guerra Civil*, Madrid, El Arquero/ CSIC, pp. 205-222.

GÓMEZ, F. (2002), «Probabilismo y toma de decisiones en la escolástica española», en AA. VV., *Historia de la probabilidad y de la Estadística*, Madrid, Editorial AC.

GONZÁLEZ DE CELLORIGO, M. (1598), *Memoria* en R. de Zayas, (1992), pp. 444-464.

GONZÁLEZ DE CELLORIGO, M. (1600), *Memorial de la política necesaria y útil restauración a la república de España*, Madrid, Instituto de Cooperación Iberoamericana, Sociedad Estatal Quinto Centenario, Antoni Bosch Editores, Instituto de Estudios Fiscales, 1992.

GONZÁLEZ DE PABLO, A. (1995), «Sobre la configuración del modelo de pensamiento de la higiene actual: el caso español», *Dynamis* 15, pp. 267-299.

GONZÁLEZ GARCÍA, J. M.ª (1998), *Metáforas del Poder*, Madrid, Alianza Editorial, 1998.

GORDON, M. D. (1982), «Estudio preliminar: Moralidad y política en la España del siglo XVII», en P. Fernández Navarrete, *Conservación de Monarquías y Discursos Políticos*, Instituto de Estudios Fiscales, Ministerio de Hacienda, pp. VII-XXXVIII.

GORTÁZAR, G. (ed.) (1994), *Nación y Estado en la España liberal*, Madrid, Nóesis.

GANJEL, L. S. (1967), «Vida y Obra del Doctor Cristóbal Pérez de Herrera», en L. S. Granjel, *Médicos españoles*, Salamanca, Universidad de Salamanca, pp. 41-64.

GRANJEL, L. S. (1979), *La medicina española del siglo XVIII*, Salamanca, Universidad de Salamanca.

GRANJEL, M. (1983), *Pedro Felipe Monlau y la higiene española del siglo XIX*, Salamanca, Universidad de Salamanca.

GRANJEL, M. y CARRERAS PANCHÓN, A. (2004), «Extremadura y el debate sobre la creación de cementerios: un problema de salud pública en la Ilustración», *Norba. Revista de Historia* 17, pp. 69-91.

GUEREÑA, J. L. (2003), *La prostitución en la España contemporánea*, Madrid, Marcial Pons.

GUERRERO, O. (1995-1996), «Estudio Introductorio», en J. E. Von Justi, *Ciencia del Estado*, México (http://lectura.ilce.edu.mx:3000/biblioteca).

GUILLAMÓN ÁLVAREZ, F. J. (1989), «La reforma policial bajo Carlos III. Establecimiento de los alcaldes de Cuartel y de Barrio», en AA. VV., *Seguridad pública en el reinado de Carlos III*, Madrid, Ministerio del Interior, pp. 43-64.

GUTIÉRREZ NIETO, A. (1986a), «El pensamiento económico político y social de los arbitristas» en M. Menéndez Pidal (dir.), *Historia de España. El Siglo del Quijote,* vol. I, Madrid, Espasa Calpe, 233-351.

— (1986b), «Inquisición y Culturas Marginadas. Conversos, moriscos y gitanos», en M. Menéndez Pidal (dir.), *Historia de España. El Siglo del Quijote*, vol. I, Madrid, Espasa Calpe, pp. 729-792.

HACKING, I. (1991), *La domesticación del azar. La erosión del determinismo y el nacimiento de las ciencias del caos*, Barcelona, Gedisa.

— (1995), *El surgimiento de la probabilidad*, Barcelona, Gedisa.

HARRIS, A. K. (2000), *Forging Identity: the Plomos of the Sacromonte and the question of civil identity in early modern Granada*, Baltimore, The John Hopkins University Press.

HERRERA, F. (1997), *Crisis y medidas sanitarias en Cádiz 1898-1945*, Zaragoza, Seminario de Historia de la Ciencia y de la Técnica de Aragón.

HERRERO HERRERO, C. (1989), «La población marginada en tiempos de Carlos III», en AA. VV., *Seguridad Pública en el Reinado de Carlos III*, Madrid, Ministerio del Interior, pp. 65-122.

HESPANHA, A. M. (1989), *Vísperas de Leviatán. Instituciones y Poder Político (Portugal, siglo XVII)*, Madrid, Taurus.

HIRSCHMAN, A. (1999), *Las pasiones y los intereses. Argumentos polítticos a favor del capitalismo previos a su triunfo*, Barcelona, Península.

HUERTAS GARCÍA-ALEJO, R. (1996), «Medicina y Política en la Crisis Final de la Restauración: la Propuesta de un Ministerio de Sanidad», en *Actas do III Congresso da ADEH (Associaçao Ibérica de Demografia Histórica)*, vol. 2, pp. 285-300.

HUERTAS GARCÍA-ALEJO, R. y CAMPOS, R. (eds.) (1992), *Medicina social y clase obrera en España (siglos XIX y XX)*, 2 vols., Madrid, Fundación de Investigaciones Marxistas.

HULL, I. V. (1997), *Sexuality, State and Civil Society in Germany 1700-1815*, Ithaca, Cornell University Press.

JIMÉNEZ LUCENA, I. (1998), «El Regeneracionismo Sanitario y la Segunda República», *Dynamis* 18, pp. 285-314.

JIMÉNEZ MONTESERÍN, M. (1994), *Sexo y bien común. Notas para la historia de la prostitución en España*, Cuenca, Ayuntamiento de Cuenca, Instituto «Juan de Valdés».

JORDANA DE POZAS, L. (1977), «Presentación de la obra de Don Tomás Valeriola», en *Idea General de la Policía o Tratado de Policía,* Madrid, Instituto de Estudios Admiistrativos, pp. VII-XIX.
JOVELLANOS, M. G. (1790-1809), *Memorias Pedagógicas* en *Obras de D. Gaspar Melchor de Jovellanos, B.A.E.,* t. LXXXVII, Madrid, Ediciones Atlas, 1956, pp. 293-334.
— (1778), *Discurso acerca de la situación y división interior de los hospicios con respecto a su salubridad* en *Obras publicadas inéditas de D. Gaspar Melchor de Jovellanos, B.A.E.,* t. L, Madrid, Ediciones Atlas, 1952.
— (1782-1792), *Cartas a Ponz,* en *Obras publicadas inéditas de D. Gaspar Melchor de Jovellanos, B.A.E.,* t. L, Madrid, Ediciones Atlas, 1952.
JOVER ZAMORA, J. M.ª, *La civilización española a mediados del siglo XIX,* Madrid, Austral, 1992.
JUARISTI, J. (1990), *El bucle melancólico. Historias de nacionalistas vascos,* Madrid, Espasa Calpe.
JULIÁ, S. (2004), *Historia de las dos Españas,* Madrid, Taurus.
KAGAN, R. (1991), *Los sueños de Lucrecia. Política y Profecía en la España del siglo XVI,* Madrid, Muchnik Editores.
KAMEN, I. (1998), *Cambio cultural en la Sociedad del Siglo de Oro,* Madrid, Siglo XXI.
KOSELLECK, R. (1993), *Futuro Pasado. Para una semántica de los tiempos históricos,* Barcelona, Paidós.
LABANYI, J. (2000), *Gender and Modernization in the Spanish Realist Novel,* Oxford, Oxford University Press.
LABISCH, A. (1985), «Doctors, Workers and the Scientific Cosmology of the Industrial World: the social construction of health and the "homo hygienicus"», *Journal of Contemporary History* 20, pp. 599-615.
LAQUEUR, T. (2003), *Solitary Sex. A Cultural History of Masturbation,* Nueva York, Zone Books.
LARQUIÉ, C. (1987), «El niño abandonado en Madrid durante el siglo XVII: balance y perspectivas», en F. Chacón, *Familia y sociedad en el Mediterráneo occidental. Siglos XVI-XIX,* Murcia, Universidad de Murcia, pp. 69-91.
LARRAZ, J. (1970), «Prólogo», en L. Ortíz, *Memorial del contador Luis Ortiz a Felipe II,* Madrid, Instituto Español, pp. 7-16.
LE FLEM, J. P. (1975), «¿Miguel Caxa de Leruela, defensor de la Mesta? Un testimonio sobre la ruptura ecológica del siglo XVII», en M. Caxa de Leruela, *Restauración de la Abundancia de España,* Madrid, Instituto de Estudios Fiscales, Ministerio de Hacienda, pp. XV-LII.
LE ROY LADURIE (1983), «Introduction», en C. Grimmer, *La Femme et le Bâtard,* París, Presses de la Renaissance, pp. 9-46.

LITVAK, L. (1990), «La sociología criminal y su influencia en los escritores españoles de fin de siglo», L. Litvak, *España 1900. Modernismo, Anarquismo y fin de Siglo*, Barcelona, Anthropos, 1990, pp. 129-154.
LÓPEZ ALONSO, C. (1992), «La pobreza en el pensamiento político. España, primera mitad del siglo XIX», *Historia Social* 13, pp. 139-156.
LÓPEZ PIÑERO, J. M.ª (1964), *Medicina y sociedad en la España del siglo XIX*, Madrid, Sociedad de Estudios y Publicaciones.
LÓPEZ PIÑERO, J. M.ª y NAVARRO PÉREZ, J. (1994), «Introducción» a C. Gómez Reig, *Los Estudios sobre la Salud Pública en la Ciudad de Valencia*, Valencia, Ayuntamiento de Valencia.
LOY, J. R. (1984), «Los ilustrados franceses y su idea de la Inquisición», en A. Alcalá *et al.*, *Inquisición Española y Mentalidad Inquisitorial*, Barcelona, Ariel, 1984, pp. 587-596.
LUIZ, M.ª T. (2003), *Relaciones fronterizas en Patagonia durante el periodo colonial tardío*, tesis doctoran inédita, Cádiz, Universidad de Cádiz.
LLOMBART ROSA, V. (2000a), «El Pensamiento Económico de la Ilustración en España», en E. Fuentes Quintana (dir.), *Economía y economistas españoles*, t. III. *La Ilustración*, Barcelona, Galaxia Gutenberg, pp. 7-89.
— (2000b), «Campomanes, el economista de Carlos III», en E. Fuentes Quintana (dir.), *Economía y economistas españoles*, t. III. *La Ilustración*, Barcelona, Galaxia Gutenberg, pp. 201-255.
LLOMBART ROSA, V. y ASTIGARRAGA GOENAGA, J. (2000), «Las primeras "antorchas de la economía": las sociedades económicas de amigos del país en el siglo XVIII», en E. Fuentes Quintana (dir.), *Economía y economistas españoles*, t. III. *La Ilustración*, Barcelona, Galaxia Gutenberg, pp. 677-707.
LLOMBART ROSA, V. y CERVERA FERRI, P. (2000), «Economistas valencianos de la Ilustración (1760-1800)», en E. Fuentes Quintana (dir.), *Economía y economistas españoles*, t. III. *La Ilustración*, Barcelona, Galaxia Gutenberg, pp. 613-639.
LLUCH, E. (1980), «La "Idea general de la policía" de Tomás Valeriola», *Recerques* 10, pp. 125-137.
— (1989), «Romá i Rossell, un pensament germànic per a Catalunya i Espanya», en F. Romá i Rossell, *Las señales de la felicidad de España y medios de hacerlas eficaces*, Barcelona, Editorial Alta Fulla, 1989, pp. V-LIII.
— (1990), «El cameralismo ante la Hacienda de Carlos III: influencia y contraste», *Hacienda Pública Española* 2, pp. 73-86.
— (2000), «El cameralismo en España», en E. Fuentes Quintana (dir.), *Economía y economistas españoles*, t. III. *La Ilustración*, Barcelona, Galaxia Gutenberg, pp. 721-728.

LLUCH, E. y ALMENAR PALAU, S. (2000), «Difusión e influencia de los economistas clásicos en España (1776-1870)», en E. Fuentes Quintana (dir.), *Economía y economistas españoles*, t. 4. *La Economía Clásica*, Barcelona, Galaxia Gutenberg, 2000, pp. 93-170.
LLUCH, E. y ARGEMÍ I D'ABADAL, LL. (1985), *Agronomía y fisiocracia en España (1750-1820)*, Valencia, Institució «Alfons El Magnanim».
— (2000), «La fisiocracia en España» en E. Fuentes Quintana (dir.), *Economía y economistas españoles*, t. III. *La Ilustración*, Barcelona, Galaxia Gutenberg, pp. 709-719.
M.A. (1869), «Grandeza de la Higiene Pública», *El Siglo Médico*, t. XVI, pp. 12-15.
MADRAZO, E. D. (1904), *Cultivo de la especie humana. Herencia y eugenesia*, Santander, Imprenta Literaria de Blanchard y Arce.
— (1998), *Escritos sobre ciencia y sociedad*, Santander, Universidad de Cantabria.
MAGNIEN, B. (1991), «Cultura urbana», en S. Saläun y C. Serrano (dir.), *1900 en España*, Madrid, Espasa Calpe, pp. 107-130.
MALTHUS, R. (1798), *Primer ensayo sobre la población*, Madrid, Alianza Editorial, 1979.
MAQUEDA, Fr. G. de (1622), *Invectiva en forma de discurso contra el uso de las casas públicas de las mujeres rameras, dirigida a la Católica Real Majestad del Rey Don Felipe IV, nuestro Señor*, Granada, Bartolomé de Lorenzana.
MARAVALL, J. A. (1972), *Estado Moderno y Mentalidad Social (siglos XV a XVII)*, 2 vols., Madrid, Revista de Occidente.
— (1975), *Estudios de historia del pensamiento español. Siglo XVII*, Madrid, Ed. Cultura Hispánica
— (1979), *Poder, honor y élites en el siglo XVII*, Madrid, Siglo XXI.
— (1983), *La cultura del Barroco*, Barcelona, Ariel.
— (1991), *Estudios de la historia del pensamiento español. Siglo XVIII*, Madrid, Mondadori.
— (1997), *Teoría del Estado en España en el siglo XVII*, Madrid, Centro de Estudios Constitucionales.
MARIANA, J. de (1599), *La dignidad real y la educación del rey*, Madrid, Centro de Estudios Constitucionales.
MARISTANY, L. (1973), *El gabinete del doctor Lombroso*, Barcelona, Anagrama.
MÁRQUEZ VILLANUEVA, F. (1982), «La criptohistoria morisca: los otros conversos», *Cuadernos hispanoamericanos* 390, pp. 517-534.
MARTÍN, F. J. (2002), «Los probabilistas españoles de los siglos XVII a XIX» en AA. VV., *Historia de la probabilidad y de la estadística*, Madrid, Editorial AC.

MARTÍN RODRÍGUEZ, M. (1984), *Pensamiento económico español sobre la población*, Madrid, Ediciones Pirámide.
MARTÍNEZ, I. (1847), «El Higienista», *Boletín de medicina, cirugía y farmacia* 2, pp. 344-345 y 352-353.
MARTÍNEZ, F. (2000), «Tolerantes e intolerantes: intento de estructuración discursiva en torno a la expulsión de los moriscos (1609)», *Sincronía* (http://fuentes.csh.udg.mx/CUCSH/Sincronia/françois.htm).
MARTÍNEZ DE MATA, F. (1650-1660), *Memoriales y discursos*, Madrid, Editorial Moneda y Crédito, 1971.
MARTÍNEZ PÉREZ, J. (1998), «Restableciendo la salud del Estado. Medicina y regeneración nacional en torno a un proceso judicial en la encrucijada de los siglos XIX al XX», *Dynamis* 18, pp. 127-156.
MARTÍNEZ QUINTERO, E. (1988), «El nacimiento de la previsión social (1900-1917). Las primeras soluciones al problema de la vejez. Entre la previsión y la beneficencia», en AA. VV., *Cuatro siglos de acción social. De la beneficencia al bienestar social*, Madrid, Ministerio de Trabajo y Asuntos Sociales, Siglo XXI, pp. 177-194.
MARTZ, L. (1983), *Poverty and Welfare in Habsburg Spain: the example of Toledo*, Cambridge, Cambridge University Press.
MAYORDOMO PÉREZ, A. y LÁZARO LORENTE, L. M. (1988), *Escritos pedagógicos de la Ilustración*, Madrid, Ministerio de Educación y Ciencia.
MAZA ZORRILLA, E. (1987), *Pobreza y asistencia social en España. Siglos XVI al XX. Aproximación histórica*, Valladolid, Universidad de Valladolid.
MEIJIDE PARDO, M.ª L. (1996), *La mujer de la orilla. Visión histórica de la mendiga y prostituta en las cárceles galeras de hace dos siglos*, La Coruña, Edicios do Castro.
MEINECKE, F. (1983), *La idea de la razón de Estado en la Edad Moderna*, Madrid, Centro de Estudios Constitucionales.
MITJAVILA, V. (1803), *Compendio de policía médica*, edición fascímil en V. Mitjavila, *De los daños que causan al cuerpo humano las preparaciones de plomo [...] y Compendio de policía médica*, Barcelona, Universitat de Barcelona, 1983, pp. 63-172.
MOLINIÉ-BERTRAND, A. (1985), *Au Siecle d'Or. L'Espagne et ses Hommes. La Population du Royaume de Castille au XVIᵉ siècle*, París.
MONLAU, P. F. (1846), «Remedios del Pauperismo», *El Amigo del País*, Madrid, t. IV, n.º 5 (mayo), pp. 213-315 [ed. en *Estudios de Historia Social* 10-11 (1979), pp. 374-385].
— (1885), *Higiene del Matrimonio o el Libro de los Casados*, París, Librería de Garnier Hermanos (1ª ed. 1853).

Montano, V. (1681), *El Arcano de Príncipes,* México, Fondo de Cultura Económica, 1955.
Monzón Perdomo, M.ª E. (1990), *Marginalidad social en Canarias durante el siglo XVIII,* La Laguna, Universidad de La Laguna.
Morant Deusa, I. (dir.) (2006), *Historia de las mujeres en España y América Latina,* t. III. *Del siglo XIX a los umbrales del XX,* Madrid, Cátedra.
Morant Deusa, I. y Bolufer Peruga, M. (1998), *Amor, matrimonio y familia: la construcción histórica de la familia moderna,* Madrid, Síntesis.
Moreno Mengíbar, A. (1998), «El crepúsculo de las mancebías: el caso de Sevilla» en F. J. Vázquez (coord.), *Mal menor. Políticas y representaciones de la prostitución, siglos XVI-XIX,* Cádiz, Publicaciones de la Universidad de Cádiz, pp. 45-98.
— (2000), «Haciendo realidad la utopía: Olavide y las Nuevas Poblaciones», en J. F. Ojeda Rivera, (ed.), *Ilustración, contemporaneidad y territorio,* Sevilla, Universidad Pablo de Olavide, 2000, pp. 15-46.
Moreno Mengíbar, A. y Martos Fernández, J. (1999), «Estudio Preliminar», en Fray Luis de León, *Escritos sobre América,* Madrid, Tecnos.
Moreno Mengíbar, A. y Vázquez García, F. (1997), «Poderes y prostitución en España (siglos XVI-XVII). El caso de Sevila», *Criticón* 69, pp. 33-49.
— (1999), «Crisis nacional, Eugenesia y regeneracionismo biológico en España 1898-1936», *Gades* 23, pp. 203-213.
— (2004), *Historia de la prostitución en Andalucía,* Sevilla, Fundación José Manuel Lara.
Morote, L. (1900), *La moral de la derrota,* Madrid, Biblioteca Nueva, 1997.
Moya Torres y Velasco, F. de (1727), *Manifiesto Universal de los males envejecidos que España padece,* Madrid, Instituto de Cooperación Iberoamericana, Sociedad Estatal Quinto Centenario, Antoni Bosch Ed., Instituto de Estudios Fiscales, 1992.
Muñoz López, M.ª del P., (2001), *La familia en la España de la Restauración,* Madrid, Marcial Pons.
Nadal, J. (1984), *La población española. Siglos XVI a XX,* Barcelona, Ariel
Niño de Guevara, F. (1600), «Carta a Felipe III», en R. de Zayas, *Les Morisques et le racisme d'Etat,* París, La Différence, 1992, pp. 507-516.
Noguera, J. (1930), *Moral, eugenesia y derecho,* Madrid, Javier Morata Ed.

OESTREICH, G. (1982), *Neostoicism and the Early Modern State*, Cambridge, Cambridge University Press.
OLIVER OLMO, P. (2001), *Cárcel y sociedad represora. La criminalización del desorden en Navarra (siglos XVI-XIX)*, Bilbao, Servicio Editorial Universidad del País Vasco.
— (2006), «Marginados: la producción y el castigo de la exclusión», en S. Castillo y P. Oliver (coords.), *Las figuras del desorden. Heterodoxos, proscritos y marginados*, Madrid, Siglo XXI, Asociación de Historia Social, 2006, pp. 341-469.
OLIVERAS, J. (1998), *Nuevas poblaciones en la España de la Ilustración*, Barcelona, Fundación Caja de Arquitectos.
ORTIZ, L. (1558), *Memorial del Contador Luis Ortiz a Felipe II*, Madrid, Instituto de España, 1970.
PALACIO MORENA, J. I. (1988), *La institucionalización de la reforma social en España (1883-1924). La Comisión y el Instituto de Reformas Sociales*, Madrid, Ministerio de Trabajo y Seguridad Social.
PALOMO, F. (1997), «"Disciplina cristiana". Apuntes historiográficos en torno a la disciplina y el disciplinamiento social como categoría de la historia religiosa de la alta edad moderna», *Cuadernos de Historia Moderna* 18, pp. 119-136.
PARADINAS FUENTES, J.L. (1993), «Estudio Preliminar», en P. de Valencia, *Obras Completas, IV/1. Escritos Sociales. I. Escritos Económicos*, León, Secretariado de Publicaciones de la Universidad de León, pp. IX-CXLVII.
PASSERON, J. C. (2006), *Le raisonnement sociologique. Un espace non poppérien de l'argumentation*, París, Albin Michel.
PELORSON, J. M. (1980), *Les «letrados», Juristes castillans sous Philippe III. Recherches sur leur place dans la société, la culture et l'état*, Poitiers, Université de Poitiers.
PERCEVAL, J. M.ª (1996), *Todos son uno. Arquetipos, xenofobia y racismo. La imagen del morisco en la Monarquía española durante los siglos XVI y XVII*, Almería, Instituto de Estudios Almerienses.
PERDICES BLAS, L. (1995), *Pablo de Olavide (1725-1803) el Ilustrado*, Madrid, Editorial Complutense.
PERDIGUERO GIL, E. (1991a), *Los tratados de medicina doméstica en la España de la Ilustración*, Alicante, Universidad de Alicante.
— (1991b), «La imposible publicación de la versión catellana de *L'Onanisme* de S. A. Tissot en la España de la Ilustración», en F. Bujosa et al., *Actas del IX Congreso Nacional de Historia de la Medicina*, Zaragoza, Prensas Universitarias de Zaragoza, pp. 1073-1081.

— (comp.) (2004), *Salvad al niño. Estudios sobre la protección de la infancia en la Europa Mediterránea a comienzos del siglo XX,* Valencia, Seminari d'Estudis sobre la Ciencia.
PERDIGUERO GIL, E. y GONZÁLEZ DE PABLO, A. (1990), «Los valores morales de la higiene. El concepto de onanismo como enfermedad según Tissot y su tardía introducción en España», en *Dynamis* 10, pp. 131-162.
PÉREZ DE AYALA, J. L. (1992), «Estudio Preliminar», en M. González Cellorigo, *Memorial de la Política Necesaria y Útil Restauración a la República de España,* Madrid, Instituto de Cooperación Iberoamericana, Sociedad Estatal Quinto Centenario, Antoni Bosch Ed., Instituto de Estudios Fiscales, 1992, pp. XIII-XLV.
PÉREZ DE HERRERA, C. (1598), *Amparo de pobres,* Madrid, Espasa Calpe, 1975.
PÉREZ ESTÉVEZ, M.ª R. (1976), *El problema de los vagos en la España del siglo XVIII,* Madrid, Confederación Española de Cajas de Ahorros.
PÉREZ LEDESMA, M. (1988), «La Comisión de Reformas Sociales y la cuestión social durante la Restauración», en AA. VV., *Cuatro siglos de acción social. De la beneficencia al bienestar social,* Madrid, Ministerio de Trabajo y Asuntos Sociales, Siglo XXI, pp. 155-166.
PERTIERRA DE ROJAS, J. F. (1981), «La vivienda en las clases medias del Madrid de la Restauración» en *Cuadernos de Historia Moderna y Contemporánea* 2, pp. 199-211.
PESET, J. L. (1973), «Capitalismo y Medicina: ensayo sobre el nacimiento de la seguridad social», *Estudios de Historia Social* 7, pp. 185-216.
PESET, M. y PESET, J. L. (1972), *Muerte en España. Política y sociedad entre la peste y el cólera,* Madrid, Hora H.
POLANYI, K. (1989), *La gran transformación. Crítica del liberalismo económico,* Madrid, La Piqueta.
PRODI, P. (ed.) (1994), *Disciplina dell'anima, disciplina dellcorpo e disciplina della societá tra Medioevo ed etá Moderna,* Bologna, Il Mulino.
R. P. H. (1885), «Causas de la disminución de los nacimientos en Francia», *El Siglo Médico,* 23, pp. 145-150.
RAMÍREZ MARTÍN, S. M. (2002), *La salud del Imperio. La Real Expedición Filantrópica de la Vacuna,* Madrid, Doce Calles y Fundación Jorge Juan.
RAMÍREZ VAS, F. (1860a), «Importancia de la Higiene y Necesidad de Generalizar sus Preceptos», *La España Médica* V, pp. 66-106.
— (1860b), «Importancia y necesidad de la estadística», *La España Médica* V (1860), pp. 403-407.

RAVIER, A. (1991), *Ignacio de Loyola, fundador de la Compañía de Jesús,* Madrid, Espasa Calpe.
REEDER, J. (1975), «Estudio Preliminar», en P. Rodríguez de Campomanes, *Discurso sobre el Fomento de la Industria Popular y Discurso sobre la Educación Popular de los Artesanos y su Fomento,* Madrid, Instituto de Estudios Fiscales, Ministerio de Hacienda, pp. 7-37.
REHER, D. S. y VALERO, A. (1995), *Fuentes de información demográfica en España,* Madrid, CIS.
REQUENA HIDALGO, J. (1997), «La gestión política del espacio urbano. La organización de los servicios municipales de policía en Barcelona», presentado en el *Coloquio sobre el desarrollo urbano de Montréal y Barcelona en la época contemporánea: estudio comparativo,* Universidad de Barcelona, 5-7 de mayo de 1997 (http://www.ub.es/geocrit/reqbcn.htm).
RICO AVELLÓ, C. (1969), *Historia de la sanidad española (1900-1925),* Madrid, Imprenta de E. Giménez.
RIERA, J. (1985), «Los comienzos de la inoculación de la viruela en España», *Medicina e Historia* 8, pp. 4-26.
RIVERA GARCÍA, A. (1995), «La amenaza latente del vagabundo en la literatura política del siglo XVI», *Daimon. Revista de Filosofía* 10, pp. 127-142.
— (1999), *La política del cielo. Clericalismo jesuita y estado moderno,* Hildesheim, Georg Olms Verlag.
— (2006), *Reacción y revolución en la España Liberal,* Madrid, Biblioteca Nueva, 2006.
RIZO LÓPEZ, A. E. (2005), «Apuntes sobre la comunidad gitana española. Breves trazos de su historia en conexión con el contexto europeo», *Diálogos. Revista Electrónica de Historia* 6/1, pp. 179-229.
RODRÍGUEZ, H. (1931), *Educación Sexual,* Madrid, Gráfica El Socialista.
RODRÍGUEZ, J. C. (1994), *La literatura del pobre,* Granada, Comares.
RODRÍGUEZ OCAÑA, E. (1987), *La constitución de la medicina social como disciplina en España (1882-1923),* Madrid, Ministerio de Sanidad y Consumo.
— (1987-1988), «El resguardo de la salud. Organización sanitaria española en el siglo XVIII», *Dynamis* 7-8, pp. 145-170.
— (1988), «Medicina y acción social en la España del primer tercio del siglo XX», en AA. VV., *Cuatro siglos de acción social. De la beneficencia al bienestar social,* Madrid, Ministerio de Trabajo y Asuntos Sociales, Siglo XXI, pp. 227-266.
— (1992), *Por la salud de las Naciones. Higiene. Microbiología y medicina social,* Madrid, Akal.

— (2005), *Salud Pública en España. Ciencia, profesión y política, siglos XVIII-XX*, Granada, Universidad de Granada.
ROGER, P. (1998), «Felicidad», en V. Ferrone y D. Roche (eds.), *Diccionario histórico de la Ilustración*, Madrid, Alianza Editorial, 1998, pp. 48-55.
ROMÁ I ROSSELL, F (1768), *Las Señales de la Felicidad de España y medios de hacerlas eficaces*, Barcelona, Editorial Alta Fulla, 1989.
ROSANVALLON, P. (1990), *L'État en France de 1789 à nos jours*, París, Seuil.
ROSEN, G. (1985), *De la policía médica a la medicina social. Ensayos sobre la historia de la atención a la salud*, México, Siglo XXI.
ROTONDÓ, A. (1998), «Tolerancia», en V. Ferrone y D. Roche (eds.), *Diccionario histórico de la Ilustración*, Madrid, Alianza Editorial, 1998, pp. 65-78.
RUDELLE-BERTEAUD, E. (2002), «Divergencias moriscas y cristianas sobre erotismo y afectividad», *Cyber Humanitatis* 21, IX Jornadas Interdisciplinarias de Religion y Cultura. «Erotismo, Afectividad y Religion en las Culturas».
RUEDA, G. (1986), *La desamortización de Mendizábal y Espartero*, Madrid, Cátedra.
RUIZ SOMAVILLA, M.ª J. (1993), *«El cuerpo limpio». Análisis de las prácticas higiénicas en la España del mundo moderno*, Málaga, Universidad de Málaga.
SAAVEDRA FAJARDO, D. (1640), *Empresas Políticas. Idea de un Príncipe Político-Cristiano*, 2 vols., Madrid, Editora Nacional, 1976.
SÁENZ, I. D. (2006), «Las Nuevas Poblaciones durante el siglo XVIII en el Perú Colonial», *Argandina. El Portal Peruano de Arquitectura* (http://www.arqandina.com).
SALAS, R. (1821), *Lecciones de Derecho Público Constitucional*, Madrid, Centro de Estudios Constitucionales (1983).
SALILLAS, R. (1902), *Discurso leído el día 10 de Diciembre de 1902 en el Ateneo Científico, Literario y Artístico de Madrid con motivo de la apertura de sus Cátedras*, Madrid, Tipografía de la Viuda e Hijos de M. Tello.
SAN JERÓNIMO, M. de (1608), *Razón y forma de la Galera y casa real, que el Rey nuestro señor manda hacer en estos reinos, para castigo de las mugeres vagantes, ladronas, alcahuetas y otras semejantes*, Valladolid, Francisco Fernández de Córdoba.
SÁNCHEZ LEÓN, P. y MOSCOSO, L. (1989), «La noción y práctica de policía en la Ilustración española: la Superintendencia, sus funciones y sus límites en el reinado de Carlos III (1782-1792)», en *Actas del Congreso Internacional sobre Carlos III y la Ilustración*, Madrid, Ministerio de Cultura, tomo I, pp. 495-512.

SÁNCHEZ ORTEGA, H. (1976), *Documentación selecta sobre la situación de los gitanos españoles en el siglo XVIII,* Madrid, Editora Nacional.
— (1977), *Los gitanos españoles. El periodo borbónico,* Madrid, Castellote Editor.
SÁNCHEZ-BLANCO PARODY, F. (1991), *Europa y el pensamiento español del siglo XVIII,* Madrid, Alianza Universidad.
SANTAMARÍA LOZANO, E. y DABRIO, M. A. (1993), «La policía sanitaria mortuoria y su proceso de secularización en la Sevilla de la Ilustración», *Medicina e Historia* 50, pp. 5-28.
SANTANA PÉREZ, J. M. (1996), «Sobre el encierro de los pobres en los tiempos modernos», *Espacio Tiempo y Forma,* Serie IV, t. 9, pp. 339-357.
— (1999), «La pobreza en la historiografía», *Tierra Firme. Revista de Historia y Ciencias Sociales* 17, vol. XVII, pp. 35-50.
SANTOLARIA SIERRA, F. (2000), «Estudio introductorio», en M. de Giginta, *Tratado de Remedio de Pobres,* Barcelona, Ariel, Edicions Universitat de Barcelona, pp. 10-57.
SANTONJA, J. L. (1998-1999), «La construcción de cementerios extramuros: un aspecto de la lucha contra la mortalidad en el Antiguo Régimen», *Revista de Historia Moderna* 17, pp. 33-43.
SANTOS DÍEZ, J. L. (1969), *Política conciliar postridentina en España,* Roma, Pub. del Instituto Español de Historia Eclesiástica.
SARRAILH, J. (1957), *La España ilustrada de la segunda mitad del siglo XVIII,* México, Fondo de Cultura Económica.
SEMPERE Y GUARINOS, J. (1805), *Historia de los Vínculos y Mayorazgos,* Alicante, Instituto de Cultura Juan Gil Albert, Diputación Provincial de Alicante, 1990.
SEOANE CEGARRA, J. B. (2001), *La pasión y la norma. Genealogía de la moral sexual infantil en España (1800-1920),* tesis doctoral inédita, Cádiz, Universidad de Cádiz.
SERNA ALONSO, J. (1988), *Presos y pobres en la España del siglo XIX. La determinación social de la marginación,* Barcelona, PPU.
— (1989), «El encierro disciplinario en la España Contemporánea. Una aproximación», en R. Bergalli y E. E. Marí (coords.), *Historia ideológica del control social (España, Argentina, siglos XIX y XX),* Barcelona, PPU, pp. 349-391.
SERRANO GONZÁLEZ, A. (1992), *Como lobo entre ovejas: soberanos y marginados en Bodin, Shakespeare y Vives,* Madrid, Centro de Estudios Constitucionales.
SERRANO MUÑOZ, E. (2006), *Territorios y capitalismo,* tesis doctoral inédita, Granada, E.T.S. Arquitectura, Universidad de Granada.
SHERWOOD, J. (1988), *Poverty in Eighteenth Century Spain. The Women and Children of the Inclusa,* Toronto, University of Toronto Press.

SMITH, R. S. (1955), «Estudio Preliminar», en V. Montano, *El Arcano de Príncipes*, México, Fondo de Cultura Ecnómico, pp. 7-14.
SOBRINO, A. (1600), *Memoria del Padre Fray Antonio Sobrino*, trad. al francés en R. de Zayas, *Les Morisques et le racisme d'Etat*, París, La Différence, 1992, pp. 516-547.
SORIA, A. (1894), *Acerca de la Nueva Arquitectura de las Ciudades*, Conferencia dada en el Ateneo Científico y Literario de Madrid, Madrid, Ateneo Científico y Literario.
STENGERS, J. y VAN NECK, A. (1984), *Histoire d'une Grande Peur: la masturbation*, Bruselas, Université de Bruxelles, pp. 112-113.
TARCZYLO, T. (1983), *Sexe et Liberté au Siécle des Lumières*, París, Presses de la Renaissance.
TAYLOR, Ch. (1996), *Fuentes del Yo. La construcción de la identidad moderna*, Barcelona, Paidós.
TIERNO GALVÁN, E. (1976), «Jerónimo de Merola y su "República Original Sacada del Cuerpo Humano", en E. Tierno Galván y R. Morodo, *Estudios de pensamiento político*, Madrid, Túcar Ediciones, 1976, pp. 37-88.
TISSOT, S. A. (1774), *El Onanismo*, Madrid, Asociación Española de Neuropziquiatría, 2003.
TOMÁS Y VALIENTE, F. (1990), «El crimen y pecado contra natura», en F. Tomás y Valiente *et al.*, *Sexo Barroco y otras transgresiones premodernas*, Madrid, Alianza Universidad, 1990, pp. 33-56.
TORTELLA CASARES, G. (1973), *Los orígenes del capitalismo en España: banca, industria y ferrocarriles en el siglo XIX*, Madrid, Tecnos.
TRÍAS, J. J. y ELORZA, A. (1975), *Federalismo y reforma social en España (1840-1870)*, Madrid, Hora H.
TRINIDAD FERNÁNDEZ, P. (1988), «Asistencia y previsión social en el siglo XVIII», en AA. VV., *Cuatro siglos de acción social. De la beneficencia al bienestar social*, Madrid, Ministerio de Trabajo y Asuntos Sociales, Siglo XXI, pp. 89-116.
— (1991), *La defensa de la sociedad. Cárcel y delincuencia en España (siglos XVIII-XX)*, Madrid, Alianza.
TULKENS, F. (comp.) (1988), *Généalogie de la Défense Sociale en Belgique (1880-1914)*, Bruxelles, Ed. Story-Scientia.
URÍA, A. (2008), *La España Liberal (1868-1917), Cultura y vida cotidiana*, Madrid, Síntesis.
USOZ OTAL, J. (2000), «El pensamiento económico de la Ilustración aragonesa», en E. Fuentes Quintana (dir.), *Economía y economistas españoles*, t. III. *La Ilustración,* Barcelona, Galaxia Gutenberg, pp. 583-606.
UZTÁRIZ, G. de (1724), *Theórica y Práctica de Comercio y de Marina*, Madrid, Aguilar, 1968 (edición fascímil de 1742).

VALENTÍ VIVÓ, I. (1911), *Criminales Lujuriosos y Agresividad Psicosexual*, Barcelona, Antonio Virgili S. en C. Editores.
VALERA Y JIMÉNEZ, T. (1892), «La Salud Nacional es la Riqueza Nacional», *El Siglo Médico* 39, pp. 732-735.
VALERIOLA, T. (1805), *Idea General de la Policía o Tratado de Policía*, Madrid, Instituto de Estudios Administrativos, 1977.
VARELA, J. y ÁLVAREZ-URÍA, F. (1989), *Sujetos frágiles. Ensayos de sociología de la desviación*, México, Fondo de Cultura Económica.
— (1991), *Arqueología de la escuela*, Madrid, Ed. La Piqueta.
VARGAS GONZÁLEZ, A. (1986), «La beneficencia infantil en la Barcelona del siglo XVIII. El Hospital de Nostra Senyora dels Nens Orfes», *L'Avenç. Revista d'Historia* 91, pp. 54-57.
VARGAS Y PONCE, J. (1805), *Estados de Vitalidad y Mortalidad de Guipúzcoa en el siglo XVIII*, Madrid, Real Academia de la Historia.
VÁZQUEZ GARCÍA, F. (2003), «De la sentina al colegio. La justificación de las mancebías entre los periodos medieval y moderno», *Mélanges de la Casa de Velázquez* 33/1, pp. 149-183.
VÁZQUEZ GARCÍA, F. y MORENO MENGÍBAR, A. (1989), «Documentos sobre el prostíbulo municipal de Sevilla, siglos XVI-XIX», *Er. Revista de Filosofía* 7/8, pp. 325-379.
— (1991), «Políticas del burdel en la España Contemporánea. De los proyectos ilustrados a la prostitución reglamentada», *Cuadernos de Ilustración y Romanticismo* 1, pp. 55-77.
— (1996), «Genealogía de la educación sexual en España. De la pedagogía ilustrada a la crisis del Estado del Bienestar», *Revista de Educación* 309, pp. 67-94.
— (1997), *Sexo y razón. Una genealogía de la moral sexual en España (siglos XVI-XX)*, Madrid, Akal.
— (1998), *Poder y prostitución en Sevilla*, 2 vols., Sevilla, Universidad de Sevilla.
VÁZQUEZ GARCÍA, F. y SEOANE CEGARRA, B. (2004), «España y la cruzada médica contra la masturbación (1800-1900). Elementos para una genealogía», *Hispania. Revista Española de Historia* 64/3, 218, pp. 835-868.
VELÁZQUEZ S. J. (1621), *Información breve dirigida a la Católica Majestad del Rey Don Felipe Quarto [...] para que mande quitar de Granada la casa pública de las malas mujeres [...]*, Granada, Bartolomé de Lorenzana y Ureña.
VERA, J. (1884), «Informe de la Agrupación Socialista Madrileña ante la Comisión de Reformas Sociales», en J. Vera, *Ciencia y proletariado. Escritos escogidos de Jaime Vera*, Madrid, Cuadernos para el Diálogo, 1973, pp. 81-141.

VIDAL GALACHE, F. y VIDAL GALACHE, B. (1995), *Bordes y bastardos. Una historia de la inclusa de Madrid*, Madrid, Compañía Literaria.
VIGARELLO, G. (1993), *Le Sain et le Malsain. Santé et mieux-être depuis le Moyen Âge*, París, Seuil.
VILAR, J. (1974), «Conciencia nacional y conciencia económica. Datos sobre la vida y obra del doctor Sancho de Moncada», en S. de Moncada, *Restauración Política de España*, Madrid, Instituto de Estudios Fiscales, Ministerio de Hacienda, pp. 5-81.
VILLACAÑAS BERLANGA, J. L. (2008), *La Monarquía Hispánica (1284-1516)*, Madrid, Espasa.
VILLACORTA BAÑOS, F. (1980), *Burguesía y cultura: los intelectuales españoles en la sociedad liberal, 1808-1931*, Madrid, Siglo XXI.
VIVES (1526), *El Socorro de los Pobres*, Madrid, Tecnos, 1997.
VON JUSTI (1784), *Elementos Generales de Policía*, Barcelona, Eulalia Piferrer (http://lectura.ilce.edu.mx:3000/biblioteca), reproducida en la edición digital de Omar Guerrero.
WARD, B. (1779), *Proyecto eonómico*, Madrid, Instituto de Estudios Fiscales, Ministerio de Hacienda (1982).
WATTS, S. (2000), *Epidemias y poder. Historia, enfermedad, imperialismo*, Barcelona, Ed. Andrés Bello.
ZAPARAÍN YÁÑEZ, M. J. (1993), «Los cementerios bajo el reformismo ilustrado. Su problemática en Burgos (1750-1813)», *Boletín de la Institución Fernán González* 207, pp. 399-410.
ZARZOSO ORELLANA, A. (2001), «Policía y ciencia de la policía en el discurso urbanístico a finales del Antiguo Régimen», *Asclepio* 53/1, pp. 125-130.
— (2003), *La Pràctica Mèdica a la Catalunya del segle XVIII*, Institut Universitari d'Historia Jaume Vicens i Vives, Universitat Pompeu i Fabra.

ÍNDICE GENERAL

Prólogo 5

Introducción. Biopolítica, gobierno y gubernamentalidad. Una perspectiva histórica y pluralista 9

I. EL GOBIERNO DE LAS POBLACIONES Y EL NACIMIENTO DE LA BIOPOLÍTICA ABSOLUTISTA 19

Un recurso de Estado, 20 – Las Nuevas Poblaciones de Sierra Morena como experimento biopolítico, 43

II. POBLACIÓN ÚTIL. GOBERNANDO A LOS POBRES 55

Desacralización de la pobreza e invención del *homo faber*, 55 – Del pobre fingido al pobre útil, 71 – ¿Qué se hace con los gitanos?, 80

III. ENTRE LA BIOPOLÍTICA Y LA «POLÍTICA DEL CIELO» 87

Gobierno de las poblaciones y razón de estado, 87 – El exceso de religiosos, 97 – Políticas de extranjería, 105 – La expulsión de los moriscos, 110 – El cierre de las mancebías y la polémica sobre el lujo, 120

IV. CIENCIA DE LA POLICÍA Y POLÍTICAS DE SALUD 139

Cameralismo y ciencia de la policía, 139 – Políticas de la Salud, 155 – Una ciencia del Estado, 177

V. UN GOBIERNO QUE SE LIMITA A SÍ MISMO. LA BIOPOLÍTICA LIBERAL CLÁSICA 183

Impugnación del Estado de Policía y emancipación del Mercado en la Revolución Liberal, 183 – La Estadística y la Higiene como tecnologías de la gubernamentalidad liberal, 193

VI. ENTRE LOS SEGUROS Y LA EUGENESIA. LA BIOPOLÍTICA INTERVENTORA 201

La tecnología de los seguros y la medicina social, 201 – Los senderos de la eugenesia y la emergencia del *Homo hygienicus,* 211

Bibliografía 223

AKAL/UNIVERSITARIA

ÚLTIMOS TÍTULOS PUBLICADOS

192 Alpert, Michael. *Aguas peligrosas. Nueva historia internacional de la Guerra Civil española, 1936-1939.*
193 Lamela Viera, M.ª del Carmen. *La cultura de lo cotidiano. Estudio sociocultural de la ciudad de Lugo.*
194 Lowenthal, David. *El pasado es un país extraño.*
195 Bethencourt, Francisco. *La Inquisición en la época moderna.*
196 Richet, Denis. *La Francia moderna. El espíritu de las instituciones.*
197 Lisón Tolosana, Carmelo. *La Santa Compaña. Antropología cultural de Galicia IV.*
198 García Quintela, Marco. *Mitología y mitos de la Hispania prerromana III.*
199 Bouza, Fernando. *Cartas de Felipe II a sus hijas.*
200 Bouza, Fernando. *Imagen y propaganda. Capítulos de historia cultural del reinado de Felipe II.*
201 Bermejo Barrera, José Carlos. *Genealogía de la Historia. Ensayos de historia teórica.*
202 Thomson, Garry. *Introducción a Brecht.*
203 Al-Andalusī, Sāʻid. *Libro de las categorías de las naciones. Kitab Tabaqa tal-Umam.*
204 Bloch, Marc. *Historia e historiadores.*
205 Canales, Esteban. *La Inglaterra victoriana.*
206 Dickinson, Oliver. *La Edad de Bronce Egea.*
207 Alcina Franch, José (ed.). *Evolución social.*
208 Tsuru, Shigeto. *El capitalismo japonés. Algo más que una derrota creativa.*
209 Fernández Vega, Pedro Ángel. *La casa romana.*
210 Collins, Roger. *La Europa de la Alta Edad Media.*
211 Gómez Espelosín, Francisco Javier. *El descubrimiento del mundo. Geografía y viajeros en la Antigua Grecia.*
212 Palazuelos, Enrique. *Contenido y método de la economía. El análisis de la economía mundial.*
213 Blanco, Rogelio. *La ciudad ausente. Utopía y utopismo en el pensamiento occidental.*

214 Alcina Franch, José / Calés Bourdet, Marisa (eds.). *Hacia una ideología para el siglo XXI. Ante la crisis civilizatoria de nuestro tiempo.*
215 Hinrichs, Ernst. *Introducción a la historia de la Edad Moderna.*
216 Núñez Seixas, Xosé-Manoel. *Entre Ginebra y Berlín. La cuestión de las minorías nacionales y la política internacional en Europa (1914-1939).*
217 Foucault, Michel. *Los anormales.*
218 AA.VV. *Política de la nueva Europa. Del Atlántico a los Urales.*
219 Campillo, Antonio. *Variaciones de la vida humana. Una teoría de la historia.*
220 Detienne, Marcel. *Apolo con el cuchillo en la mano. Una aproximación experimental al politeísmo griego.*
221 Little, Lester K. / Rosenwein, Barbara H. (eds.). *La Edad Media a debate.*
222 Yun Casalilla, Bartolomé. *La gestión del poder. Corona y economías aristocráticas en Castilla (siglos XVI-XVIII).*
223 Calame, Claude. *Eros en la Antigua Grecia.*
224 Schmitt-Pantel, Pauline / Bruit Zaidman, Louise. *La religión griega en la polis de la época clásica.*
225 Le Goff, Jacques (ed.). *San Francisco de Asís.*
226 Iriarte Goñi, Ana. *De amazonas a ciudadanos. Pretexto ginecocrático y patriarcado en la Grecia Antigua.*
227 Díez, Fátima / Bermejo Barrera, José Carlos. *Lecturas del mito griego.*
228 Gállego, Julián (ed.). *El mundo rural en la Grecia Antigua.*
229 Foucault, Michel. *Hay que defender la sociedad.*
230 Vigotsky, Lev Semenovich. *Teoría de las emociones. Estudio histórico-psicológico.*
231 Dosse, François. *Historia del estructuralismo (2 volúmenes).*
233 Bermejo Barrera, José Carlos. *¿Qué es la historia teórica?*
234 Hernández Sandoica, Elena. *Tendencias historiográficas actuales. Escribir historia hoy.*
235 Signes Codoñer, Juan. *Escritura y literatura en la Grecia arcaica.*
236 Piedras Monroy, Pedro. *Max Weber y la crisis de las Ciencias Sociales.*
237 Foucault, Michel. *La hermenéutica del sujeto.*
238 Mckenzie, D. F. *Bibliografía y sociología de los textos.*
239 AA.VV. *Nostalgia de una patria imposible.*
240 Carlier, Pierre. *Homero.*
241 Serna, Justo / Pons, Anaclet. *La historia cultural. Autores, obras, lugares.*
242 Núñez Ruiz, Gabriel / Campos Fernández-Fígares, Mar. *Cómo nos enseñaron a leer.*
243 Lisón Tolosana, Carmelo. *La fascinación de la diferencia. La adaptación de los jesuitas al Japón de los samuráis, 1549-1592.*
244 Mudrovcic, María Inés. *Historia, narración y memoria. Debates actuales en filosofía de la historia.*
245 Foucault, Michel. *El poder psiquiátrico.*
246 Roldán, Concha. *Entre Casandra y Clío. Una historia de la filosofía de la historia.*
247 Salinas de Frías, Manuel. *Los pueblos prerromanos de la península Ibérica.*

248 Castillo Gómez, Antonio. *Entre la pluma y la pared. Una historia social de la cultura escrita en los Siglos de Oro.*
249 Vidal-Naquet, Pierre. *La Atlántida. Pequeña historia de un mito platónico.*
250 Assmann, Jan. *La distinción mosaica o el precio del monoteísmo.*
251 Burke, Peter. *Lenguas y comunidades en la Europa moderna.*
252 González García (coord.), Francisco Javier. *Los pueblos de la Galicia céltica.*
253 Leveque, Pierre. *Tras los pasos de los dioses griegos.*
254 Pérez Largacha, Antonio. *Historia antigua de Egipto y del Próximo Oriente.*
255 López, Aurora / Pociña, Andrés. *Comedia romana.*
256 Bermejo Barrera, José Carlos. *Moscas en una botella. Cómo dominar a la gente con palabras.*
257 Steigmann-Gall, Richard. *El Reich sagrado. Concepciones nazis sobre el cristianismo, 1919-1945.*
258 Nieto Soria, José Manuel. *Medievo constitucional. Historia y mito político en los orígenes de la España contemporánea (ca. 1750-1814).*
259 Anderson, Allan. *El pentecostalismo. El cristianismo carismático mundial.*
260 Detienne, Marcel. *Los griegos y nosotros. Antropología comparada de la Grecia antigua.*
261 Agacinski, Sylviane. *Metafísica de los sexos. Masculino/femenino en las fuentes del cristianismo.*
262 Waines, David. *El islam.*
263 Lisón Tolosana, Carmelo (ed.). *Introducción a la antropología social y cultural. Teoría, método, práctica.*
264 Sanmartín Barros, Israel. *Entre dos siglos. Globalización y pensamiento único.*
265 Foucault, Michel. *Seguridad, territorio, población. Curso del Collège de France (1977-1978).*
266 Wulff Alonso, Fernando. *Grecia de la India. El repertorio griego del Mahabharata.*
267 Anderson, Perry. *Spectrum. De la derecha a la izquierda en el mundo de las ideas.*
268 Bettini, Mauricio / Guidorizzi, Giulio. *El mito de Edipo. Imágenes y relatos de Grecia a nuestros días.*
269 Hualde Pascual, Pilar / Sanz Morales, Manuel (eds.). *La literatura griega y su tradición.*
270 Stewart, Pamela J. / Strathern, Andrew. *Brujería, hechicería, rumores y habladurías.*
271 Loraux, Nicole. *La guerra civil en Atenas. La política entre la sombra y la utopía.*
272 Bauzá, Hugo Francisco. *Virgilio y su tiempo.*
273 Lepeines, Wolf. *La seducción de la cultura en la historia alemana.*
274 Anderson, Benedict. *Bajo tres banderas. Anarquismo e imaginación anticolonial.*
275 Martín Serrano, Manuel. *La mediación social. Edición conmemorativa del 30 aniversario.*